# 西方哲学普遍性的沦落

## The Fall of Universality of Western Philosophy

强以华　著

中国人民大学出版社
·北京·

# 国家社科基金后期资助项目<br>出版说明

后期资助项目是国家社科基金项目主要类别之一，旨在鼓励广大人文社会科学工作者潜心治学，扎实研究，多出优秀成果，进一步发挥国家社科基金在繁荣发展哲学社会科学中的示范引导作用。后期资助项目主要资助已基本完成且尚未出版的人文社会科学基础研究的优秀学术成果，以资助学术专著为主，也资助少量学术价值较高的资料汇编和学术含量较高的工具书。为扩大后期资助项目的学术影响，促进成果转化，全国哲学社会科学工作办公室按照“统一设计、统一标识、统一版式、形成系列”的总体要求，组织出版国家社科基金后期资助项目成果。

全国哲学社会科学工作办公室

# 目　　录



## 第一篇　对于外在世界的追问

# 第二篇 对于内在世界的追问

# 第三篇 对于生存世界的追问

# 第四篇　连根拔去的世界

# 导　言

西方哲学的普遍性其实就是西方哲学所理解的世界的普遍本质或逻各斯。在本书中，它意指西方哲学所理解的人类之根（它作为一种世界的“普遍性”决定着人类的“普遍”本性，并通过人类的普遍本性决定着人类的“普遍”价值观），因此，本书所说的西方哲学普遍性的沦落过程便意指西方哲学所从事的探寻人类（实为西方社会）的原始之“根”的过程，它是西方哲学的寻根之路，具体表现为西方哲学为西方社会所建构的人类之根（实为西方社会之根）随着西方哲学普遍性从确立到沦落的过程而确立、逐渐衰弱并最终被连根拔去的过程。人类之根规定着人的生活方向，它告诉人应该如何活着。在究竟什么是人类之根的问题上，西方哲学史上那些才华横溢的哲学家们做出了艰辛的探索，付出了终身的努力。但是，本书不想成为一部哲学史，因此，它并不是亦步亦趋地循着西方哲学的历史轨迹推进，而是集中于其中的某些关键性节点进行逻辑归纳和思辨分析。

## 一、人应该如何活着

人类之根指向人应该如何活着。“人应该如何活着”是一个极其寻常的不寻常哲学事件！说它极其寻常，是因为人们通常都自以为十分清楚这个问题，似乎这是一个无须探讨的问题，甚至把探讨这个问题的哲学看作是一种百无聊赖的无病呻吟；说它并不寻常，是因为它对一个沉思的人来说，常常是一个深邃无比从而令人惊诧不已甚至使人幡然醒悟的问题。正因为“人应该如何活着”是一个极其寻常的不寻常哲学事件，故而哲学才始终不渝地牢牢盯住这一事件进行追问。所以，几千年来，一方面是“哲学无用”的嘲弄不绝于耳，但是另一方面，哲学仍然迈着坚实的步伐顽强地向前发展。其实，人应该如何活着的问题才是哲学的基本问题。

“人应该如何活着”作为哲学的基本问题不是通常意义上的伦理学问

题，它有着更为广阔的哲学（形而上学）背景。“人应该如何活着”作为一个哲学基本问题，它的全部内涵包含了三个哲学命题，即：人是什么（我是谁）、人从哪儿来（我来自何处）和人应该到哪儿去（我应该走向何方）。首先，“人应该如何活着”内在地包含了“人是什么”这一命题。对“人应该如何活着”这一问题的最为一般的回答应该是：人应该“如人所是”地活着，也就是说，人应该“像人那样”地活着。那么，何谓“如人所是”或“像人那样”地活着呢？为了明白如何活着才是“如人所是”或说“像人那样”地活着，我们就必须进一步明白“人是什么”，或说人的本性或者本质究竟是什么。其次，“人应该如何活着”还内在地包含了“人从哪儿来”这一命题。从逻辑上说，追问“人是什么”通常总会追向“人从哪儿来”这一问题。正如个人不是产生于“无”而总是产生于父母一样，人类也不是产生于“无”而总是产生于某种它由之所来的东西；与此相应，正如某人的父母总会决定着某人的基因一样，人由之所来的东西似乎也会决定着人的本性。因此，人应该“如人所是”或者“像人那样”地活着，其实就是人应该到他由之所出的东西那儿去，也就是说，回归到他由之所来的东西那儿去。最后，“人应该如何活着”直接表现为“人应该到哪儿去”这一命题。在西方哲学史上，“人应该到哪儿去”不过是“人应该如何活着”的另外一种表现形式。人，一旦被抛入世界，它就被抛入了无穷无尽的幸福与烦恼之中，也被抛入了无穷无尽的自豪、卑微、友谊、敌对、震颤、惊羡、妒忌、猜疑、爱恨、忧愁之中：他像一片随风飘荡的羽毛，力图掌握自己的命运，但又常常被命运所嘲弄；自以为追逐某种目标（例如金钱）乃深思熟虑的结果，可最终发现此种目标却不是他真正想要的东西；原本不屑一顾地随手遗弃的东西，或许最终变成了他求之难得的东西。因此，当人们没完没了地操劳于世时，当人们面对时起时落的幸福与烦恼时，常会有一个问题自觉或不自觉、有意识或无意识地萦绕着他们：在人生的旅程中，人究竟应该到哪儿去？由此可见，“人应该如何活着”这一哲学基本问题所包含的“人是什么”、“人从哪儿来”和“人应该到哪儿去”三个哲学命题有着内在的逻辑联系。尽管“人应该如何活着”的问题直接表现为“人应该到哪儿去”这一命题，但是，回答这一问题的关键却是“人从哪儿来”这一命题，因为“人从哪儿来”之“哪儿”规定了“人是什么”，并且进一步规定了人应该回到他由之所来的地方去。“人从哪儿来”之“哪儿”作为人由之所来的地方以及人应该皈依的地方就是人类之根。由于“人从哪儿来”这一命题规定着“人是什么”进而规定着“人应该到哪儿去”，它指明了人由之所来的地方以及人应该皈依的地方，所以，它应是

“人应该如何活着”这一哲学基本问题的逻辑起点和最终归宿。我们只有把“人是什么”、“人从哪儿来”和“人应该到哪儿去”三个哲学命题合乎逻辑地联系起来，才能充分理解“人应该如何活着”这一哲学基本问题的全部的、丰富的内涵；我们也只有回答了对“人是什么”、“人从哪儿来”和“人应该到哪儿去”这三个哲学命题的提问，才能最终回答“人应该如何活着”这一哲学的基本问题，其中，“人从哪儿来”是哲学首先需要回答的问题。

对于“人应该如何活着”的三个基本哲学命题的回答分别构成了西方传统哲学中具有内在逻辑关系的存在论、人性论和伦理学三种理论。换句话说，在西方哲学史上，“人应该如何活着”这一哲学基本问题是通过存在论、人性论和伦理学三种理论得到完整回答的。西方哲学关于“人从哪儿来”之“哪儿”的探索是“存在论”（本体论）的探索。由于“人从哪儿来”这一命题是全部“人应该如何活着”这一问题的逻辑起点和最终归宿，也就是说，它指向了人类之根（人由之所来以及应该皈依的地方），所以，西方哲学便把人由之所来的“地方”这一人类之“根”当作哲学探讨的起点，并把关于它的理论看作整个哲学探讨的基础。在西方哲学中，形而上学把这一人类之根称为“存在”，本书并不纠缠于诸如“存在”的词源、本性、本质等等的考据，而是试图穿透“存在”的词源意义深入考察它的现实意义，也就是说，作为人类之根的世界意义。我们认为，这一意义才是西方哲学之“存在”的真正意义和真正指向。一旦我们发现了哲学存在论的真正意义和真正指向，那么，以往哲学家们关于存在论的地位、困难等等的论断就可能会面临新的评价。西方哲学关于“人是什么”的探索是人性论的探索。西方哲学存在论的探索为它的人性论探索提供了理论基础，它以“人从哪儿来”之“哪儿”为根据来解释“人是什么”，从而表明人类之根在何处。西方哲学关于“人应该到哪儿去”的探索是伦理学（也包含政治学）的探索。西方哲学人性论（以及存在论）的探索为它的伦理学以及政治学的探索提供了理论基础，它根据人的本性来解释什么是人应该具有的生活方式（善），引导个人以及人类群体走向善的生活。正如在“人应该如何活着”所包含的三个命题中“人从哪儿来”是三个命题的基础（以及是“人应该如何活着”这一基本哲学问题的逻辑起点和最终归宿）一样，在存在论、人性论和伦理学的关系中，探讨“人从哪儿来”之“哪儿”的存在论决定着人性论并且进一步决定着伦理学的本质。

归纳起来，“人应该如何活着”这一基本哲学问题包含了三个基本哲学命题，并且构成了西方传统哲学中具有内在逻辑关系的存在论、人性论和伦理学三种理论。其中，存在论探讨的“人从哪儿来”的“哪儿”构成了人类之根，人性论依据人类之根解释“人是什么”亦即人的本性究竟为何，伦理学则进一步依据奠基于人类之根的人的本性解释“人应该到哪儿去”。它们共同构成了哲学（西方哲学）的人类之根的理论。

在西方哲学中，由于存在或者世界作为人由之所来的地方以及人应该皈依的地方就是人类之根，因此，西方哲学的寻根之路首先就是西方哲学家探讨存在或者世界的道路，它追问存在或者世界之为存在、世界究竟为何？它的本质何在？① 世界为何的问题是探索寻根之路的基本问题。据此，本书探索的总体结构是：在分析不同历史阶段哲学家们的基本哲学观点之形成的基础上，首先探讨他们对于自己所理解的“世界”特别是世界之本质的追问。其次以此为基础，探讨他们立足于世界和世界本质对于人之本性的追问，以及他们如何依据人之本性来对人的应然生活方式进行解释。这也是说，探讨他们如何在自己所理解的人类之根的基础之上对于“人是什么”、“人从哪儿来”以及“人应该到哪儿去”进行回答。并且，本书还将探讨这些哲学追问的逻辑演进和理论困难，力图把握和评价它们之间的内在逻辑，特别是从哲学的外部分析和评价这一逻辑演进史上不同的哲学理论对于西方现实世界的巨大影响。最后，在每一篇的结束语中，探讨作为人类之根的西方哲学之普遍性从最初确立到逐步沦落的过程。

## 二、西方哲学之寻根历程

### 1. 西方哲学寻根历程中的四个节点

既然本书并非一部西方哲学的历史，那么，它也不会亦步亦趋地循着

---

① 在西方哲学特别是形而上学中，世界作为人类之根具有两重意义：其一，狭义地说，世界的本质（逻各斯）是人类的根源并且仅仅是人类的根源，这时我们会说世界的本质或逻各斯是人类之根，在此意义上，世界的本质主要体现为人的理性本性，并且把人与万物区别开来。其二，广义地说，世界是包括人类在内的万物的根源，这时我们会笼统地说世界是人类之根，在此意义上，世界的现象部分主要体现为人的感性本性，它未把人与万物区别开来。世界的本质部分主要体现为人的理性本性，它包含了人与万物有所区别的内容。不过，在西方早期哲学中，有些哲学家在论及世界或其本质是世界之根或人类之根的时候，由于受思维发展水平所限，并未做出以上广义和狭义的区分，甚至没有做出人与物的区分。此外，广义和狭义的具体区分在不同性质的哲学家那里，也有复杂的表现（具体参见本书第一篇第三章第二节）。在本书中，当我们笼统地说世界是人类之根时，指的是广义的含义（狭义的含义自然地包含于其中）；当我们只强调人区别于物的人类之根时，我们通常会用世界之本质或逻各斯来表述人类之根。狭义的人类之根是最典型的人类之根，它也最典型地规定着人之所以为人的本性以及人的应然生活。

西方哲学的发展进程罗列大多数哲学家的“寻根”思想，而只想集中于西方哲学寻根思想中的某些关键节点进行逻辑归纳和思辨分析。问题在于，我们究竟应该选择哪些哲学家的寻根思想作为这些关键节点呢？并且，我们的选择依据何在呢？我们将依据三个原则来选定一些哲学家的寻根思想，将其作为西方哲学寻根之路上的关键节点，从而使它们成为我们所要探讨的寻根之路的对象。第一，它们必须有十分明确（主观明确）和系统（客观系统）的关于人类之根的思想，也就是说，它们必须明确探讨并且系统建构了存在论理论，这些理论向我们完整地展示了特有的世界图景及其本质，在此基础上，它们还提出了关于人之本性和人之应然生活的系统理解。据此，我们将把那些并不具有明确系统的关于人类之根思想的哲学排除在外。第二，这些哲学必须在相关的问题上能够代表一个时代，也就是说，在涉及人类之根的问题上，每个时代都有自己的历史任务，这些哲学应是能够承担自己时代的历史任务的哲学。同时，由于不同时代的历史任务之间存在着逻辑上的延续关系，所以，这些哲学相互之间也必须存在逻辑上的延续关系。据此，我们将把那些在人类之根问题上游离于时代任务之外从而与西方哲学寻根之路的内在逻辑关系不大的哲学排除在外。第三，它们必须是同类哲学中的典型代表，也就是说，为了更为清晰地显示西方哲学及其存在论发展的真实内涵和本质规律，除了传统形而上学这一代表古代的哲学之外，在其他时代亦即近代、现代和当代社会中，我们只选择一种我们认为最有代表性的哲学家的寻根思想来探讨寻根之路。据此，除了古代的传统形而上学之外，在其他的时代中，我们将把我们认为最有代表性的哲学家之外的寻根思想排除在外。根据以上三个原则，在循着西方哲学的寻根历程探讨西方哲学的寻根之路时，我们选择传统形而上学、康德哲学、海德格尔哲学和德里达哲学作为探讨的对象。当然，为了避免因只选择四个关键节点探讨西方哲学的寻根之路而可能产生的以偏概全的现象，在具体探讨上述四个关键节点的寻根思想时，我们将会以它们为中心，涉及大量其他哲学家的相关理论。

需要说明的是：我们所说的“传统形而上学”指的是从西方哲学诞生伊始，尤其是从柏拉图以来一直到黑格尔为止的西方形而上学，它既包含了古代形而上学，也包含了近代形而上学。其中，近代形而上学既延续了古代形而上学的传统，又包含了自己特有的近代新意。因此，在探讨近代传统形而上学时，我们把它所延续的古代传统的内容当作古代哲学来分析，并把它的近代新意纳入作为近代哲学代表的康德哲学的探讨之中来分析。康德哲学尽管也属于传统形而上学，但是，由于它彻底改变了传统形而上学的性质和方向，并且（从寻根之路的角度看）典型地履行着近代社会的历史任务，所以，我们在使用“传统形而上学”这一概念时通常并不包含康德哲学（除非特别说明）。为了区别，在把传统形而上学和康德哲学（形而上学）放在一起讨论时，我们把传统形而上学称为“旧形而上学”，而把康德哲学称为“新形而上学”。此外，德里达哲学并未建构人类之根，而是要拔去西方哲学建构的人类之根，但是，他的哲学关于人类之根的思想是西方哲学人类之根思想发展的一种逻辑延续，所以，我们将其作为一种特殊的（或消极的）寻根思想加以分析，以期充分展现西方哲学寻根之路的逻辑结果。

**2. 四个寻根节点的寻根之路**

（1）传统形而上学的寻根思想

传统形而上学的存在论将人类之根看作“外在世界”及其本质。它把“实体”作为自己的主要研究对象，尽管不同性质的哲学家（唯物主义与唯心主义、无神论与有神论）对于实体究竟为何有着不同的理解，但是，他们一致把实体理解成独立于人的“外在世界”，包括无限的实体上帝以及物质世界和精神世界。他们将外在世界特别是外在世界的本质看成人类之根，用外在世界的本质来解释人的本性并且规定着人的应然生活。他们认为，外在世界的本质就是逻各斯，它的实质内涵是一种客观理性。因此，外在世界的逻各斯也就是人类之根，它作为客观理性解释着人的本性，并且进一步规定着人的应然生活，也就是说，人来自外在世界的逻各斯，这一逻各斯规定着人是什么并且进一步规定着人应该到哪儿去，从而最终规定着人应该如何活着。传统形而上学关于人类之根的思想（存在论、人性论、伦理学）深刻地影响了西方世界，影响了西方人的世界观、人生观和价值观，它决定着西方人的基本生活态度。

康德在休谟的启发下发现了传统形而上学所包含的内在的认识论困难，并且认为这种内在的认识论困难直接导致了它的存在论困难。在他看来，传统形而上学所主张的作为人类之根的外在世界的本质（或说外在本质世界）是它所主张的认识理论无法认知的对象，无论是像经验论者那样试图通过人的肉体之眼（经验）直接向外去“看”外在世界，试图“看到”（立足于经验并在经验基础上通过归纳推理去把握）感性现象之后的世界本质，还是像唯理论者那样试图通过人的心灵之眼（理性）直接向内去“看”（直观）心灵世界，试图“看到”（经由理性直观并基于直观的演绎推理去把握）感性现象之后的世界本质，都不可能“看到”感性现象之后的世界本质，因此，传统形而上学所说的人类之根与人类并无关系，我们也不能用它来解释人的本性以及规定我们的应然生活。若要探讨人类之根，我们必须另辟新径，这一新径就是康德通过“哥白尼式革命”所建构的关于内在世界的理论。

（2）康德形而上学的寻根思想

康德形而上学的存在论在“人的立法理性”以及“内在世界”那里探寻人类之根，它把“人的立法理性”作为自己的主要研究对象。康德把“人的立法理性”看成为世界立法的理性，世界正是“人为世界立法”的产物。因此，在他那里，世界作为人之立法的产物属于内在于人的世界，也就是说，它是一种不同于传统形而上学之外在世界的内在世界。他把传统形而上学“真”“善”合一的实体（外在世界）分离开来，认为“人为世界立法”包括两种形式，即：产生真的世界（自然世界、事实世界、必然世界）的“人为自然立法”，以及产生善的世界（道德世界、价值世界、自由世界）的“人为自己立法”。至于传统形而上学的独立于人的外在本质世界，则被他归结为人类不可认识的“物自体”。在他看来，他对哲学（形而上学）的这一新的处理方式消解了传统形而上学所遇到的认识论困难，因此，他把他之前的形而上学称为“旧形而上学”，既然如此，他的形而上学自然就成了“新形而上学”。由此出发，康德把“人的立法理性”以及这一理性在内在世界中的贯彻（内在世界的本质）看作人类之根，用它们来规定人的本性并且规定人的应然生活。康德的内在世界的本质就是内在世界的逻各斯（逻辑和道德法则），它是“人的立法理性”在内在世界中的贯彻，它的实质内涵是一种主观理性，特别是主观道德理性。因此，内在世界的逻各斯（它体现了人的立法理性）就是人类之根，它作为主观理性规定着人是什么并且进一步规定着人应该到哪儿去，从而最终规定着人应该如何活着。康德形而上学关于人类之根的思想深深地改变了受传统形而上学的人类之根影响的西方世界，改变了西方人的世界观、人生观和价值观，它调整着西方人的基本生活态度。

康德之后的哲学家们从两种不同的角度指出了康德哲学的内在困难。康德之后的德国古典唯心主义哲学从传统哲学的视野出发指责康德哲学的认识论错误地把外在本质世界归结成不可知的物自体。现代西方哲学大师海德格尔则从现代哲学的视野出发，指出康德哲学认识论在“认识”之前甚至在“世界”之前所设定的那个立法之人作为“孤零零的主体”并不可能实际存在，它无法说明人与世界的存在，因而也无法说明人类之根和人的应然生活。在海德格尔看来，只有从人的更为原始的生存活动出发，我们才能说明作为认识论主体的人的存在，以及说明主体如何才能通达客体，因为我们必须先行通过人的生存活动来说明人以及人的世界的存在。在他看来，人在生存活动中建构的生存世界才是更为原始的世界。假如说康德之后的德国古典唯心主义哲学对于康德哲学的指责尚未脱离传统视野的窠臼的话，那么，海德格尔对于康德哲学的批评则有力地挑战着康德的哲学，它指向了新的更为原始的世界理论。

（3）海德格尔哲学的寻根思想

海德格尔哲学的存在论在神的法则以及“生存世界”那里探寻人类之根。他把“生存活动和生存方式”作为自己的主要研究对象。综合海德格尔的全部早期和后期哲学，他的生存世界既是人在生存过程中开启（显现）的世界，又是大道的道说向人的生存开启（显现）的世界，并且人在生存过程中开启的世界包含在大道的道说向人的生存显现的世界之中。因此，大道的道说显现的世界是包含了人在生存过程中开启的世界在内的天、地、神、人的世界，我们可以从综合他的全部早期和后期哲学之世界理论的意义上，把他的世界称为“生存世界”。根据海德格尔的观点，传统形而上学误把“存在者”当作更为原始的“存在”的做法使得西方哲学长期以来遗忘了真正的更为原始的“存在”，因此，他的“生存世界”作为“存在”的世界乃是一个比传统形而上学（包括康德哲学在内）所规定的世界更为原始的世界。在他看来，从他的原始“生存世界”出发，便能解决以往哲学所遇到的哲学困难。海德格尔从神的尺度出发，以一种特殊的方式来说明人类之根，并且规定人的本性以及人的应然生活。他把逻各斯理解成话语或显现，神的尺度作为大道的道说向生存着的人的显现，它就是生存世界的逻各斯，它的实质既非理性也非非理性，而是神的神秘。生存世界的逻各斯就是人类之根，它作为神的尺度规定着人是什么并且进一步规定人应该到哪儿去，从而最终规定着人应该如何活着。尽管海德格尔哲学无法从根本上动摇西方世界对于人类之根的理性信念，但是，它促使着西方世界对于人类理性之根进行批评性反思，从而影响着西方人的世界观、人生观和价值观，并且进一步影响着西方人的基本生活态度。

海德格尔之后的哲学家也从不同的角度指出了海德格尔哲学的内在困难。从本书的立论出发，我们认为海德格尔哲学存在着两个层面的理论困难。海德格尔哲学作为一种以人的生存活动和生存方式为主要研究对象的哲学，他欲从人的生存活动出发，试图立足于原始生存世界倡导一种新的应然的生存方式，它完全不同于传统形而上学立足于派生世界所倡导的旧的生存方式。但问题是：首先，他未能很好地解释哲学何以能实现从研究派生世界的哲学（理性思维的哲学）“飞跃”到研究原始世界的哲学（沉思之思），与此相应，他也未能很好地解释人类何以能实现通过反思现代技术的本质从以往哲学倡导的应然生活方式“飞跃”到他的哲学所倡导的应然生活方式。其次，他对人的应然生活方式之标准（作为生存世界之本质的逻各斯、神的尺度）的规定十分模糊并且难以确定，从而使人难以准确地理解人的本性，从而难以去追求应然的生活方式。从传统形而上学经由康德哲学再到海德格尔哲学，西方哲学在寻根之路上碰到了一个又一个困难，德里达则试图一劳永逸地超越所有的关于人类之根的学说的困难，他从一种全新的角度出发，意欲彻底拔去人类之根。

（4）德里达哲学的拔根思想

德里达的哲学是一种拔去人类之根的哲学。他把“解构”作为自己主要的研究对象。西方哲学的寻根之路总是把某种世界的本质（逻各斯）当作人类之根，用它来说明人的本性以及与其相应的人应该遵循的生活方式。德里达建构自己哲学的目的就是通过“解构”彻底消解任何关于世界本质的思想。表面看来，德里达的“解构”只是一种文本阅读方法，他要通过“解构”消除文本中的任何确定意义，但实际上，他要“解构”的是源自柏拉图并且包含康德和海德格尔在内的整个西方哲学传统中的那种把世界本质作为中心的哲学，亦即主张逻各斯中心主义的哲学。既然逻各斯作为世界的本质就是规定人的本性和人的应然生活方式的人类之根，那么，他要“解构”的就是人类之根，他要把人类之根连根拔去。因此，在德里达的解构主义哲学中，世界成了无根世界，人类以及世界万事万物根本没有什么“根”，一切都在飘零之中，人类也没有什么共同的本性和共同的应然生活方式，人在无根的状态下四处飘零，无家可归。

尽管德里达试图一劳永逸地超越所有的关于人类之根的困难，但是，他的哲学依然有着自己的内在困难。德里达哲学的内在困难在于：他要通过“解构”消除文本中的任何确定的意义，但他自己又不得不说出某种确定的东西并且力图使人相信；他要在通过“解构”消除文本中的任何确定意义的基础上解构西方哲学史上的一切逻各斯中心主义传统，但他又不可能不在解构之后留下某种作为中心的“痕迹”并把它呈现给读者。正是由于以上原因，他在解构他人哲学的同时却又遭遇到了别人的解构。总而言之，我们可以认为：他在反对逻辑时又遭遇到了逻辑，在反逻各斯时又遭遇到了逻各斯，并在从事解构时自己又遭遇到了新的解构。因此，他在一路势如破竹的解构之路上依然给我们留下了建构的痕迹。

## 三、西方哲学之普遍性的沦落

### 1. 评价西方哲学的两个角度

我们可以从两个角度来评价西方哲学：其一，我们可以站在哲学之内把哲学当作一种思想学说来加以评价，我们将其称为“哲学之内”的评价方式；其二，我们也可以站在哲学之外把哲学当作一种赋予世界以意义的东西来加以评价，我们将其称为“哲学之外”的评价方式。具体地说，哲学之内的评价方式把哲学当作一种思想学说，探讨它在形式上的逻辑性、自洽性，在内容上的来源、观点、体系，它在哲学史上的地位，以及它对世界的认知、解释和对世界的影响、规范；哲学之外的评价方式所探讨的则是哲学如何赋予世界以意义，以及赋予世界以什么样的意义，从而使得世界成为世界。围绕世界这一特定研究对象，简单地说，哲学之内的评价方式就是把哲学看作“解释”已经存在的世界的学问并对其加以评价的方式，哲学之外的评价方式则把哲学看作“给予”世界意义从而使世界成为世界的学问并对其加以评价的方式。哲学之内的评价方式与哲学之外的评价方式之区别还可以通过以下方式进一步加以表明，即：从哲学之内的评价方式来看，哲学无定论，也就是说，哲学作为一种学说，没有任何一种学说能够彻底推翻另外一种学说，无论是唯物主义和唯心主义之间还是它们的各自内部，也无论是无神论和有神论之间还是它们各自的内部，都是如此；反之，从哲学之外的评价方式来看，哲学则有定论，也就是说，无论哲学作为一种学说是多么无定论，但是，它却十分“确定”地给了世界以意义（无论是好的意义还是不好的意义）并使世界成为世界。当然，赋予世界以意义从而使得世界成为世界的东西并非单纯就是哲学，严格地说，所有的文化都在起着这种作用。但是尽管如此，由于哲学作为世界观的学说直接就是关于世界的“学说”，它作为文化中的基本价值观念构成了全部文化现象之中最为重要的内核并且支配着其他的文化现象，所以，世界的意义首先并且主要是由哲学给予的，并由哲学为其确定基本性质。

在以上对“西方哲学之寻根历程”（以及在“导言”之后每一篇的前四章）的分析中，我们主要是从哲学之内的角度来探讨西方哲学的寻根之路的；在现在的对“西方哲学之普遍性的沦落”（以及在“导言”之后每一篇的“结束语”）的分析中，我们则主要从哲学之外的角度来探讨西方哲学之普遍性的沦落。正如从哲学之内的评价方式看，西方哲学有着自己内在的传承和发展规律一样，从哲学之外的评价方式看，西方哲学同样有着自己内在的传承和发展规律，并且，它还与从哲学之内的评价方式看的西方哲学之内在传承和发展规律相互交织、相互促进。从哲学之外的评价方式看，不同时代的哲学家们的世界理论以及由其决定的人性理论和人之应然生活的理论表现为一种合乎逻辑的发展过程，同时，由于世界其实就是世界理论赋予意义的世界①，所以，上述过程也表现为一种实际的世界本性以及由其决定的实际的人性和人的应然生活的合乎逻辑的发展过程。在上述“理论”（世界理论）和“世界”（实际世界）的两个层次上的发展过程中，“理论”是基础，它影响着“世界”，并且，在“理论”中，逻各斯是基础，它是世界的本质并且作为人类之根决定着人的本性和人的应然生活。逻各斯是一种普遍性，它作为世界的普遍本质决定着人的类的普遍性和类的普遍价值观念②，这种现象既表现在作为“理论”的世界理论之中，也表现在受世界理论影响的作为“世界”的实际世界之中。因此，从哲学之外的评价角度来看，西方哲学世界理论（从作为人类之根的角度说）的发展以及受其影响的现实世界（从作为人类之根决定的人类普遍价值观的角度说）的发展主要表现为作为逻各斯的普遍性的发展，它具体表现为不同时代的哲学家在理论上所理解的作为逻各斯的普遍性在不断遇到困难的过程中（从传统形而上学出发经由康德、海德格尔、德里达）逐步走向沦落的过程，以及在实际中人类普遍价值观念（它们作为西方哲学之逻各斯的普遍性理论影响的实际结果，包括人的类的本性的规定和人的类的应然生活的规定）逐步走向弱化的过程。

**2. 西方哲学普遍性的沦落过程**

（1）传统形而上学的强势普遍性

传统形而上学所赋予世界的普遍性是一种强势普遍性。我们知道，传统形而上学把世界看作外在世界，普遍性就是作为外在世界规律的逻各

① 西方哲学赋予意义的世界其实就是西方世界，但是，由于哲学家们解释世界时都相信自己的哲学所解释的世界是一般意义上的世界，所以，在本书中，我们也不把它称为“西方世界”而直接将其称为“世界”。

② 为了简练，我们有时会把作为人的本性的类的普遍性和由其决定的作为人的应然生活的类的普遍价值观念综合起来统一称为“人类的普遍价值观”。

斯。由于外在世界是一种“客观世界”，并且它的“逻各斯”是一种“客观”的逻各斯，“客观”意味着不以人的意志为转移，因此，逻各斯作为外在客观世界的普遍性便是一种强势普遍性，也就是说，是一种不可动摇的普遍性。基于传统形而上学的强势普遍性，传统形而上学对于人应该如何活着（人应该到哪儿去）的论证也是一种“强”论证。这里所谓的“强”论证，指的是它的论证经由人性的解释把人应该如何活着的理由奠定在一种客观的基础之上。因此，在传统形而上学的理论框架内，人们按照传统形而上学规定的方式生活其实就是遵循作为人类之根的外在世界的“客观”逻各斯（普遍性）生活，它们或者表现为遵循物质世界的逻各斯（规律）而生活，或者表现为遵循精神世界的逻各斯（理性）而生活，甚至表现为遵循上帝的逻各斯（命令）而生活。这里，无论是物质世界的规律，还是精神世界的理性，乃至上帝的命令在人身上都表现为客观理性，所以，人遵循外在世界的逻各斯而生活，归根到底就是遵循客观理性而生活，遵循客观理性而生活成为人们应该遵循的普遍价值观。

传统形而上学使人们相信：世界是理性的世界，人是理性的人，人应该按照理性的方式生存。传统形而上学基于外在世界普遍性所规定的人应该遵循的普遍价值观作为哲学家们精心挑选并且十分相信的普遍价值观对于西方社会的发展和西方人的生活起了不可估量的积极作用。然而，外在世界的普遍性实质上是哲学家们给予世界的实际上是作为他们自己的信念的普遍性，但是，哲学家们却把自己的相关信念（作为主观的东西）说成是外在世界自身的逻各斯（作为客观的东西）并且代表外在世界向人宣布，所以，他们的做法“客观上”是在“代天行言”。具体地说，他们首先把自己的观点说成“天”（包括作为物质、精神或者上帝的世界本原）的规律、理性和命令，从而把自己的观点罩在外在世界之规律、理性和命令的神圣光环之中，然后再把自己作为“天”的代表把这些规律、理性和命令作为“天”自身的规律、理性和命令传达给人类。无论他们的信念具有多大的事实基础，以及无论他们“主观上”如何相信这些东西确实就是外在世界的逻各斯，但从“客观上”说，他们的做法都有一种“欺骗”性质。① 这样做的结果就是哲学家们成为少数思想精英，绝大多数社会大众

---

① 需要说明的是：我们关于“客观欺骗”的说法仅仅适用于哲学之外的评价方式，若从哲学之内的评价方式看，也就是说，从解释世界的角度看，我们将会以“解释不当”代替“客观欺骗”。

则应该接受他们的说教，并且按照他们所规定的生存方式去生活。尽管这一做法在人类历史上曾经起着积极的作用，它帮助西方社会顺利建构了理性的社会，但也有它的局限性。特别是一旦有政治人物把他们的某些思想加以恶性利用，把自己的统治描绘成“代天统治”，并以此来维护自己的个人统治和少数人的统治时，那么，这些被利用的思想就有可能成为一种维护专制制度的意识形态。欧洲中世纪晚期的“君权神授”就是这样的意识形态。所以，随着近代资产阶级的兴起，那些要推翻封建专制制度和宗教专制制度的资产阶级思想家必然也会改造和批判作为这一制度之意识形态的“代天行言”理论。

(2) 康德形而上学的弱势普遍性

康德哲学赋予世界的普遍性是一种弱势普遍性。我们知道，康德哲学把世界看作人为之立法的世界。人为之立法的世界意味着这一世界是内在于人之“法”的“内在世界”。“法”即逻各斯，亦即普遍性。人“给予”的普遍性意味着康德把传统形而上学的外在世界的“客观的”逻各斯转变成了内在世界的“主观的”逻各斯，也就是说，他的哲学所赋予世界的普遍性是一种内在世界的主观普遍性。主观常常意味着以人的主观意志为转移，亦即“任意”，它有可能导致普遍性因其没有必然性（确定性）而不成为普遍性。为了消除这一危险，康德强调他所说的普遍性乃人的一种“先天性”，因此，尽管它来自人的意志，但是，它却并非“主观性”而是一种“客观性”。尽管如此，这种源自先天性的“客观性”毕竟不如外在世界的“客观性”来得客观。所以，内在世界的逻各斯应是一种弱势普遍性。基于康德哲学的弱势普遍性，康德哲学对于人应该如何活着（人应该到哪儿去）的论证是一种“弱”论证。这里所谓的“弱”论证，指的是它经由人性的解释把人应该如何活着的理由奠定在一种先天但却主观的基础之上。因此，在康德哲学的理论框架内，人们按照康德哲学规定的方式生活其实就是遵循作为人类之根的内在世界的“先天”但却主观的逻各斯（普遍性）而生活。这里，内在世界的逻各斯还是表现为理性，但是，它是人的主观理性，亦即西方近代意义上的主体的理性。所以，人遵循内在世界的逻各斯而生活，归根到底就是遵循人的主观理性或西方近代意义上的主体理性而生活，这成为人们应该遵循的普遍价值观念。

康德哲学使人们相信，尽管纯粹客观的世界（物自体）不为人们所知，但是，人就是理性的人，人所生活的世界作为人为之立法的世界本质上就是人所给予的理性世界，人应该按照作为主体的人自己的理性的方式

(尤其是道德理性的方式)而生活。康德哲学的主观理性作为西方近代意义上的主体理性既体现了近代的特征，也体现了西方近代社会的民主要求，它表达着近代西方资产阶级追求民主的普遍价值观念，它对西方近代以来人的生活起着巨大的历史作用。然而，尽管康德哲学内在世界的普遍性可能比传统形而上学外在世界的普遍性有更多的事实基础，但是，它实质上还是康德自己的信念，所以，当他把这种信念(作为主观的东西)说成内在世界的逻各斯(作为先天的东西)时，他与传统形而上学的“代天行言”十分类似，也就是说，在客观上，他是在“代人行言”，他的做法在“客观上”同样具有一种“欺骗”作用。虽然由于他把内在世界的普遍性看作是每一个有理性的人先天具有的“法”，也就是说，他把人的“立法之权”还给了每一个有理性的人，让他们自己作为自己的“法”的主人，从而避免了某些政治家恶性利用“代人行言”并形成“代人统治”，亦即实行专制统治的可能性，但是，他毕竟未能彻底消除少数思想精英“代人(所有的人)”向绝大多数社会大众“行言”的情形。

(3)海德格尔哲学的神秘普遍性

海德格尔哲学所赋予世界的普遍性是一种神秘普遍性。海德格尔的世界是生存世界，普遍性就是这一生存世界中被称为神的尺度的逻各斯，它是“大道的道说”向生存着的人的“显现”。严格地说，它是大道的道说在向生存着的人显现为天、地、神、人的生存世界时隐含的“尺度”。神的尺度作为一种“尺度”，它要求人在让天、地、神各自成己时也让自己成己，从而守住自己的本性，按照自己的本性去生存。因此，神的尺度像传统形而上学之外在世界的逻各斯和康德哲学之内在世界的逻各斯一样是一种普遍性，它规定着人的普遍价值观。但是，海德格尔所说的作为普遍性的生存世界的逻各斯或神的尺度又是一种神秘。海德格尔的解释是：大道的道说在向生存着的人显现为天、地、神、人的生存世界时，它坚守着原始的遮蔽，对人来说，这种原始的遮蔽是一种人无法穿透的神秘，它成了一种人类生存应该遵循的尺度(神的尺度)，使人类感受到自己的有限性，从而警醒人类不要僭越，让天、地、神、人各自成己。因此，神的尺度又与传统形而上学之外在世界的逻各斯和康德哲学之内在世界的逻各斯不一样，它是一种难以把握的神秘的普遍性。作为难以把握的神秘的普遍性，它不仅不具有客观逻各斯所决定的强势普遍性的那种不可动摇性，而且也不具有先天逻各斯所决定的弱势普遍性的那种弱强制力。因此，基于海德格尔哲学的神秘普遍性，海德格尔哲学对于人应该如何活着的论证是一种比康德哲学关于人应该如何活着的论证更弱的论证，之所以会如此，是因为他的论证把人应该如何活着的理由奠定在一种难以捉摸的神秘性上。因此，在海德格尔的理论框架内，人们按照海德格尔哲学规定的方式生活其实就是遵循作为人类之根的生存世界的逻各斯（普遍性）而生活。这里，生存世界的逻各斯表现为让天、地、神、人各自成己，所以，人遵循生存世界的逻各斯而生活，其实就是遵循各自成己的普遍价值观而生活。

海德格尔哲学使人相信：世界是各自成己的世界，人是有限的人，人应该按照成己亦即有限的方式生存。海德格尔哲学基于生存世界普遍性所规定的人应该遵循的普遍价值观作为海德格尔苦心选择的价值观对于处在现代技术统治下的当代人的生存方式应该具有重要的启示意义。但是，由于生存世界的普遍性实质上是海德格尔自己的信念，所以，当他把这种信念（作为主观的东西）说成生存世界的逻各斯（作为客观的东西）时，他“客观上”也在“代天行言”，也就是说，他把自己的观点说成“天”亦即大道显现中的神秘，从而把自己的观点置于神的尺度的崇高地位之上，然后再向人间宣布。无论海德格尔“主观上”是如何相信自己的这些观点的正确性，甚至他的观点实际上也可能不错，但是，从“客观上”说，他把自己猜测到的观点说成神的尺度还是包含了“欺骗的”性质。不过，由于海德格尔把神的尺度仅仅解释成让人面对神的神秘时满足于自己的有限性，也就是说，他已经把“天”的东西还给了天，所以，他已经大大弱化了“代天行言”，甚至可以说他的“代天行言”实际上已经取消了“代天行言”。同时，他的“代天行言”的思想已经远离了政治统治，他关心的是当代的人如何摆脱现代技术统治所造成的生存困境问题，任何政治家都不可能恶性利用他的这些思想为自己的政治统治服务。

（4）德里达：普遍性被连根拔去

我们发现，从传统形而上学的强势普遍性经康德哲学的弱势普遍性再到海德格尔哲学的神秘普遍性的发展过程是一个西方哲学的普遍性逐步沦落的发展过程，同时，西方哲学的普遍性作为世界的普遍性亦即人类之根构成了人类普遍价值观的基础，所以，西方哲学普遍性逐步沦落的过程也就是西方社会普遍价值观逐步沦落的过程。随着西方哲学的普遍性以及西方普遍价值观的逐步沦落，德里达哲学便顺势而为地通过自己的解构主义把普遍性连根拔去，它通过“文字”这一僭越的策源地解构了逻各斯中心主义以及逻各斯本身，最终彻底消解了西方哲学的普遍性，客观上也彻底消解了西方社会的普遍价值观念。

人类（包含一个文化区域、一个国家或者一个民族）为了组成社会（其中包含了统治者进行政治统治的需要），通常总是需要共同的价值观来统一思想，从而使得人类社会能够凝聚起来。根据我们的分析，在西方社会的历史上，人类所需要的共同价值观是通过少数思想精英“代天行言”的方式确立起来的，表现为基于世界普遍性的人类社会的普遍价值观。尽管它们在人类历史上在帮助人类组成社会、凝聚思想方面曾经起了十分重要的作用，并且在现实中它们依然起着这种作用，但是，它们有着不可克服的历史局限，即：它们实质上是少数思想精英“代天行言”的结果。在逻各斯中心主义的背景下，“代天行言”使社会中的一部分人（思想精英和政治人物）由于属于逻各斯的代言人成为社会主流价值的代表，其他的人则被边缘化了，它强制社会大众服从这一主流价值，排除了其他主流价值之外的各种价值的存在理由和合法地位，从而用主流价值的价值一元论扼杀了社会应该具有的多元价值的平等存在和共同繁荣，最终导致了人类的不自由和不平等。因此，消除这种以“代天行言”为基础的普遍价值观，以及消除以一元价值排除多元价值的不当价值格局，应该是一种进步的历史发展方向。就此而言，德里达通过解构逻各斯中心主义彻底消解了西方哲学普遍性以及西方社会普遍价值观的中心地位，并且进一步彻底消解了西方哲学的普遍性以及西方社会的普遍价值观本身，从而彻底摧毁了西方社会以一元主流价值排除多元价值的不当价值格局，把边缘地带的人从不自由和不平等中解放出来，应是值得赞赏的历史进步行为。

然而，人类社会若要成为“统一”的人类社会，它不能没有至少是最低限度的统一价值观，以便用它们来统一思想和凝聚人心，帮助人类在一些基本的思想和行为中能够相互沟通、相互协调、相互配合、和平共处。尽管为了确保价值多元主义的存在和发展，也就是说，为了确保人类经过漫长的历史发展所取得的从价值一元论走向价值多元论的伟大成果，这些统一的价值观念或许越少越好，但是人类依然需要最低限度的统一价值观的实际存在。遗憾的是德里达的哲学仅停留于解构阶段，也就是说，它只是简单地停留于西方哲学普遍性以及西方社会普遍价值观的消解之中，因此，德里达哲学没有意识到最低限度的人类统一价值观存在的必要性，当然，它更不可能考虑通过何种方式去重建这些最低限度的人类统一价值观以便在确保人类能够成为“统一”社会的同时又能消除西方哲学在建立人类统一价值观念之“建构方式”上的缺陷（例如“代天行言”）。不过，德里达的解构工作已为新的能够确保社会的多元价值和人类的自由平等的最低限度的人类统一价值观念的重建扫平了障碍，清理了必要的地基。其实，西方哲学的发展正为我们开辟着另外一条道路：它使我们有可能以另外一种方式去重建那些最低限度的人类统一价值观，不仅能够确保人类成为“统一”的社会，而且还能消除西方哲学在建立人类统一价值观之“建构方式”上的缺陷。我们将在另外一本探讨“人生之锚”的书《西方哲学普遍性的重建》中去讨论这一问题。

根据以上的讨论，在本书中，我们将以传统形而上学、康德哲学、海德格尔哲学和德里达哲学为经线，并以人类之根的追问为纬线探讨西方哲学的寻根之路。在经线上，我们分别探讨传统形而上学对于外在世界的追问、康德哲学对于内在世界的追问、海德格尔哲学对于生存世界的追问以及德里达哲学对于人类之根的解构；在纬线上，我们则围绕人类之根（何谓人类之根？它们如何构成人的本性以及如何成为人类的普遍价值观?）这一主要问题进行探讨。除此之外，本书还要探讨传统形而上学、康德哲学、海德格尔哲学以及德里达哲学的诞生和来源（此处将会涉及这四个关键节点之外的更多的哲学家的思想），以及这些哲学（从哲学之内的评价方式看）的理论困难和它们相互之间的演进逻辑，特别是这些哲学（从哲学之外的评价方式看）所呈现的西方哲学之普遍性沦落的实际过程。因此，除了“导言”之外，本书分为四篇，即：对于外在世界的追问、对于内在世界的追问、对于生存世界的追问以及连根拔去的世界。其中，尽管每一篇中都有众多的探讨主题，但是，西方哲学之普遍性的沦落过程，应是本书最为重要的主题。

# 第一篇

# 对于外在世界的追问

在西方哲学的寻根之路上，对于外在世界的追问属于西方哲学对于人类之根的第一次追问。这次追问试图在现成的外在世界中寻找世界的本原，探索人类之根，也就是说，试图通过追问外在世界的本质来追问作为人类共同之根的普遍性。西方哲学对于外在世界的追问主要是西方传统哲学的追问，并且主要表现为传统形而上学的追问。因此，我们所探讨的西方哲学对于外在世界的追问，主要是西方传统形而上学对于外在世界的追问。

# 第一章 传统形而上学的诞生

亚里士多德首先提出了第一哲学亦即形而上学这一概念。他是西方哲学史上最为伟大的哲学家之一，正如黑格尔所说："亚里士多德深入到现实宇宙的整个范围和各个方面"，"没有人像他那样渊博而富于思辨"①。亚里士多德的第一哲学的提出是总结他以往的所有哲学成就的结果，尤其是总结柏拉图哲学成就的结果，因此，回顾他之第一哲学的前史，有助于我们更为准确地理解第一哲学亦即形而上学。

## 第一节 自然哲学的始基学说

西方哲学的源头，即西方传统形而上学的源头，是古希腊的自然哲学。自然哲学把探讨世界的"始基"作为自己的哲学任务，正是自然哲学对于始基的探讨，才为第一哲学对于自身对象亦即实体的探讨提供了最为原始的素材。

### 一、自然哲学与两个始基

自然哲学的始基就是自然哲学家所提出的世界的本原。根据自然哲学家的观点，始基是这样一种东西，即："……一个东西，如果一切存在物都由它构成，最初都从其中产生，最后又都复归为它……在他们看来，那就是存在物的元素和始基。"② 那么，什么是作为万物产生于它又复归于它的始基呢？对此，自然哲学家们的说法虽然各有不同，但是，大致说来，形成了两种基本观点。伊奥尼亚学派持有一种基本观点，南意大利学

---

① 黑格尔．哲学史讲演录：第2卷．贺麟，王太庆，译．北京：商务印书馆，1960：269.

② 北京大学哲学系．古希腊罗马哲学．北京：商务印书馆，1982：4.

派则持有另外一种基本观点。伊奥尼亚学派包含了米利都学派和爱非斯学派，它们用具体的感性事物来说明始基，其实是用一种物质现象来说明始基。古希腊最早的哲学家亦即米利都学派的创始人泰勒斯认为世界的始基是水，爱非斯学派的代表赫拉克利特则认为世界的始基是火。赫拉克利特说："这个世界对一切存在物都是同一的，它不是任何神所创造的，也不是任何人所创造的；它过去、现在和未来永远是一团永恒的活火，在一定的分寸上燃烧，在一定的分寸上熄灭。"① 南意大利学派包含了毕达哥拉斯学派和爱利亚学派，它们用某种抽象的共同原则来说明始基，其实是用一种思维抽象来说明始基。毕达哥拉斯学派的创始人毕达哥拉斯认为始基是数，主张"数学的始基就是一切存在物的始基"②；爱利亚学派的主要代表巴门尼德则认为，"存在"或说"存在物"是万物的始基，并且存在物是存在的，它不可能不存在。

自然哲学关于始基的两种观点意味着自然哲学家们信赖两种不同的认识。伊奥尼亚学派信赖感性认识（经验、直观），它们相信感性认识的可靠性，所以，它们所提出的始基其实就是它们基于感性认识所得出的结果。根据第欧根尼·拉尔修的记载，泰勒斯之所以有水是万物的始基这一看法，"……也许是由于观察到万物都以湿的东西为滋养，以及热本身就是从潮湿中产生，并且靠潮湿来保持的……也可能是万物的种子就其本性说是潮湿的，而水则是潮湿的东西的本性的来源"③。同样，赫拉克利特关于火是始基，以及世界川流不息的描述，也应该是经验直观的结果。南意大利学派信赖理性认识（思维、抽象），它们相信理性认识的可靠性，因此，它们所提出的始基其实就是它们基于抽象思维所得出的结果。毕达哥拉斯所提出的"数"只有通过抽象思维才能获得，巴门尼德则明确肯定了只有抽象思维才是获得真正的始基（真理）的唯一道路。巴门尼德指出，存在两条不同的认识道路：一条认识道路是感性的认识道路，它以感性事物为对象，但是这些感性事物并不是真实的存在，因此，它以"不存在"为认识对象，故而这条道路不能认识真理，只能获得"意见"，在认识论上，它只是一条骗人的认识途径；另外一条认识道路是理性的认识道路，它超越并不真实存在的感性事物而直接以真实的"存在"为对象，因此，

① 北京大学哲学系．古希腊罗马哲学．北京：商务印书馆，1982：21.

② 同①37.

③ 同①4.

唯有这条道路才是认识“真理”的道路。所以他说：对于后面一条认识途径来说，“这是确信的途径，因为它通向真理”①。

## 二、普遍性的初步追寻

自然哲学的始基作为万物产生于它又复归于它的东西，也就是说，作为世界的本原，就是包含人在内的万物的根基。我们可以从两个方面来反思自然哲学所提出的包含人在内的万物的根基。

首先，我们可以从物质始基和精神始基的角度来反思自然哲学所提出的包含人在内的万物的根基。这里包含了三个层次的意思：其一，两种始基的关系就是质料和形式的关系。伊奥尼亚学派的不同的哲学家所提出的各类始基虽然各不相同，但是，它们却有共同的特征，即：它们都是构成万事万物的材料，也就是说，它们都是质料；南意大利学派的不同的哲学家所提出的各类始基虽然也有差异，但是，它们也有共同特征，即：它们都是万事万物中的某种共同本质，也就是说，它们都是形式。其二，两种始基的关系也是物质和精神初始形态的关系。由于构成万事万物的材料都是感性的物质现象，因此，质料作为始基更加接近物质始基，同时，由于万事万物中的某些共同本质只能属于思维的产物，因此，形式作为始基则更加接近精神始基。所以，质料和形式的关系也可以被看作物质和精神初始形态的关系，它们可以进一步发展为物质和精神的关系。② 其三，两种始基作为认识对象还产生了两条不同的认识路线。质料或物质始基是感性经验的对象，所以，以质料或物质始基为认识对象更有可能产生经验论的认识路线；形式或精神始基是思维抽象的对象，所以，以形式或精神始基为认识对象则更有可能产生唯理论的认识路线。在上述三个层次的意思中，第二个层次的意思是实质性的意思，它既是第一个层次的意思的进一步延伸，同时又衍生出了第三个层次的意思。因此，我们将此一方面的反思称为从物质始基和精神始基的角度出发对于自然哲学所提出的包含人在内的万物的根基的反思。这一反思向我们表明：自然哲学的两种始基学说分别从存在论的角度为西方哲学史上的唯物主义和唯心主义的产生与发展奠定了最初的基础；同时，由于唯物主义更有可能走向经验论的认识论并

---

① 北京大学哲学系．古希腊罗马哲学．北京：商务印书馆，1982：51.

② 在后面的部分中，我们有时会在不太严格的意义上，把质料和物质等同起来表述，并把形式和精神等同起来表述。

且实际上也更多地产生了经验论的认识论，而唯心主义更有可能导致唯理论的认识论并且实际上也更多地产生了唯理论的认识论，所以，从不太严格但却符合西方哲学史的主要事实的角度说，自然哲学的两种始基学说还分别从认识论的角度为西方哲学史上的经验论和唯理论的产生与发展奠定了最初的基础。①

其次，我们还可以从个别始基与一般始基的角度来反思自然哲学所提出的包含人在内的万物的根基。形式作为万事万物中的共同本质，它们属于"一般"；质料（例如水、火）就其自身来看尽管也有某种一般性的含义（例如水指的就是不同的具体之水的共同本质），但是，作为具体的感性事物，与形式比较起来，它们则成了"个别"。因此，质料与形式的关系就是个别与一般的关系。当然，在探讨始基的过程中，从主观意图说，无论是伊奥尼亚学派还是南意大利学派，它们都是在千变万化因而有生有灭的非永恒的"多"中寻找不变的因而无生无灭的永恒的"一"，也就是说，它们都在作为变化的、暂时的"多"的"个别"中寻找作为不变的、永恒的"一"或"一般"，并把这种"一"或"一般"作为世界的始基亦即作为世界的本原或本质来说明"多"或"个别"的产生、变化、发展和消亡。然而，从客观结果说，尽管伊奥尼亚学派也像南意大利学派一样试图在作为变化的、暂时的"多"的"个别"中寻找作为不变的、永恒的"一"或"一般"，但是，它却采取了一条与南意大利学派完全不同的路径。南意大利学派用来解释个别（万物）起源的"一般"，例如"数""存在"等，确是某种"一般"，也就是说，它确实是把某种一般当作一般来说明个别（万物）的起源和本质；伊奥尼亚学派则不同，它用来解释个别（万物）起源的"一般"，例如"水""火"等，本质上依然是"个别"，它其实是把"个别"当作一般来说明其他个别（万物）的起源或本质。显然，这是一种缺陷。

对于自然哲学始基学说的上述两个方面的反思紧密联系，它们共同表明无论是唯物主义（以及伊奥尼亚学派）还是唯心主义（以及南意大利学

① 尽管唯物主义和经验论并不必然等同，并且有些经验论者例如贝克莱是唯心主义者，但是，由于唯物主义承认感性现象的真实性因而更容易走向经验论，并且实际上绝大多数唯物主义者都是经验论者，所以，在本书中，我们常会在不太严格但却符合西方哲学史的主要事实的意义上，把唯物主义与经验论联系起来称为"唯物主义经验论"；同时，尽管唯心主义和唯理论并不必然等同，并且有些唯理论者例如斯宾诺莎是唯物主义者，但是，由于唯心主义不承认感性现象的真实性因而更容易走向唯理论，并且实际上绝大多数唯心主义者都是唯理论者，所以，在本书中，我们常会在不太严格但却符合西方哲学史的主要事实的意义上，把唯心主义与唯理论联系起来称为"唯心主义唯理论"。

派），都用寻找“个别”之中的“一般”来说明诸多的“个别”作为自己哲学的最高目标，只是唯物主义承认个别的实际存在，试图经由个别现象追寻现象之后的一般本质，而唯心主义则否认个别的实际存在，试图绕过虚假的个别现象直接追寻一般本质。个别和一般的关系才是哲学的基本问题，唯物主义和唯心主义不过是追寻“一般”的两种路径。“一般”就是“普遍性”，因此，综合唯物主义和唯心主义可以得出结论，从哲学最基本的对象说，西方哲学主要就是追寻“普遍性”的学说。自然哲学乃是对于“普遍性”的初步追寻。

## 第二节　从普罗塔哥拉到苏格拉底

自然哲学的始基学说其实就是通过质料或者形式追寻作为人与万物之根的“一般”（或普遍性）的学说。然而，对于古代人来说，探讨作为世界本质的这么一种高度抽象的“一般”，并非一件容易之事。正因如此，自然哲学，尤其是其中的伊奥尼亚学派的始基学说包含了严重的内在困难。普罗塔哥拉首先从消极的层面上对于伊奥尼亚学派始基学说的内在困难发出挑战，苏格拉底则接受了这一挑战的启示，并从积极层面上得出了一个重要的结论。

### 一、普罗塔哥拉的“人是万物的尺度”

普罗塔哥拉立足于自己的知识论提出了“人是万物的尺度”的命题。这一命题通常被看作在西方哲学史上首次提出的张扬人的地位的命题。其实，若把普罗塔哥拉的这一命题放到西方哲学的发展历程之中，并且考虑到这一命题的知识论基础，我们便能发现，他的这一命题主要还是一个认识论命题，并且它还直接关涉到如何理解伊奥尼亚学派所提出的始基亦即世界本原的问题。正是在这种意义上，他的这一命题才对苏格拉底的相关思想具有重要的“启示”作用，并且直接通向了柏拉图和亚里士多德的实体思想。

普罗塔哥拉是这样表达“人是万物的尺度”这一命题的：人是万物的尺度，是存在的事物存在的尺度，也是不存在的事物不存在的尺度。据他所说，事物对于你就是向你呈现的样子，而对于他则是向他呈现的样子。由于不同的人对于同一事物会有不同的感受，所以，若仅从感觉出发，普罗塔哥拉的"人是万物的尺度"的命题确实揭示了一种实际存在的相对主义的现象，即：从感觉出发，同一事物对于不同的人可以呈现出不同的样子。若把普罗塔哥拉的"人是万物的尺度"这一命题当作伊奥尼亚学派哲学和苏格拉底哲学的中间环节，那么，我们就会看到他的这一认识论命题所具有的不同寻常的"存在论"意义上的启示作用，即：它从消极的层面上解释了伊奥尼亚学派之始基学说的"相对主义"风险。如前所述，伊奥尼亚学派所提出的始基作为质料，无论是泰勒斯的"水"还是赫拉克利特的"火"（在不考虑赫拉克利特提出的作为世界本质的"逻各斯"的前提下），都仅仅是他们从感觉认识得来的被他们当作"一般"（"一"）的感性"个别"（"多"），这些感性"个别"对于不同的感受者呈现出不同的样子（作用）。例如，当我们把个别的"水"当作一般来解释其他所有的个别时，"水"确实能够说明某些事物的产生，但却不能说明所有事物的产生；当我们把个别的"火"当作一般来解释其他所有的个别时，"火"或许也能说明一些事物的产生，但也不能说明所有事物的产生。因此，当伊奥尼亚学派把从感觉经验得来的"个别"当作"一般"来说明作为世界万物的个别（多）的时候，他们就不可避免地会陷入"公说公有理，婆说婆有理"的尴尬处境，从而必然会走向普罗塔哥拉"人是万物的尺度"这一命题所揭示的相对主义道路。因此，无论普罗塔哥拉"人是万物的尺度"这一命题的提出是出于什么目的，它在西方哲学史的发展逻辑之中，客观上都无情地揭示了伊奥尼亚学派"始基"学说的内在困难和必然归宿，表明伊奥尼亚学派的"始基"学说绝不可能成为说明万物之"多"的"一"，也不可能有效地解释包含人在内的万物的起源和本质。

普罗塔哥拉的"人是万物的尺度"作为一个消极的认识论命题，直接在存在论上否定了任何立足于感觉经验得出世界本原（始基）的可能性。但是，它在存在论方面的消极影响却变成了对于苏格拉底的积极启示。它使苏格拉底认识到：我们不可能从感觉经验出发追寻到"一般"（"一"），只有从心灵出发，我们才能追寻到"一般"（"一"）。

## 二、苏格拉底的归纳定义

苏格拉底不同意普罗塔哥拉关于"人是万物的尺度"的相对主义结论，他执着地要从相对、变化、暂时中找到一种绝对、不变、永恒的东西，即从个别中找到一种一般的东西。他所采用的方法就是他所谓的"精神助产术"，亦即通过归纳论证寻求一般定义的方法。

苏格拉底的方法形式上表现为一种问答方法，它的直接目的主要是从各种现象（多）中探求道德知识的真理（一般定义）。它借助讨论问题双方的一问一答，通过对于各种现象的诘难，使得谈话的一方陷入自我矛盾，逐渐修正自己的意见，最终达到真理（一般定义）。例如，在《美诺》篇中，苏格拉底向美诺询问何谓“美德”。首先，他否定了美诺关于“男人的美德是精于国务”“女人的美德是精于家务”的说法，指出自己要求的答案是一种普遍的美德；其次，他又反驳了美诺关于“美德就是支配别人”的说法，强调儿童和奴隶并不能够支配别人；最后，他更引导美诺找出许多具体的美德，例如正义、勇敢、节制、智慧等，并进一步要求找到贯穿于一切美德之中的普遍的美德亦即美德的一般定义。他就这样通过归纳的方式最终找到“美德就是知识”这样一个美德的一般定义。亚里士多德说：“苏格拉底专门研究各种伦理方面的品德，他第一个提出了它们的一般定义问题。”① 又说：“有两样东西完全可以归功于苏格拉底，这就是归纳论证和一般定义。”② 这是对苏格拉底恰当的肯定。

不过，苏格拉底的“精神助产术”本质上是一种“先验论”。在他看来，一般的定义早已存在于人的心灵之中，为人的心灵先天具有，或者说是神在人心中预先安排好的，只是它们还没有被人所意识，正因如此，才需要他的诱发、开导。所谓通过归纳论证寻求一般定义，其实只是通过问答讨论使得一方对于另外一方已有的知识进行“助产”。我们认为，尽管苏格拉底的归纳论证本质上是一种先验论，或者说一种凭借外界诱发、开导的“回忆论”，但是，他却十分准确地看到了这一问题，即：一般定义（能够解释“多”的“一”）只能是人心的产物，它的存在不能离开人的心灵（思维抽象）的作用。这样一来，苏格拉底便超越了伊奥尼亚学派立足于感觉经验从客观对象中寻找一般本质的哲学探索方式，也超越了普罗塔哥拉“人是万物的尺度”的相对主义命题。

苏格拉底继承的是南意大利学派，尤其是巴门尼德的思想路线，他力图通过思维来寻找一般定义（“一”或本质）。从一个方面来看，苏格拉底比巴门尼德更进一步，巴门尼德虽然提出了“一般的”存在，但是，巴门尼德的存在却“好像一个滚圆的球体”③，因而带有形象的特征，苏格拉

① Aristotle. Metaphysics. Translated by Hugh Lawson-Tancred. Penguin Group，1998：401.

② 同①402.

③ 北京大学哲学系. 西方哲学原著选读：上卷. 北京：商务印书馆，1981：33.

底的一般定义则是一种地地道道的“抽象一般”；从另外一个方面来看，苏格拉底比巴门尼德又退了一步，因为巴门尼德的“存在”是一种存在论意义上的更为“抽象”的一般，而苏格拉底的一般定义则是一种伦理学意义上的更为“具体”的一般。亚里士多德清楚地看到了这一事实，他说：“苏格拉底着手思考伦理学，对整个自然则不过问；并且，他在这些问题中寻求普遍，还首先看到了定义的重要性。”① 无论如何，苏格拉底首先正确地指出了一个事实，即：哲学若要讨论“一般”（普遍性），它必须借助人的心灵（思维）的作用。因此，当苏格拉底关于一般定义的思想产生之后，“柏拉图接受了这种观点，不过他把定义也应用于其他事物但并非是关于那些感性事物的。正是由于感性事物不断变化，所以不能有一个共同定义”②。柏拉图所说的这种非感性事物的定义就是理念。

## 第三节 柏拉图的两重世界学说

柏拉图是古希腊最伟大的形而上学家之一，他虽然没有明确提出第一哲学（形而上学）这一概念，但他实际上已初步建立了比较系统的形而上学体系亦即他所谓的辩证科学体系。在柏拉图的辩证科学体系中，西方哲学的“世界学说”第一次以系统的形式呈现了出来，它深刻地影响了整个西方哲学的历史。

### 一、世界：理念与现象

黑格尔在他的《哲学史讲演录》中说：“在柏拉图哲学里，我们看见了各种各样的早期哲学理论，但都被吸收并结合到他自己的原则里面。这个情况足以表明，柏拉图的哲学本身即是理念总体；他的哲学作为前此哲学的结果，包含有其他哲学的原理在内。”③ 黑格尔的这一评价无非是说：柏拉图按照自己的“原则”吸收、改造了他以往的所有哲学成果，终于形成了他自己的有着内在逻辑的思想体系亦即他的“理念总体”。显然，这里最为重要的是他吸收以往所有哲学成果的“原则”。这个“原则”其实

---

① Aristotle. Metaphysics. Translated by Hugh Lawson-Tancred. Penguin Group，1998：23-24.

② 同①24.

③ 黑格尔．哲学史讲演录：第2卷．贺麟，王太庆，译．北京：商务印书馆，1959：164.

就是他所继承的巴门尼德提出的并且经由他自己加以完善的唯心主义以及唯理论的原则，亦即真实的东西（真理的对象）只能是某种永恒不变的存在的原则。

正是根据这个原则，他改造了全部早期哲学关于世界本原的观点并将其纳入他的哲学体系。据此，他在西方哲学史上，第一次系统提出了现象和本质（本体）两重世界的理论，并在西方哲学史上第一次在两重世界理论的基础上，把现象世界看成虚假世界，以及把现象世界之后的本质世界看成唯一真实的世界，即：一方面，他把永恒不变的存在"一般"（"形式"）解释成"理念"，把由理念组成的世界称为理念世界，认为它是本质世界，亦即作为本原的真实世界；另一方面，他则把变动不居的"个别"（"质料"）解释成"现象"，把由现象组成的世界称为现象世界，认为它是非本质世界，亦即作为理念影子的虚假世界。我们日常生活于其中的现实世界就是虚假的现象世界。理念世界作为真实的本质世界，或说作为整体世界的真实本质构成了柏拉图整个世界学说的核心，也是柏拉图哲学所要追求的唯一真理对象。这样一来，柏拉图就同时吸纳了南意大利学派（尤其是巴门尼德的思想）和伊奥尼亚学派（尤其是赫拉克利特的思想）的始基学说，并且按照自己的"原则"对其进行了改造和处理。正如罗素在自己的《西方哲学史》中所说的："从巴门尼德那里他得来了下列信仰：实在是永恒的，没有时间性的；并且根据逻辑的理由来讲，一切变化都必然是虚妄的……从赫拉克利特那里，他得来了那种消极的学说，即感觉世界中没有任何东西是永久的。"①

就两重世界的关系来说，理念是作为原型的"一"，现象是模仿或分有作为原型之"一"的"多"。正因如此，柏拉图把现象世界称为理念世界的影子或摹本。理念世界作为"一"的世界不是某种唯一的"一"的世界，而是诸多的"一"的世界。理念世界中的每一类型的"一"在现象世界中都有"众多"的影子或摹本。例如，理念世界中的"美的理念"作为"一"，在现象世界中有着众多的影子或摹本，包括美丽的人、美丽的花等等；理念世界中的"善的理念"作为"一"，在现象世界中也有众多的影子或摹本，包括善的捐赠、善的助人等等。正如柏拉图自己所说："一方面我们说有多个的东西存在，并且说这个东西是美的，是善的等等……另一方面，我们又说有一个美本身，善本身等等，相应于每一组这些多个的

---

① 罗素．西方哲学史：上卷．何兆武，李约瑟，译．北京：商务印书馆，1982：144.

东西，我们都假定一个单一的理念，假定它是一个统一体而称它为真正的实在。”①

正是基于诸多的“一”的思想，柏拉图把自己的理念世界构造成“理念从低级到高级的发展序列”：其中，最低级的理念是关于具体事物的理念，包括自然物的理念（例如人、马的理念）和人造物的理念（例如桌子、椅子的理念）；较高一级的理念是数学的或科学的理念（例如方、圆、大于、小于的理念）以及概念、范畴意义上的理念（最普遍的种，例如存在与非存在、同与异、动与静的理念）；更高一级的理念是艺术和道德的理念（例如美、节制、正义的理念）；最高级的理念则是“善”的理念，它是理念世界中的最高本体。因此，理念世界是在善的理念的统辖下的各种理念汇聚的世界，与其相应，现象世界作为理念世界的影子或摹本，它是在太阳统治下的各种具体事物汇聚的世界。其实，柏拉图的这一由诸多的“一”构成的理念世界远未达到井然有序的统一程度，它妨碍了柏拉图对于理念世界之统一性的追求，所以，柏拉图在其后期思想中也曾力图对此加以弥补。

罗素曾高度评价了柏拉图关于理念亦即一般本质的思想，他说：“柏拉图关于理念的学说包含着许多明显的错误。但是尽管有着这些错误，它却标志着哲学史上的一个非常重要的进步，因为它是强调共相这一问题的最早的理论，从此之后共相问题便以各种不同的形式一直流传到今天。”②柏拉图的“理念”直接继承了巴门尼德的“存在”思想和苏格拉底的“一般定义”，但又消除了巴门尼德之“存在”尚存的形象残余（例如说存在像一个“滚圆的球”），并且突破了苏格拉底之“定义”的狭义范围（即把定义主要局限于伦理领域），从而使得“理念”成为一种真正本体意义上的并且是纯粹抽象物的“一般”。这个“一般”的出现表明：西方哲学经过漫长的发展，终于抽象出了一个最为普遍的能够解释世界林林总总、变动不居的现象的“一般”，也就是说，西方哲学终于凭借人类抽象思维能力的提升为人类找到了一个能够作为人类之根的“普遍性”。它使西方哲学（形而上学）因其有了自己的明确对象而有可能超越自然哲学成为一门独立的学科。

## 二、辩证科学

柏拉图在阐述自己理念论的知识论时，提出了“辩证科学”的思想。

① 北京大学哲学系. 古希腊罗马哲学. 北京：商务印书馆，1982：178-179.

② 罗素. 西方哲学史：上卷. 何兆武，李约瑟，译. 北京：商务印书馆，1982：169.

他从认识论的角度把以现象世界为对象的感知作为“意见”排除在真正的知识之外，认为只有以理念世界为对象的理解才是真正的知识。在此基础上，他以理念世界之理念的不同等级为标准把人类关于理念世界的知识分成两个不同的等级。其一，知性知识。它是以并不直接隶属于善的理念为对象的知识，在获得这样的知识的过程中，人的心智把现象世界中的实际事物作为理念的肖像，从假定出发进行研究以便达到结论，最终认识理念。其二，理性知识。它是以直接隶属于善的理念以及善的理念本身为对象的知识，在获得这样的知识的过程中，人的心智并不借助于肖像，而是完全依据理念，它完全从理念（概念）出发，用逻辑推导，揭露各种概念（主要是相反概念）之间的对立统一、相容与不相容的关系，最后上升到无矛盾的最高理念。

其实，柏拉图的知性知识的对象就是他所谓的“数理实体”，它们介于感性事物和纯粹理念之间，实为数学和科学的对象，因此，他的知性知识就是数学和科学，而他的理性知识的对象就是他所谓的“纯粹理念”。它们与感性事物毫无关系，它们是辩证科学（辩证法）的对象，因此，理性知识就是辩证科学。这里，柏拉图关于“知性知识”与“理性知识”，或关于科学（包含数学）与辩证科学的区分就是科学与哲学的区分。他通过这种区分把哲学从科学中划分出来，使之成为一门高于科学（成为科学基础）的独立学科。在他看来，在所有的知识中，有一种最高的知识，它“摆在一切科学之上，作为一切科学的基石或顶峰”①。这种知识就是辩证科学的知识，它是真正的哲学知识。我们知道，在自然哲学那里，哲学和科学其实就是一回事情，柏拉图辩证科学的提出，以及他对辩证科学与科学的区分和理解，终于使哲学第一次成了一种与以往自然哲学（科学）不同的研究最普遍的种的真正意义上的哲学，并且把它作为一切科学的基石或顶峰。毫无疑问，柏拉图的辩证科学已经是形而上学了，它直接走向了亚里士多德的第一哲学。

## 第四节　亚里士多德的第一哲学

亚里士多德的第一哲学的提出标志着形而上学这一学科的最终诞生，

① 北京大学哲学系. 古希腊罗马哲学. 北京：商务印书馆，1982：206.

他的第一哲学也被他称为“理性神学”或“智慧”，它主要是研究“实体”及其本性的学说。亚里士多德的实体学说源自他对以往哲学关于世界本原学说的总结，尤其是源自他对柏拉图哲学关于世界本原学说的总结。

## 一、亚里士多德的历史总结

亚里士多德认为，探讨世界的本原就是探讨世界的最初的原则或者原因。因此，他说：“很明显智慧是关于某些原则和原因的科学。”① 在他看来，他以前的哲学实际探讨了关于世界的四种本原（原因），其中：伊奥尼亚学派提出的物质始基，乃至柏拉图所说的“大”和“小”，都是把第一原则看作质料因。毕达哥拉斯学派的始基“数”虽接触到了事物的“本质”问题，但是过于简单，而柏拉图所说的理念，则是一种本质因，亦即“形式因”。此外，恩培多克勒所说的“爱”与“憎”，阿那克萨哥拉所说的“奴斯”，则表达了事物生成变化的动力因。在寻求动力因的时候，人们又想到事物在其存在与变化中何以会表现为善与美的问题，因此，阿那克萨哥拉提出的“奴斯”，其实也是安排一切秩序的原因，即存在于世界中的目的因。这样一来，亚里士多德就把他以前的哲学关于世界本原的探讨归结为关于质料、形式（本质）、动力和目的四种原因的探讨。

既然世界的本原源自四种原因，那么，一切事物也都是由这四种原因构成的。其中，质料因是“构成了一个物件而本身继续存在着的东西”②，也即物质自身；形式因是“形式或原型，即陈述本质的定义”③；动力因即“变化和停止的来源”④；目的因则是“做一件事的‘缘故’”⑤。我们以“葵花”为例：种下去的葵花籽是它的质料因，它之所以是葵花而不是其他的花是由于它的形式因，使葵花籽长成这一棵葵花的是动力因，葵花作为这一葵花籽所追求的目的则是目的因。在他那里，四种原因存在着这样的逻辑关系：任何事物都由质料与形式两个方面构成，质料是事物的材料，也是事物的支撑、依托或载体；形式则是事物的共同本质，也即事物的结构和共同形状；同时，当质料与形式共同构成事物的时候，既需要动

---

① Aristotle. Metaphysics. Translated by Hugh Lawson-Tancred. Penguin Group，1998：6.

② 北京大学哲学系. 西方哲学原著选读：上卷. 北京：商务印书馆，1981：133.

③ 同②.

④ 同②.

⑤ 同②.

力又会有追求的目的，动力因就是推动事物达成目的的动力，它通过质料与形式相互结合得以构成；目的因则是动力因推动质料与形式相互结合所要走向的事物亦即追求的“目的”。

亚里士多德说，世界的四种原因或者构成事物的四种原因可以进一步归结为两种原因，也就是说，除了质料因依然是质料因之外，动力因和形式因可以进一步归结为形式因。他论证道：一方面，形式因作为事物的本质，它是使一事物成为一事物的东西，所以，它同时也是事物所追求的目的，它就是目的因；另一方面，形式因作为一种目的，它是引导事物趋向于它自身的动力，因此，形式因同时也是动力因。例如，一棵橡树，除了橡子这一质料因之外，已长成的橡树是它的形式因，而要长成这样的橡树（形式）仿佛就是它的目的，同时，形式因（橡树）作为目的也就是吸引或推动橡子长成如此形式（橡树）的动力因。因此，从某种意义上说，世界的原因以及任何事物的原因就是质料因和形式因。亚里士多德的实体学说正是从他的原因学说，特别是质料因和形式因的学说中直接引申出来的。

## 二、亚里士多德的实体学说

根据亚里士多德的解释，实体是存在中的最基本的东西，是其他事物所凭依的并且借以取得自己名称的东西。因此，实体就是科学所要研究的主要对象。既然实体是存在中的最为基本的东西，那么，它就应该是优先的东西。亚里士多德明确规定了实体作为存在中最为基本的东西的“优先”含义，指出实体在三个方面具有“第一”的意义，即：（1）在定义上第一，即逻辑在先；（2）在认识的次序上第一；（3）在时间上第一。所以他说：“尽管最初有许多意义，但实体在一切意义上都是最初的，不论在定义上，在认识上，还是在时间上。其他范畴都不能离开它独立存在，唯有实体才独立存在……”①

既然实体是存在中最基本的、优先的东西，那么，作为本原的原因一定属于实体。通过对于质料因和形式因的讨论，亚里士多德得出了构成事物的三个基本要素，即：质料、形式以及由质料和形式相互结合所构成的个别事物（具体事物）。他把这三个要素都看作实体。质料和形式作为两种基本原因，毫无疑问都是实体，然而，在现实中，质料和形式通常总要

① Aristotle. Metaphysics. Translated by Hugh Lawson-Tancred. Penguin Group，1998：168.

作为结合体显现出来，个别事物作为质料和形式的结合体自然也应是实体。问题在于，在上述三个实体中，应该有一个排列秩序，并且有一个第一实体。那么，究竟哪个实体才是第一实体呢？对此，亚里士多德有些犹豫不决，他的探讨或者停留在疑问之中，或者停留在大致的结论之中，有时，他似乎得出了结论但随即又对自己的结论加以质疑。尽管如此，纵观亚里士多德关于实体的所有论述，还是可以窥见他关于第一实体之见解的基本精神。在《范畴篇》中，亚里士多德说："实体，从这个词的最真实、原始而又最明确的意义上说是指既不能被断言于主体又不依存于主体的事物。例如个别的人或马。但从次要的意义上说，其中包括第一实体的、作为种的那些事物，叫作实体；同时也指作为类而包括种的那些事物。"①这就是说，从严格的意义上看，只有个别事物才是实体，因为它们在存在上不依存于其他主体，其他一切主体都依存于它们；它们在逻辑上不被其他主体所断言，却断言其他一切主体，所以"一切实体似乎都意指个别事物"②，"它们是其他一切事物的基础"③。但从宽泛的意义上看，除了个别事物之外，种和类也可以被称为实体，因为在所有的宾词中，只有它们转达了关于实体的知识。同时，虽然种被断言于个体，类被断言于种以及个体，但是，它们并不依存于主体。因此，个别事物是第一实体，种和类则是第二实体。

在《形而上学》中，亚里士多德更系统地研究了实体及其本性问题。首先，他实际提出了确定第一实体的两个标准。他说：实体有两个意义，"或者作为不用述说他物的终极载体；或者是作为某种可分离的这个而存在，每一特殊事物的形状或形式便具有这种性质"④。根据第一个标准（意义），实体就是最后的基质、主体，"基质"是"在下的""在后面的"的意思，"实体"是指它在逻辑上"不再是表述任何别的东西的"的意思。亚里士多德认为，有三种东西可以被认为具有这样的基质和主体的特征，那就是质料、形式以及由质料和形式组合而成的个别事物。根据第二个标准（意义），尽管个别事物也符合这个标准，但是，他却断言只有形式才符合这个标准。总之，根据这两个标准，他肯定了三个实体：质料、形式

① 亚里士多德．工具论．李匡武，译．广州：广东人民出版社，1984：12．

② 同①16．

③ 同①14．

④ Aristotle. Metaphysics. Translated by Hugh Lawson-Tancred. Penguin Group，1998：127.

以及个别事物。其次，亚里士多德进一步考察了上述三个实体的主次问题。虽然根据亚里士多德的第一个标准应把“质料”亦即物质看作“第一实体”，因为“如若把其他东西取走之后，除剩下质料外就一无所有了”①，但是，根据第二个标准，纯粹的质料不是任何特殊事物，它也没有任何规定性，既没有任何肯定的规定性，也没有任何否定的规定性，它仅仅“显得”是“这一个”，因而它不能真正和其他东西“分离”而存在，“因此，人们似乎认为，形式和由形式与质料组合的物体比质料更是实体”②。因此，形式和个别事物比质料更为基本。在形式和个别事物的比较之中，个别事物又是“在后的”，因为只有形式将自己赋予质料，才使质料成为“这一个”，具有“分离性”，而这种具有“这一个”和“分离性”东西就是个别事物，这一切都是形式使然。可见，“由质料和形状构成的实体……是衍生的”③。所以，“如若形式先于质料，并且是更真实的存在，根据同样理由，它也先于由两者所组成的东西”④。因此，在《形而上学》中，亚里士多德实际认为，形式是第一实体，个体事物和质料则分别是第二实体和第三实体。这样，亚里士多德就改变了《范畴篇》中的关于第一实体的看法。⑤

亚里士多德关于形式是第一实体的思想在他的潜能与现实的思想中得到了充分的论证。亚里士多德把质料和形式的关系看成是被动与主动的关系，并且据此将其看成是潜能与现实的关系。在他看来，一方面，质料是被动的基质，作为被动的基质，质料并不能直接构成个体事物，它只有被赋予形式之后才能成为个体事物。所以，对于个体事物来说，质料只是一种潜能，也就是说，它是潜在的个体事物。另一方面，形式由于同时既是动力因又是目的因（推动并且引导质料与形式结合的原因），所以它是能动的本质，对于个体事物来说，形式才是一种现实，也就是说，形式是使质料或个体事物由潜能转化为现实的本质（动力、目的）。因此，质料和形式的关系只是一种潜能与现实的关系，从质料到形式的过渡就是事物由潜能向现实的过渡，这种过渡既是形式“推动”的结果，又是形式（作为目的）引导的产物。在亚里士多德看来，从质料到形式的过渡是一个由低

---

① Aristotle. Metaphysics. Translated by Hugh Lawson-Tancred. Penguin Group，1998：175.

② 同①.

③ 同①176.

④ 同①.

⑤ 汪子嵩．亚里士多德关于本体的学说．北京：三联书店，1982：104.

到高、不断发展的序列，也就是说，从质料到形式的过渡是一种低级个体事物不断走向更高的个体事物的由低到高、不断发展的序列。例如，树种作为质料被赋予树的形式之后，它就实现了从质料到形式亦即由潜能到现实的过渡，从而使得树这一个体事物得以由潜在的树成为现实的树；同时，树作为一种个体事物又能作为家具的质料，当这种质料被赋予家具的形式之后，它又在更高阶段上实现了由质料到形式亦即由潜能到现实的过渡，从而使得树这一个体事物发展成为更高阶段上的个体事物亦即家具；当然，家具作为质料还可能被赋予更高的形式，从而使得家具进一步发展成更高形式的某种个体事物。这样的一种由质料到形式、由潜能到现实以及由低级个体事物到高级个体事物的过渡是一个不断延续的过程，它使宇宙万物成为一个由质料到形式、由潜能到现实以及由低级个体事物到高级个体事物的不断发展的序列，其中低一级的事物是高一级的事物的“质料”，高一级的事物则是低一级的事物的“形式”。然而，亚里士多德并不认为这种不断发展的序列是一种无穷的序列，在他看来，在这个序列的起始阶段亦即最低阶段，存在着的只是完全没有形式的“纯质料”，而在它的最后阶段亦即顶峰阶段，存在着的则是完全不含质料的“纯形式”。假如说从质料到形式（从潜能到现实）的过渡是一种运动的话，那么，这一“纯形式”自身并不运动，它是“不动的推动者”（第一动因），也是发展的终极目的（最高目的）。亚里士多德说：“必然存在着某种永恒的、不运动的实体。”① 亚里士多德之所以认为必须要有这个永恒的不动实体，是因为这个实体作为能动的形式是宇宙的原初推动者和最高的目的。它是宇宙的原始原因，因而也是第一实体。由此可见，在《工具论》和《形而上学》中，亚里士多德表达了不同的第一实体的观点。鉴于《形而上学》是一部专门讨论实体本性的著作而《工具论》仅是一部逻辑学著作，我们认为，形式（纯形式）是第一实体的观点应是亚里士多德的根本观点。

自然哲学提出了质料（物质）和形式（精神）两种始基，经过普罗塔哥拉对于伊奥尼亚学派的消极否定和苏格拉底对于南意大利学派的积极提升，柏拉图同时把自然哲学的形式和质料纳入自己的世界学说，使其分别成为他所设想的世界的真实本质和虚假现象。现在，亚里士多德又把形式

① Aristotle. Metaphysics. Translated by Hugh Lawson-Tancred. Penguin Group，1998：368.

和质料改造成支撑世界的实体，并且最终将形式确定为第一实体。他的第一实体成了他的第一哲学的主要研究对象。

## 三、亚里士多德的第一哲学

亚里士多德继柏拉图的辩证科学之后首先提出了第一哲学。亚里士多德说："有多少种实体，哲学就有多少种分支，因而其中必然存在着一种第一哲学，它区别于它的后继分支。"①。这就是说，存在分为许多个种（具体实体），每一门学科都研究某种特定的存在（具体的种、实体），亦即研究总体存在的一个部分。然而，在所有的学科中，应该有一个研究作为存在的存在（存在整体、存在本身、一般实体）的学问，它就是第一哲学，其他研究存在之一个部分的学科则应该是次于第一哲学的哲学。其实，"在某种意义上说，亚里士多德的《形而上学》包含了两种不相容的形而上学（按照他的说法，第一哲学）的概念"②。他偶尔把第一哲学说成神学，认为在理论科学亦即自然科学、数学和神学中，只有神学所研究的对象既是独立的又是不变的（永恒的）实体。因此，神学先于其他两门理论科学并且更值得信仰。但是，对亚里士多德来说，第一哲学主要还是一门研究"作为存在的存在"的普遍的科学，并在某种意义上与神学兼容。"……第一哲学作为最初的理论科学的情形被假定提供了它的普遍范围。"③ 当然，若从亚里士多德更多的论述和他的第一哲学对于西方哲学史的影响而言，他的第一哲学主要还是研究作为存在的存在的普遍学科，并在某种意义上与神学兼容。因此，亚里士多德十分肯定地说："存在着一门研究作为存在的存在，或者关于存在本身的学科。这种科学不同于任何一种分支部门的科学，因为没有任何别的科学普遍地研究作为存在的存在……既然我们寻求的是本原的和最高的原因，那么显然它们就其自身而言必须属于某种本性。"④ 根据亚里士多德的观点，第一哲学所研究的"作为存在的存在"并不单单指存在全体、自身或一般实体，其实它还包含了其他两个方面的内容，即除了以实体为中心的范畴的存在之外，它还

① Aristotle. Metaphysics. Translated by Hugh Lawson-Tancred. Penguin Group, 1998：82.

② Defilippo J G. First Philosophy and the Kinds of Substance. Journal of the History of Philosophy，1998（1）：1.

③ 同②.

④ 同①79.

包含了一些最普遍的范畴（“一”与“多”、“同”与“异”、“相似”与“相反”等等）和最一般的公理（矛盾律和排中律等等）。然而，第一哲学的主要研究对象毫无疑问是实体（一般实体）及其相关范畴，尤其是第一实体及其相关范畴。

至此西方哲学史上终于诞生了第一哲学。第一哲学的研究对象具有其他哲学（学科）研究对象所不具有的各种特征，即：普遍性（最广大的普遍性）、独立性、不动性和永恒性，正是这些特征使得第一哲学对于其他哲学（学科）具有基础地位和优先地位。所以，亚里士多德充满深情地说：“理论科学固宜比其他的科学更为人所喜爱，这一门科学尤应比其他的理论科学更被喜爱。”① 亚里士多德第一哲学的提出，对于西方哲学史具有极为重要的意义，因为他实际上在柏拉图辩证科学的基础上确立了一门全新的学科。

## 四、第一哲学与形而上学

亚里士多德的第一哲学就是形而上学，他的第一哲学的确立就是形而上学的确立。不过，“形而上学”这一名称产生于亚里士多德第一哲学之后，并且，随着形而上学的发展，它的内容也逐渐超越了亚里士多德的第一哲学。

亚里士多德对于第一哲学的探讨体现在他专门研究实体及其本性的一组论文之中。公元前1世纪，罗德岛的安德罗尼柯（Andronicus）在整理和分类亚里士多德的著作时，把讨论“第一哲学”的一组论文放在讨论自然事物的著作之后，称为“ta（biblia）meta ta physica”（“物理学之后诸篇”）。后来，中世纪哲学家用这个标题指谓《形而上学》一书中所讨论的第一哲学问题来自“自然事物之后”。后来译成拉丁文时，省去了冠词“ta”，从而形成了“meta physica”，亦即“形而上学”一词。因此，形而上学就是亚里士多德的第一哲学，亚里士多德对于第一哲学的确立就是对于形而上学的确立。

① Aristotle. Metaphysics. Translated by Hugh Lawson-Tancred. Penguin Group，1998：155.

# 第二章　传统形而上学的外在世界

传统形而上学作为一个由西方哲学史上众多哲学学派和哲学家共同做出贡献的学科，它的内部存在着一些重要的分歧，这些分歧使得传统形而上学成了一个具有巨大歧义的概念。为了准确地探讨传统形而上学的外在世界，以及进一步探讨传统形而上学的外在世界是如何成为人类之根的，我们必须先行厘清传统形而上学的内涵，确定传统形而上学的本质。

## 第一节　传统形而上学的内涵和本质

我们认为，我们只有通过认真分析传统形而上学这一概念的主要歧义才能把握它的实际内涵，并且只有通过认真分析它的实际内涵才能进一步把握它的本质。因此，我们的分析将从传统形而上学这一概念的两个主要歧义入手。

### 一、形而上学：一般的和下属的

传统形而上学这一概念的第一个主要歧义是一般的形而上学和下属的形而上学之间的歧义。在形而上学这一学科诞生之后的发展中，1636 年，德国经院哲学家郭克兰纽首先在其著作中使用了“存在论”（或译为“本体论”）这一术语。当时，经院哲学家在两种意义上使用“存在论”一词。一些学者把它解释为形而上学的同义语。我们知道，存在论（ontology）就是以存在为研究对象的学问。既然形而上学以“存在”为研究对象，那么，形而上学也就是一种存在论。另外一些学者则把“存在论”看成形而上学的一个分支。这些学者扩大了形而上学的研究范围，他们认为，形而上学不仅要研究存在，而且要具体研究诸如上帝、宇宙（物质世界）和心灵（精神世界）等实体。后来的德国哲学家沃尔夫作为这一观点的代表人物之一，他明确把存在论与研究上帝的自然神学、研究宇宙的自然哲学和研究心灵的心灵哲学区别开来，认为形而上学不仅包括存在论部分，还应包括自然神学（理性神学）、自然哲学（理性宇宙论）和心灵哲学（理性心理学）三个部分。因此，在他那里，存在论只是形而上学的一个分支。对于这样两种形而上学，我们乐意采用海德格尔的称谓，即把它们分别称为"一般的形而上学"和"下属的形而上学"。海德格尔说道：在亚里士多德之后的形而上学家中，"……存在者总体便划分为神、自然和人，与其相应的研究领域也被划分出来：其对象为最高存在者（summum ens）的神学、宇宙学和心理学。它们构成形而上学的下属学科。与这种科目不同，一般的形而上学（存在论）把'一般'的存在者（ens commune）作为对象"①。

其实，一般的形而上学和下属的形而上学之间常常没有一条泾渭分明的界限。我们可以把柏拉图和亚里士多德首先创立的形而上学看作一般的形而上学，但是，即使在他们的形而上学中，心灵，尤其是上帝都是形而上学的对象，也就是说，即使在他们的形而上学中，也已包含了后来下属的形而上学的因素。就上帝这一对象来说，柏拉图曾经指出，正是由于造物主（Demiurge）的存在，才有可能把理念赋予混沌的物质，使之成为理念的摹本，从而形成世界；亚里士多德则明确地把第一哲学也看成理性神学，他的作为第一推动力（全能）和最终目的（全善）的纯粹形式（形式作为本质是智的对象，纯粹形式作为最高本质则是全智的对象）实际就是上帝自身，它们共同表示上帝的全能、全智和全善的本性。其实，除了极少数纯粹的唯物主义者之外，形而上学家大多会把上帝当作自己的对象。诚如台湾学者李震所说："柏拉图及亚里士多德皆肯定，当真实的形而上学建立起来后，必然会朝'神学'发展。"② 就心灵这一对象来说，自从苏格拉底把心灵作为哲学的对象以来，无论是柏拉图还是亚里士多德，都把心灵当作十分重要的研究对象。由此可见，下属的形而上学不过是柏拉图和亚里士多德等人的一般的形而上学中的一些因素的明白发挥和系统发展。下属的形而上学的出现导致了形而上学内部侧重于一般的形而上学研究和侧重于下属的形而上学研究之间的分化，尽管它提升了上帝和

---

① Heidegger M. Kant and the Problem of Metaphysics. Translated by James S. Churchill. Bloomington: Indiana University Press, 1965: 13.

② 李震. 基本哲学探讨. 新北：辅仁大学出版社，1991：3.

心灵在形而上学研究对象中的地位，但却复杂化了传统形而上学关于存在问题的研究内容和研究方向。

## 二、形而上学：典型的和离异的

传统形而上学的概念不仅包含了一般的形而上学和下属的形而上学之间的歧义，而且还包含了另外一个主要的歧义，即：典型的形而上学和离异的形而上学之间的歧义。我们认为，典型的形而上学和离异的形而上学之间的区分尽管常常也会纠缠到下属的形而上学的领域，但是，它们主要还是“一般的形而上学”的内部区分，也就是说，它们主要还是存在论内部的区分。

### 1. 亚里士多德的犹豫

自然哲学首先提出了质料和形式两种始基（世界本原）；随后，柏拉图在自己的哲学中将这两种始基作为理念和理念摹本的形式一概纳入了自己所理解的世界；接着，亚里士多德又在自己的第一哲学中吸收了这两种始基，分别作为质料实体和形式实体。但是，假如说柏拉图对于自然哲学的这两种始基（世界本原）的相互关系（谁更重要）的态度十分明确，并且处理得也十分清晰的话，那么，亚里士多德对于它们相互关系的态度则显得犹豫不决，并且处理得也十分模糊。

哈贝马斯曾说：“撇开亚里士多德这条线不论，我把一直可以追溯到柏拉图的哲学唯心论思想看作是‘形而上学思想’，它途经普罗提诺和新柏拉图主义、奥古斯丁和托马斯、皮科·德·米兰德拉、库萨的尼古拉、笛卡尔、斯宾诺莎和莱布尼茨，一直延续到康德、费希特、谢林和黑格尔。古代唯物论和怀疑论，中世纪后期的唯名论和近代经验论，无疑都是反形而上学的逆流。但它们并没有走出形而上学思想视野。”① 哈贝马斯的这一段话其实有些蹊跷，蹊跷就蹊跷在它的第一句话和最后一句话，即：他在起始一句中说“撇开亚里士多德这条线不论”。我们知道，亚里士多德是形而上学的创立者，我们在罗列重要的形而上学家的时候，怎么能够“撇开亚里士多德这条线不论”！他在最后一句话中说道：“但它们并没有走出形而上学思想视野。”既然古代唯物论和怀疑论，中世纪后期的唯名论和近代经验论，都是“反形而上学的逆流”，那么，他们又为什么还“没有走出形而上学思想视野”？其实，哈贝马斯所阐述的明确事实是：

① 哈贝马斯．后形而上学思想．曹卫东，付德根，译．南京：译林出版社，2001：28.

在西方形而上学史上存在着两条路线，一条是形而上学路线，它主要是一条唯心主义路线（在认识论上主要表现为唯理论路线）；另外一条则是反形而上学路线（反形而上学的逆流），它主要是唯物主义路线（在认识论上主要表现为经验论路线）。至于他这段话的起始一句和最后一句，似乎应该这样理解，即：起始一句表明了别人可能提出的质疑，最后一句则对别人可能提出的质疑进行回答。为了真正解释哈贝马斯的起始的那句话，我们必须首先理解亚里士多德在处理形而上学的对象究竟为何的问题上的犹豫。

我们在讨论亚里士多德创立第一哲学时曾经指出，在确定究竟何为“第一实体”因而更有资格成为第一哲学的研究对象时，亚里士多德其实有两种说法。他在《范畴篇》中把个别事物看作第一实体，并把种和类（形式）看作第二实体，这样一来，相比于“形式”来说，他自然更倾向于把“质料”（相对于更高的形式“个别事物”也是质料）当作更加接近第一实体的东西。但是，到了《形而上学》一书，他又推演出了“纯形式”，并把“形式”（纯形式）看作第一实体。从逻辑上说，我们应该把专门探讨第一哲学的《形而上学》的观点作为最终观点，也就是说，我们应该认为亚里士多德最终还是把“形式”当成了第一实体，亦即当成了真正的形而上学对象。但是，尽管亚里士多德在犹豫中把“第一实体”的天平倾向了“形式”，但是，他对他的老师柏拉图的“理念论”的批判则又使问题复杂起来。在他看来，一般存在首先就是个别事物的存在，理念作为事物的“形式”（共同本质），它不可能脱离个别事物而存在，更不能产生个别事物。所以，理念不能对事物的存在有所帮助，并且作为自身永恒不变的东西的理念也不可能说明感性事物的运动。因此，在他看来，柏拉图的根本错误就在于认为在个别事物之外还独立存在着一种与之对应的理念，并企图用这种理念来解释事物，这实际是徒然地把本来要解释的事物又增加了一倍，所以，柏拉图的论证不过是一些“诗意的比喻”。

**2. 两种形而上学**

正是由于亚里士多德曾经有过的动摇和犹豫，并且由于他对柏拉图的理念论进行的明确的批评，所以，尽管亚里士多德最终还是实际把纯粹形式看作第一实体，但是，在后来的形而上学家那里，唯心主义哲学还是更加青睐柏拉图哲学，并把亚里士多德交给了唯物主义（唯物主义也更加乐意接受亚里士多德哲学而非柏拉图哲学，至少这样有利于提升唯物主义的哲学史地位）。这样一来，西方传统形而上学内部便形成了两条路线：其一，源自亚里士多德的唯物主义路线，它在认识论上主要表现为经验论；其二，源自柏拉图的唯心主义路线，它在认识论上主要表现为唯理论。莱布尼茨在系统驳斥洛克的唯物主义经验论以捍卫唯心主义唯理论的著作《人类理智新论》的开篇就说："一位有名的英国人所著的《人类理智论》，是当代最美好、最受人推崇的作品之一，我决心对它作一些评论……他的系统和亚里士多德关系较密切，我的系统则比较接近柏拉图，虽然在许多地方我们双方离这两位古人都很远。"① 我们把源自柏拉图的唯心主义以及唯理论路线称为"柏拉图路线"，并且认为"柏拉图路线"的形而上学属于典型的形而上学；把源自亚里士多德的唯物主义以及经验论路线称为"亚里士多德路线"，并且认为"亚里士多德路线"的形而上学属于离异的形而上学。

由此可见，哈贝马斯之所以要"撇开亚里士多德这条线不论"，因为他深深知道亚里士多德其实是一个犹豫于质料和形式之间，动摇于唯心主义和唯物主义之间的哲学家，严格地说，我们不好对他进行归纳，所以只好撇开不论。那么，哈贝马斯为什么又说作为反形而上学之逆流的唯物主义"没有走出形而上学思想视野"呢？为了回答这一问题，我们必须进一步追问传统形而上学的实质。

## 三、传统形而上学的实质

根据我们以上的讨论，从内涵上说，传统形而上学不仅包含了一般的形而上学，也包含了下属的形而上学，并且，在它的一般的形而上学中，不仅包含了典型的形而上学，也包含了离异的形而上学。问题在于：面对如此复杂的形而上学，究竟什么是传统形而上学最为实质的内容？

### 1. 存在论是传统形而上学更为重要的内容

所谓一般的形而上学其实就是"存在论"；所谓下属的形而上学，就是这样一种形而上学：它除了存在论之外，还包含了理性神学、理性宇宙论和理性心理学。在下属的形而上学中，它的存在论所研究的"存在"，归根结底就是上帝、世界和心灵的存在，因此，它的存在论与它的理性神学、理性宇宙论和理性心理学有着本质的一致性，我们甚至可以把整个下属的形而上学看成一种广义的存在论。这样一来，一般的形而上学和下属的形而上学之间就有了一致性，我们可以把一般的形而上学所探讨的存在

① 莱布尼茨．人类理智新论：上册．陈修斋，译．北京：商务印书馆，1982：1-2.

论称为狭义的存在论，而把下属的形而上学所探讨的全部内容称为广义的存在论。一般的形而上学的狭义存在论仅仅研究存在本身，而下属的形而上学的广义存在论则把存在分解为不同的对象而重点去研究这些不同的对象的存在。正因如此，我们才说一般的形而上学和下属的形而上学之间常常没有泾渭分明的界限。由于狭义的存在论其实只是广义的存在论的浓缩，所以，我们通常所说的存在论（狭义的存在论）应该是传统形而上学的更为重要的内容，也就是说，一般的形而上学应是比下属的形而上学更为重要的内容，它更体现了传统形而上学的实质。

一般的形而上学作为狭义存在论，它所探讨的存在本身主要是作为“外在世界”的物质实体或精神实体。在它那里，“存在”就是作为“外在世界”的物质实体或精神实体。当然，在一般的形而上学中，由于绝大多数哲学家都把精神实体与上帝联系起来，从而使得上帝在某种意义上也成了一种作为外在世界的实体的存在，但即使如此，哲学家们主要还是从作为“外在世界”的物质实体或精神实体的角度出发来探讨存在问题。在前形而上学的自然哲学中，无论是伊奥尼亚学派探讨的质料始基，还是南意大利学派探讨的形式始基，都不过是对于作为本原的外在物质或精神世界的原始表达形式；在形而上学（存在论）的创始中，无论是柏拉图所说的理念，还是亚里士多德所说的实体，也都不过是作为本原的外在物质或精神世界的表达形式；在形而上学的发展中，就一般形而上学意义上的存在论来说，哲学家们基本上也都在外在物质或精神世界的意义上来讨论“存在”问题。其实，正是由于一般形而上学存在论所探讨的主要是作为“外在世界”的物质实体或精神实体，所以，它才会重点发展认识论，试图通过认识论去把握作为外在世界的物质实体或精神实体，并且，正是由于认识论的危机，才引起了形而上学近代以后的一系列演变。

因此，在本书中，我们在围绕寻根之路探讨传统形而上学的时候，我们将在广义的存在论的背景之下重点讨论狭义的存在论，也就是说，我们重点讨论的是一般的形而上学意义上的存在论，重点讨论一般的形而上学的作为外在世界的物质世界（实体）和精神世界（实体）的存在。

**2. 唯心论是传统形而上学更为重要的形式**

我们重点研究存在论（狭义的存在论）意味着我们重点研究一般的形而上学。然而，我们曾说，在一般的形而上学的范围内，存在着典型的形而上学和离异的形而上学。那么，究竟哪种形而上学是更为重要的传统形而上学的形式呢？

施太格缪勒说："如果按照形而上学的更狭义的概念，则只有与非感性的（超验的）对象有关的那些陈述才属于形而上学。"[①] 这就是说，严格意义上的形而上学应是研究非感性的亦即超验对象的形而上学。在一般的形而上学中，只有唯心主义把非感性的超验对象（客观精神）看作自己的研究对象，并且试图用唯理论的认识论直接通过直观以及演绎把形而上学变成绝对真理的知识体系（第一科学）。或许正因如此，哈贝马斯只把唯心论和唯理论看成"形而上学思想"。至于唯物主义，由于它把外在世界看成作为感性对象的物质世界，并且主张通过经验论来认识世界，所以，按照严格的形而上学意义，唯物主义不仅不是形而上学，而且它的经验论直接否定着形而上学（因为从经验出发最终必然会得出形而上学的超验对象不可知的结论），或许正因如此，哈贝马斯才把唯物主义称为"反形而上学的逆流"。当然，对于犹豫于质料和形式之间，或说唯物主义和唯心主义之间的亚里士多德，或许哈贝马斯觉得不好归类，才说"撇开亚里士多德这条线不论"。其实，海德格尔的观点也与哈贝马斯一致，他说："形而上学就是柏拉图主义。"[②] 他还说道："纵观整个哲学史，柏拉图的思想以有所变化的形态始终起着决定性的作用……至于说人们现在还在努力尝试哲学思维，那只不过是谋求获得一种摹仿性的复兴及其变种而已。"[③] 正是因为唯心主义以及唯理论属于严格意义上的形而上学，我们才将其称为"典型的"形而上学，认为它是传统形而上学的主要形态，并且是更为重要的形而上学形式。

我们说唯心主义是典型的形而上学，主要是因为它在把世界二重化的基础上，认为可见的现象世界（感性物质世界）之后还有一重作为这一世界之本质的精神世界，只有这一本质的精神世界才是世界的真实根源，它们是永恒不变的真理的源泉，并且据此，它只把那些有关超验对象的陈述理解成形而上学。然而，细究起来，那些承认感性的现象世界真实存在的唯物主义，大多也都把世界二重化了，认为可见的现象世界之后还有作为这一世界之本质的物质世界，只有这一本质的物质世界才是更为重要的世界，并且是永恒不变的真理的源泉。其实，在古希腊自然哲学的伊奥尼亚学派中，已有哲学家尝试把世界区分为现象世界与本质世界，并把关于本

---

① 施太格缪勒．当代哲学主流：上卷．王炳文，等译．北京：商务印书馆，2000：31.

② 海德格尔选集：下卷．孙周兴，选编．上海：上海三联书店，1996：1244.

③ 同②.

质世界的知识看成真正的知识。例如，赫拉克利特就曾尝试在变动不居的感性事物之后寻找不变的逻各斯（本质世界），并把关于逻各斯的知识看成真正的智慧。唯物主义除了把唯心主义的作为本质世界的“精神”置换成“物质”之外，它与唯心主义的区别还在于：它虽然并不认为感性的现象世界是本质的世界和真理的源泉，但是，它却坚持感性的现象世界也是真实的世界；与此相应，它虽然并不认为感性认识是最终的关于真理的认识，但是，它却坚持感性认识是通往真理的认识的唯一路径，由此出发，它认为对于非超验对象的陈述也是有意义的陈述。我们认为，就唯物主义坚持可见的现象世界的真实性以及坚持感性认识是通向真理性认识的必要路径来说，它们的哲学起着“反形而上学”的作用。但是，就唯物主义也像唯心主义一样认为世界是二重世界以及哲学的真正对象是现象世界之后的本质世界，并且这一本质世界才是最后提供真理的世界来说，它们的哲学其实依然属于形而上学。或许正因如此，哈贝马斯在把唯物主义以及经验论看成是“反形而上学逆流”的同时，又说“它们并没有走出形而上学思想视野”。归纳起来，从主观动机来看，唯物主义以及经验论者都具有浓厚的形而上学情结，他们像典型的形而上学家一样把不变的本质世界作为自己的研究对象，并把这一对象看作真理的源泉。所以，他们的哲学应该属于形而上学。但是，从客观结果上说，他们由于承认可见的现象世界的真实性，特别是坚持感性认识是通往真理的必要路径，所以，他们的哲学最终必然起着否定形而上学的作用。正是在此意义上，我们既把唯物主义以及经验论哲学称为形而上学，又在他们的形而上学前面加上“离异”一词，意指他们的哲学是形而上学却又“离异”着形而上学。

根据以上的讨论，典型的形而上学对于形而上学这一学科来说具有“典型”的意义，离异的形而上学对于形而上学这一学科来说则具有“离异”的意义，因此，典型的形而上学是一般的形而上学中更为本质的形而上学，它是最为严格的形而上学。据此，我们在围绕传统形而上学讨论人类之根的时候，将在整个一般形而上学的背景之下，重点讨论典型的形而上学。

## 第二节　世界之为世界：本质世界

传统形而上学（一般传统形而上学，下同）把“外在世界”看成自己的研究对象，那么，外在世界是否是还有待于进一步规定的世界呢？我们在前面已经初步接触到了这一问题，即：外在世界是一种客观的物质世界（质料世界）或者精神世界（形式世界），并且它实质上是一种本质世界。这里，我们将进一步分析传统形而上学的世界实为本质世界的问题。一般来说，传统形而上学通过两种方式把外在世界变成了本质世界，也就是说，它通过"虚化"感性世界的方式排除或者超越了现象世界，并且还通过"同化"道德世界的方式赋予了"善"的世界以"真"的含义。

## 一、虚化感性世界

传统形而上学的二重世界就是本质世界和现象世界，由于前者是真理的对象而后者是意见的对象，所以，它们在认识论上就是理性世界和感性世界。在传统形而上学看来，只有本质世界或说理性世界才是世界的最后根源和真理的最终源泉。既然如此，为了确保本质世界的纯粹性，也就是说，为了确保只有本质世界是世界的根源和真理的源泉，传统形而上学便对感性世界（现象世界）进行虚化。"虚化"感性世界是传统形而上学尤其是典型的形而上学的一个基本特征。

### 1. 典型的形而上学对于感性世界的排除

典型的形而上学对于感性世界的虚化最能代表传统形而上学"虚化"感性世界的态度。为了确保它的"虚化"感性世界的力量，典型的形而上学采取了一种"强的"虚化方式，也就是说，它用"排除"感性世界的方式来虚化感性世界。在存在论上，典型的形而上学排除现象世界的真实性而只承认本质世界；在认识论上，它则排除感性知识的真理性而只承认理性知识的真理性。

巴门尼德的哲学为典型的形而上学（乃至全部形而上学）的诞生奠定了基础，他的哲学的奠基作用正在于他同时从存在论和认识论两个方面排除了感性世界以及感性知识的真实存在。保罗·爱德华兹在其主编的《哲学百科全书》的"形而上学"条中这样认为："最恰当地说，形而上学开始于巴门尼德，因为在他残留的作品中表现，至少是暗示了作为一门独特的哲学探索的形而上学的一些典型特征。"① 爱德华兹所说的巴门尼德所暗示的形而上学的典型特征就是巴门尼德"存在学说"所包含的形而上学

---

① Edwards P. The Encyclopedia of Philosophy, Macmillian Publishing Co., Entry of Metaphysics.

的两个典型特征：其一，在存在论上，他在表面的实在和真实的实在之间做了对比，认为只有抽象的“存在”才是真实的实在，而且它是唯一、永恒、不变的实在，“非存在”并不存在；其二，在认识论上，他提出了思维与存在相同一的命题，认为只有思维提供真理，真理性的认识与感知毫无关系，感觉是骗人的认识途径，它只能获得一些表达事物运动变化的虚假的“意见”。所以他说：“要使你的思想远离这种研究途径（感觉认识——引者），不要遵循这条大家所习惯的道路，以你茫然的研究、轰鸣的耳朵以及舌头为准绳，而要用你的理智来解决纷争的辩论。”①

柏拉图进一步系统表述了由巴门尼德提出的形而上学的两个典型特征。在存在论上，他把世界分为两重世界，并且认为：理念世界（本质、本体世界）是真实的实在，它由永恒不变的理念组成；现实世界是不真实的存在，它由理念世界的摹本组成。在认识论上，他说：理念世界作为“善”的理念统治下的可知世界是肉眼不可见因而不能通过感性认识接近的“知识对象”，现实世界作为“太阳”统治下的可见世界则是肉眼可见因而能够通过感性认识接近的“意见对象”。因此，他主张绕开不真实的现实世界以及不可靠的感性认识，通过心灵的眼睛直接“看”到理念自身从而获得真理。“理念”一词的希腊文原文就是“看”的意思，转化为名词就是“所看到的东西”。因此，在柏拉图那里，作为动词，它就是心灵之眼的“看”；作为名词，它作为“看到的东西”就是理念世界（形式自身）。这里，柏拉图表达了唯理论的认识论的雏形。在他看来，“心灵”的眼睛向“内”看之所以可以直接看到理念自身并获得关于理念的知识，是因为“心灵”早已具有了理念的知识。因此，唯理论作为典型的形而上学的认识理论归根到底是一种天赋知识论。

在近代哲学中，随着认识论问题被推向哲学的前台，典型的形而上学更为关注从认识论的角度“排除”感性世界。为此，它系统地发展了唯理论的认识论。根据这种认识论：“……凡具有普遍必然性的真知识都不能从感觉经验得来而只能起源于理性本身……”②

笛卡尔是近代唯理论哲学的第一个重要代表。他把不变的实体作为真理的唯一对象，认为若要认识实体获得真理，就应该用“心灵”的眼睛向“内”看。伊恩·哈金（I. Harkin）针对笛卡尔的认识理论（笛卡尔的指

① 北京大学哲学系. 古希腊罗马哲学. 北京：商务印书馆，1982：50-51.

② 陈修斋. 欧洲哲学史上的经验主义和理性主义. 北京：人民出版社，1986：71-72.

导心灵的若干规则）说道："笛卡尔的规则是一些纯粹象征性的指南，其要点是：为了避免错误，我们必须训练自己用坚定的心理注视细察我们的观念。停止说，开始看，看你自己。"① 看自己的什么？笛卡尔回答说，"看"就是看自己心灵中的天赋观念，例如"我思""实体"的观念，"我思故我在"的命题，以及用作理论知识基础的几何学"定理"和逻辑学"定律"。这些观念和知识都是"清楚""明白"的观念和知识，因此，它们都是绝对确定（普遍必然）的可靠知识。当然，天赋观念只构成了全部知识大厦的基础而并非就是人类的全部知识，因此，人类还需基于这些天赋观念，借助逻辑演绎的方法创建真理体系的大厦。至于那些由感官提供的"来自外界的观念"，它们不仅不是可靠的知识，甚至常常欺骗我们。

斯宾诺莎像笛卡尔一样主张真理的知识只能来自"心灵"直观自身所获得的直观知识（关于实体的天赋知识），以及基于这些知识的逻辑演绎所获得的理性知识。所以他的关于真理的认识学说就是这样一种学说，即：首先通过"心灵"向"内"看获得"真观念"亦即清楚、明白、可靠的真理观念，它们既是"真理自身的标准，又是错误的标准"②；然后，凭借演绎推理，一步一步地获得全部的绝对知识体系。斯宾诺莎也像笛卡尔一样把凭借传闻、记号或泛泛的经验得来的关于感性世界的知识仅仅看成"意见"或"想象"，认为它们只是一些不正确的观念，乃至是错误的原因。

莱布尼茨则通过"退一步进两步"的方式来捍卫笛卡尔和斯宾诺莎的唯理论的认识论。表面看来，他的唯理论思想比笛卡尔和斯宾诺莎温和一些，因为他在笛卡尔的天赋观念论受到洛克的系统批判之后，在自己的认识论哲学中，给了以"外界"感性世界为对象的认识（知识）某种地位。但是，他实质上更为彻底地贯彻了唯理论哲学的基本原则。莱布尼茨通过"大理石纹路说"提出了一种比较精致的关于知识起源的唯理论的认识论。这种认识论坚持观念和原则的天赋特征，但它同时又认为天赋的"观念和真理就作为倾向、禀赋、习性和自然的潜能天赋在我们心中，而不是现成地天赋在我们心中……"③。于是他退了一步，认为必须经由感觉经验的刺激天赋的观念和知识才能由潜能变为现实，甚至他还在坚持依据矛盾原

① Harkin I. Why does Language Matter to Philosophy? Cambridge：Cambridge University Press，1975：17-18.

② 斯宾诺莎．伦理学．贺麟，译．北京：商务印书馆，1983：82.

③ 莱布尼茨．人类理智新论：上册．陈修斋，译．北京：商务印书馆，1982：6-7.

则（与理性认识相应）的推理真理的同时也承认了依据充足理由原则（与感性认识相应）的事实真理的存在。但实际上，他的事实的真理作为偶然的真理只是人类理性先天有限因而不能遍见宇宙中的必然性的结果，若在上帝的眼中，一切都是必然的，根本没有偶然的真理。所以莱布尼茨说道："……灵魂的一切思想和行动都是来自它自己的内部，而不能是由感觉给予它的。"[①]

**2. 离异的形而上学对于感性世界的超越**

离异的形而上学并不有意"虚化"感性世界，但是，由于它并不认为感性世界能够提供最终真理，所以它要透过感性世界追求本质世界，从而它实际上还是"虚化"了感性世界。离异的形而上学采取了一种"弱的"虚化方式，也就是说，它用"超越"感性世界的方式虚化感性世界。在存在论上，离异的形而上学虽然承认感性世界的真实性但却认为"超越"了感性世界的本质世界更为真实；在认识论上，它虽然坚持感性认识是认识的基础但却坚持必须"超越"感性认识才能通过理性认识获得真理。

赫拉克利特的思想为离异的形而上学奠定了基础。赫拉克利特把"火"解释成世界的始基，并且认为"它过去、现在、未来是一团永恒的活火"[②]。必须注意的是：尽管"火"实际上是感性的存在，也就是说是"多"，但是，赫拉克利特所说的"火"是被当作世界"始基"的火，也就是说，是被当作"一"的火。赫拉克利特认为，作为始基的"火"通过空气的浓厚化产生世界万物，并且随着空气的稀薄化使万物又复归于它。在他看来，不仅火是真实的存在，世界万物作为感性事物也是真实的存在。然而，尽管"火"也流动，但是，只有"火"才是永恒的存在，并且"火"的流动还有不变的尺度，感性事物不过是火之变动不居、流变不息的现象。因此，在存在论上，赫拉克利特实际提出了"火"及其不变尺度（"一"）与"感性事物"（"多"）的二重存在，前者是世界的本质，后者是世界的现象。在赫拉克利特看来，一方面，既然世界万物也是真实的存在，那么，那些试图通过感觉来研究自然中的事物的人，确实能够发现自然之中的一些现象，并且积累一定的知识，从而成为博学的人；但另一方面，世界万物作为感性事物并非世界的始基和本原，所以人通过感觉所获得的知识并非智慧，若要获得智慧，那就要超越对于感性事物的"感觉"，

---

① 莱布尼茨. 人类理智新论：上册. 陈修斋，译. 北京：商务印书馆，1982：36.

② 北京大学哲学系. 西方哲学原著选读：上卷. 北京：商务印书馆，1981：21.

借助理性去把握那"躲藏起来"的自然，也就是说，去把握那作为始基的"火"，以及"火"之燃烧（运动）的尺度和规律。所以他说"承认'一切是一'就是智慧的"①。因此，在认识论上，赫拉克利特的最终主张是"超越"感性认识并通过理性认识掌握"一"以获得智慧。

尽管亚里士多德的哲学摇摆于唯物主义和唯心主义之间因而也摇摆于离异的形而上学和典型的形而上学之间，但是，他作为被后来的哲学家所尊崇的"亚里士多德路线"的代表，我们依然可以在他的哲学中看到作为离异的形而上学的那种"超越"感性世界的思想。我们知道，亚里士多德不仅承认感性对象的存在（个体事物以及质料），也承认纯粹形式的存在，所以，他既承认感性认识同时也承认理性认识，但是，为了获得真理，他依然要超越感性认识走向理性认识。在他看来，认识的主体就是灵魂，包括感觉的灵魂和理性的灵魂；认识的对象则是形式，包括具体事物的"形状"和一般的"形式"。感觉所能"看"到的是作为具体事物的"形状"的形式，理性所能"看"到的则是"一般"的形式。所以他说：感官是能"撇开事物的质料而接纳其可感觉的形式"② 的能力，"心灵（理性思维——引者）是灵魂用来进行思维和判断的东西"③。感觉是认识活动必须依赖的起源和基础，但是感觉并不是人所特有的能力，动物同样也有感觉和记忆，所以，认识必须"超越"感性世界和感性认识，依靠理性把握事物的本质（一般形式）。由此看来，亚里士多德的确像所有的离异的形而上学家一样试图通过"超越"感性世界的方式"虚化"感性世界。此外，作为一个常摇摆于唯物主义和唯心主义之间因而也摇摆于离异的形而上学和典型的形而上学之间的哲学家，亚里士多德还有着更加接近唯心主义或离异的形而上学的更为彻底的"虚化"感性世界的思想。例如，他还认为"心灵"是"潜在的形式的所在地"，因而"心灵"并不需要"感觉"就能与心灵的对象直接相关。他以"肉"的知识与"什么是肉"的知识来说明这一观点。他说，肉必然牵涉质料，"我们借感觉机能来识别……那些按一定比例构成的肉的因素：而肉的本质的特性，则是借某种不同的东西来知悉的，这东西或者是完全与感觉机能分开，或者是和它发生这样一种关系，就像一条弯曲的线对同一条线已被弄直之后所发生的关系那

① 北京大学哲学系. 西方哲学原著选读：上卷. 北京：商务印书馆，1981：23.

② 同①149.

③ 同①151.

样”①。他还进一步认为，主体的灵魂中所包含的认识一般形式的理性只是被动的理性，主体的灵魂中还包含一种主动的理性，它其实就是一种“神的理性”。“神的理性”是一种不依附于身体，也不随身体的死亡而消逝的永恒不朽的理性，它作为一种认识能力不以外物为对象，它只向“内”看，只以自身为对象。这时，亚里士多德对于感性世界的“虚化”已经完全成了一个典型的形而上学家所进行的“虚化”。

正如近代的典型的形而上学亦即唯理论哲学更多地从认识论的角度虚化感性世界一样，近代的离异的形而上学也更多地从认识论的角度虚化感性世界。近代的离异的形而上学首先表现为经验论哲学，所谓经验论哲学就是这样一种哲学：在认识论上，“他们都承认知识和观念起源于经验这样一个原则（尽管他们对经验的理解也不尽相同）”②。

培根是近代经验论哲学的第一个重要代表。培根坚持了唯物主义经验论的基本原则，他说：“人们若非想着发狂，则一切自然的知识都应求之于感官。”③ 然而，尽管培根坚持了唯物主义经验论的基本原则，甚至开创了近代西方的经验论认识论，但是，他依然认为仅凭感性认识并不能提供最终的真理。所以他说：“经验如果听其自流，只是在暗中摸索，只足以使人混乱而不能教导人。但是如果它能够按照确定的规律，寻着一定的程序进行而不被打乱，那么在知识上就可以希望得到更好的东西。”④ 这就是说，哲学真正要认识的东西不是事物的现象而是事物的本质（亦即培根的所谓“形式”），为此，他要“超越”感性认识，从而达到“超越”感性事物进一步认识事物的本质的目的。他说：“只有根据一种正当的上升阶梯和连续不断的步骤，从特殊的事例上升到较高的公理，然后上升到一个比一个高的中间公理，最后上升到最普遍的公理。”⑤

洛克是近代经验论认识论的最大代表，他继承了培根和霍布斯的唯物主义经验论传统，提出了西方近代哲学史上最为系统的唯物主义经验论的哲学体系。在他看来，认识的起点和基础是感觉经验，包括来自“感觉”和“反省”的经验。他把通过“感觉”和“反省”所获得的简单观念看成一切知识的基础，认为“一切耸高的思想虽然高入云霄，直达天际，亦都

① 北京大学哲学系．古希腊罗马哲学．北京：商务印书馆，1982：282-283．
② 陈修斋．欧洲哲学史上的经验主义和理性主义．北京：人民出版社，1986：60．
③ 培根．新工具．许宝骙，译．北京：商务印书馆，1984：22．
④ 北京大学哲学系．十六—十八世纪西欧各国哲学．北京：商务印书馆，1975：51．
⑤ 同④44．

是导源于此，立足于此的"[1]。不过，他像培根一样，并不满足于感觉经验。在他看来，尽管那些来自感性事物的简单观念构成了一切知识的基础，但是，真正的知识却是思维或理性认识的结果，因此，我们必须通过理性认识（思维）"超越"感性认识，从而"超越"感性的事物，把握事物的本质。为此，他探讨了人如何依赖心灵的作用，通过"合成""并列"特别是"抽象"等方式形成复杂观念的问题，认为知识是在人的心灵作用下的各种观念之间的"契合"。

令人感兴趣的是：西方近代经验论哲学在通过自己的认识论"虚化"感性世界的时候却潜在地包含着一个不可克服的内在困难。我们知道，一方面，经验论哲学强调认识的经验基础，它的这一"强调"使得它的认识论始终不能脱离经验，亦即始终限制于经验领域；但另一方面，形而上学所要认识的真正对象实体却是感性世界、现象世界之后的本质世界，它是"超验"的存在。因此，从逻辑上说，经验论哲学便包含了"经验知识"与"实体对象"之间的内在矛盾，亦即立足于感觉的"经验知识"不可能认识超越经验的"实体对象"之间的内在矛盾。这一内在矛盾是经验论的认识论无法克服的内在困难。起初，经验论哲学家（例如培根、霍布斯）由于自身的唯物主义经验论理论的不够成熟尚未自觉地意识到这一内在矛盾，但是，随着经验论哲学的进一步发展，随着经验论理论的日益成熟，后来的哲学家（例如洛克）便越来越自觉地意识到了他们的经验论哲学所包含的这一内在矛盾，发现他们的经验论的认识论其实无法认识实体对象。这样一来，他们就面临着一个痛苦的两难选择，即：要么放弃唯物主义的经验论原则，要么放弃实体对象亦即放弃形而上学自身！假如是前者的话，那么，经验论哲学在虚化感性世界的问题上就会走向典型的形而上学，也就是说，它对感性世界的虚化就会由"超越"的方式转变成"排除"的方式；假如是后者的话，那么经验论哲学就会由离异的形而上学走向反形而上学，也就是说，成为所谓的"反形而上学的逆流"。休谟[2]首先做了后一种选择。休谟之后，很多哲学家或哲学流派，特别是实证主义哲学和逻辑实证主义哲学都做了后一种选择，他们都选择放弃了形而上学对象，并最终放弃了形而上学自

① 洛克. 人类理解论. 关文运，译. 北京：商务印书馆，1983：83.

② 休谟虽然通常被认为是放弃了唯物主义的哲学家，但他却彻底地坚持了经验论原则。其实，作为一个把物质实体和精神实体都推向了不可知的领域的哲学家，我们很难简单地用唯物主义者或唯心主义者来称谓他。

身，成了彻底的“反形而上学的逆流”。

## 二、同化道德世界

为了确保本质世界的纯粹性，传统形而上学采用了“虚化”感性世界的做法，与此同时，为了确保本质世界的唯一性，也就是说，为了确保作为人类之根的世界就是一个本质世界，它还采取了“同化”道德世界的做法。人生存于其中的世界不管是物质世界还是精神世界，都不仅是一个“自然”的世界，而且也是一个“价值”的世界。假如说自然世界（主要是本质世界）是一个“真”或“事实”的世界的话，那么，道德世界则是一个“善”或“价值”的世界。因此，“同化”道德世界，就是用真或事实的世界同化善或价值的世界，它在赋予真以善的内涵的基础上，把善变成了真，从而实现真与善的统一。

### 1. 实体内涵：真善统一

在西方哲学史上，苏格拉底继阿那克萨哥拉提出“努斯”之后首先明确探讨了真、善统一的问题。他把自然哲学对于世界原因的追寻转变成对于世界目的的追寻。在他看来，世界的原因其实就是世界的目的。当自然哲学追寻世界的原因的时候，他们其实追寻的是世界的“真实”本原；当苏格拉底追寻世界的目的的时候，他其实追寻的是上帝的“善良”目的。因此，当苏格拉底认为世界的原因其实就是世界的目的，从而把对于世界原因的追寻转变成对于世界目的的追寻时，不仅意味着他把哲学对于世界的本原的探讨由真的探讨转化成了善的探讨，而且在宏观上或在消极的意义上还意味着他把真与善统一了起来，认为世界本原作为真的内涵其实就是作为善的内涵。

柏拉图作为典型的形而上学的主要代表，他首先发展了苏格拉底的探讨原因就是探讨目的的思想。他从一般意义上的理念和最高意义上的理念两个角度深化了苏格拉底“真也是善”的思想，论证了他的哲学中的实体亦即理念同时具有真善内涵的观点。从一般意义上的理念说，理念作为一种客观的观念，就是本质，当柏拉图把理念世界作为现象世界之后的真实世界时，就意味着他把本质世界作为现象世界之后的真实世界。理念世界作为本质世界、真实世界，是一个作为知识对象的事实世界。但是，另一方面，在他那里，理念世界是在最高理念亦即善的理念统治之下的作为摹本的对象的世界，现象世界将其作为摹本也就是将其作为模仿的对象、追求的目的，因此，理念世界也是目的世界，也就是说，它是善的世界。根据他的阐述，造物主在给予原始混沌的所谓“物质”以最好的安排并使之成为秩序井然的“世界”时，借助的正是“善”的理念的指导，并将理念的世界作为摹本。从最高意义上的理念说，柏拉图“真也是善”的思想表达得更为直接，他的最高理念作为最高的本质、最高的知识对象，恰好就是善的理念。由此可见，柏拉图的理念世界是一个真、善统一的世界。

亚里士多德虽然常常动摇于典型的形而上学与离异的形而上学之间，但是，我们曾说，他最终倒向了柏拉图的典型的形而上学，把纯粹形式看成第一实体。因此，在实体内涵是真与善之统一的问题上，他完全继承并进一步发挥了柏拉图的观点。“从字源上看，亚里士多德的形式（εlδos）和柏拉图的理念是同一个字……”[①] 亚里士多德用柏拉图的理念来表达自己的形式，意味着他认为形式就是本质（共相），纯粹形式就是普遍本质或者第一实体，它是最高知识亦即绝对真理的对象。同时，亚里士多德也像柏拉图把理念看成目的一样，把形式看成目的。不过，相比之下，他比柏拉图更明确地把形式与目的等同起来。在他那里，由于形式因就是动力因和目的因，所以，“纯形式”也同样是“第一推动力”和“最高目的”。这样一来，作为“纯形式”和“最高目的”相互统一的第一实体就是“真”和“善”相互统一的第一实体。正如邓晓芒所说：亚里士多德用形式（εlδos）来表达柏拉图的理念，“……也可以说，亚里士多德明确赋予柏拉图的（作为共相‘一’的）理念以目的的含义。黑格尔有时就把εlδos一词直接译为‘目的’”[②]。

在后来形而上学的发展中，苏格拉底、柏拉图和亚里士多德关于实体的内涵既是真又是善的思想得到了广泛的认同，并以各种不同的形式得到了进一步的发挥。

**2. 真、善关系：真为实质**

在西方哲学的发展中，作为真的实体逐渐被赋予了善的含义，从而使它成了真与善的统一体。问题在于：在实体的真与善的内涵中，真、善之间的关系究竟如何呢？在真与善中究竟哪一个才是它的实质性的内涵呢？我们认为，在形而上学的发展史上，无论是从时间的角度说还是从逻辑的角度说，哲学家们都是先把实体当作真的对象而后才把实体当作善的对象，这种时间在先和逻辑在先所表明的意思在于：实体实质上就是真的实

① 邓晓芒．思辨的张力．长沙：湖南教育出版社，1992：55.

② 同①.

体，或说世界实质上就是本质（真的、客观、事实）世界，这样的实体或世界应该具有最高的价值，所以，它也是善的实体或世界。这就是说，实体或世界作为真善的统一体，它是因真而善的。因此，在实体的真善统一中，尽管善意味着最高的价值，但是，它的内核却是真，也就是说，真是实体之真善统一体的理论内核，它是实体的实质性内涵。所以，无论哲学家们是用“始基”“理念”还是用“原子”“单子”来表述实体，他们都首先把实体看成世界的客观本原或客观本质。

正是由于实体首先是世界的客观本原或客观本质，实体的实质性内涵是真，所以，哲学家们都把实体看成真理的对象、知识的对象，他们总是试图通过认识或求真的路径来把握实体或世界，获得真理，从而把哲学（形而上学）变成一门智慧的学科。亚里士多德认为，求知是人的本性，人类从感觉开始，经过记忆、经验、技能，最后形成理论知识。只有不以实用为目的的理论知识才是智慧，第一哲学则是最高的理论知识，因而它也是最高的智慧。因此，形而上学是求知的学科，也是求知的产物，也就是说，形而上学所面对的对象是一种“真”的对象，形而上学本质上是一门求“真”的学科。同时，既然善被真同化了，那么，认识、求真就不仅是把握真的手段，也是把握善的手段。亚里士多德也把形而上学称为“理性神学”，但是，他在理性神学中谈最高实体的善时，却认为虽然愿望（“信念”）和理性都可以达到它，但是愿望达到的只是“像善的东西”，只有理性才能认识到真正的善，因此，愿望必须服从理性。不仅如此，善被真同化的现象也使伦理学成了一门关于智慧的学问。笛卡尔明确肯定伦理学是一门科学。他说，伦理学“是一种最高尚、最完全的科学，它以我们关于别的科学的完备知识为其先决条件，因此它就是最高的智慧”①。斯宾诺莎则在“伦理学”的名义下系统阐述了自己的认识论的真理体系，也就是说，他的《伦理学》一书重点阐述的内容却是“以几何学方式证明”的认识理论。不仅如此，他还为“至善”的品格下了一个绝妙的“真”的定义：“人的心灵与整个自然相一致的知识。”② 正是由于西方哲学把世界理解成本质世界，特别是由于西方哲学通过真同化了善，所以，西方哲学才与其他地区的哲学例如中国哲学有着本质的区别，即：西方哲学把哲学

---

① Descartes. The Philosophical Works of Descartes：Vol. 1. Cambridge：Cambridge University Press，1981：211.

② 斯宾诺莎. 理智改进论. 贺麟，译. 北京：商务印书馆，1986：21.

(形而上学）直接当成了科学。

## 第三节　哲学之为哲学：第一科学

哲学之为哲学的问题这里主要指的是这样一个问题，即：作为哲学之根的形而上学之为哲学（尽管也包含了一般哲学）究竟是何种性质的学科的问题。学科的对象决定学科的性质，既然传统形而上学的对象是“真”的对象亦即本质世界，那么，形而上学就是真理的学科，作为真理（知识）的学科，它应该是一门“科学”。西方传统形而上学确实一直把自己视为“科学”，并且认为自己由于属于第一哲学，因而应是高于包括自然科学（物理学）在内的其他所有科学的第一科学。所以，它把自己称为“科学之科学”，长期高居“科学的女王”的位置之上。

### 一、哲学是类似自然科学的“科学”

哲学的对象主要是“真”的对象，哲学是关于真理、知识的“科学”，因此，在哲学或传统形而上学那里，哲学便与自然科学具有十分密切的亲缘关系，它们共同高扬本质世界和与本质世界相关的人类理性。这一情况也导致了哲学知识与自然科学知识之间的高度的类似性，使得哲学家也像自然科学家一样，要求哲学知识应该具有客观性、普遍性、必然性、精确性、明晰性等等特征，其中，“客观性”构成了其他各种特征的基础。

其实，西方哲学与西方科学的亲缘关系在西方哲学诞生之时就已存在，它或许正是西方哲学在后来的发展中一直把自己的研究对象看成客观的外在本质世界以及一直把自身看成是关于客观外在本质世界的科学（真理）的重要原因，也是西方哲学长期与（自然）科学结盟的重要原因。在西方哲学史上，“哲学和自然科学在从原始神话中产生出来后，都力图以合乎理性的知识来代替关于世界体系的神话解释。起初，哲学和自然科学是同义语，伊奥尼亚的自然哲学家就既是哲学的创立者，又是自然科学的创立者”①。因此，“在希腊人看来，哲学和科学是一个东西”②，“最早的

---

① 强以华．存在与第一哲学．武汉：武汉大学出版社，2005：6.

② 丹皮尔．科学史．李珩，译．北京：商务印书馆，1975：原序.

希腊哲学家同时也是自然科学家”①。后来，尽管哲学逐步形成了自己的特殊研究对象并且逐步从科学中分离出来，但是，哲学家们的科学情结依然不变，他们依然把自己的研究对象看作一种首先以“真”为内涵的对象，并且依然把自己的哲学看作类似于自然科学的知识体系。不仅古代希腊的哲学家是如此，西方近代乃至一大批西方现代的哲学家也是如此。培根在用了十几年时间撰写的著作《伟大的复兴》中勾画了未来科学的宏伟规划，根据他的规划，“新哲学”便是未来新的科学知识大厦的基础。笛卡尔则认为，哲学犹如一棵大树，其中形而上学是树根，物理学是树干，伦理学则是树干分出的一个枝。由于他把道德看作科学，甚至看作基于形而上学和物理学的最高的智慧（最高级和最完善的科学），所以，他的这个知识体系完全是一个科学的知识体系，并且形而上学就是这个科学知识体系的最后之根。康德在他之前的形而上学亦即旧形而上学作为“科学”遇到认识论困难之后，他在批判“旧形而上学”并且试图在批判中重建“新形而上学”的时候，还一直强调：“形而上学不仅整个必须是科学，而且在它的每一部分上也都必须是科学。”② 到了胡塞尔的现象学哲学，仍然将哲学看作没有任何成见（与意见毫无关系）的科学。面对19世纪末20世纪初关于哲学不是科学而是世界观的各种观点，胡塞尔像康德一样毫不迟疑地强调哲学不仅是严格的科学，而且是第一科学。他在《回忆布伦塔诺》一文中说，他从布伦塔诺的讲座中获得了一种信念：“……哲学也是一个严肃工作的领域，哲学也可以并且也必须在严格科学的精神中受到探讨。”③

## 二、哲学是高于自然科学的“科学”

尽管哲学是类似于自然科学的科学，但是，哲学毕竟不是自然科学。那种把哲学等同于自然科学的做法应是西方最早的自然哲学家例如泰勒斯等人的做法。随着巴门尼德、苏格拉底尤其是柏拉图和亚里士多德逐步发现了哲学与自然科学的某种差别之后，他们就逐步把哲学与自然科学分离开来并把哲学（形而上学）提升为高于自然科学的学科。在他们那里，尽管哲学知识也像自然科学知识一样是客观的真理，但是，哲学知识却是绝

---

① 恩格斯. 自然辩证法. 北京：人民出版社，1971：164.

② 康德. 任何一种能够作为科学出现的未来形而上学导论（以下简称：未来形而上学导论）. 庞景仁，译. 北京：商务印书馆，1982：168.

③ 倪梁康. 现象学及其效应. 北京：三联书店，1994：11.

对意义上的客观真理（绝对知识、绝对真理），并且，这种绝对知识、绝对真理不仅仅是关于“物质自然”的绝对知识、绝对真理，而且更是关于世界整体的绝对知识、绝对真理。若说自然科学的知识（真理）是一种关于存在之一部分的具有普遍必然性的知识（真理）的话，那么，哲学知识则是关于存在整体（作为存在的存在、存在本身、世界整体、实体）的具有最广大的普遍性和最严格的必然性的绝对确定的知识。因此，哲学（形而上学）不仅像自然科学以及其他科学一样是“科学”，而且它还是“科学之科学”，它是“科学的女王”。

柏拉图和亚里士多德在确立第一哲学的时候，已经十分清楚地表达了哲学在类似于自然科学的同时高于自然科学的思想。亚里士多德关于形而上学的研究对象是“作为存在的存在”（存在本身）而其他哲学的研究对象仅仅是存在的一个部分，因而形而上学是第一哲学而其他科学只是一种具体科学的思想，已经十分明确地表达了哲学与其他学科的区别，并且已经十分明确地规定了哲学作为其他一切学科的基础高于包括自然科学在内的其他科学的思想。同时，亚里士多德把第一哲学与数学和物理学同时归于理论科学，并且把它们共同看作“以求知本身为目的的科学”，也表明了他十分重视第一哲学与自然科学（物理学）以及数学之间的亲缘关系。但是尽管如此，柏拉图作为典型的形而上学的代表还是更为系统地表达了哲学与科学的区别，所以，分析柏拉图关于哲学与科学相互区别的思想，我们便能十分清楚地看出传统形而上学有关哲学（形而上学，尤其是典型的形而上学）之所以高于科学的理由。柏拉图关于哲学与科学相互区别的思想集中体现在他关于辩证科学与科学的区别之中，它不仅表现在研究对象和认识方法方面，而且还表现在知识形态方面。

首先，从研究对象来说，哲学或者说辩证科学与科学都以理念为研究对象，但是，它们的对象却是不同类型的理念。作为科学的研究对象的理念是数理实体。数理实体作为科学的研究对象也是一种超越感性事物的“一般性”，但是，它们其实只是介于纯粹理念和感性事物之间的中间体，它们并不具有最高的一般性，也就是说，它们并不是最为普遍的种。作为哲学对象的理念则是“善”的理念本身以及直接隶属于“善”的理念的理念，除此之外，它们还包括了“一”“多”“同”“异”“动”“静”等等，它们都是完全脱离感性事物的东西，它们都是最高的一般性，也就是说，它们都是最为普遍的种。柏拉图的这一思想在传统形而上学中具有普遍性，他通过研究对象之超验程度和普遍程度的不同来区别哲学和科学的方式在亚里士多德那里进一步得到了发挥。

其次，从认识方法来说，哲学或者说辩证科学与科学都会运用超感性的方法，但是，它们的超越感性的方式却又不同。柏拉图把科学的认识或以数理实体为对象的认识看作理智的认识，认为这种认识就是把理念的思维运用于感性的世界，它从假定出发达到结论，即从理念的“摹本”出发来研究它们所代表的实际东西亦即理念。例如，数学从特殊的圆形出发来研究圆的理念。科学的理智的认识也可以说是一种理性的认识，但它却不是纯粹理性的认识，也就是说，它离不开感性。哲学则有所不同，哲学的认识作为理性的认识是一种“纯粹理性的认识”，这种认识完全脱离感性认识，完全依据理念，从理念到理念，用逻辑推导揭露各种概念（主要是相反概念）之间的对立与统一、相容与不相容的关系，最后上升到无矛盾的最高理念。这种进程是一种辩证法的思想进程，辩证法的思想进程就是这样：“……当一个人根据辩证法企图只用推理而不要任何感觉以求达到每个事物的本身，并且这样坚持下去，一直到他通过纯粹的思想而认识到善本身的时候，他就达到了可知世界的极限。”① 柏拉图自己总结了这一过程，他说：“至于讲到可知世界的一部分，你会了解我指的是人的理性凭着辩证法的力量而认识到的那种东西，在这种认识活动中，人的理性不是把它的假设当作绝对起点或第一原理，而是把这些假设直截了当地就当作假设，即是把它们当作暂时的起点，或者说当作跳板，以便可以从这个起点升到根本不是假设的某种东西，上升到绝对第一原理，并且在达到这种第一原理之后，又可以回过头来把握那些以这个原理为根据的、从这个原理提出来的东西，最后下降到结论。在进行这种活动的时候，人的理性决不引用任何感性事物，而只引用理念，从一个理念到另一个理念，并且归结到理念。”②

由此可见，辩证法（辩证科学或哲学）完全不同于科学：“……辩证法把所研究的可知的实在和那些把它们当作第一原理的所谓科学技术的对象区别开来，认为前者比后者具有更大的真实性，诚然，研究这些科学技术的人在思考感官所不能感觉到的对象时必得要用思想，但是由于他们是从假设出发而不能回到第一原理，因此你不会认为他们真正理解这些对象，虽然这些对象在和第一原理联系起来的时候是可以理解的。”③ 总之，

---

① 北京大学哲学系．古希腊罗马哲学．北京：商务印书馆，1982：203．

② 同①201．

③ 同①201．

"人的心智把可见世界中的那些本身也有自己的影象的实际事物作为影象，由假定出发进行研究，但不是由假定上升到原则，而是由假定下降到结论。在第二部分里，人的心智则向另一方向移动，从假定上升到非假定的原则，并且不引用在前一部分中所引用的影象，而只引用理念，完全依据理念进行研究"①。

柏拉图关于哲学和科学之认识方法相互区别的分析，也为后来传统形而上学从认识方法上区分哲学和科学提供了依据。显然，柏拉图的哲学认识方法亦即他所谓的辩证法的方法，是一种纯粹理性的方法。这种方法其实正是近代哲学加以充分发展的唯理论的方法。同时，由于纯粹理性的方法作为唯理论的方法，归根到底是以"心灵"先天具有关于实体的知识为先决条件的，所以，它实质上又是先验论的方法。其实，柏拉图所提出的"灵魂回忆说"正是这样一种先验论的方法。根据柏拉图乃至后来的典型的形而上学（唯理论哲学），正是凭借这种辩证科学的方法以及先验论的方法，我们才能把握实体，获得关于本质世界的绝对知识。

最后，从哲学的知识形态来看，哲学比自然科学更为严格地模仿了数学形式，也就是说，由于它像数学一样完全摆脱了感性经验，并且它又有类似于数学知识的严密性，所以，它比自然科学更有可能也更有必要模仿数学的形式。正如赖欣巴哈所说："哲学家老是因为感官知觉的不可靠而烦恼……当他发现至少有一个知识领域即数学知识领域，看来是排除了幻觉的，他就感到很高兴了。"②

我们认为，尽管柏拉图辩证科学的方法即辩证法明显地继承、改造和发展了苏格拉底的"精神助产术"，但是，他在建构哲学（辩证科学）的知识体系时，还明显地受到了毕达哥拉斯的影响，毕达哥拉斯对于数学的重视深深吸引着柏拉图。"柏拉图认为数学是一切知识中的最高形式，否则就根本不是知识。"③ 柏拉图在他以《斐多篇》为代表的早期著作里所讨论的两种主要理念中，除了伦理方面的理念，就是数学方面的理念。在他于雅典所创立的学院里，数学是必修科目，据说院门外还写着："不懂几何学者不准入内。"在柏拉图的知识体系之中，他把以数学为主的科学列在仅次于辩证科学的地位。柏拉图之所以要推崇数学并试图以数学为楷

---

① 北京大学哲学系．古希腊罗马哲学．北京：商务印书馆，1982：200.

② 赖欣巴哈．科学哲学的兴起．伯尼，译．北京：商务印书馆，1991：27.

③ 同②.

模建构哲学知识体系，无非是因为只有数学才是能够彻底摆脱经验知识之偶然性从而成为最为严格的"纯粹理性"知识的学科。因此，只有数学知识才有资格与哲学相配，值得哲学加以模仿。

海德格尔还曾深刻地分析了形而上学（包括柏拉图的形而上学）模仿数学知识形态的真正动机。他说："形成学院的形而上学概念的另一个根本动机则涉及形而上学的认识方式和方法。既然形而上学把一般存在者和最高存在者作为对象，对于这种对象'每个人都会产生关切'（康德），那么，形而上学就是具有最高荣耀的科学，是'诸科学的女王'。这样一来，就连它的认识方式也必须是最严格并具有绝对约束力的方式。这就要求形而上学有一个相应的知识理想与自己相称。被看作这种知识理想的是'数学'知识。数学是最高意义上的合理的和先天的知识，因为它脱离了偶然的经验，亦即成了纯粹的理性科学。对一般存在者的知识（一般形而上学）和对其各个主要领域的知识（下属形而上学）就这样成了一种'出自纯理性的科学'。"① 所以，哈贝马斯十分正确地认为："存在概念是随着叙事的语法形式和抽象水平向根据几何学摹本进行演绎解释过渡而形成的。"② 我们在后面分析典型的形而上学的认识论亦即唯理论时将会发现，唯理论哲学家充分发挥了柏拉图对于哲学知识形态的理解并将其发展成了典型的形而上学的认识论和知识学。所以胡塞尔说哲学家们"首先把数学和数学的自然科学作为方法楷模"③。

总之，经过柏拉图以及亚里士多德的努力，哲学家终于在依然坚持自然科学家的"科学精神的同时超越了自然科学家，与自然科学家一样，形而上学家要对宇宙做出解释，与自然科学家不一样，他的解释并不建立在观察和实验的基础上，至少是不建立在为了解释所做的特殊的观察和实验的基础上，他的解释主要以概念的分析为基础"④。因此，哲学（辩证科学）是"摆在一切科学之上，作为一切科学的基石或顶峰"⑤ 的学科。

① Heidegger M. Kant and the Problem of Metaphysics. Translated by James S. Churchill. Bloomington: Indiana University Press, 1965: 13.

② 哈贝马斯. 后形而上学思想. 曹卫东，付德根，译. 南京：译林出版社，2001：29.

③ 胡塞尔. 现象学的观念. 倪梁康，译. 上海：译文出版社，1994：25.

④ Edwards P. The Encyclopedia of Philosophy. Macmillian Publishing Co., Entry of Metaphysics.

⑤ 北京大学哲学系. 古希腊罗马哲学. 北京：商务印书馆，1982：206.

# 第三章　外在逻各斯与人类之根

西方传统形而上学对于外在世界（外在本质世界）的探讨作为对于世界本原的追问，其实就是对于人类之根的追问，这一追问属于人类对于人类之根的第一次追问。既然外在的世界（外在本质世界）是人类之根，那么，哲学就必须进一步说明人类之根究竟如何构成了“人类”的“根”，以及这一人类之根如何决定人的思想和行为。也就是说，它就必须说明外在世界（主要是它的本质）如何构成了人的本性，并且人类如何根据这一本性去约束自己的思想和行为。

## 第一节　外在世界的逻各斯

如前所说，传统形而上学的外在世界主要是外在本质世界，外在世界作为人类之根其实就是外在本质世界或者说外在世界的本质作为人类之根。同时，在传统形而上学中，外在世界的本质就是“逻各斯”，因此，真正说来，在传统形而上学那里，外在世界或外在本质世界作为人类之根归根到底就是逻各斯作为人类之根。为此，我们必须先行探讨传统形而上学的逻各斯概念。

### 一、传统形而上学之逻各斯的含义

逻各斯（Logos）一词源自希腊文 λογοζ。一般认为，古代希腊的哲学家赫拉克利特首先提出了逻各斯这一概念。其实，逻各斯这一概念应是赫拉克利特总结了他以前以及与他同时的一些哲学家之相关哲学思想的结果。无论是伊奥尼亚学派还是南意大利学派，他们提出始基的目的都是为了寻找一个永恒不变的“一”作为流变不息的宇宙万物之“多”的根，因此，从不定形的东西中寻找定形的东西，从流变不息的东西中寻找永恒不变的东西，便成了它们最高的哲学追求。在伊奥尼亚学派中，米利都学派的泰勒斯等人分别从“水”“气”中寻找作为永恒不变的“一”的始基，然而，“水”“气”作为感性质料本身就是不定形的东西，所以，他们的“水”“气”很难被理解成作为永恒不变的“一”的始基而不陷入自相矛盾。爱非斯学派的赫拉克利特所提出的作为永恒不变的“一”的始基“火”虽然也是不定形的感性质料，并且他还明确强调“火”是流变不息的东西，甚至提出“一切皆流，无物常在”的命题，但是，赫拉克利特应该是受到了南意大利学派中的毕达哥拉斯之抽象不变的始基亦即“数”的影响，试图找到一种变中之不变的东西。这种变中之不变的东西就是作为“尺度”和“规律”的“逻各斯”。“……数是在一定的关系中得到确定的，这种关系，毕达哥拉斯称之为‘和谐’、‘比例’，赫拉克利特则从中引申出来‘尺度’、‘规律’以及最重要的‘逻各斯’概念。”① 这一情况正如邓晓芒所说：“在赫拉克利特之前，全部哲学努力都是要对变化的东西加以固定规定，把它固定和把握在语言、概念之中。”② 邓晓芒甚至认为，正因如此，赫拉克利特的“逻各斯”实际成了由毕达哥拉斯的作为“数”的“一”的原则转换为巴门尼德的作为存在的“一”的原则的中介，因为巴门尼德在其残篇的一开头就引用女神的告诫说：“要用你的逻各斯去解决我告诉你的这些纷争。”③ 并在他阐述了关于存在的整个学说之后，总结性的一句话是：“现在结束我关于真理的可靠的逻各斯和思想。”④

根据邓晓芒的探讨，巴门尼德之后，逻各斯的问题经过一段时间的沉寂，到了智者那里又被重新提了出来，这时人们所探讨的是逻各斯的真理性问题。智者关心的是语言学和修辞学的问题，他们教授的是“真理”，但是，根据普罗塔哥拉以及高尔吉亚的观点，逻各斯（语言）要想成为普遍性的真理（尺度要想成为尺度），就必须摆脱个人感知的特殊性，否则就会陷入相对主义的诡辩论。但是另一方面，他们认为这种普遍的东西应当具有统一可见的事物的力量而不应受到特殊东西的抵触，不过，他们认为这不可能。后来，苏格拉底和柏拉图出面来解决这一难题。苏格拉底采用“精神助产术”通过逻辑程序（从具体事例到普遍原则的归纳方法）来

① 邓晓芒．思辨的张力．长沙：湖南教育出版社，1992：20.

② 同①21.

③ 汪子嵩，等．希腊哲学史：第1卷．北京：人民出版社，1997：664.

④ 同③663.

寻求这种普遍永恒的逻各斯。但是，在苏格拉底那里，尽管训练思维能力的主要目的就是超越具体走向普遍，但是，他所达到的逻各斯不过是少数几个案例（例如“美德就是知识”），此外，他的结果多半停留在否定之中。直到柏拉图的理念论才使问题得到较好的解决。柏拉图关于理念和分有理念的事物之间关系的颠倒正是语言把感性事物变成普遍尺度甚至成为独立王国的“魔法”。其实，高尔吉亚已经说过：“不是语言转达我们之外的东西，而是我们以外的东西表达语言了。”① 柏拉图（以及苏格拉底）通过对话，让对方说出关键的语词得出理念的方式，其实也就是柏拉图辩证法的本意，它恰好泄露了辩证法在“逻各斯”上的起源。

继柏拉图之后，亚里士多德把逻各斯解释成“定义”或者“公式”，具有“事物本质”的意思，以后由此引申出了“逻辑”（Logic）这一概念。此外，其他的哲学家们还从不同的侧面解释了逻各斯这一概念的含义。斯多葛派把逻各斯看成支配宇宙万物（包括作为宇宙万物一个部分的人）的“理性”，具有“命运”的意思。罗马晚期的斐洛认为，逻各斯就是世界的神圣原则，它是神的理性或“神圣的智慧”，神以逻各斯作为原本创造世界。新柏拉图主义的一些哲学家则把逻各斯看成联系“太一”和世界的桥梁。早期基督教指出，逻各斯是神的理性和智慧，亦即神创造世界的原型。

## 二、传统形而上学之逻各斯的分析

传统形而上学的逻各斯是一个含义极多的概念，包括话语、语言、尺度、法则、规律、道、道理、根据、理性、逻辑、定义、判断、比例等一系列的含义。那么，在逻各斯的诸多含义中，究竟能否缕出某些内在联系，以便我们能够厘清它的主要含义呢？

海德格尔认为，从亚里士多德乃至柏拉图、苏格拉底以来传统形而上学家们在解释希腊早期哲学家赫拉克利特提出的逻各斯的含义时就一直误解了逻各斯的原本意义，从而导致了西方传统形而上学在逻各斯的理解问题上误入歧途长达数千年。这里，我们关心的不是海德格尔的论断正确与否，而是这些传统形而上学的哲学家们自己对于逻各斯的理解（其中包括他们对于赫拉克利特之逻各斯的理解），在此基础上，我们更关心的是这些哲学家们究竟是如何把他们所理解的逻各斯解释成人类之根的。

① 北京大学哲学系．古希腊罗马哲学．北京：商务印书馆，1982：143.

正确归纳关于逻各斯之各种解释之间的逻辑关系应该是我们厘清逻各斯主要含义的基础。根据统计，传统形而上学关于逻各斯的各种解释多达数十种。然而尽管如此，它们之间依然有着内在的逻辑关系。大致说来，在关于逻各斯的各种解释中，它们基本上是从主客观的角度来对逻各斯进行解释的。有些解释把逻各斯解释成了客观外在世界的逻各斯，例如话语、道、比例、尺度、法则、规律、根据等等，我们将这一类的解释称为逻各斯的“客观解释”；有些解释把逻各斯解释成了人的主观精神活动，亦即人的主观思维应该遵循的逻各斯，例如语言、道理、逻辑、定义、判断等等，我们将这一类的解释称为逻各斯的“主观解释”。此外，还有一些解释把逻各斯同时解释成了客观的外在世界的逻各斯和人的主观思维应该遵循的逻各斯，例如话语（语言）、理性等等。这里，关于逻各斯的客观解释应是关于逻各斯的主观解释的来源和基础，换句话说，关于逻各斯的主观解释应该奠基于关于逻各斯的客观解释之上。因此，我们认为，归根到底，关于逻各斯的客观解释，亦即关于逻各斯是客观的外在世界之逻各斯的解释才是关于逻各斯的最为原始、最为基本的解释。那么，关于逻各斯的最为原始、最为基本的客观解释主要又是一些什么样的解释呢？如前所述，在传统形而上学中，客观的外在世界主要是物质世界和精神世界，除此之外，上帝作为外在于人之主观的实体，也可被看作一种特殊意义上的外在世界（无限实体）。这样一来，我们就能在把逻各斯首先看成关于客观的外在世界的逻各斯的同时，分别把逻各斯看成上帝的逻各斯、精神世界的逻各斯和物质世界的逻各斯。

更进一步，我们可以根据关于逻各斯的各种解释之间的逻辑关系来厘清哲学家们关于逻各斯之解释的主要含义。立足于上帝这一无限实体，逻各斯就是上帝的理性（上帝的命令）；立足于精神这一实体，逻各斯就是理性（也可说是命运）；立足于物质这一实体，逻各斯就是尺度（规律，培根将其称为“形式”）。然而，在西方传统形而上学中，唯心主义大都具有宗教情结，甚至很多唯物主义哲学家也或多或少具有宗教情结，所以，他们关于作为自己所理解的外在世界之逻各斯的解释常常在不同的场合采用不同的词汇，导致他们所采用的词汇并不严格，从而使得他们的解释经常重合。例如，除数之外，毕达哥拉斯派所表达的“命运”一词十分类似赫拉克利特的“逻各斯”的含义，也就是说，他所说的“命运”与赫拉克利特所说的“逻各斯”一样，都是作为世界本质并且人不得不服从的东西。他说："一切都服从命运，命运是宇宙秩序之源。"① 他还认为命运与灵魂相关，"宣称灵魂依照命运的规定，从一个生物体中转移到另一个生物体中"②。其实，赫拉克利特也曾把逻各斯解释成"命运"。他说："一切都服从命运。一切都为对立的过程所宰制。一切都充满着灵魂和精灵。"③ 根据艾修斯的记载："赫拉克利特断言一切都遵照命运而来，命运就是必然性。——他宣称命运的本质就是那贯穿宇宙实体的'逻各斯'。'逻各斯'是一种以太的物体，是创生世界的种子，也是确定了的周期的尺度。"④ 当然，毕达哥拉斯的"命运"与赫拉克利特"命运"（"逻各斯"）在性质上依然有着唯心主义和唯物主义的区别。再如，有神论的哲学家把逻各斯看成上帝的命令（理性）甚至直接就是上帝自身，或上帝创造世界的原型，但是，唯物主义哲学家赫拉克利特有时也把逻各斯称为上帝，用它来具体说明世界的产生。在他看来，"……火凭借着那统治一切的'逻各斯'或神，通过空气而化为水，水是世界结构的胚胎，他称之为海。从海里再产生出天和地，以及天地之间的东西"⑤。当然，尽管传统形而上学的各种性质的哲学家在解释逻各斯时并不十分严格地局限于某类词汇，但是，我们还是可以认为，有神论者更侧重以上帝的命令（理性）解释逻各斯，唯心主义的哲学家更侧重以理性（命运）解释逻各斯，而唯物主义的哲学家则更侧重以尺度（规律）来解释逻各斯。

## 三、传统形而上学之逻各斯的本质

为了正确地探讨传统形而上学的人类之根的思想，我们有必要在厘清逻各斯主要含义的基础上进一步探讨逻各斯的本质含义。我们已经知道，逻各斯作为外在世界之逻各斯主要指的是上帝的命令、理性和尺度。在此基础上，我们要进一步在把外在世界的逻各斯归纳为普遍性，并且以其为基础，把逻各斯的本质含义确定为理性。

无论是把逻各斯解释成上帝的命令，还是把它解释成理性和尺度，它都是一种"普遍性"。这就是说，逻各斯是林林总总、变动不居、生生灭

---

① 北京大学哲学系．古希腊罗马哲学．北京：商务印书馆，1982：35.

② 同①33.

③ 同①15.

④ 同①17.

⑤ 同①21.

灭的现象世界之中（之后）的唯一的、不变的和永恒的普遍存在。唯物主义者所说的“尺度”是感性世界之中各种具体事物中的统一的尺度亦即普遍的规律；唯心主义者所说的“理性”是现实事物之后的决定各种现实事物的统一的理性亦即普遍的理性；神学家所说的“上帝的命令”同样也是决定人（以及事物）的统一的命令亦即普遍的命令。需要进一步解释的是：外在世界的逻各斯（上帝的命令、理性和尺度）作为一种普遍性，它与“客观性”和“必然性”具有内在联系，以至于我们可以更完整地说，它是一种客观的普遍必然性。之所以说它是一种“客观的”普遍性，是因为它是客观的外在世界的普遍性，外在世界是一种不以人的主观意志为转移的世界，外在世界的普遍性自然就成了“客观的”普遍性。之所以说它是一种“必然的”普遍性，是因为客观的普遍性作为一种林林总总、变动不居、生生灭灭的现象世界之中（之后）的唯一的、不变的和永恒的普遍存在，它是一种排除了偶然性的始终如此、不可更改的普遍存在，这也意味着它就是一种“必然的”客观普遍性。这样一来，我们终于发现，避开上帝之逻各斯亦即上帝的命令（理性）不说，外在世界的逻各斯作为一种“普遍性”或者说“客观的普遍必然性”其实就是外在世界的本质，换句话说，它就是本质世界自身。

哲学家们关于逻各斯的“客观解释”是其“主观解释”的基础，既然外在世界的逻各斯是一种“普遍性”或者说“客观的普遍必然性”，那么，哲学家们主观解释的逻各斯（尤其是“逻辑”）自然而然地也会体现为一种“普遍性”或者说“客观的普遍必然性”。其实，关于逻各斯的“客观解释”成为关于逻各斯的“主观解释”的基础是通过外在世界的逻各斯成为人的逻各斯来实现的。人是世界的一个部分，不仅如此，人还与物不同，人体现了世界的本质。逻各斯作为世界的逻各斯（本质），它也应该是人自身的逻各斯（本性），这样一来，逻各斯既成了人身上把握外在世界逻各斯的能力（理性、思想），也成了人把握外在世界逻各斯应该遵守的规则（逻辑），人的这一能力和他遵循规则所把握的对象则是外在世界的逻各斯本身。“‘逻辑’一词来源于希腊词逻各斯”[①]，所以赫拉克利特曾说：“如果你不听从我本人而听从我的‘逻各斯’，承认一切是一，那就是智慧的。”[②] 他还说道：“多数人却不加理会地生活着，好像他们有一种

① 穆尼茨．当代分析哲学．吴牟人，等译．上海：复旦大学出版社，1986：8.

② 北京大学哲学系．古希腊罗马哲学．北京：商务印书馆，1982：23.

独特的智慧似的”①，其实，“智慧只在于一件事，就是认识那善于驾驭一切的思想”②。到了亚里士多德，逻各斯基本已经成了人把握外在世界的能力，更为准确地说，就是人在把握外在世界时人的思维应该遵循的规则（逻辑）。所以，海德格尔说道：在陈述命题的意义上，亚里士多德对logos做出比较明白的形而上学解释③，“对logos（逻各斯）的本质的这些看法对后来形成逻辑学与语法学都起典范与标准作用了”④。

外在世界的逻各斯作为一种“普遍性”或者说“客观的普遍必然性”，它的本质含义就是“理性”。邓晓芒说：“赫拉克利特的‘逻各斯’概念，正是在这种尺度、规律的含义上，最后演变成了‘理性’的意义。”⑤ 这是十分允当的评价。尽管不同的哲学家对于作为一种“普遍性”的外在世界的逻各斯有着不同的解释，但是，他们的解释中都包含了理性的解释，至少包含了理性的意思。赫拉克利特本人已把逻各斯作为理性看待，正因如此，他才会把逻各斯看成灵魂所固有的东西⑥。柏拉图和亚里士多德进一步发挥了逻各斯就是理性的思想，斯多葛派的哲学则最为完整地论证了逻各斯之理性的含义。斯多葛派像赫拉克利特一样将“火”看成万物的本原，但是，它却把上帝看成是“原始的火”，认为这种原始的火就是上帝。上帝作为“原始的火”，它与世界的关系犹如灵魂与肉体的关系，它就是“世界的灵魂”，这一世界的灵魂就是普遍的逻各斯亦即普遍的理性（或说宇宙的理性）。上帝是宇宙的原始动力，在他那里，这一作为宇宙万物生成变化源泉的原始动力就是他的合目的的普遍理性，上帝根据自己的普遍理性把世界创造成一个合乎目的与理性的秩序井然的和谐体系。同时，上帝的普遍的理性就是上帝的意志，上帝凭借自己的意志安排一切事物使之成为最好的事物，它的意志便是一种决定世界的“命运”，也即支配与决定万事万物的规律或“自然的必然性”。因此，世界成了理性的世界（在唯心主义那里）或有规律的世界（在唯物主义那里）。这样一来，在传统形而上学那里，神学家所理解的外在世界的逻各斯是上帝的理性，唯心主义哲学家所理解的外在世界的逻各斯也是理性，甚至唯物主义哲学家所理

① 北京大学哲学系. 古希腊罗马哲学. 北京：商务印书馆，1982：18.

② 同①22.

③ 海德格尔. 存在与时间. 陈嘉映，王庆节，译. 北京：三联书店，1999：38.

④ 汪子嵩，等. 希腊哲学史：第1卷. 北京：人民出版社，1997：664.

⑤ 邓晓芒. 思辨的张力. 长沙：湖南教育出版社，1992：22.

⑥ 同①29.

解的外在世界的逻各斯亦即尺度，常常也被看作理性。因此，“理性”成了外在世界逻各斯的本质含义。

一旦把作为一种普遍性的外在世界的逻各斯的本质含义规定成理性，那么，我们就会发现，它将揭示西方传统形而上学看待世界本质、看待人类自身本性的特有方式，并将决定西方传统形而上学对于人的应然生活方式的特有理解，也就是说，它将揭示西方传统形而上学所决定的西方人的特有的普遍价值观。所以，邓晓芒说：“从哲学语言的层次上看，逻各斯的提出是一个比火，比‘变’的表述更为重大的事件。”① 正是这一重大事件，把我们指向了西方传统哲学关于人类之根的探讨。

## 第二节　外在逻各斯与人类的本性

在西方传统形而上学中，外在世界是人类之“根”。我们知道，外在世界是一种两重世界，它的两重性质都对人类的本性产生着影响。然而，从严格的意义上说，外在世界只是一个本质世界，它的本质就是逻各斯，所以，严格地说，人类的本性应该取决于外在世界的本质亦即逻各斯。

### 一、传统形而上学之宽泛的人性

既然外在世界的两重性质都对人类的本性产生着影响，那么，即使我们认为在严格的意义上说人的本性只能取决于外在的本质世界亦即外在世界的逻各斯，我们依然不能忽视另外一重世界亦即非本质的感性或现象世界对于人的本性的影响。因此，我们先来讨论同时由外在的两重世界或者说外在世界两重性质所决定的人性。

#### 1. 传统形而上学之宽泛的人性

传统形而上学之宽泛的人性，指的是在不太严格或者非实质性的意义上所称谓的传统形而上学所说的人性。当我们说外在世界是人类之根而不仅仅说外在世界的本质是人类之根的时候，这种外在世界作为人类之根所决定的人性就是宽泛的人性，也就是说，这种宽泛的人性产生于整个外在世界，既包含了作为本质世界的外在世界，也包含了作为非本质世界的外在世界亦即感性世界或者说现象世界。

---

① 邓晓芒. 思辨的张力. 长沙：湖南教育出版社，1992：22.

我们知道，唯心主义和唯物主义作为典型的形而上学和离异的形而上学，它们都承认两重世界亦即感性的现象世界和理性的本质世界的存在，并且，唯心主义（典型的形而上学）认为世界所包含的现象世界和本质世界实质上都是精神世界，唯物主义（离异的形而上学）则认为世界所包含的现象世界和本质世界实质上都是物质世界。然而，细究起来，传统形而上学的两重世界却有一种奇妙的特点，即：无论是在唯心主义（典型的形而上学）那里，还是在唯物主义（离异的形而上学）那里，感性的现象世界其实都有感性物质世界的特征，理性的本质世界其实也有理性精神世界的特征。这是因为，无论是唯心主义者还是唯物主义者，他们客观上都不能回避一个事实，即：他们既生活在物质世界中也生活在精神世界中。因此，唯心主义虽然认为世界是精神性的本质世界，但是，它也总会以某种形式（例如精神的产物或者表现）承认感性物质世界的存在；唯物主义虽然认为感性物质世界是真实的世界，但是，它也总会以某种形式承认感性物质世界之后的（物质性的）本质世界的存在，并把这一本质世界（通过把它视为理性认识的对象）与人的精神联系起来。

人性同时受到两重世界决定意味着：感性的现象世界和理性的本质世界都是人类之根，因此，人既是感性的现象世界的产物，又是理性的本质世界的产物；作为感性的现象世界的产物，他是肉体的人，并且，作为肉体的人，他有感性的人性，这一人性表明人都有感性的物质需要；作为理性的本质世界的产物，他是精神的人，并且，作为精神的人，他有理性的人性，这一人性表明人都有理性的精神需要。因此，在传统形而上学家那里，无论是唯物主义（离异的形而上学），还是唯心主义（典型的形而上学），它们都一致认为人的本性中不仅包含了物质的内容（感性本性）而且更加包含了精神的内容（理性本性）。人的本性中既包含了理性本性也包含了感性本性，就是传统形而上学所理解的宽泛的人性。当然，具体到唯心主义和唯物主义，哲学家们对于宽泛人性的理解却又有着不同的侧重。

**2. 斯多葛派路线和伊壁鸠鲁路线**

唯心主义作为典型的形而上学，它关于人的本性的观点应是传统形而上学中的主流观点。根据这种主流观点，理性是人性中更为本质的内容，尽管它也承认人性之中有着感性的内容，但是，在大多数唯心主义哲学家那里，这些感性的内容都被看成人性中与动物共同具有的内容而遭到贬抑。

斯多葛派的观点应是唯心主义观点的典型代表，我们可以把传统形而上学中典型的形而上学的人性论观点称为“斯多葛派路线”。早在苏格拉底那里，灵魂与肉体的关系就已经是理性与感性的关系的一种表达形式。他把人看成灵魂与肉体的统一其实就是把人看成理性与感性的统一。不过，在他看来，灵魂来自神，它是不朽的东西，它体现了人之为人的本性；肉体则是要死亡的东西，并且严格地说，肉体不过就是灵魂暂时的坟墓。柏拉图继承并且进一步发展了苏格拉底的相关思想，他把自己的人性论与作为人类之根的外在世界直接联系起来。柏拉图认为，在双重的世界形式中，只有理念世界（本质世界）才是真实的世界，现实世界（现象世界）则并非真实的世界，因此，人的灵魂不仅包含了与理念世界相互一致的理性的内容（理智），也包含了与现实世界相互一致的非理性的内容（意志和情欲）。其中，理性的内容才是人性中最为根本的东西，它是人之德性的根本基础，它把人与动物区别开来从而使人成为人。斯多葛派进一步系统化了苏格拉底和柏拉图的相关思想。

斯多葛派的路线在近代典型的形而上学中得到进一步发挥。笛卡尔由于把自我（我思）看成一个独立的实体，所以他毫不犹豫地认为人的本性只是思想。他说：“可是我究竟是什么东西呢？一个在思想的东西。”①“我只是一个在思想的东西，也就是说，我只是一个心灵、一个理智或一个理性，这些名词的意义我以前是不知道的。”② 至于人的身体以及与其相关的感性欲望，由于它们仅仅服从机械的运动规律无法体现人超越动物的特征而不能成为人之为人的真正本性。莱布尼茨虽然是一个彻底的唯心主义哲学家，但是，他也提出了人之灵魂与形体的关系问题。不过，他所谓的“形体”本质上仍是精神性的单子的积聚，只是我们的理智把它们理解成物质现象。其中，无机的形体就是物质，它是单子被动的能力和模糊的表象，它没有内在的统一性，积聚体中没有一个单子统治其余单子的现象，它们彼此通过空间外在结合起来；而“有生命、有灵魂的形体是一个更高的存在等级，在这些形体里面有一个单子支配着其余的单子”③。因此，人是有灵魂的“形体”与灵魂的统一，由于灵魂是支配它的“形体”的单子，所以，它是人性中更为重要的方面。莱布尼茨进一步认为，所有的单子，包括积聚成“形体”的单子都有“知觉”（“欲望”或“力”），但

① 北京大学哲学系．十六—十八世纪西欧各国哲学．北京：商务印书馆，1975：129.

② 同①128.

③ 黑格尔．哲学史讲演录：第4卷．贺麟，王太庆，译．北京：商务印书馆，1978：175.

是，它们的“知觉”有着清楚和晦暗的不同程度。构成那些无意识的无机物以及植物的单子就只有最不清楚的一些“微知觉”（“隐德来希”）；较高级的单子如动物的灵魂具有较清楚的知觉；而人的灵魂则具有更清楚的知觉亦即“统觉”（理性）。因此，人的灵魂也可以称为“心灵”或“理性灵魂”，它把人与一般动物的灵魂以及其他所有非人的物区别开来，正是它们才是人的真正本性。

唯物主义作为离异的形而上学，它的关于人的本性的观点应是传统形而上学中的辅助观点。根据这种辅助观点，虽然理性是人性中的重要内容，但是，人性中的感性内容也是非常重要的内容，甚至（在有些唯物主义哲学家看来）在价值指向上是更为重要的内容。伊壁鸠鲁的观点应是唯物主义观点的典型代表，我们可以把传统形而上学中离异的形而上学的人性论观点称为“伊壁鸠鲁路线”。

其实，唯物主义的哲学家大都也把人的理性看成人之为人的人性，然而尽管如此，由于他们相信感性世界的真实存在，所以，他们给予人的感性本性（感性欲望）以（相对于唯心主义哲学而言）更高的地位。早在古希腊时期，昔勒尼派的创始人阿里斯提普（Aristippos）就主张快乐主义，他的学派因此也被称为“快乐学派”。伊壁鸠鲁受到他的影响，在坚持人是理性的人的同时，给予了人的感性本性亦即感性欲望以应有的地位，因此，他把基于自己的人性论思想的伦理学称为快乐主义。伊壁鸠鲁的快乐主义的基础是他的奠基于唯物主义的人之欲望理论。在他看来，人有两类欲望，除了那些非自然（因而亦即非天生）的欲望例如爱权、爱财、纵欲等等之外，就是那些自然（因而亦即天生）的欲望。在自然的欲望中，有一部分欲望像非自然的欲望（例如性爱）一样并非必要，只有一部分欲望才属必要。这种自然而又必要的欲望就是维持生命和保持健康所必需的一些物质快乐。这些必要但非过度的物质快乐是达到真正的快乐的基础和手段，它能促使我们获得真正的快乐亦即“身体的无痛苦和灵魂的无纷扰”。他说：“我们所谓的快乐，是指身体的无痛苦和灵魂的无纷扰。”①

近代的离异的形而上学家直接贯彻了伊壁鸠鲁路线。培根把研究人类自身的学问称为人类哲学，认为对于人性的研究应该成为一门独立的科学。在他看来，对人的研究除了研究心灵之外，人的身体也应该是重要的研究对象，身体的善就是体魄健美、宜于行乐等等。霍布斯认为，人是自

① 北京大学哲学系．古希腊罗马哲学．北京：商务印书馆，1982：368.

然的一个部分，它是一架精致的机器，它像物体受到力学的规律支配一样也必然受到力学规律的支配，不仅人的生理活动受到力学规律的支配，而且人的思想、感情、欲望也都受到力学规律的支配。同时，人作为自然的产物也与其他的物体（包括动物）有所不同，它有一种由想象力（情感）引起的同样服从力学规律的自主运动，人的自主运动使人逃避某些事物并且追求某些事物。人所追求的东西就是他所欲求的东西（例如权力欲、财富欲、安全欲等等），亦即能够帮助他的生命运动因而能够帮助他生存的事物，这些事物伴有愉快的感觉；人所逃避的东西就是他不欲求的东西，亦即阻碍他的生命运动因而阻碍他的生存的事物，这些事物伴有厌恶的感觉。洛克认为人的本性就是寻求快乐并且避免痛苦，他说："一切含灵之物，本性都有追求幸福的趋向……"① 休谟指出："人类心灵的主要动力或推动原则就是快乐和痛苦。"② 18 世纪法国唯物主义哲学家更是把人性看成自我保存的人性。例如，爱尔维修说："人身上的一切都是肉体的感觉"，"精神的一切活动都归结到感觉"③。

总体来说，尽管唯物主义和唯心主义都把人看成感性与理性的统一体，但是，它们大都把人的理性本性看成更为重要的本性。在此前提之下，相对地说，唯心主义贯彻的大多是斯多葛派路线，它更加侧重人的理性，为此，它常常不遗余力地要抑制人的感性要求；唯物主义贯彻的大多是伊壁鸠鲁路线，相对而言，它更加侧重人的感性，为此，它总是要求给予人的感性要求以合理的地位。随着近代人文主义运动的兴起，近代哲学，特别是其中的近代唯物主义哲学更关注人性中的感性本性和感性欲望，他们甚至把人的自我保存（感性存在）看成人的基本人性，并把人的快乐、幸福看成人的最高追求目标。

## 二、传统形而上学之本质的人性

外在世界整体作为人类之根使人拥有了宽泛的人性，但是，严格地说，就人从外在世界之本质亦即逻各斯而言，外在世界之本质亦即逻各斯才是真正的人类之根，所以，在传统形而上学那里，严格意义上的人性应是来自外在世界之本质亦即逻各斯的人性，它是一种本质的人性或人性的

① 洛克．人类理解论：上册．关文运，译．北京：商务印书馆，1983：236.

② 休谟．人性论：下册．关文运，译．北京：商务印书馆，1983：616.

③ 北京大学哲学系．十八世纪法国哲学．北京：商务印书馆，1963：493.

本质。这种本质的人性或人性的本质其实就是人的理性本性，它包含了目的理性和工具理性。

**1. 传统形而上学人性的实质**

其实，我们在一般地说外在世界是人类之根的时候，面临着某种困难，即：外在世界固然是人类之根，但是，它也是除了人类之外的其他万物之根。因此，哲学家们在探寻人类之根的时候便面临着两重任务：其一，他们要寻找到人类之根；其二，他们还要在寻找人类之根的同时把人与其他的物尤其是动物区别开来。这就是说，他们要在寻找到人类以及万物共同之根的同时，还要寻找到单独属于人类的根。一般来说，我们可以把宽泛人性中的来自感性的现象世界并与人类肉体相关的感性人性看成包含人类在内的万物的共同之根，把宽泛人性中的来自理性的本质世界并与人类精神相关的理性人性看成单独属于人类的根。在西方哲学史上，由于唯心主义与唯物主义的差异，以及由于哲学家们关注的焦点和思维水平的差异等等，传统形而上学关于感性人性和理性人性分别来自感性的现象世界和理性的本质世界的观点只是一个最为通常的观点，它并不意味着传统形而上学家都十分清晰地表达了这一观点。有些哲学例如唯物主义并不认为本质世界直接就是精神世界，因此，它的本质世界与人的理性本性的关系便以一种特殊的形式表现了出来。有些哲学例如斯多葛派关注的焦点并不在于区分人与动物的差异，因此，它在解释理性作为人类之根时并不深究理性作为人类之根与它作为万物之根究竟有何不同。还有些哲学例如万物有灵论则直接把人的本性与万物的本性等同起来。此外，即使有哲学家像柏拉图那样明确地区分了两重世界，并且明确地把人的感性本性与理性本性分别和感性的现象世界与理性的本质世界对应起来，他们在具体论证相关思想时也充满了内在矛盾。但是尽管如此，从传统形而上学的主流来看，我们还是可以看到，在它那里有着明显地把感性的现象世界和理性的本质世界分别作为包含万物在内的人类之根和单独作为人类之根的观点。这种观点尽管在唯物主义那里有着不同于唯心主义的表现形式，但是，唯物主义本质上也像唯心主义一样把理性的本质世界单独当作人类的根，并依靠这一人类之根来解释人类的理性本性，把人与动物区别开来。也就是说，他们都把人类源自理性的本质世界的理性本性当作人区别于动物从而使人成为人的本性，认为它是人性的实质。

然而，在传统形而上学中，尽管唯物主义和唯心主义都一致认为理性是人之为人的标志，也就是说，正是理性才把人与动物区别开来，但是，唯物主义与唯心主义依然有着明显的区别。唯物主义以一种特殊的形式把人的理性本性与理性的本质世界联系起来，也就是说，它以工具理性的形式把人的理性本性与理性的本质世界联系起来。因此，它与唯心主义把使人之为人的理性本性主要看成一种目的理性不同，在唯物主义看来，使人之为人的理性本性主要表现为一种工具理性。

**2. 目的理性与工具理性**

理性作为人性的实质（本质的人性或人性的本质）包含了两重含义：其一，它是目的理性；其二，它是工具理性。所谓目的理性，指的是一种从目的的意义上表明人之为人的理性，也就是说，在它看来，人作为人的最高价值追求和价值目标就是理性。在传统形而上学中，尽管真与善在本质上具有一致性，从而使得目的理性既包含了道德理性的内容又包含了理智理性的内容，但是，在人之本质人性是目的理性的意义上，目的理性所侧重的应是道德理性（善的理性），它表明人之所以为人，更是由于人具有道德理性，人会以善为目标并且能够成为具有德性的人。所谓工具理性，我们这里指的是一种从工具的意义上表明人之为人的理性，也就是说，在它看来，人作为人的最高价值追求和价值目标可能并非理性，例如人的最高价值追求和价值目标是感性幸福，然而尽管如此，人与动物的不同之处在于人能够把理性作为选择的工具，通过理性辨别真伪利弊，从而使得人比动物具有更强的能力，获得最大幸福。同样，尽管真与善在本质上具有一致性，从而使得工具理性既包含了理智理性的内容又包含了道德理性的内容，但是，在人之本质人性是工具理性的意义上，工具理性所侧重的应是理智理性（真的理性），它表明人之所以为人，更是由于人具有理智理性，即人具有凭借理性辨别真假、权衡利弊、进行合理选择的能力。

毫无疑问，无论是唯心主义（典型的形而上学）还是唯物主义（离异的形而上学）都既从目的理性的角度又从工具理性的角度来看待人性，但是，在此基础上，一般来说，唯心主义会更加侧重于把人的本质人性看成目的理性，认为人之所以为人，是因为人是有道德的人。唯物主义则会更加侧重于把人的本质人性看成工具理性，认为人之所以为人，是因为人是有理智理性的人。之所以会出现这种差异，是因为唯心主义的本质世界是精神世界，它更多地体现了善的内容，它使那些以这一本质世界作为人类之根的人的本性主要成为一种善的理性亦即目的理性；唯物主义的本质世界则是物质世界，它更多地体现了真的内容，它与精神亦即人的精神的联系主要在于它作为人的理智理性的认识对象与人的理智理性具有内在的一致性，因此，人能够通过自己的理智理性把握它的本质，也就是说，人可以凭借自己的与物质世界之本质（作为逻各斯、理性）内在一致的理智理性来把握物质世界的本质，这里，正好表明理智理性就是一种把握物质世界之本质的工具理性。

尽管相对于唯心主义来说唯物主义更加侧重于把人的本质人性看成工具理性，但是，在唯物主义内部也有两种倾向，即：那些十分看重人的感性幸福（感性本性和感性欲望）的唯物主义哲学家会更重视人的工具理性（尽管他们通常也有目的理性的思想），而那些不太看重人的感性幸福的唯物主义哲学家通常更重视人的目的理性（尽管他们通常也有工具理性的思想）。假如我们把人的本质人性分为目的理性和工具理性两种情况的话，那么，那些不太看重人的感性幸福的唯物主义哲学家的人性观点应是一种中间观点，即：它们的观点介于人的本质人性是目的理性和人的本质人性是工具理性两种观点之间，也就是说，是介于唯心主义和过分看重人的感性幸福的唯物主义之间。例如，休谟强调感性幸福的重要性，他说：“当任何性质或性格有促进人类福利的倾向时，我们就对它表示高兴，加以赞许；因为它呈现出一个生动的快乐观念来；这个观念通过同情来影响我们，而且其本身也是一种快乐。”① 但是，他依然说：“德的本质就在于产生快乐，而恶的本质就在于给人痛苦。”②

由于西方近代社会是一个更为关注人的感性幸福的社会，所以，若把整个西方近代哲学看作一个整体，那么我们则可以说：从西方古代形而上学到西方近代形而上学的发展历程——从人性之理性内容上说——是一个从目的理性到工具理性的发展历程。

## 第三节　理性之人的价值追求

人如何如人所是地活着？根据传统形而上学，既然人来自外在世界，是由外在世界所决定的理性之人与感性之人的统一，那么，如人所是地活着就是既要理性又要感性地活着，从而把德性和幸福作为自己的价值目

① 休谟. 人性论：下册. 关文运，译. 北京：商务印书馆，1983：623.

② 同①330－331.

标，亦即把德性和幸福作为人类的普遍价值追求和重要的善。然而，人首先来自外在的本质世界亦即逻各斯，是由外在本质世界亦即逻各斯所决定的理性的人，因此，如人所是地活着就是人首先（本质上）应该理性地活着，从而把理性（特别是德性）作为自己最高的价值目标，亦即主要把理性作为人类的普遍价值追求和最终的善。人的本性决定于他由之所来的外在世界，尤其是本质世界，所以，人应该如人所是地活着就是要回归人由之所来的地方，它指明着人应该到哪儿去。

## 一、典型的形而上学的理性生活追求

典型的形而上学主要把人的本性（本质本性）看成目的理性亦即道德理性，并把人的感性看成与动物一样从而妨碍人实现自己的道德本性的内容，所以，它把合乎道德的理性生活看成人类最高的普遍价值追求，看成人类最终的生活目标。在它看来，人之合乎道德的理性生活就是善的生活。为此，它把克制人的感性本性和感性欲望，克制人的情感和激情当作人类走向善的生活的基本手段，看成人成为德性之人的必修功课。

早在苏格拉底那里，他就认为人所需要关心和培养的东西只是灵魂，人不应该去追求与肉体相关的物质财富这些身外之物，他甚至把人的肉体看作人的灵魂的坟墓。从理念世界是唯一真实的世界出发，柏拉图把理性看作人的本质本性甚至是唯一本性。在他看来，人的灵魂同时包含了理性（理智）和非理性两个部分：人的理性或精神活动属于崇高的东西，只有与人的理性一致的精神生活才是善的生活，才能给我们带来幸福；非理性部分除了意志之外，便是感性的情欲，它们能否合理地发挥作用，关键在于它们能否得到理性的有效控制。理智就像是一个驾驭者，它驾驭着一匹驯马和一匹劣马，意志是它驾驭的驯马，情欲则是它驾驭的劣马。理智若能有效控制人的情欲，那么，它的功能的实现也能成为一种德性；反之，情欲若不能得到理性的有效控制，那么，它的功能的实现就会妨碍善和幸福。当然，由于柏拉图也把美德（善）看成知识（真），因此，他的作为人之本质本性的理性既是一种道德理性，同时也是一种理智理性，故而柏拉图又把它称为理智，并把最高的美德看作与人的灵魂之理智部分相连的智慧。

近代的典型的形而上学家也像古代的典型的形而上学家一样。笛卡尔把思想亦即心灵看成人的本性，在他看来，心灵具有多种多样的能力，通过联系肉体与思想的所谓的“松果腺”，心灵可以作为主动的思想从而表现为意志，也能被动地接受外部事物对于感官的作用从而产生知觉，除此之外，心灵还有一种由于人的血气运动（动物精神）引起的心灵感情。他把人之心灵的主动的意志看作理性，强调理性对于善的基本作用。同时，他又指出，尽管心灵的所有感情本性上并非坏的东西，但是，一旦对其滥用，心灵的感情（尤其是苦乐感情）就有可能产生消极作用，因此，人若想正确地使用感情，成为感情的主人，那就必须通过人的理性支配感情，用人的意志控制人的自然欲望。在笛卡尔那里，理性之所以能够支配情感，意志之所以能够控制欲望，是因为理性能够获得真理的知识，帮助人们对于情感或者欲望的对象进行正确的善恶判断，做出正确的选择，从而使得我们能够趋善避恶。

当然，近代兴起的把“自我保存”视为人之基本本性的思想对于典型的形而上学也有影响，这种影响最为典型地体现在斯宾诺莎的哲学之中。在某种意义上说，斯宾诺莎是一个介于典型的形而上学和离异的形而上学之间的“典型的形而上学家”，也就是说，作为近代唯理论的主要代表，他主要是一个典型的形而上学家，我们可以从总体上把他看成一个典型的形而上学家。但是，他又主张唯物主义，从而使得他的典型的形而上学中又有了某些离异的形而上学的内容，使得他作为一个典型的形而上学家又带有了某种介于典型的形而上学和离异的形而上学之间的特征。像很多离异的形而上学家一样，斯宾诺莎把人的自我保存看成人的“天赋权利”，从而把自我保存看成人的基本本性，认为“保存自我的努力……乃是德性之首先的唯一的基础”①。但是尽管如此，作为一个（总体而言的）典型的形而上学家，斯宾诺莎所主张的人的至善的生活依然是一种合乎理性克制感性的生活，并且他认为这种生活是与自我保存真正一致的生活。由于他像其他的形而上学家一样主张实体是真与善的统一，而且认为至善是在认识实体基础上的与实体保持一致并爱实体，所以，他欲通过认识论（知识论）来完成伦理学，也就是说，通过追求真来实现善。由此出发，他把人类的知识分为感性知识、理性知识和直观知识三种，并且认为：感性知识是一些混淆不清的观念，因而是错误的原因。它一旦被应用到伦理学中，只会产生被动的情感并受情感的支配，因而它不能引导人们走向道德。理性知识指的是一种间接的理性知识，在认识论上，它虽然是关于我们想要认识的事物的清晰的观念，但应用到伦理学中却有某种不足，即：尽管它

① 斯宾诺莎. 伦理学. 贺麟，译. 北京：商务印书馆，1983：188.

向我们提供了真与假、善与恶的知识，教导我们应该在理性的指导下生活，辨别和舍弃被动的情感，然而，作为间接的理性知识，它却有着理性之软弱无力的一面，没有足够的力量克制情感，反倒常常被情感所克制。直观知识其实就是直接的理性知识，它不需要经过推论，而是对事物“从神圣的自然之必然性去加以认识”① 的知识。人一旦具备这种知识就能超越绵延，拥有对于实体（神、自然）的知识，并且知道一切事物的本质都是来自神的本质，从而产生对于神的热爱，成为一个有道德的人。因此，在伦理学上，他认为能够清晰明白地遵从理性的生活才是实现自我保存的必要途径，所以他说，对于被动的情感，这种知识“虽不能把它们加以绝对消灭，但却至少能使情感只构成心灵的极小部分”②。因此，人应该追求的生活依然是理性的生活，这种理性生活尽管包含了运用工具理性的生活，但是，由于理性生活是值得推崇的人区别于动物的生活，所以，它更是一种遵从目的理性亦即道德理性的生活。

## 二、离异的形而上学的理性生活追求

离异的形而上学给了人的感性本性和感性欲望以合理的地位而且承认它们的合法价值，所以，它们把幸福作为人类的普遍价值追求和重要的善。当然，在它们看来，人与动物不同，人能够通过工具理性（作为理论理性或理智理性）来实现幸福与善，因此，拥有工具理性成了人区别于动物因而使人成为人的本质特征（尽管他们一般不会因此否认道德理性的存在）。理性生活也是人类重要的普遍价值追求，并且是人类重要的生活目标。

伊壁鸠鲁作为古希腊快乐主义的代表，他十分重视人的感性本性和感性欲望。他说：“……我们的最终目的乃是得到快乐，而以感触为标准来判断一切的善。”③ 在快乐之中，最为重要的快乐是“身体上的无痛苦和灵魂的无纷扰”，因此，它们是最重要的善。那么，我们如何才能获得快乐从而达到善呢？伊壁鸠鲁认为必须凭借知识，因为在他看来，心灵纷扰不安的原因，最主要的是对于神和死亡的恐惧，一旦我们有了知识，凭借智慧正确认识宇宙和人生，这个恐惧就会消失。因此，知识（智慧）能够

---

① 斯宾诺莎．伦理学．贺麟，译．北京：商务印书馆，1983：257.

② 同①253.

③ 北京大学哲学系．古希腊罗马哲学．北京：商务印书馆，1982：367.

区分善恶，确保我们获得关于神和死亡的正确知识，消除我们的心灵纷扰。因此，知识作为能使我们获得快乐的工具，它也是善。知识是理性的产物，所以他说："理性能使……我们解脱对未来的畏惧，理性使我们如此完备地得到生命所能得到的一切快乐……"[①] 由此出发，我们可以认为，在伊壁鸠鲁那里，不仅快乐生活亦即"身体上的无痛苦和灵魂的无纷扰"的生活应是人类重要的普遍价值追求，并且，合乎理性的生活也是人类重要的生活目标。

近代的离异的形而上学家进一步发展了伊壁鸠鲁的思想。近代社会以来，随着把自我保存看成人的基本本性的思想成为近代哲学的主流，离异的形而上学家们便把理性看成人实现自我保存的工具（手段）。霍布斯把自我保存（趋乐避苦）理解成人的本性，认为人生就是追求欲望满足的人生，"幸福是欲求的持续不断的进展，从一件事物扩展到另一件事物，前一件事物的获得不过是为后一件事物的获得开辟道路"[②]。由此出发，他把欲求因而引起快乐的对象称为善，并把憎恨因而引起痛苦的对象称为恶。尽管霍布斯没有直接论证如何通过理性手段实现自我保存，亦即通过趋善避恶获得幸福的问题，但是，他却通过他的"社会契约论"间接地论证了这一问题。根据他的"社会契约论"：在自然状态中，人人利己，相互伤害。在这种"人人利己，互相伤害"的现状中，为了避免人人自危的窘境，正是"理性"告诉我们，只有人与人相互之间订立契约、让渡权利，才能确保人人能够实现自我保存的目的。洛克也在坚持自我保存（趋乐避苦）的基础之上指出，事物的善恶之分就是我们的苦乐之感，因此，我们的趋乐避苦其实正是趋善避恶，这一追求正是人的生活目标。洛克指出，从本性上说，人是利己的人，人会因为自我保存而去趋利避害，但是尽管如此，人同时还是理性的人，只有凭借理性，他才知道如何趋利避害。因此，人应该合乎理性地生活。总体而言，虽然近代（尤其是唯物主义）哲学家因其时代精神的推动把人的自我保存提升为人的基本人性，并且认为自我保存（幸福）是人的重要的普遍价值追求和生活目标，但是，由于自我保存不仅是人的本性而且也是包含动物在内的世界万物的本性，人与动物的区别恰恰在于人能够通过理性（理论理性或理智理性）这一工具来实现自我保存（幸福），所以，对人来说，合乎理性地生活同样是人

---

① 周辅成．西方伦理学名著选辑：上卷．北京：商务印书馆，1987：95．

② 章海山．西方伦理思想史．沈阳：辽宁人民出版社，1984：263．

的重要的普遍价值追求和生活目标。

若说斯宾诺莎是一个介于典型的形而上学和离异的形而上学之间的"典型的形而上学家"的话，那么，在某种意义上说，亚里士多德则是一个介于典型的形而上学和离异的形而上学之间的"离异的形而上学家"。他之所以介于典型的形而上学和离异的形而上学之间，是因为他动摇于唯物主义与唯心主义之间；他之所以被看作离异的形而上学家则是由于他之后的哲学家继承和发展了他的哲学中的唯物主义因素并把他作为先祖用来对抗作为唯心主义先祖的柏拉图。作为一个介于典型的形而上学和离异的形而上学之间的"离异的形而上学家"，亚里士多德虽然也像其他离异的形而上学家一样承认人的感性本性以及感性生活的重要性，但是，他的典型的形而上学情结则使他远比其他离异的形而上学家更加重视人的理性本性以及理性生活。亚里士多德重视人的理性本性以及理性生活的特征在于：他同时重视道德理性和理智理性（本来它们作为善真就具有内在的一致性），不过，在他那里，道德德性似乎成了一种工具理性而理智德性反倒成了一种目的理性。亚里士多德把人的德性分为理智德性和道德德性，虽然他说德性来自人的教育和习惯，但是，他又认为人必须先有自然赋予的获得德性的潜在能力才能获得德性，就此而言，他所谓的人的德性依然与人的本性密切相关。道德德性就是帮人选择正确行为的德性，它应该遵循"中道"这一最高的原则。因此，拥有了道德德性（中道）就拥有了"实践智慧"，这种智慧根据所涉事例的具体时间、地点、条件等等，在一系列问题的两端之间做出权变处理，从而能在诸如鲁莽与懦弱、浪费与吝啬、暴戾与萎靡、傲慢与自卑之间选择勇敢、慷慨、温良和自尊等等。人的感性生活、情欲都有存在的理由，身体健康和适当的财产甚至是使人成为一个有道德的人的必要条件。不过，我们还是应该遵循中道的原则来选择感性生活，例如拥有适度财产。最高的德性是理智德性，它是纯粹以自身为目的的理性的思辨活动。他说："思辨活动是最强大的（因为理智在我们中是最高贵的，理智所涉的事情具有最大的可知性）……"[①] 拥有了理智德性就拥有了"理性智慧"，这种智慧能够使人成为最为完善的因而也是最为幸福的人。因此，在亚里士多德那里，人应该追求的最终价值和最终的善依然是理性生活，包含合乎道德的理性生活和合乎理智的理性生活。他说："对每一事物是本己的东西，自然就是最强大、最使其

① 苗力田．亚里士多德全集：第八卷．北京：中国人民大学出版社，1992：226-227.

快乐的东西。对人来说这就是合于理智的生命。如若人以理智为主宰，那么，理智的生命就是最高的幸福。”①

总体而言，在西方传统哲学尤其是传统形而上学那里，理性生活被广泛地当作普遍的价值追求和生活的善。相比而言，唯心主义（典型的形而上学）虽然也承认遵循主要作为工具理性的理智理性之生活的重要性，但是，他们更推崇的则是遵循主要作为目的理性的道德理性之生活的重要性；唯物主义（离异的形而上学）虽然也承认遵循主要作为目的理性的道德理性之生活的重要性，但是，他们更推崇的则是遵循主要作为工具理性的理智理性之生活的重要性。有些唯物主义的哲学家因其更重视人的理性本性和理性生活，更看淡人的感性本性和感性生活，在究竟是更重视道德理性还是理智理性的问题上，他们的态度介于上述唯心主义和唯物主义之间。例如斯宾诺莎和亚里士多德大致采取了这种中间态度，或许他们更加偏向于唯心主义和典型的形而上学家的态度。其实，西方哲学早在古希腊时期就逐步确立了人是理性的人的基本观点。正如巴雷特所说：“从公元前 480 年赫拉克利特和巴门尼德时代起到公元前 322 年亚里士多德谢世，只不过一个半世纪多一点。而在这一个半世纪里，人作为理性的动物进入了历史。”② 既然如此，我们也可以说，西方哲学早在古希腊时期就逐步确立了把追求人的理性生活当作人应该追求的普遍价值和生活目标的观点。这种人是理性的人并且应该追求理性生活的观点一直影响着西方哲学和西方社会，尽管这一观点后来遭到了来自各种各样的哲学思潮和社会思潮的巨大冲击，并且它自身也在经历着各种各样的意义调整，但是，直到今天，在西方哲学和西方社会中，它依然起着基础作用。

---

① 苗力田．亚里士多德全集：第八卷．北京：中国人民大学出版社，1992：228.

② 威廉·巴雷特．非理性的人．段德智，译．上海：上海译文出版社，1992：84.

# 第四章　传统形而上学的理论困难

我们围绕人应该如何活着这一问题，讨论了西方传统形而上学关于人是什么、人从哪儿来以及人应该到哪儿去的探索。现在我们首先将从哲学的内部探讨传统形而上学在西方哲学发展逻辑中的地位，探讨它的内在困难以及它如何因其内在困难而合乎逻辑地为后来的康德哲学的出现奠定了基础。沿着这样的思路我们就会发现：表面看来，西方传统形而上学最初的寻根历程似乎十分顺利，他们清晰地勾勒出了一个理性世界的图景作为人类之根，并且由它规定着人的理性的本性，然后，依据人的理性的本性（它决定于外在世界的本质即逻各斯）指出了人应该如何活着亦即人应该到哪儿去。这里，人由之所来的地方亦即外在世界及其本质应是一个基本因素，它决定着人的本质以及人应该到哪儿去。然而就其实质来看，事情好像并不乐观。人们不禁要问：西方传统形而上学家们究竟是通过何种途径知道了“外在世界”的本质的？假如他们没有充分的理由证明自己已经认识了所谓的外在世界以及它的本质，那么，他们又有什么理由断言外在世界及其本质以及这一本质决定着人的本性和人应该具有的生活方式呢？因此，通过认识论“认识”外在世界及其本质便成了传统形而上学的一个关键任务。然而，在认识论上，传统形而上学却遇到了难以克服的理论困难。

## 第一节　认识论：寻根的证明

既然“认识”是“确知”传统形而上学之外在世界及其本质的唯一的路径，那么，传统形而上学的寻根理论就必须借助认识论加以“证明”，只有传统形而上学借助认识论“确知”了外在世界及其本质，传统形而上学的寻根理论才能得到证明。

## 一、古代寻根学说的预设

从逻辑上说，我们只有先行认识了某一对象然后才能对其做出各种确定的断言，但是，古代（古希腊罗马时代以及中世纪）却没有按照这种逻辑顺序来探讨形而上学的对象，亦即没有按照这种逻辑顺序来探讨他们所谓的作为人类之根的外在世界及其逻各斯。为什么西方传统形而上学没有遵循这一本应具有的逻辑顺序呢？

我们知道，若要建立一门学科，首先必须确立这一学科的对象，这是建立任何一门学科的共同要求。形而上学作为一门学科，它的建立同样不能违背这一要求。但是，确立任何一门学科的对象都必须以对于此一对象的理解或大致理解为前提。根据形而上学家们的观点，形而上学不是包含自然科学在内的经验科学，也就是说，它的对象是超验对象，所以，它的对象不能像经验科学的对象那样能在经验生活中被大致理解；但它又是类似于自然科学的科学，也就是说，它要像自然科学一样追求关于自身对象的确定的知识，所以，它又不能像同样也以超验实体为其探讨对象的宗教那样通过信念来通达自己的对象。因此，在形而上学那里，人作为生活在经验领域中的人如何通过"认识"来通达超验的对象并且获得关于超验对象的确定知识，实是一个首先需要认真对待的问题。但是，或许是因为古希腊的形而上学家们急切需要建立形而上学这门学科，所以，他们在并未充分研究如何认识以及能否认识形而上学的对象的前提之下，便先行开始了关于形而上学的对象亦即存在、实体的探讨，分析何谓存在、实体，以及这些存在、实体的本性和规定。正因如此，才使"存在论"的问题成了古代形而上学探讨的中心问题。

其实，古代哲学对于"存在论"问题的探讨由于缺乏"认识论"的根据，因而要么是一种独断论的探讨，要么是一种犹豫不决的探讨。一般来说，典型的形而上学（具有唯理论倾向）的哲学家常常具有一种独断论的探讨，因为他们不相信并且也不依靠经验对象，独断地相信自己的理性能够获得关于形而上学对象的知识，所以，他们在断言形而上学对象时态度十分肯定，语气十分坚决（例如柏拉图）；离异的形而上学（具有经验论倾向）的哲学家则常常具有一种犹豫不决的探讨，因为他们相信并且也愿意依靠经验来探讨形而上学的对象，然而，经验通常又不能使他们确知超验的形而上学对象，所以，他们在断言形而上学对象时便会显示出某种犹豫不决。即使像亚里士多德这样的形而上学大师，他在《形而上学》一书中探讨实体尤其是第一实体究竟为何，以及它的本性与它的特征的时候，也常常处于犹豫不决之中，他缺乏他的老师柏拉图断言实体时的那种独断口吻。

然而，无论是典型的形而上学还是离异的形而上学，无论是具有唯理论倾向的哲学家还是具有经验论倾向的哲学家，他们都真诚地相信自己能够认识存在、实体，也就是说，他们认为自己能够认识外在世界及其逻各斯并且可以获得关于外在世界及其逻各斯的绝对知识。但是，由于他们实际并未充分展开自己的认识学说，所以，他们的存在论其实仅仅建立在以下的两个预设之上，即：(1) 世界是可以认识的；(2) 我们关于世界的知识是绝对的知识。尽管如此，我们却不能因此认为古代形而上学完全没有探讨认识论问题。其实，古代形而上学只是没有系统地探讨认识论问题，它在把存在论问题作为中心问题加以探讨的同时，不仅探讨了认识论问题，而且有些哲学家还奠定了后来典型的形而上学的认识论亦即唯理论的认识论的基本原则，例如，巴门尼德的“思维与存在同一”亦即人的理性与外在世界之本质的存在相互同一的原则，以及柏拉图的“灵魂回忆说”(天赋观念说的一种表现形式) 和概念的辩证法 (演绎推理的一种表现形式)。当然，真正把认识论作为中心问题进行系统探讨，是西方近代哲学的事情。

## 二、近代认识转向及其“证明”

针对古代哲学把存在论作为哲学 (形而上学) 的中心问题的做法，近代哲学开始把哲学关注的中心从存在论转向了认识论，这就是所谓的西方近代哲学的“认识论转向”。西方哲学之所以会发生所谓的“认识论转向”，除了外在的原因例如人在追求感性幸福的基础上渴望获得更多的自然 (物质) 财富以及自然科学的发展之外，还有哲学发展的内部原因。正是哲学发展的内部原因才表达了哲学发展的内在逻辑，即：当古代形而上学在预设 (独断或者犹豫不决) 的基础上忙于确立了形而上学这一学科之后，它不能不认真思考我们如何认识这一对象的问题，以便“证明”自己的预设。

西方哲学的“认识论转向”使西方近代早期哲学一开始就把认识论问题放到研究的中心地位。在认识论问题的研究中，西方近代早期哲学 (16 世纪到 18 世纪) 形成了两条不同的研究方向，产生了两种不同的认识论派别，它们就是英国的经验论的认识论 (它主要与认识唯物主义的物质对象相关）和欧洲大陆的唯理论的认识论（它主要与认识唯心主义的精神对象相关）。所谓经验论，是指这样一种哲学派别：它认为一切观念和知识都起源于经验，"凡是在理智中的，没有不先在感觉中"。所谓唯理论，它则指这样一种哲学派别：它并不必然排斥感性认识，但认为从感性出发不可能获得确定的知识，可靠的知识是由理性自身提供的，理性自身可以把握实在。无论是经验论的认识论还是唯理论的认识论后来都遇到了理论困难，随着经验论哲学和唯理论哲学在认识论上遇到困难，康德和黑格尔都试图通过采用新的哲学方法来解决西方哲学的认识论困难，重塑形而上学之科学地位。其中，黑格尔采用辩证法的方法来化解经验论哲学与唯理论哲学的认识困难，然而，尽管他提出了一些十分有建设性的新思想，但是，对于要把哲学变成类似于自然科学但又超越自然科学的"科学之科学"的任务来说，他依然未能消除传统形而上学所面对的认识困难。也就是说，他也未能"确知"那被传统形而上学看作人类（乃至万物）之根的外在世界特别是它的本质，未能把形而上学的预设变成现实，一句话，未能把传统形而上学变成"科学之科学"。既然传统形而上学最终未能通过认识论"证明"它确实认识了作为人类之根的存在、实体，并且未能"证明"传统形而上学真的就是关于存在的绝对真理的体系，那么，传统形而上学也就未能"证明"它所谓的存在、实体真的就是人类之根。

## 第二节　唯理论的认识论：内在困难

唯理论哲学继承了巴门尼德和柏拉图的哲学传统，认为经验知识不仅不能帮助我们认识真理，甚至是导致我们的认识陷入错误的原因。因此，他们试图绕开经验的认识，直接凭借理性自身认识实体，获得关于实体的绝对真理，从而把形而上学变为关于实体以及整体世界的绝对真理体系，即变为名副其实的第一科学。

### 一、直觉与演绎

根据典型的形而上学和唯理论的观点，现象世界是不真实的世界，通过感性认识所获得的感性知识也不是一种可靠的、经过深思熟虑而拥有的真理性的知识，不仅如此，它甚至根本就不是真实的知识，乃至直接就是错误的原因，因此，认识应该"跳过"现象世界和感性认识，直接凭借理性获得关于本质世界的逻各斯的知识。真理性的认识就是“清楚”“明白”的认识，真理的标准就是观念自身的“清楚”“明白”。他们采取的具体认识路径在于：跳过肉眼对于外在的感性世界的“看”，直接用心灵的眼睛向内去“看”心灵中的关于实体本身的天赋知识，然后以其为基础，通过演绎的方法推演出关于全部世界本质的绝对真理体系。所以笛卡尔说：“除了通过自明性的直觉和必然性的演绎以外，人类没有其他途径来达到确实性的知识。”①

笛卡尔是如何通过自己的自明性的直觉和必然性的演绎去认识实体并获得真理的呢？在他那里，所谓自明性的直觉，就是直觉到心灵或者理性自身所具有的天赋观念，包括实体、上帝、我思等等观念，以及用作理论知识基础的几何学的公理、“同一律”、“矛盾律”以及“排中律”等逻辑学的规律，此外还有“我思故我在”这一作为他之哲学第一原理的命题。笛卡尔认为，天赋观念是人类全部真理知识体系的基础。所谓必然性的演绎，就是依据天赋观念进行演绎推理。在笛卡尔看来，除了天赋观念之外，还有一些通过理性推理得来的知识，获得这些知识的方法就是理性的演绎法。理性演绎法以天赋的观念和原则作为前提，按照严格的推论，便能推出关于世界的绝对知识体系。所以笛卡尔认为可靠的知识是由“理性的光辉所产生的”②。

斯宾诺莎像笛卡尔一样，认为最为可靠的真理性知识就是心灵（理性）凭借直观自身而得到的直观的知识。但是，作为天赋知识的直观知识是只有少数可以不受被动的情欲支配、专注于自己心灵的人方可达到的知识，并且它们并非知识的全部，甚至并不是真理性知识的主体。至于直观的知识之外的那些真理性的知识（真理性的知识的主体），则是以直观得到的知识亦即“真观念”为基础通过演绎推理而得到的知识。斯宾诺莎像笛卡尔一样陶醉于理性演绎，甚至在写作形式上也是如此。他的整个理性演绎或推理的过程就是：首先确定真观念，然后理智根据真观念去下界说：“……凭借天赋的力量，自己制造理智的工具，再借这种工具充实它的力量来制作新的理智的作品，再由这种理智的作品进而探寻更新的工具或更深的力量，如此一步一步地进展，一直达到智慧的顶点为止。”③

---

① Descartes. The Philosophical Works of Descartes：Vol. 1. Cambridge：Cambridge University Press，1981：7.

② 同①.

③ 北京大学哲学系．十六—十八世纪西欧各国哲学．北京：三联书店，1975：237.

莱布尼茨登上哲学舞台的时候，笛卡尔的“天赋观念论”受到了洛克的系统批判，这些批判表明了在认识过程中“经验”的不可避免性，所以，作为唯理论者亦即笛卡尔天赋观念理论的继承和捍卫者，莱布尼茨采用了“以退为进”的方式。他的“以退为进”的方式的结果就是他所谓的“大理石纹路说”。根据他的“大理石纹路说”，一切真理性的知识归根到底来源于心灵（理性）自身，它们通过“理性直观”便能获得，但是，它们又需要某种形式的“经验”刺激。他说，“……灵魂的一切思想和行动都是来自它自己的内部，而不能是由感觉给予它的”①，但天赋的观念和原则虽然是天赋的，却不是现成的，“观念和真理就作为倾向、禀赋、习性和自然的潜能天赋在我们心中，而不是现成地天赋在我们心中的，虽然这种潜能也永远伴随着与之相应的、常常感觉不到的某种现实”②。观念由潜能变成现实，必须由感觉经验来加以刺激。这种情况就像用一块有着先天纹路的大理石来雕像一样，一块大理石适合于雕刻成什么样的像，是由这块大理石的本来纹路所决定的，但要使这个天赋的像清晰地显示出来，还需要人们后天“加以琢磨”。显然，莱布尼茨的“大理石纹路说”其实就是柏拉图的回忆说的翻版。

唯理论哲学的认识理论与数学有着不解之缘。它需要数学的严密性为自己的“科学性”形式提供支撑。早在柏拉图那里，数学就成了被推崇和被模仿的对象，现在，当唯理论系统化典型的形而上学的认识论时，哲学家们进一步继承以及发展了柏拉图的思想，直接模仿数学建构自己的认识方法。数学是凭借若干不证自明的公理进行严格的逻辑演绎的学科，唯理论的演绎推理其实正是模仿数学推理形式的结果。所以，笛卡尔作为一名杰出的数学家，他尤其推崇数学，特别是几何学公理的“自明性”、“普遍性”以及数学推理方法的严密性。但是，作为哲学的认识论，他的理性演绎法又不是照搬数学方法的结果，他把数学方法加以哲学化了。他认为自己的演绎就是“从业已确切知道的其他事实所进行的任何带必然性的推理”③，它既避免了几何和代数的缺点，又包含了它们的好处。因此，笛卡尔的演绎法就是：凭精神直觉到若干条“不证自明”的“公理”，然后由其出发，通过分析和综合，每一步都清楚明白地推演出其他许多命题或

① 莱布尼茨. 人类理智新论：上册. 陈修斋，译. 北京：商务印书馆，1982：36.

② 同①7.

③ Descartes. The Philosophical Works of Descartes: Vol. 1. Cambridge: Cambridge University Press, 1981: 8.

定理，以构成一个确定的、普遍必然的关于世界本质的知识系统。可见，由直觉获得演绎的前提，由演绎获得真理的体系，是笛卡尔理性演绎法的全部内容，也是他获得真理的途径。同样，斯宾诺莎的理性演绎的方法，就是依照几何学的证明方法。他的《伦理学》作为一部认识论的著作，严格地说，作为一部通过认识走向至善的“认识论”著作，从形式上说，俨然就是一部几何学著作。至于莱布尼茨，他也十分崇尚数学方法，其实，他像笛卡尔一样，本人就是一位十分著名的数学家。

## 二、唯理论的内在困难

西方近代唯理论哲学继承了古代典型的形而上学认识论的基本原则，在近代认识论转向的背景之下，通过系统的认识论研究建构了关于实体以及世界整体的绝对真理体系，亦即确定的普遍必然的知识体系，但是，它们的理论其实存在着重要的内在困难。唯理论的认识论的内在困难主要包含三个方面。

### 1. 直觉的非理性性质

唯理论哲学家既然否定了可靠知识的经验起源，否定了理性演绎的归纳前提，那么，它所谓的可靠的知识只能起源于理性自身，亦即凭借直觉去获得清楚、明白、不证自明的天赋的观念和原则，其他的可靠知识都是根据这些观念和原则推导出来的知识。何谓“直觉”？笛卡尔曾为“直觉”下了个定义，他说：“我所了解的直觉，不是感官所提供的恍惚不定的证据，也不是幻想所产生的错误的判断，而是由澄清而专一的心灵所产生的概念。这种概念的产生是如此简单而清楚，以致对于认识的对象，我们完全无须加以怀疑。”① 显然，这种直觉并非某种理性的东西，而恰恰是某种非理性的东西。唯理论者最为自信的东西就是理性，他们正是凭借理性才能确保知识的确定性（普遍必然性），并且避免经验知识的不确定性。然而，令我们十分遗憾的是：他们那十分完备的理性知识体系全部建立在非理性的基础之上！这样一来，他们所建构的知识大厦便失去了令人信服的可靠性。

### 2. 演绎推理的自我封闭特征

演绎推理是从前提中推出结论的推理，它的结论蕴含于前提之中，所

① Descartes. The Philosophical Works of Descartes：Vol. 1. Cambridge：Cambridge University Press，1981：7.

以演绎推理的结果无非是把早已包含在前提中的内容明白地发挥出来，并没有在前提之外增加什么新的内容。换言之，单纯的演绎推理只能是证明真理的工具，而不是发现真理的工具，仅仅依靠演绎性推理，我们是不能获得关于世界的任何新知识的。唯理论者欲单纯依靠理性演绎来建立一个关于外在世界及其本质的知识体系，那是不可能的。正因如此，他们在实际的推理过程中，就不能不出现独断、矛盾和混乱。

例如，在笛卡尔那里，“我思”“上帝”“物质”虽然都是天赋观念，但笛卡尔还是为我们做了一番推导。他通过“普遍怀疑”，不断排除，不断抽象，终于得出了以“我思”作为基础来推导其他的知识，其中，“上帝”“物质”都是我们清楚明白地意识到的观念，所以它们是首先存在的观念，上帝是比我更完满的观念，所以它同时是我和物质的原因。其实，笛卡尔的推论并没有必然性，所以他在推论上帝的存在时搬来了中世纪关于上帝存在的本体论证明，在推论物质的存在时，借助了上帝的“不骗人”的至善性。赖欣巴哈说：“使这位杰出的数学家陷入这种混乱的逻辑里去的正是确定性的寻求。确定性的寻求似乎能使一个人对逻辑的公设视而不见，想把理性作为知识的唯一基础的企图似乎能使他抛弃切实推理的种种原则。”①

### 3. 思维如何同一于存在

唯理论的真理体系作为一个绝对确定的知识体系，其实就是包含天赋观念和天赋原则并以天赋观念和天赋为基础的逻辑演绎体系，换句话说，它是一个由作为认识主体的人依靠自己心灵的理性建构起来的纯粹的思维体系。他们认为，这一纯粹的思维体系之所以能够被看成绝对确定的知识体系，是因为它的“绝对确定性”仅仅在于它自身的“清楚”、“明白”以及“恰当”。但是，谁能保证这一纯粹的思维体系作为从未与经验世界发生任何直接关系的体系真的能够适应外在世界及其本质并能够与外在世界及其本质相互符合呢？为了解决这一问题，他们都力图证明思维与存在（主要是心灵与身体）“在逻辑上”可以相互同一，从而确保他们的纯粹思维体系对于外在世界及其本质“客观有效”。

笛卡尔试图借助上帝与松果腺来证明思维与存在能够相互同一。在笛卡尔所提出的三个实体中，除了上帝这一绝对实体之外，就是精神和物质两个相对实体。在他那里，精神实体的唯一本性是“思维”，物质实体的

---

① 赖欣巴哈．科学哲学的兴起．伯尼，译．北京：商务印书馆，1991：32.

唯一本性是“广延”，因此，它们两者不能相互发生关系。为了说明精神实体与物质实体有着某种相互关系，从而证明它们之间存在着同一性，笛卡尔提出了一种作为科学假说形式的所谓“松果腺”学说。他论证说，人的大脑之中有一种“松果腺”，它是身心相互作用的中介。但是松果腺自身不能摆脱要么是物质要么是精神的结局。为了摆脱这一窘境，笛卡尔最终还是求助于上帝，认为只有上帝才能保证精神实体和物质实体的最终同一。斯宾诺莎为了克服笛卡尔求救于上帝的神秘主义，提出了“一物两面学说”来证明思维与存在的同一。他把上帝等同于自然，并且将其变为唯一的实体，在此基础上，他把精神实体和物质实体理解成唯一实体的两种属性。在他看来，由于实体始终具有思维和物质两种并行不悖的属性，因此，世界上的万事万物作为实体的产物即“样式”，都像实体一样，具有思维和物质两种属性。由此出发，斯宾诺莎认为，人作为“样式”之一，同样具有思维和物质两种属性，因而人是思维（心灵）与物质（身体）的统一体。斯宾诺莎虽然冲淡了笛卡尔的神秘主义，但是，在他那里，正如实体虽然同时具有思维和物质两种属性但这两种属性作为“一物两面”并不能实际同一一样，人虽然同时具有思维和物质两种属性但这两种属性作为“一物两面”也不能实际同一。因此，继斯宾诺莎之后，莱布尼茨重新求助于上帝，他提出了所谓的“前定和谐学说”。莱布尼茨所说的“前定和谐”，其实是上帝施行的一个“奇迹”。他说，上帝在创造每一个单子的时候，就已预见了一切单子的发展状况，因此预先就已安排好使每个单子各自独立地发展又自然能与其余一切单子的发展和谐一致。所以，整个宇宙就像一个庞大的乐队，每一乐器都按照上帝事先谱就的乐曲演奏各自的旋律，而整个乐队所演奏的却是一首完整和谐的交响乐曲。在这样的前定和谐中，上帝事先就已确保了思维与存在（心灵与身体）的相互和谐（前定和谐），若说人的心灵与身体有如走得完全一致的两个时钟，那是因为上帝事先就把两个时钟造得非常准确，使它们各走各的但又能彼此一致。这样一来，莱布尼茨又陷入了新的宗教神秘主义。

唯理论者在解决思维与存在以及身体与心灵同一问题上最终倒向神秘主义，表明了他们在这个问题上的无能为力。造成这种状况的原因，固然与当时自然科学的发展水平有限亦即把物质仅仅视为广延实体有关，但是另一方面，唯理论认识论脱离经验性的现象也是其中的重要原因。

唯理论认识论的三个主要的内在困难表明：典型的形而上学未能通过它的认识理论把握外在世界及其本质，它不能“证明”它所宣扬的关于人类之根的理论的正确性。

## 第三节　经验论的认识论：外在否定

经验论哲学虽然客观上否定着形而上学，但是，就其主观目的而言，它也在试图认识外在世界及其本质，获得关于外在世界及其本质的绝对真理。作为形而上学的哲学家，哪怕是作为离异的形而上学的哲学家，经验论者毫无疑问也想通过自己的认识理论经由把形而上学变成关于外在世界及其本质的绝对真理体系而把形而上学变成名副其实的第一科学。

### 一、经验与归纳

经验论承认现象世界的真实性以及感性认识对于认识的基础性，但是，它真正所要认识的对象却是现象之后的世界本质。据此，它所采取的认识路线是一种“向外看”的路线，也就是说，首先通过人的感官（肉体眼睛）去看外在的现象世界之中的感性事物，然后力图（借助于心灵的思维）透过感性事物去发现现象之后的世界本质。这样一来，在认识论上，经验论哲学既要像自然科学一样注重经验，又要像唯心主义一样追求关于实体的绝对确定的知识。然而，它的这样两个要求存在着矛盾，也就是说，若从经验出发进行认识，那么，这种认识无论如何也无法获得关于“超验”的实体的绝对确定的知识。因此，在西方近代经验论哲学家中，那些早期哲学家例如培根之所以没有认识到上述矛盾而坚持认为从经验出发的认识可以把握实体，乃是因为他的经验论理论不够成熟的表现，换句话说，他未能把经验论原则贯彻到底。那些晚期哲学家例如休谟之所以坚持怀疑论或不可知论则是因为他充分认识到了上述矛盾，从而不得不为了坚守矛盾的一个方面（经验原则）而放弃矛盾的另外一个方面（实体的可知性），换句话说，他已把经验论原则贯彻到底了。相比之下，洛克的唯物主义经验论原则作为西方近代经验论哲学发展的中间阶段，不仅最为系统地表述了经验论的基本理论，而且还由于具有明显的从近代早期经验论到近代晚期经验论过渡的特征而在某种程度上兼有了早期经验论和晚期经验论的共同性质，因此，我们这里主要探讨洛克的唯物主义经验论的基本理论。

经验论把经验作为认识的起点，欲从“经验”出发“归纳”出关于外在世界及其本质的绝对确定的知识体系，因此，“经验”与“归纳”便是西方近代经验论认识论的基本特征。洛克作为经验论理论最为系统的阐述作家，尽管他并未像培根那样系统探讨过近代归纳法，但是，归纳理论其实蕴含在他的经验论的哲学之中。在他看来，知识是思维的结果，思维以观念为对象，而一切观念最后都导源于直接经验。“一切耸高的思想虽然高入云霄，直达天际，亦都是导源于此，立足于此的。”① 直接经验包括以外物为对象的感觉和以心理为对象的反省，通过直接经验所获得的清楚明白、单纯不杂、不可再分的简单观念是一切复杂观念以及知识的基础。正是在这些基础上，心灵通过自己的能动作用例如并列、比较、抽象等等形成了诸如样式观念、实体观念和关系观念等等复杂观念，并且通过考察不同观念的契合或相违发现它们之间的同一性或差异性、关系、共存或必然的联系、实在的存在。他说：“在这四种契合或相违中，我想就包括了我们所有的一切知识。”② 当然，知识也有等级之分，直觉的知识属于第一等级，它是最为明白、最为确定的知识；解证的知识属于第二等级，它没有直觉知识的那种确定性。以上两个等级的知识是概括的知识。除此之外，洛克认为还有感性的知识或感觉的知识，但是，严格地说，根据洛克关于知识的定义，感性的知识却被排斥在知识之外。

正如唯理论的认识理论与数学有着不解之缘一样，经验论的认识理论依据的则是物理学。经验论的认识论理论之所以会与物理学结缘，是因为经验论与物理学有着内在的因缘关系。一般来说，经验论多是唯物主义经验论，它承认感性事物的真实存在，并把关于感性事物的感觉、经验作为认识的起点；经验论的认识路径正好契合了物理学的认识路径，“物理科学的起源可以追溯到对于肉体可见的天体运行一类自然现象的观察……生物科学也一定是从动植物的观察以及原始医学和外科开始的”③。然而，物理科学作为自然科学，它仅仅把经验世界作为认识对象；经验论作为哲学（一种形而上学），它却要把“超验”的外在世界及其本质（实体、世界整体）作为认识对象。正因如此，西方近代经验论的认识论即使抛开自己的时代局限，也无法获得关于它的认识对象即超验实体的绝对真理（绝对确定的知识体系）。唯物主义以及经验论之所以属于离异的形而上学，

---

① 洛克．人类理解论：上册．关文运，译．北京：商务印书馆，1983：83.

② 洛克．人类理解论：下册．关文运，译．北京：商务印书馆，1983：517.

③ 丹皮尔．科学史．李珩，译．北京：商务印书馆，1975：绪论.

与其说主要是由于它的唯物主义，不如说主要是由于它的“经验论”！

## 二、外在的否定

我们曾说，经验论哲学注重经验和追求关于实体的绝对确定的知识之间存在内在矛盾。正是由于这种内在矛盾，经验论最终在彻底贯彻经验论原则的基础上，走向了不可知论。不可知论否定了形而上学认识外在世界及其本质的可能性，从而否定了形而上学成为关于外在世界之本质、实体、世界整体的绝对真理（绝对确定的知识）的可能性，这就是说，它否定了形而上学成为“科学之科学”的可能性。鉴于典型的形而上学是传统形而上学的“典型”亦即具有“肯定性”的形式，因此，典型的形而上学的唯理论遇到的困难可以说是形而上学的内在困难；相比之下，离异的形而上学则是传统形而上学的“离异”亦即“否定性”的形式，因此，离异的形而上学的经验论对于形而上学的否定，则可以被看作对于形而上学的外在的否定。

早在洛克那里，他就已经没有了培根的盲目的自信，也就是说，他或多或少已经意识到了经验论与形而上学所要追求的关于实体的绝对知识之间的矛盾。洛克的《人类理解论》的目的就是要考察人类知识的起源、确定性和范围，以及信仰的、意见的和同意的各种根据和程度；首先要弄清的是自己的理解能力，看看什么物象是我们的理解力所能解决的，什么物象是我们的理解力所不能解决的，以免我们误入歧途。经过考察，洛克指出，知识不能超越我们的观念的范围，不仅如此，知识甚至还不能超越我们能够知觉到观念之间是否符合的范围。这样一来，洛克就把人类知识严格地限定在人类经验的范围内，并且认为我们不可能获得关于实体的绝对确定的知识，我们所知道的只是它的名义本质。休谟正是从洛克的这一思想出发，进一步把经验论原则贯彻到底，得出了怀疑论或不可知论的结论。

休谟把哲学称为精神哲学或人的科学，他说：“关于人的科学是其他科学唯一牢固的基础，而我们对这个科学本身所能给予的唯一牢固的基础，又必须建立在经验和观察上。”① 在他看来，在人类的心灵中，只有知觉，别无他物。知觉可以进一步分为印象和观念两种，观念不过是感觉印象在思维和推理中的一种微弱意象，它与印象“只有程度上的差别没有

① 休谟．人性论：上册．关文运，译．北京：商务印书馆，1983：8.

性质上的区别”[①]。因此，印象先于观念，因而印象比观念更为强烈、更为生动。“印象先于观念”，这是休谟的人的科学的第一条原则。在观念方面，休谟着重探讨的是记忆观念和想象观念。记忆观念要比想象观念强烈、生动得多，并且更为稳定；想象则不必像记忆观念那样受原始印象的次序和位置的束缚。“想象可以自由地移置和改变它的观念”，这是休谟的人的科学的第二条原则。如果说第一条原则表达了休谟的人的科学的经验基础的话，那么第二条原则则表达了他的人的科学的心理基础。休谟正是依据这样两个基础，否定了人们认识客观因果关系的可能性，进而否定了因果理论。他说，观念之间的联系只有相似关系、相近关系和因果关系三种，其中，因果关系是范围最广的原则，其他关系只有在影响因果关系或被因果关系影响时，才可以在推理上运用。然而，“我们只可以把这些联系看作经常占优势的一种温和力量”[②]。它们的效果处处可见，其原因则不得而知。

休谟认为，关于实际事情的一切推理都是建立在因果关系之上的，所以他着重考察的是因果关系。在他看来，因果理论的基础正是所谓的经验基础和在经验基础之上形成的心理基础。首先是经验的基础。他指出，因果之被人发现不是凭借理性，而是凭借经验，不是来自先验的推理，而是来自某些特殊物象的恒常的互相接合。在经验的基础上，人们依据“将来和过去相契”这一假设得出了因果观念。在屡次看到相似的可感性质时，尽管“在这些可感的性质和秘密的能力之间并没有可知的联系”[③]，但是我们总是谬想它们也有相似的结果。“由似乎相似的原因，我们便期望有相似的结果。这是总括了我们一切根据经验的结论。”[④] 谁要以为因果关系来自理性，来自解证的推论，不承认自然将其表面性质所依赖的性质和能力都掩藏起来的事实，而认为因果关系就是对象的性质，那未免太自负了。其次是心理的基础。他指出，凭借这个基础，我们才形成习惯，看到似乎相似的原因，产生一种偏向或倾向，期待相似的结果。“因此，习惯就是人生的最大指导。只有这条原则可以使我们的经验有益于我们，并且使我们期望将来有类似过去的一串事物发生。”[⑤] 同时，他强调：“……我

① 休谟．人性论：上册．关文运，译．北京：商务印书馆，1983：15.

② 同①22.

③ 休谟．人类理解研究．关文运，译．北京：商务印书馆，1981：33.

④ 同③35.

⑤ 同③43.

们虽然应用‘习惯’一词，我们却并不妄称自己已经把这样一种偏向的最后理由指示出来。”① 总之，依赖以经验为基础的心理活动，我们得出因果观念，获得知识，只是这些知识都是或然的知识。

我们知道，亚里士多德曾把世界的本原看成世界的原因，并且最终由此引出了作为第一哲学主要对象的“实体”。同时，形而上学的认识论所要获得的知识，其实就是关于作为世界终极原因的实体的知识。因此，因果性问题是传统形而上学的中心问题。正因如此，休谟把因果性问题看成哲学中最高深的问题之一。他指出，一切形而上学的深奥推理，都无非是为穷尽宇宙的第一原则和终极原因，例如，亚里士多德的“四因”，中世纪的“隐秘性质”“实体的形式”等。休谟把一切原因都归结为作用因，并从他的因果性理论出发，指出形而上学所有的作为终极原因的世界本质并不可知。他说：（1）从物质方面说，在各种物体作用的单一例证中，除了发现各种事情相继出现之外，并不能了解原因所借以进行的任何能力，和原因与其假设的结果间的任何联系；（2）在精神方面，针对人们认为它们是思维在人身上所加的作用的观点，我们也只能看到后者的运动跟着前者的意志而来，却经验不到结合那种运动和那种意志的纽带，或人心产生这个结果时的内部力量；（3）在上帝方面，认为是最高神明的意志而使某一些特殊的物象永远会合在一起，同样是有困难的，因为我们自身并没有获得最高神明观念的感觉和意识。物质、精神、上帝，它们都超越了经验的题目，所以形而上学的争论不可能有结果。“在这一切吵闹中间，获得胜利者不是理性，而是辩才”②，“……不是持矛执剑的武士，而是军中的号手、鼓手和乐队”③。因此，“……人们如果想来讨论人类才干所完全不能及的一些问题，如世界的起源、智慧体系（或精神领域）的组织等，那他们在那些无结果的争辩中诚然只有捕风捉影，永远达不到任何确定的结论”④。对此康德指出：“自从洛克《人类理智论》和莱布尼茨《人类理智新论》出版以来，甚至可能追溯到自从有形而上学以来，对于这一科学的命运来说，它所遭到的没有什么能比休谟所给予的打击更为致命……休谟主要是从形而上学的一个单一的然而很重要的概念，即因果联结概念（以

① 休谟．人类理解研究．关文运，译．北京：商务印书馆，1981：41.

② 休谟．人性论：上册．关文运，译．北京：商务印书馆，1983：5-6.

③ 同②6.

④ 同①73.

及由之而来的力、作用等等派生概念）出发的。”[1]

其实，面对形而上学的研究对象，经验论哲学存在着内在的认识困境，并且正是它的认识论的内在困境使它必然成为传统形而上学的离异者和否定者。在经验论哲学看来，人与世界的关系就是“世界中的人”与“包含了（并且外在于）人的世界”的关系，世界是一个广阔无垠的世界，人则是这一广阔无垠的世界之中的一个小点，作为一个小点，它的“经验”范围始终极其狭小，它肯定无法“经验”这个广阔无垠的外在世界及其本质（实体、世界整体）。因此，对于传统形而上学的对象来说，经验论最终走向怀疑论和不可知论是一种逻辑的必然。这一必然从外面否定着传统形而上学。

① 康德. 任何一种能够作为科学出现的未来形而上学导论. 庞景仁，译. 北京：商务印书馆，1982：5-6.

# 结束语　西方哲学普遍性的确立

在从哲学的内部出发探讨了传统形而上学的理论困难之后，我们将从哲学的外部出发探讨传统形而上学对于世界（实为西方世界）的建构，探讨并且评价它之建构的实质，以及思考它之建构如何由于自己的缺点而合乎逻辑地走向它以后的哲学的建构。若从哲学之外的角度来看，我们认为，传统形而上学实际确立了一种西方哲学的普遍性，亦即“客观的普遍性”，正是这种客观的普遍性，帮助传统形而上学家们建构了世界（西方世界），它作为人类之根决定着人的本性，并且进一步决定着人之应该具有的生活方式和价值追求。

## 一、客观普遍性的确立

按照传统形而上学家们自己的观点，他们解释了这样一个事实，即：人类生存的世界就是客观的外在世界，并且它的实质就是外在的本质世界（外在世界的逻各斯），这一外在的本质世界和逻各斯是人类之根，它决定了人性的实质（本质本性）就是理性。因此，在他们看来，人应该回到理性生活的轨道上来，这就是善。总之，理性应该是人所追求的普遍价值，理性生活就是人应该具有的生活。这里，外在世界的逻各斯作为外在世界的“共同法则”是一种普遍性，它作为“人类之根”决定着人的理性本性和应然生活（普遍价值观），它是整个人类之根理论的基础。

在外在世界的逻各斯这一人类之根的基础上，西方哲学建构了完整的“人类之根理论”，它包含了相互联系的三个层次的“普遍性”：首先，在最基本的层次上，它是世界的普遍性。它作为世界的普遍性亦即逻各斯使得世界具有了自己的规律（尺度），正是这些规律（尺度）作为千变万化的世界现象中永恒不变的东西决定着千变万化的世界现象，并且构成了人类之根。其次，在初次被决定的层次上，它是人类的普遍性。它作为人类的普遍性就是人类的理性本性，这一理性本性作为人人具有的人之为人的普遍本性使得人类成为一个共同的族类，这一层次的普遍性取决于作为人类之根的外在世界的普遍性。最后，在再次被决定的层次上，它是人类生活应该追求的普遍性。它作为人类生活应该追求的普遍性，使得人类作为一个共同的族类有着应该追求的共同价值目标，从而使得人类能够作为一个整体共同生活。这一层次的普遍性直接取决于作为人的本质本性的人的类的普遍性，并且通过人的类的普遍性间接取决于作为人类之根的外在世界的普遍性。这样一来，我们便会发现：世界有了共同（普遍）本质，人因其源自世界也有了共同（普遍）本质，人的生活因其取决于人类的共同（普遍）本质更加有了共同（普遍）的价值追求。因此，世界因其普遍性而成为一个秩序井然的世界，人类因其普遍性而成为一个共同的族类，人类社会因其普遍性（共同的价值目标）而成为一个和谐的社会。

在人类之根的理论中，重要的是作为这一理论之基础的人类之根亦即外在世界的逻各斯。在传统形而上学中，无论是把外在世界看成精神世界的典型的形而上学还是把外在世界看成物质世界的离异的形而上学，外在世界都被看作独立于人并且外在于人的主观意志的客观世界。因此，外在世界的普遍性作为“外在的”世界的普遍性，它是一种“客观的”普遍性。由于外在世界的普遍性是人类普遍性的根源和基础，所以，外在世界普遍性的“客观性”也决定着人类的普遍性，使得人类的普遍性也是一种“客观的”普遍性，换句话说，人类的普遍性作为人类普遍的理性本性，具有先天的客观性。由此出发，人类向往的理性生活便有了客观的人性基础。对于人的主观意志来说，“客观性”意味着不可动摇性，因此，普遍性作为“客观性”的普遍性，是一种强势的普遍性，它作为一种不可动摇的客观的“普遍地”决定着世界千变万化的现象，决定着芸芸众生的人类，决定着人类应该追求的最终价值目标。

那么，我们应该如何评价传统形而上学所确立的这种客观的强势普遍性呢？我们可以从形式和实质两个方面出发进行评价，也就是说，我们可以分别依据形式标准和实质标准来进行评价。这里，形式标准指的是人类之根理论中从人类之根到人的应然生活层层决定之“形式”的解释必须合乎逻辑，它的目的是要找出被评价理论的层层决定的真实形式，并将“真实”与否作为评价的基础。实质标准指的是人类之根理论中从人类之根到人的应然生活所有或每个层次（环节）之“内容”的解释必须合乎实质，它的目的是要找出被评价的理论的所有或每个层次（环节）的真实内容，并将“合理”与否作为评价基础。一般来说，形式标准和实质标准是相互联系的两个方面：形式标准是评价一种理论正确与否的必要条件，实质标准是评价一种理论正确与否的充分条件。因此，在下面的分析中，我们将首先探讨传统形而上学人类之根理论在形式上是否合乎逻辑的问题，以及它在形式上的实质，然后再探讨传统形而上学人类之根理论在实质上是否合理的问题，以及它在内容上的实质。

## 二、普遍性：形式上的强独断论

在有关“普遍性”的理论方面，我们所说的形式标准主要针对的是完整的人类之根理论，它探讨人类之根理论所包含的三个层次的普遍性的“产生形式”是否合乎逻辑，这就是说，在产生的形式上，它们是否有着合理的根据，即是否符合形式标准。一种理论产生的“形式”其实就是这一个理论产生的“程序”，因此，形式标准也是程序标准。根据我们前面的讨论可以认为，人类之根若是一种正确的理论，那么，它首先必须符合形式标准（程序标准）。假如人类之根在理论形式或者说程序方面存在问题，那么，无论传统形而上学的人类之根理论的内容正确与否，它都不可能是完全正确无误的理论。

### 1. 程序论和强独断论

传统形而上学关于人类之根的理论，把人类本性建立在外在世界及其本质（逻各斯）的基础之上，它用外在世界及其本质的“客观性”确保人类本质本性和应然生活的不可动摇性，从而形成了这样一种论证程序，即：从外在世界及其本质走到人类本性（理性）再进一步走到人类的应然生活（价值目标）。根据这样一种论证程序，人类理性本性的合理性依赖于外在世界逻各斯的客观存在，并进一步决定着人类的应然生活（价值目标）。

但是，根据我们站在哲学内部（“哲学之内”）的分析，传统形而上学的认识论并没有证明外在世界逻各斯的客观存在，也就是说，它未能证明外在世界确实存在那种它所描述的作为人类之根的外在世界的逻各斯。既然如此，传统形而上学关于外在世界及其本质的绝对真理（绝对确定的知识体系）的断言就是一种“独断论”。无论是典型的形而上学还是离异的形而上学，只要它们认为自己掌握了关于世界本质的绝对真理，那么，它们就是这种意义上的独断论。不过真正说来，只有典型的形而上学才始终不渝地声称自己掌握了关于外在世界及其本质的绝对真理，也就是说，它们首先做了一个“独断”，即：人类拥有天赋观念和天赋原则，然后它们便凭借人的天赋观念和原则演绎出关于外在世界及其本质的绝对真理。相比之下，离异的形而上学却有着一个逐渐放弃这种独断论从而陷入怀疑论的过程。经验论内在地否定着把握超验世界本质的绝对真理的可能性。早期经验论（例如培根）主张人能认识世界的实体（形式），其实是他之哲学经验论原则未能彻底贯彻的表现。培根之后，随着经验论哲学的逐步发展和经验论原则在洛克和休谟那里逐渐走向怀疑论，它们开始“怀疑”典型的形而上学获得关于外在世界及其本质的绝对真理的可能性。因此，康德曾从这样一个角度概括传统形而上学的发展历史，即：“最初，形而上学的统治在独断论者的管辖下是专制的。不过，由于这种立法还带有古代野蛮的痕迹，所以它就因为内战而一步步沦为了完全的无政府状态，而怀疑论者类似于游牧民族，他们憎恨一切地面的牢固建筑，便时时来拆散市民的联盟。但幸好他们只是少数人，所以他们不能阻止独断论者一再地试图把这种联盟重新建立起来，哪怕并不根据任何在他们中一致同意的计划。”①

从“哲学之外”的角度说，传统形而上学在“哲学之内”未能证明外在世界及其逻各斯的客观存在意味着它在“哲学之外”对于外在世界及其逻各斯的肯定和把它作为人类之根的论断是一种“独断”。所以，从程序上说，传统形而上学关于世界及其本质以及它是人类之根的断言是一种独断论，并且是一种“强”独断论。这就是说，传统形而上学关于世界本质亦即逻各斯的断言是一种生活在经验世界中的人对于超越经验之世界本质的断言。其实，传统形而上学根本没有根据做出这种断言，尽管如此，它还把自己的这种根据不足的断言说成一种绝对确定的断言（绝对真理），所以，它的断言其实是一种“绝对”（强）的独断。

既然传统形而上学关于外在世界及其本质亦即逻各斯的断言是一种强独断论，那么，传统形而上学关于人的实质本性（本质本性）的断言也应该是一种强独断论。因此，传统形而上学的人性论也受到了挑战，它所受到的“挑战”就是：它的人性论失去了外在的客观根据，它由于失去了外在的客观根据而成了“漂浮”在空中的东西，成了一种人的主观任意的断言。我们认为，尽管我们坚持认为传统形而上学的关于外在世界及其本质和关于人的本质本性的断言都是一种独断，但是，我们并不否认它们的断言之中有着某种观察的基础和合理性的推测。然而尽管如此，它们那信誓旦旦的关于外在世界及其本质亦即逻各斯的确定断言，以及关于外在世界及其本质亦即逻各斯是人类之根从而构成人类理性本性的确定断言，在本

① 康德．纯粹理性批判．邓晓芒，译．杨祖陶，校．北京：人民出版社，2004：第一版序．

质上依然还是一种独断。不仅如此，这两种独断还进一步共同导致传统形而上学关于人之应然生活方式和人应该追求的普遍价值的解释也必然或多或少包含了某些独断的因素。

**2. 客观上的“代天行言”**

鉴于传统形而上学关于外在世界的本质亦即逻各斯的普遍性的断言是一种独断论的事实，因此，当传统形而上学家们长期以来对于人类之根（以及人类本性）做出言之凿凿的断言时，其实，他们自己并不具有真实的根据。他们关于外在世界及其本质亦即逻各斯的断言，归根到底只是他们自己的主观断言。这样一来，我们就发现了一个新的秘密，一个可以进一步改变传统形而上学的探讨人类之根的程序的秘密，即：我们可以在传统形而上学探讨人类之根的程序之前发现一个新的隐藏环节，从而得出传统形而上学探讨人类之根的“完整程序”。这一程序就是：哲学家们根据自己对于外在世界和人类自身的经验观察、思维分析，以及对于其他学科（尤其是自然科学）的理论总结和逻辑推测提出关于外在世界之本质的“主观”（亦即哲学家们自己认其为真）的断言，然后将这一主观断言直接说成关于外在世界之本质的“客观”事实（因而他们自己的主观断言便成了客观真理），并且进一步从这个所谓的客观事实出发，肯定人的本性，指出人应该具有的应然生活和应该追求的普遍价值。之前我们所说的传统形而上学探讨人类之根的程序是“客观世界（指它的本质亦即逻各斯，下同）—人类本性—应然生活”，它表现为“客观—主观—生活”的路径；现在，我们在“客观世界”（客观）之前又加上了一个原本隐藏着的环节亦即“主观断言”（主观），从而得出传统形而上学探讨人类之根的更为完整的程序“主观断言—客观世界—人类本性—应然生活”，它表现为“主观—客观—主观—生活”的路径。这就是说，哲学家们先把自己的观点（断言）加给了外在世界使其成为外在世界的本质，然而再把自己的观点当作外在世界的真实本质反馈给人类，使其成为人类自己的本质，并且决定着人类的应然生活。

我们并不怀疑，从主观上说，当传统形而上学家们对于人类之根做出他们自己的断言之时，肯定有很多传统形而上学家都十分真心地相信自己的主观断言，并且认为自己的主观断言其实就是客观事实（真理）。他们为自己能够做出这些断言付出了无限的辛劳和智慧，甚至正是由于他们的真心、辛劳和智慧，他们的断言中可能包含了无数合理的因素，从而为人类探索人类之根问题做出了巨大的贡献。然而，从客观上说，由于他们并未确知外在世界的本质，所以，他们关于外在世界的本质的断言始终只是“主观断言”，当他们把外在世界的本质说成人类之根决定着人类本性并且进一步决定着人的应然生活的时候，他们都是在把自己的主观断言当作客观事实并借客观事实的名义来决定人的本质和应然生活。因此，无论传统形而上学家们的主观动机多么纯真，由于他们把自己的主观断言说成客观事实并将其当作人类之根用来指导人类的生活，还在号召大众遵从“逻各斯”（理性）的“幌子”之下实际要求大众按照他们的意思去做，所以，他们的这种做法在客观上难免具有某种“欺骗”的性质。假如我们借用中国传统哲学的表达方式把外在世界说成“天”，并把逻各斯看成中国传统哲学的“天道”的话，那么，西方传统形而上学家们的上述做法实际上是在把自己的主观断言说成“天道”，并要用这一“天道”（通过人性论）来决定大众的生活方式。因此，从客观上说，他们是在“代天行言”。

“代天行言”免不了会造成人类社会少数精英借天的名义统治社会大众的情形，也就是说，出现少数“代天行言”的人在思想上统治大多数听从于“天”的社会大众的情形。那些“代天行言”的人成了社会的主流，而那些听从于“天”的人则成了社会的末流；与此相应，外在世界的逻各斯和现实世界中人的理性成了社会的主流，而那些关于外在世界的非逻各斯的理解和现实社会中人的非理性行为则成了社会的末流。在这样的社会中，谁若胆敢不听从于“天”，他就面临着被边缘化的威胁。在这样的社会中，少数社会精英统治社会大众的情形首先表现为少数思想精英在思想上统治社会大众的情形，它可以进一步延伸到少数文化精英在文化上统治社会大众的情形。毫无疑问，在大多数哲学家那里，他们通过“代天行言”统治社会大众是一种不自觉的行为，换句话说，假如“代天行言”是一种“欺骗”，那么，他们这里的“欺骗”是一种“客观”欺骗而非有意识的“主观”欺骗。除了少数思想精英以及文化精英通过“代天行言”统治社会大众的情形之外，还会出现少数政治人物联合思想精英统治社会大众的情形。这些政治人物联合与他们有一致利益诉求的思想精英对于逻各斯的含义做出有利于自己的解释，然后通过“代天行言”的方式用这种逻各斯来统治社会大众。政治家们（以及自觉与他们在利益上保持一致的思想家们）若通过“代天行言”在政治上统治社会大众的话，他们的行为常常是一种自觉行为，这就是说，他们为了给自己的政治统治寻找合理性的根据，他们便会利用“代天行言”，让社会大众相信他们自己的“人言”就是“天言”，因此，他们的“代天行言”常常包含了一种有意识的主观

"欺骗"性质。欧洲中世纪后期的"君权神授"就有这种"欺骗"性质，它直接成为维护封建专制和宗教专制的工具。

由于"代天行言"可以被用来服务于政治统治，特别是服务于专制性质的政治统治，所以，有些统治者会不遗余力地在对天或天道进行有利于自己的解释的基础上利用并且贯彻代天行言。美国实用主义哲学的创始人皮尔士曾经归纳了确立见解（亦即信念）的四种方法。在他看来，确立见解的方法主要包括以下几种：（1）固执的方法。这种方法的表现形式就是顽固地搜寻一切有助于信念的东西，学会以轻蔑和仇恨的心理厌恶一切有可能扰乱这个信念的东西，从而培养一种习惯。（2）权威的方法。这种方法的表现形式就是国家意志、中央机关、相关当局等等通过强行的方式（例如宣传、洗脑、经济压力、垄断教育等等），用其意志代替个人的意志。（3）先验的方法。这种方法是一种自然而然的方法，它是"诉诸理性所能接受的东西的方法"①，也就是说，它是一种被认为合乎理性从而自然而然地形成信念的方法。（4）科学的方法。皮尔士也将其称为"科学""探究""推论"。它与其他方法有着根本的区别，它所确立的见解消除了一切怀疑，"摆脱了一切局限，摆脱了任意武断、暴虐专横以及周围一切偶然事件的影响"②，它的结论是每一个实行同一种方法的探究必然会达到的相同的结论。这种研究一开始不对问题做出这样或那样的固定回答，而是动摇和改变各种见解，从而确定某个仅由研究本身的性质决定的见解。由于研究本身已经决定了见解，所以，它的最终结论的性质在一开始就被规定了。在他看来，前面三种方法都有自己的局限，其中，固执的方法具有盲目、顽固的特征；权威的方法具有暴力强加的特征；至于先验的方法，它的主要特征在于把选择信念看成一种具有自明性、合理性的趣味问题，若无其他更好的方法，它也值得遵循。不过，先验的方法虽然消除了某些偶然因素，却也夸大了另外一些偶然因素，所以，皮尔士本人推崇科学的方法。只要我们参照一下专制社会的实际情形就会发现，除了第四种方法以及部分地除了第三种方法之外，专制社会的政治家以及与其利益一致的思想家总会竭力利用前面两种方法以及部分利用第三种方法来宣传和贯彻他们的"代天行言"的理论。他们把自己的"人言"罩上"天言"的神圣光环，牢牢控制"天言"的权威，通过"固执的方法"、"权威的方

① 穆尼茨．当代分析哲学．吴牟人，等译．上海：复旦大学出版社，1986：46.

② 同①49.

法”以及部分“先验的方法”来把罩上“天言”的神圣光环的“人言”深深植入社会大众的心灵深处，使之成为铭刻在社会大众心灵深处的不可动摇的“信念”。然而，随着社会的进步与人类自我意识的觉醒，这种“代天行言”的思想迟早会遇到挑战。因此，随着西方社会文艺复兴的开始，以及随着西方近代民主社会的到来，人类理性也开始在西方中世纪的长眠中逐渐觉醒起来，它要挑战和冲击这种“代言行言”的哲学思想，以及利用这一哲学思想的政治专制。

## 三、普遍性：实质上的强信念论

在有关“普遍性”的理论方面，我们所说的实质标准主要针对的是人类之根的理论，首先是针对作为人类之根理论之基础的“人类之根”（外在世界及其本质或作为普遍性的逻各斯）。它探讨人类之根以及人类之根理论的“内容实质”究竟为何、是否正确，也就是说，在具体内容方面，它们是否有着合理的解释。

### 1. 科学论与价值论

传统形而上学一直相信自己作为一个学科是关于外在世界及其本质的绝对真理，从而把自己看成一种科学理论，并且认为自己是一种高于一切其他科学的“第一科学”。但是，传统形而上学在哲学之内所遇到的认识论困难使它未能“证明”自己确实就是绝对真理，它关于外在世界及其本质的解释仅仅是一种独断论。然而，传统形而上学家关于外在世界及其本质的理论作为独断论，难道就真的一无是处吗？我们认为并非如此。若从哲学之内把哲学（形而上学）当作一门科学来看，它的独断论否定了它的科学性从而表明它确实一无是处。但是，若从哲学之外把哲学（形而上学）当作一门价值学科来看，那么，它作为外在世界及其本质的学说其实只是哲学家们给世界赋予的意义，尽管从形式上说这种给世界赋予的意义具有“代天行言”的程序因而含有一种客观上的“欺骗”性质，但是，从实质上说，除了政治家以及与其利益一致的思想家偶然对于“代天行言”有不良利用之外，哲学家们给世界所赋予的意义主要是他们基于十分严肃的事实观察、科学探讨、逻辑推理并为此献出了自己的真心、辛劳和智慧而得到的“信念”。传统形而上学家们的信念作为传统形而上学家们真心相信、乐于接受的“信念”，它实际上是传统形而上学家们的“价值诉求”。因此，归根结底，传统形而上学关于外在世界及其本质的理论不是一种关于真理的“科学论”而是一种关于信念的“价值论”。传统形而上学家们真心诚意地把形而上学看作科学或者第一科学，但是，从实质上说，它却是一种价值理论，是作为传统形而上学家们之信念的价值理论。从科学论（哲学之内）来说，传统形而上学的外在世界及其本质的理论因其独断论是不确定的理论；但从价值论（哲学之外）来说，它的外在世界及其本质的理论却是非常确定的理论，也就是说，它实实在在地为世界赋予了意义并使世界成为世界（如此这般的世界）。

价值论作为一种基于信念的价值论，它也就是信念论。从实质上说，传统形而上学关于世界及其本质的信念论是一种“强”信念论，这就是说，尽管从本质上说在传统形而上学家们关于世界本质的断言中自我“相信”成分远远大于“事实”成分（虽然他们的断言中也确实包含了一些事实性的猜测），但是，他们确实是真心诚意地把自己关于世界本质的断言看成是一种独立于人的主观意志的“客观事实”的断言。因此，它是一种强信念论。传统形而上学把信念论或价值论误解为科学论原本是一种错误，但是，正是由于这种错误，它在被哲学家自己相信是事实并且也被社会大众看成事实的时候，它便具有了一种“不可动摇”的强势特征。

既然传统形而上学关于外在世界及其本质的解释不是一种科学论而是一种价值论，不是一种事实（尽管其中或多或少总会包含不同程度的事实）而是一种信念，那么，它关于奠基于外在世界及其本质之解释基础上的人之本性的学说也就不再是一种科学论而是一种价值论，不是一种事实（尽管其中或多或少总会包含不同程度的事实）而是一种信念。因此，当传统形而上学家们说外在世界的本质是人类之根因而人类的本质本性就是理性的时候，尽管他们自以为说出了一种关于事实的真理，但是，他们实际上只是表达了他们的“乐于相信”，也就是说，西方传统形而上学哲学家们“乐于相信”人是来源于外在世界之本质的理性的人！典型的形而上学之所以“乐于相信”人的本性就是理性，是因为它“乐于相信”外在世界的本质亦即逻各斯就是理性，并且这一逻各斯就是人类之根；离异的形而上学之所以“乐于相信”人的本性就是理性，是因为它“乐于相信”只有凭借理性服务于人的幸福生活，人才能最终与万物（尤其是动物）区别开来。同样，既然传统形而上学的人之本性以及作为人之本性基础的外在世界及其本质的解释不是一种科学论而是一种价值论，不是一种事实（尽管其中或多或少总会包含不同程度的事实）而是一种信念，那么，它关于基于人之本性的人之应然生活的劝导也就不再是一种基于事实的劝导而是一种基于信念的劝导。因此，当传统形而上学家说人应该根据人的本质本性理性地生活的时候，尽管他们自以为他们的劝导是基于人的本质本性，但是，他们实际上只是表达了自己的一种价值偏好。典型的形而上学之所以有这种价值偏好，是因为它愿意人合乎道德理性地生活，并且认为只有这样的生活才符合人的本质本性；离异的形而上学之所以有这种价值偏好，是因为它愿意人合乎理智理性地生活，并且认为只有这样的生活才符合人的本质本性。

**2. 实质性的理性信念**

一旦我们从实质上把传统形而上学的人类之根理论看成一种价值论而非科学论，那么，传统形而上学在形式上的独断论就与它的内容在实质上究竟为何、正确与否无太大关系。所以，在从价值论的意义上探讨传统形而上学的人类之根理论的实质性的信念时，我们不必考虑它在形式上的独断与否的问题。我们认为，从价值论的意义上说，传统形而上学关于人类之根的理论表达了他们实质性的理性信念。

传统形而上学家们深深信服理性，他们给予理性以最高的价值地位。为了推崇自己对于理性的信念，他们通过系统的人类之根理论全力论证理性的普遍存在和广泛作用。他们强调，理性是外在世界的本质，它通过外在世界的本质构成了作为世界之产物的人的本性，正是因为人是有理性的人，所以，理性生活是人的最有价值的生活，是人应该追求的普遍价值目标。经过传统形而上学的系统论证和长期宣传，传统形而上学的观点通过传统形而上学自身以及通过接受了传统形而上学观点的其他意识形态（例如文学、艺术等等）深深铭刻于西方人的内心深处，成为他们的普遍信念。人生活于其中的世界就是人赋予意义的世界，当传统形而上学的观点逐渐成为西方人的普遍共识之后，它通过西方人在意识上和在行动上的普遍的赋予意义活动，成了西方社会的“事实存在”，这就是说，不仅在西方人的心目中而且在实际的情形中，世界（西方世界）真的成了理性世界，人真的成了理性的人，理性生活真的成了最有价值的生活。

当然，理性的意义除了它的普遍解释（道德理性和理智理性）之外，人们还可以在它的普遍解释之下赋予某种特殊的意义，从而使得理性在特殊的历史时期有被人通过特殊解释加以利用的可能，例如“君权神授”就是如此。但是，从更长的历史时期来看，它在社会中所起的作用主要还是它的一般意义上的作用。不过，在一般意义上，西方古代形而上学和西方近代形而上学对于理性也有不同的理解。在本篇中，我们更多地采用的是古代的理解，这种理解的特殊性在于：它把世界自身的理性看成作为最终根据的理性；在下篇中，我们将更多地采用近代的理解，这种理解的特殊性在于：它把人类主体的理性看成作为最终根据的理性，并赋予它以近代的内容。

## 四、客观普遍性与一元价值观

传统形而上学确立了西方哲学的客观普遍性，它的一个重要的结果是它把古代社会变成了一种一元价值的社会。当然，古代社会作为一元价值的社会，不可能完全排除其他价值的实际存在，在这种情况下，它把它所主张的一元价值塑造成主流价值，并且对主流的一元价值之外的以零星方式存在的其他价值进行边缘化。其实，这种情况早在古希腊时代就已存在，它深深影响了西方古代乃至近代社会。正如约翰·格雷所说，尽管古代社会实际存在着多元主义，但是，“古代多元主义在希腊哲学中几乎找不到回声。欧洲伦理理论的奠基人是一元论者。无论是柏拉图还是亚里士多德都不怀疑对人类来说有一种最佳生活方式。无论是如柏拉图所想象的，对人类来说善最终只有一种，还是如亚里士多德有时乐于承认的，善有很多种，最佳生活对每个人来说都是一样的——尽管他们从不怀疑这种最佳生活只有那些有闲的希腊男人才能充分享受。以这种古典观点看，对于人类之善的各种彼此冲突的判断是错误的征兆”①。“从一开始，道德哲学就致力于从伦理生活中驱除冲突，政治思想也是如此。希腊伦理学对于冲突的拒斥给欧洲政治哲学留下了深深的印记。”②

传统形而上学的“客观普遍性”为古代的一元价值社会提供了哲学基础，由于它的客观普遍性的内涵是理性，所以，它把古代的一元社会描绘成了一幅理性的世界图景。我们知道，人类社会是由一个个的分散的单子组成的社会，这些不同的个人作为分散的单子若想组织成一个统一的社会（在历史上，由于空间的隔离，这个统一的社会通常表现为一定的空间之中的民族、国家和某种地区），它必须超越每个个人的价值观念并且形成每个个人都能认可的共同价值观念（亦即“一元的”普遍价值）。只有有了普遍价值，人们才能“一致”认为某种思想和行为是好的、善的和应该做的，以及某种思想和行为是坏的、恶的和不应该做的……一句话，才能

---

①　约翰·格雷．自由主义的两张面孔．顾爱彬，李瑞华，译．南京：江苏人民出版社，2005：5.

②　同①6.

具有每个个人一致认可的价值标准，从而使他们能够按照共同的标准去思考和行动，最终使他们能够在共同的价值标准之上凝聚起来，组成一个整体，亦即成为一个统一的“社会”。传统形而上学，无论是唯心主义还是唯物主义，无论是有神论还是无神论，它们都一致把外在世界的本质亦即逻各斯在实质上解释成“理性”，并将这一“理性”解释成人类之根，使之成为人的理性本性的形而上学根据，这样一来，它们就能在理性的信念之上组织社会，围绕理性把社会组织成一个整体的理性社会。在这种理性的社会中，理性生活成了人的应然生活，理性成了人类应该追求的普遍价值观念。

传统形而上学把人类社会描绘成一幅一元价值的理性的世界图景在人类历史上有着重要的积极意义：我们认为，一元价值有助于帮助人类组织成统一的社会，同时，理性则是能把人类维系在一起从而组成统一社会的最为重要的东西。传统形而上学正好发现了理性并且将其看成人类社会应该推崇的普遍价值。正是在理性的世界图景之中，西方人创造了自己特有的文明，制定了先进的法律，提出了系统的道德，并发展了具有自我特色的政治、经济、科学、文学、艺术，培育了自己特有的生活方式和价值观念，从而使西方社会在人类历史的发展中地位显赫，特别是使西方社会在近代以来的人类历史的发展中独领风骚。当然，这种一元价值的理性的世界图景也有自己的不足，它的理性内容在人类历史发展的特定的阶段上可能遭到一些政治家和与其利益一致的思想家的不良利用，它的一元价值则可能把这种不良利用变成排除乃至扼杀其他价值的借口。正因如此，它才需要调整和完善，乃至需要批判和改造。

# 第二篇

# 对于内在世界的追问

在西方哲学的寻根之路上，对于内在世界的追问属于第二次追问。这次追问试图在内在世界特别是贯彻于内在世界中的人的立法理性之中寻求世界的本原，探询人类之根，也就是说，它试图通过内在世界特别是人的立法理性来追问作为人类共同之根的普遍性。我们所说的西方哲学对于内在世界的追问特指康德形而上学的追问。由于康德形而上学是对他以前的传统形而上学进行“哥白尼式革命”之后的形而上学，所以，我们便把他的形而上学称为“新形而上学”，以区别于他以前的传统形而上学亦即“旧形而上学”。康德的“哥白尼式革命”的重要成果之一就是把传统形而上学的“外在世界”变成了“内在世界”亦即“人为之立法的世界”。

# 第一章　康德形而上学的诞生

西方近代哲学亦即传统形而上学中的近代内容是康德形而上学最为直接的思想养料。西方近代哲学最为重要的思想成果是主体性崛起，康德形而上学用“哥白尼式革命”的形式表达了西方近代哲学的主体性崛起。严格地说，康德的“哥白尼式革命”（正如康德自己所说）是一场认识论领域中的认识论革命，但是，在宽泛的意义上说，康德的“哥白尼式革命”应该是一场内容广泛得多因而意义也要深远得多的革命。康德的“哥白尼式革命”作为一场意义宽泛的革命体现在康德的整个哲学亦即他的哲学的认识论、存在论和社会论中，尽管如此，康德的“哥白尼式革命”首先还是一场认识论革命，这场认识论革命源自西方近代早期认识论思想的双重影响。

## 第一节　认识论转向及其后果

西方近代哲学随着它的认识论转向登上了哲学舞台。在西方近代哲学的认识论转向中，既出现了近代早期的经验论和唯理论的哲学派别，也出现了近代后期的康德哲学的认识理论，并且早期的认识论构成了康德哲学认识论的理论来源，导致了康德哲学的认识论革命或者说“哥白尼式革命”。若说近代早期哲学的认识论转向体现了西方近代哲学认识论转向的一种内在逻辑的话，那么，康德哲学的认识论作为纠正近代早期哲学认识论的理论，体现了西方近代哲学认识论转向的另外一种内在逻辑。

### 一、认识论转向

西方近代哲学的认识论转向，就是近代哲学把古代哲学的研究中心由存在论问题转向了认识论问题。之所以会有这种转向，除了其他原因（例如人文主义运动以及自然科学的发展需要）之外，更是哲学发展的内在逻辑的结果。

我们曾说，古代形而上学探讨的中心问题是存在论问题，它的理论兴趣在于追问存在亦即世界或者世界本质是什么的问题。在此方面，有些哲学家说世界是物质世界，有些哲学家说世界是精神世界，还有一些哲学家说世界是上帝创造的世界。然而，无论他们如何解释世界及其本质，他们都共同把世界理解成外在世界，也就是说，他们都把世界理解成外在于并且独立于人的世界。问题在于，假如世界完全独立于人，包括独立于人的认识，那么，哲学家究竟是如何知道世界及其本质是什么的呢？因此，古代哲学的存在论原是建立在预设之上的存在论，它在认识世界之前就已经预设了世界的可知性，以及预设了我们可以获得关于外在世界及其本质的绝对知识。然而，预设不等于现实，它要转化为现实，必须通过认识论的路径。西方哲学发展的内在逻辑告诉我们，认识是人类通向存在或世界及其本质的路径，人类必须先有认识论然后才能解决存在论问题。因此，为了消除古代形而上学存在论的预设，西方近代哲学以认识论转向开始了自己的旅程。这样一来，我们就发现了西方近代哲学认识论转向的内在逻辑，即：尽管外在世界先已存在，但是，认识是通向存在（外在世界）的工具，我们必须先有认识工具才能通达存在，因此，若要解决存在论（作为外在世界的存在论）的问题，必须先行解决认识论的问题。根据这种内在逻辑，我们可以得出如下结论：从古代哲学的存在论走向近代（早期）哲学的认识论表面看来是一种哲学的倒退，即哲学在无法解决存在问题时不得不退回认识论的领域，但实际上，它是一种进步，它表明西方哲学经过一番挫折已经认识到必须先解决认识论（认识工具）的问题才有可能去讨论存在论问题。

同时，近代哲学认识论转向除了我们所说的上述内在逻辑之外，它还有另外一种逻辑。既然我们只有通过认识论方能知道外在世界，那么，我们就没有充分的理由去对我们尚未认识的外在世界有所断言，特别是对它进行任何确定性的断言，我们所能断言的只能是我们经由认识论所认识到的世界。因此，我们所能断言的世界就是在认识论的过程中所知道的世界，认识论既是认识的理论，也是存在向我们显现的理论，也就是说，认识论与存在论是相互一致的理论，它表明存在仅仅是在人的认识过程中随着认识向我们显现的存在。我们没有任何理由断言外在于并且独立于人的存在，若勉强断言有这种存在，那只能给它一个“物自体”的称呼。据此，我们可以得出西方近代哲学认识论转向的另外一种内在逻辑，即：人所谈论的世界只能是人所知道的世界，既然认识是人知道世界的唯一途径，那么，世界也就只能是人在认识过程中向人发生的世界，因此，只有先行探讨认识论我们才能拥有（而不单纯是认识）世界。这里的认识作为一种让世界显现、发生的认识，它比前述的那种仅仅作为通达外在世界之工具的认识更为原始。根据这里的第二种逻辑，我们也可以得出如下结论：虽然在表面上我们可以像前面那种逻辑一样把从古代哲学的存在论走向近代哲学的认识论看成一种哲学在无法解决存在问题时不得不返回认识论领域的倒退，但实际上，我们更可以将其视为一种进步，因为它表明西方哲学在对古代存在论困难的反思中已认识到：既然认识论是人类通达世界的唯一路径，那么，认识论就与存在论统一，世界就只能是在认识论中向人显现、发生的世界，我们没有任何理由断言（至少是确定地断言）有一个外在于并且独立于人的世界。

我们若把西方近代哲学认识论转向的前面一种内在逻辑称为第一种逻辑的话，那么，我们便可将后面的一种内在逻辑称为第二种逻辑。乍看起来，两条逻辑有些类似，即：它们都在西方古代哲学存在论遇到挫折时发现必须通过认识论才能解决认识（通达）存在（世界）的问题，并且为此实现了近代哲学的认识论转向。但是，第一种逻辑依然把世界看成外在于并且独立于人的世界，它从实际存在的顺序上首先肯定了世界的先在，然后才承认人的存在和人对世界的认识。认识虽然是通向世界的工具，但它仅仅是对现成的已存在的世界的认识。第二种逻辑则把存在（世界）看成在认识论中发生的世界，它从向人发生的顺序指出只有在认识的过程中我们才能拥有世界，认识论不仅是通达世界的途径而且还是世界产生的途径。在第二种逻辑看来，对人来说，首先存在的世界是在人的认识（以及其他活动例如道德活动）中向人发生的世界，它是“发生”的世界而非外在并且独立于人的世界。其实，第一种逻辑贯彻的是传统形而上学的从存在到认识的路线，第二种逻辑则已经在把认识论与存在论统一起来的基础上超越了传统形而上学（旧形而上学）的视野。

需要注意的是，尽管西方近代哲学认识论转向的两种逻辑是两种不同的逻辑，但是，它的第一种逻辑内在地指向着第二种逻辑，即：一旦我们改变视野，从向人发生的顺序而非实际存在的顺序来看待世界和认识的关系，它就有可能走向第二种逻辑。这里，改变视野的关键在于第一种逻辑应像第二种逻辑那样从更为原始的角度去理解认识。

## 二、认识论转向的后果

西方近代哲学认识论转向的两种内在逻辑产生了两种后果。第一种逻辑的后果是它使经验论和唯理论两种哲学（认识论）派别作为西方近代早期哲学（认识论）登上了哲学的舞台，第二种逻辑的后果则是它使康德哲学（认识论，以及伦理学）作为近代后期哲学（认识论，以及伦理学）登上了哲学的舞台。同时，康德哲学的认识论转向之所以能够成为西方近代哲学认识论转向的第二种逻辑，在于它发现了西方近代哲学认识论转向的第一种逻辑亦即经验论和唯理论都遇到了无法克服的理论困难并试图对其加以克服。康德的第二种逻辑意义上的认识论转向有效地推动了西方哲学有关存在理论的新的发展，并且指向了西方现代哲学。

经验论和唯理论作为西方近代哲学（认识论）的第一种逻辑意义上的转向，它们的认识论思想以及它们的认识论在发展过程中所遇到的困难和所取得的成就从两个方面影响了康德哲学。从消极的方面看，经验论和唯理论的认识论困难迫使康德发动了一场挽救形而上学学科地位的认识论革命。如前所述，无论是经验论还是唯理论在经过近两个世纪的发展后都遇到了难以克服的理论困难；不仅如此，它们的认识论困难进一步影响到了它们的存在论，从而使得形而上学作为第一科学的学科地位受到了严重的威胁。康德深深知道经验论和唯理论之认识困难的严重性，所以，他发动了一场认识论革命亦即“哥白尼式革命”，试图通过这场革命来消除旧形而上学的存在论困难，并且以此来挽救形而上学的存在论，挽救形而上学这一学科。在康德发现传统形而上学之认识论困难的问题上，休谟对于客观因果性理论的论证以及他对于形而上学的批评对康德产生了深刻的影响。所以，康德指出，正是休谟把他从“独断论的迷梦”中惊醒了过来。从积极的方面看，经验论和唯理论的认识论成果帮助康德发动了一场挽救形而上学学科地位的认识论革命。康德认为，无论是经验论还是唯理论，它们的认识论都不是一无是处的认识论，它们的认识论中都包含了一些合理的因素，这些因素完全能够成为他重建作为“科学”的新形而上学认识论的养料。首先，他肯定了经验论者把“经验”作为认识的起源的思想，他也像经验论者一样把“经验”当作认识的起点。不仅如此，在他看来，既然“经验”是认识的真正起点，认识总是经验性的认识，那么，无论人的“理性”多么卓越，飞得多高，它都不能超越经验。其次，他肯定了唯理论者把“理性”看成认识基础的思想，他也像唯理论者一样把“理性”

当作认识的基石。康德认为，人类理性的力量可以保证知识的可靠性，它能帮助经验知识获得普遍必然的形式从而使之成为具有普遍必然性的科学知识。因此，他把经验论和唯理论在一种新的认识模式中结合了起来，从而提出了一种新的认识理论（以及与其相似的道德活动理论），实现了他在认识论以及存在论上的“哥白尼式革命”。

## 第二节　“哥白尼式革命”

康德的“哥白尼式革命”是康德总结近代哲学认识论之经验教训和思想成果的产物，不仅如此，它也是康德总结近代数学和自然科学相关知识的产物。他总结近代哲学认识论之经验教训和思想成果与他接受近代数学和自然科学之启发密不可分。正是在它们的多重作用下，康德发动了“哥白尼式革命”，这一革命不仅直接导致了旧形而上学的认识论被他的新形而上学的认识论所取代，并且间接导致了旧的形而上学被他的新的形而上学所取代。

### 一、数学、自然科学的积极启示

近代哲学的认识论（经验论和唯理论）在因其存在理论困难迫使康德通过认识论革命来挽救形而上学的背景下，又为康德的认识论革命提供了思想养料亦即经验和理性。经验属于认识的起源，它在认识和知识之中构成了质料部分；理性则是认识的基础，它在认识和知识之中构成了形式部分。问题在于：无论是经验论还是唯理论，尽管它们分别为正确的认识论提供了经验养料和理性养料，但是，作为一个认识论的整体，它们都难以自圆其说。那么，经验和理性作为分别由经验论和唯理论提供的认识论养料，如何能在一个统一的认识过程中结合起来，并且应该以何种形式结合起来呢？在这方面，康德看到了近代数学和自然科学的发展成果，数学与自然科学的方法论给他以重要的启示。

康德认为，西方近代社会以来，当形而上学还在黑暗中来回摸索的时候，科学却早已走向了快速发展的康庄大道，因此，哲学要想走上可靠的科学道路，应该以几何学家和自然科学家为榜样，在形而上学领域中进行一场革命。在他看来，数学与自然科学之所以踏上了可靠的科学道路，在于它们都经历了一场思维革命，即：在认识时，发动革命的数学家和自然科学家在自己的心中出现了一个“闪念”——理性只去思考它按照自己的概念放进事物中去的东西。就数学家而言，“那第一个演证出等边三角形的人（不管他是泰勒斯还是任何其他人），在他心中升起了一道光明……他不必死盯住他在这图形中所看见的东西，也不必死扣这个图形的单纯概念……相反，他必须凭借他自己根据概念先天地设想进去并（通过构造）加以体现的东西来产生出这些属性，并且为了先天可靠地知道什么，他必须不把任何东西、只把从他自己按照自己的概念放进事物里去的东西中所必然得出的结果加给事物”①。就自然科学家而言，无论是伽利略还是其他的科学家，当他们在进行科学发现之时，在他们那里，“理性必须一手执着自己的原则……另一手执着它按照这些原则设想出来的实验，而走向自然，虽然是为了受教于她，但不是以小学生的身份复述老师想要提供的一切教诲，而是以一个受任命的法官的身份迫使证人回答他向他们提出的问题”②。这就是说，在进行认识的时候，无论是数学家还是自然科学家，他们都不是像经验论者所认为的那样“被动地”接受对象的“经验刺激”，相反，他们是“主动地”把自己理性所具有的先天的概念和原则放进对象中去，从而得出必然的结论。因此，认识不是一个“认识主体”被动地适应“认识客体”的过程，而是一个“认识主体”主动地规定“认识客体”，并且迫使认识客体适应自己的过程。由此可以得出结论：哲学若以科学为范例，也应发动一场思维革命（认识论革命），面对旧形而上学“一切知识都必须依照对象”的信念，不妨反过来试试，假定“对象必须依照我们的知识”。而这正是康德所谓的“哥白尼式革命”，也是《纯粹理性批判》采用的路径。

## 二、“哥白尼式革命”

根据康德自己的解释，他的“哥白尼式革命”就是把旧形而上学的“我们的知识依照对象”的认识论路线变革为“对象依照我们的知识”的认识论路线的革命。这里，知识与认识主体、理性具有相应的意义，对象则与认识客体、经验具有相应的意义。他的“哥白尼式革命”对认识论中的主体与客体的关系、知识与对象的关系、理性与经验的关系做了彻底的颠倒，并且这一彻底的颠倒改变了西方哲学（传统形而上学）长期以来的

---

① 康德. 纯粹理性批判. 邓晓芒，译. 杨祖陶，校. 北京：人民出版社，2004：第二版序.

② 同①.

认识论的走向，因此，他的认识论革命确实能与自然科学领域中的“哥白尼革命”相媲美。

“哥白尼式革命”表明了康德的基本立场是唯理论者的立场。康德要把旧形而上学“一切知识都必须依照对象”的信念反转为“对象必须依照我们的知识”的信念，它的实质就是要把认识的主体、人的理性当作认识论的轴心，要求认识必须围绕认识的主体和人的理性去转动。在他那里，理性，只有理性，才是认识的牢固基石，才是能够使认识获得科学知识的唯一因素。因此，在认识论上，康德的“哥白尼式革命”的基本立场是唯理论者的立场，他的“对象依照我们的知识”是他的唯理论者的基本立场的鲜明体现。当然，“哥白尼式革命”既然是一场“革命”，它就不可能原封不动地照搬唯理论者的立场，所以，康德在坚持唯理论者的基本立场的基础之上，又接纳了经验论者的“经验”，并且力图综合理性和经验以便建构一种全新的认识理论。

康德通过“哥白尼式革命”建构的全新认识理论就是他的先验论。他的“哥白尼式革命”主张“对象依照我们的知识”，问题在于：对象如何依照我们的知识？在他那里，知识只是认识主体所拥有的先天知识，它是纯粹的“认识形式”；对象则是认识主体的后天经验对象，它是纯粹的“认识质料”。康德把认识看作一种对象依照知识的认识意在表明：哲学认识也应该像数学与自然科学一样，用我们自己先天具有的知识整理对象从而得出必然的结论，或说用我们自己先天具有的概念和原则整理来自经验对象的感觉材料从而得出科学的认识。这样一来，康德就把旧形而上学的唯理论（理性）和经验论（经验）的关系变成了认识形式和认识质料的关系，亦即变成了先天的认识形式与后天的认识质料之间的关系，并把认识过程变成了一种先天的认识形式“主动”整理后天的认识质料的过程。这里，康德的理性作为一种“先天的认识形式”，它与唯理论不同的地方在于：唯理论认为理性自身先天具有“完整的”天赋知识，康德则认为理性自身仅仅具有认识形式，并且这种认识形式并非作为一个“已有”的东西先天存在于心灵之中，而仅仅产生于认识过程之中；它与经验论者不同的地方在于：经验论者认为源自感性的后天认识便能提供“完整的”经验知识，康德则认为感性只能提供认识的质料，它还需要先天的认识形式加以整理方可构成完整的经验知识。因此，尽管康德的“哥白尼式革命”坚持了唯理论者的基本立场，但是，它是一种创新，它创造出了全新的认识理论。

康德的“哥白尼式革命”作为同时吸收了唯理论和经验论两种认识理论之积极因素的革命，它实际上既“高扬”了理性又“限制”了理性。他从唯理论者的基本立场出发，试图通过理性的“认识形式”在认识论中的支配作用确保理性在认识论中的决定地位，就此而言，他进一步“高扬”了理性的地位；但是与此同时，他又吸收了经验论的经验，他把认识始终限制在了经验领域，把“物自体”推向了不可知的领域，就此而言，他又“限制”了理性的地位。康德的“哥白尼式革命”既“高扬”又“限制”理性的情况固然是“哥白尼式革命”作为一场认识论的革命的结果，其实，它更是“哥白尼式革命”作为一场更为深刻的存在论革命乃至社会论革命的结果。为了进一步探讨“哥白尼式革命”的存在论意义和社会论意义，我们必须追寻他的“哥白尼式革命”（作为一种宽泛意义上的革命）的更为深远的思想养料。它们就是笛卡尔的“自我”以及卢梭的“自由”。

## 第三节 “人为世界立法”

“人为世界立法”可以被看作西方近代哲学之主体性的崛起在康德形而上学中的表现，它也体现了康德的“哥白尼式革命”的（宽泛意义上的）内容。“人为世界立法”包含两个方面的意义，即：“人为自然立法”和“人为自己立法”。前者（除了受近代数学和自然科学的影响外）应是受笛卡尔的“自我”学说影响的结果，后者则应是受卢梭“自由”思想影响的结果。

### 一、笛卡尔的“自我”与“人为自然立法”

近代的主体性崛起的原始起源是笛卡尔提出的“自我”（我思）概念。笛卡尔首先提出了“自我”的概念，并且由其（经过上帝）推出自然概念，这样一来，笛卡尔便把“自我”这一概念作为基础并且把它与作为客体的“自然”概念对峙起来，从而首次把“人”提升到了近代意义上的主体的地位，开启了西方近代哲学之主体性的崛起的时代。笛卡尔的“自我”既有认识论的意义又有存在论的意义。康德的“哥白尼式革命”其实也一样，它是一场认识论革命，但也导致了一场存在论革命，他所导致的这场存在论革命就是他的“人为自然立法”，换句话说，“哥白尼式革命”内在地包含了“人为自然立法”。

“自我”总是相对于世界而言的“自我”，它必须在与世界的关系之中方可得到准确的规定。因此，若要深入理解笛卡尔的“自我”思想，以及他的“自我”思想引领西方近代哲学之主体性崛起的伟大意义，我们就应该围绕人与世界的关系来探讨笛卡尔的“自我”思想对于西方古代哲学的超越意义。早在古希腊的哲学之中，最早出现的涉及“精神”（意识）的思想是自然哲学的物活论（万物有灵论）。后来，阿那克萨哥拉提出了“努斯”的概念，开始用目的论取代了物活论。目的总是人的目的（意识）或者上帝的目的（意识），因此，目的论的提出意味着人类首次意识到了人的精神（意识）与物质或客观世界的对立。“客观”世界指的是独立于人之外的世界，它的“客观性”并非指的就是“物质性”，而仅仅意味着“独立于人之外并且它的存在不依赖于人”。因此，这样的“客观”的世界既可以指“客观的”“物质”世界，也可以指“客观的”“精神”世界。其实，这样的“客观”世界正是我们在第一篇中所说的“外在世界”。在古代形而上学中，人与世界的关系是这样一种关系，即：对人来说，世界是外在于人的世界，这个世界是人类之根，也就是说，人存在于世界之中，人是世界之中的“人”；对于世界来说，人（无论是个人还是人类）只是世界之中的一个“小点”。在人与世界的这种关系中，由于外在世界是人类之根，外在世界的本质亦即逻各斯决定着人的本质，并且外在世界的本质亦即逻各斯就是理性，所以，从本质上说，人就成了理性的人。在近代的笛卡尔的哲学中，人与世界的关系则是另外一种关系，即：人（作为生活于世界之中的“小点”）似乎从他所生活的世界之中“跳了出来”，站到了世界的对面（尽管这样一来我们并不知道人究竟应该并且能够存在于何处）并将自己与世界对立起来。这样一来，人就把自身“提升”为站在世界对面的“主体”，并把人之对面的世界“降格”成了“客体”，从而使得古代哲学中的人与世界的关系变成了近代哲学中的主体与客体的关系。在人与世界的这种关系中，既然人不存在于世界之中而是站在了世界的对面，那么，外在世界的本质亦即逻各斯就不应该决定人的本质，人应该具有自己的本质（逻各斯）。所以，笛卡尔说：“每一个实体都有一种基本属性，心灵的属性是思维，物体的属性是广延。”① 这就是说，人与世界有着根本不同的基本属性，人（心灵）作为精神实体，它的基本属性是思

① Descartes. The Philosophical Works of Descartes: Vol. 1. Cambridge: Cambridge University Press, 1981: 240.

维；世界（外在世界）作为物质实体，它的基本属性则是广延。尽管笛卡尔之后的一些近代形而上学家并无笛卡尔这种典型的存在论上的二元论思想，但是，他们在认识论上确实明确地把主体与客体对立了起来。笛卡尔的思想代表着西方近代哲学的时代特征。从总体上说，在古代形而上学中，世界是一元的世界（客观外在世界），人是世界的产物并且存在于世界之中，所以，世界及其本质是人类之根，世界的本质决定人的本质，人与世界有着共同的本质；而在近代形而上学（尤其是笛卡尔的哲学）中，实体是二元的实体（自我与自然），人与世界处于二元对峙之中，所以，我们不能在外在世界（除了上帝）之中探求人的本质，人与世界有着不同的基本属性。不过，根据笛卡尔的基于天赋观念论的知识理论，尽管人与世界有着不同的本质属性，但是，它们相互之间依然应该有着某种内在的一致性，正因如此，人的思维作为一种理性的思维，才能把握物质世界的内在规律，他的天赋观念和知识作为真理才能内在地对外在的物质世界有效（尽管笛卡尔自己总为论证具有不同属性的精神实体与物质实体的同一性绞尽脑汁而想不到良策）。①

笛卡尔的“自我”作为现代意义上的主体并不能被理解成现实之中的具体的人，它是一种“我思”，也就是说，它是一种表象世界并且把自身作为世界（存在）之尺度的思维。笛卡尔的“自我”概念具体表现在“我思故我在”这一命题之中。海德格尔曾经通过比较普罗塔哥拉的“人是万物的尺度”的命题与笛卡尔的“我思故我在”的命题论证了笛卡尔之“自我”的近代以及现代意义上的主观主义的时代特征。他说：表面看来，普罗塔哥拉的“人是万物的尺度”的命题似乎十分类似于笛卡尔的“我思故我在”。在普罗塔哥拉那里，人似乎像笛卡尔的“我思”一样也是一种“尺度”。海德格尔这样翻译了普罗塔哥拉关于“人是万物的尺度”的表述：“（各个）人是万物……的尺度，是在场者如其在场那样在场的尺度，也是不在场者不在场的尺度。”② 在他看来，问题在于普罗塔哥拉那里的人是谁呢？他在引用了柏拉图的解答之后指出：这里的人不可能与笛卡尔的“我思”相合，因为他是当下具体的人（我、你、他和她）。因此，普罗塔哥拉所说的“人”不能等于笛卡尔所说的“主体”。他说：“普罗塔哥

---

① Colebrook C. Philosophy and Post-Structuralist Theory：From Kant to Deleuze. Edinburgh：Edinburgh University Press，2005：25.

② 海德格尔选集：下卷. 孙周兴，选编．上海：上海三联书店，1996：913.

拉的这个智者派哲学命题并非主观主义，正如笛卡尔也不可能仅仅对古希腊思想作了一种颠倒"①。"在希腊智者派哲学中，不可能有任何一种主观主义，因为在那里，人不可能是一般主体；人之所以不能成为一般主体，是因为在那里，存在乃是在场，真理乃是无蔽状态。"② 根据海德格尔的理解，真正意义上的主体是从近代的"人的解放"中产生出来的，他分析了人从基督教的启示真理和教会学说的束缚中解放出来成为"以自身为准绳的立法者"的过程之后指出，根据对于真正的一般主体的理解，"自我"并不意味着"人现在是从自我和利己方面被规定的。它只是说：成为主体，现在成了作为思维着和表象着的生灵的人的特性"③。所以，"现在，人不再是那种对觉知的限制意义上的尺度了；这种对觉知的限制是把觉知限制于在场者——每个人始终趋向它而在场——的无蔽状态的当下具体范围。作为一般主体，人乃是自我的心灵活动。人把自身建立为一切尺度的尺度，即人们据以测度和测量（计算）什么能被看作确定的——也即真实的或存在着的——东西的那一切尺度的尺度"④。当然，近代意义上的主体思想开始于笛卡尔，"在《第一哲学沉思》中，向着新自由的人的解放被带向其基础亦即一般主体那里"⑤。

康德进一步发展了笛卡尔的"自我"理论，在某种意义上说，他把笛卡尔的"自我"理论推向了近代的顶峰。笛卡尔的"自我"是一种"我思"，他把这种"我思"看成跳出作为客体的世界并且站在世界对面的主体。他从"我思故我在"这一命题出发，在确定了"自我"（我思、精神实体）之后，曾从"自我"（经由上帝）推出世界（物质实体）的存在，不过，在他看来，除了"自我"（以及上帝）以外，世界就是物质世界，并且这个世界的"实际存在"并不依赖于"自我"。康德则更进一步，在他那里，"自我"也是"我思"，他把"我思"看成开启（创造）世界的主体能力。根据康德的理论，除了"自我"以外，尽管有某种客观的"物自体"存在，但是，"物自体"作为人类认识不能企及的对象，它并不是人类生活于其中的世界。人类实际生活于其中的世界并非某种完全不依赖于"我"的东西，它是"我"把自己先天固有的原则和原理（主体的认识能

① 海德格尔选集：下卷．孙周兴，选编．上海：上海三联书店，1996：912.
② 同①916.
③ 同①920.
④ 同①921.
⑤ 同①921.

力或者自我的先天认识形式）贯彻于经验质料之中而形成的某种东西，换句话说，它是人类认识所及因而依赖人类认识的某种东西。“自我”是“世界”赖以存在的先天形式条件。因此，“自我”不仅（像笛卡尔的主体那样）是站在世界的对面能与世界（作为客体）对峙的自我，更是（在康德这里）开启（创造）世界的自我。“自我”开启世界的方式就是“人为自然立法”。

## 二、卢梭的“自由”与“人为自己立法”

我们相信，既然由笛卡尔开始的西方近代的主体性的崛起代表着西方近代的时代潮流，那么，它的影响一定会延伸到西方近代思想的各个领域，包括社会思想的领域。不过，在此方面，卢梭的“自由”思想起着至为重要的作用。可以认为，卢梭的“自由”思想是近代主体性的崛起在政治哲学中的表现，它直接影响了康德，促使康德提出了“人为自己立法”。“人为自己立法”与“人为自然立法”遥相呼应，因此，在宽泛的意义上说，我们也能把“人为自己立法”看成康德“哥白尼式革命”的基本内容。

康德主要在卢梭“自由”思想的影响下提出了“人为自己立法”的理论。其实，把康德从“独断论的迷梦”中惊醒的不仅是休谟对客观因果性理论的论证以及他对形而上学的批评，还包含了“自由”理论。根据苏联康德传记作者古留加的描述，康德晚年回忆《纯粹理性批判》的发端史时，在一封信中说道，正是“二律背反”，尤其是自由问题才把他从“独断论的迷梦”中惊醒，并使他转到了对理性的批判。所以，康德特别推崇卢梭，认为卢梭是唯一可以和牛顿相提并论的人。“他曾把牛顿和卢梭做了这样的对比：牛顿第一个把十分简单明了的秩序和合规则性带入到了人们以前只看到混乱和无联系的杂多现象的外部自然界里，卢梭则在人的五光十色的表现里发现了深深隐藏着的人的本性。”①

那么，康德是如何受到卢梭的“自由”思想的影响并形成自己的“人为自己立法”的理论的呢？邓晓芒对此做了说明，他说：“在西方，首次从人类学的立场来研究一切哲学问题的，要算休谟和卢梭。这两个人也是首先推翻对上帝存在的一切理性证明……而把上帝归结为人的情感需要

① 杨祖陶，邓晓芒．康德《纯粹理性批判》指要．长沙：湖南出版社，1996：14.

（即道德情感证明）的人。”[①] 但是，康德并不满意休谟在《人性论》中排除了人本身具有先验原则的可能性的做法，因为这样便会忽视人的自由这一属于人的真正的崇高性。他更为推崇的则是卢梭关于人的学说。早在1764年，康德便说卢梭“发现了人的内在本性。必须恢复人性的真实观念。哲学不是别的，只是关于人的实践知识”[②]。在卢梭关于人的知识中，康德发现了“自由”。卢梭在《论人类不平等的起源和基础》中强调“人的知识”是人类一切知识中最有用但却最不完备的知识，他通过对人的“自然状态”的研究发现：在生理方面，人是一部机器，与其他动物并无根本区别；在精神方面（亦即在形而上学方面），人因“自由”亦即“以自由主动者的资格参与其本身的动作”[③] 才与其他动物区别开来。因此，卢梭把“自由”当作绝对的东西提了出来，强调人的生来自由。不过，尽管卢梭把“自由”看成区别人与动物的标准，但是，他对“自由”的研究还远远不够，他仅仅把“自由”界说为不能用机械论规律而只能用“非物质的实体”来解释的意志力或选择力，但却未能对这种“实体”做出更多的规定，同时，他也未对自由意志做理论上的说明和论证而仅仅满足于“人生来自由”这一不言而喻的设定。因此，康德进一步研究和论证了“自由”的性质和规定，他把“自由”解释成理性本身的“自律”，认为它是普遍道德的内在的先验原理，并以实践理性绝对命令的形式抵御快乐的诱惑以便响应“良心”的感召，从而体现人的存在与价值。正是由于康德提出了作为“自律”的“自由”，所以，他才能解释人作为理性的人何以能够为自己立法，也就是说，在他看来，正是人有“自由”或者“自律”能力，人才能够为自己立法。

此外，卢梭的“公意”思想对于康德提出“人为自己立法”的理论也有重要的影响。卢梭曾把人类社会的发展看成一个否定之否定的过程。在这个否定之否定的过程中，首先出现的肯定阶段是没有私有财产、人人自由平等但却孤独野蛮的“自然状态”，人类如果不改变它“便不能继续维持；并且人类如果不改变生存方式，就会消灭”[④]，因此，人类为了生存，便开始由自然状态转入社会状态，从而进入文明社会。这样一来，人类社

---

① 康德．实用人类学．邓晓芒，译．上海：上海人民出版社，2005：中译本再版导言．

② 康蒲·斯密．康德《纯粹理性批判》解义．韦卓民，译．武汉：华中师范大学出版社，2000：39．

③ 卢梭．论人类不平等的起源和基础．李常山，译．北京：商务印书馆，1979：82．

④ 卢梭．社会契约论．何兆武，译．北京：商务印书馆，2003：18．

会的发展便出现了第一次否定，亦即由私有制的文明社会否定了没有私有制因而自由平等的自然状态。文明社会固然标志着一种社会进步，但它却因私有制的出现给人类带来了不平等，包括贫者和富者的对立、国家和法律的产生（它们的目的是确立少数富人对于多数穷人的不平等统治）与政府权力的腐化（形成了专制制度）。因此，为了消灭人类的不平等，人类又由社会状态转入新的自然状态。卢梭所谓的“新的自然状态”是一种“更为高级的社会契约的平等”状态。这样一来，人类社会又出现了第二次否定，亦即新的更为自由平等的契约社会否定了它之前的没有自由平等的文明社会。在新的自然状态中，契约是人们自由协议的产物，根据契约而形成（亦即每一个人都自愿把权力转让）的“全体”或者“国家”所代表的便是人民的最高的共同意志，也就是说，它代表着“公意”。因此，“人民作为整体来说是主权者”①。根据卢梭的这一观点，人类社会应该是按照所有个人的公共意志组建起来的社会。卢梭的“按照所有个人的公共意志组建起来的社会”与康德的通过“人为自己立法”组建起来的“道德世界”在性质上有着明显的类似关系。卢梭讨论的是人类社会，康德讨论的道德世界也是一个有别于“自然社会”的“人类社会”；卢梭讨论的社会作为契约社会是根据所有个人的意志亦即“公意”建立的社会，康德讨论的社会作为道德世界也是根据所有个人的意志亦即“立法意志”建立的社会。因此，我们可以把康德的观点看成卢梭政治哲学观点的形而上学的提升和总结。卢梭的“自由”思想对于康德的影响和他的“公意”思想对于康德的影响相互交织，进一步深化了康德的“人为自己立法”的理论。

总体说来，康德的“人为自然立法”为他的“人为自己立法”留下了余地。根据康德的“人为自然立法”的理论，所谓“人为自然立法”就是人通过认识论把人的理性先天固有的认识原则和原理给予经验质料从而构成自然世界。然而，在他看来，在“人为自然立法”的过程中，人通过认识论所能认识的对象仅仅是经验世界或者说现象世界，人的认识无法触及超越经验的本体世界。但是，康德又不满足于现象世界，反倒坚持认为，除了现象世界之外，还应该有一个比现象世界更为根本的本体世界，他把这个本体世界看成与人类认识无关而仅仅依据“人为自己立法”建构起来的“道德世界”。康德的“道德世界”其实也可以在不太严格的意义上被

---

① 卢梭. 爱弥儿：下册. 李平沤，译. 北京：商务印书馆，1978：709.

看作是有别于自然世界的人类社会，因此，我们也可以将他的关于人通过“人为自己立法”建构道德世界的理论称为“社会论”，以区别于他关于人通过“人为自然立法”建构自然世界的“存在论”。

## 第四节　康德的两种形而上学

康德应和着近代哲学主体性崛起的时代声音掀起了一场“哥白尼式革命”，通过认识论和存在论、伦理学和社会论而确立了“人为世界立法”亦即“人为自然立法”和“人为自己立法”的整体哲学追求。在这种整体的哲学追求中，他在人类学的基础上探讨了两个作为人类之根的内在世界，并且针对两个内在世界创立了两种形而上学——自然形而上学和道德形而上学。这样一来，康德就把旧形而上学的外在世界彻底转化成了内在世界，并把旧形而上学作为关于外在世界及其本质的学说转化成了关于内在世界及其本质的学说。

### 一、康德形而上学的人类学基础

在探讨作为人类之根的世界的问题上，康德一反旧形而上学直接从世界入手的做法，它通过“人为世界立法”来探讨世界。康德的这一做法其实是把世界建立在“人”的基础之上，试图通过“人类学”来探讨世界以及关于世界的哲学。因此，人类学成了康德形而上学的基础。显然，康德的这一做法深深受到了休谟的人性论和卢梭的人的哲学的影响，在他的哲学中，人始终是一个最为根本的要素，为此，他还专门写了一部《实用人类学》著作。

康德的“人为世界立法”实际是人通过自己的“理性”来为世界立法，换句话说，为世界立法的“人”其实只是“理性”。那么，什么是康德所谓的人的“理性”呢？康德所说的“理性”具有不同的含义。在最为广泛的意义上说，康德所说的“理性”应是人心“依据先天原理进行判断的能力”，它包含了人心的全部能力的先天原理在内的一切先天要素。根据康德的理解，人心的全部能力具体包括认识能力、情感能力和欲求能力，它们就是知、情、意的能力，探讨这三种能力分别构成了康德哲学的《纯粹理性批判》、《判断力批判》和《实践理性批判》。这种最为广泛意义上的“理性乃是康德三大批判所共同研究的对象和题材”①。在稍微狭窄一些的意义上说，康德所说的“理性”则是人心的认识能力，也就是说，仅仅是以先天原理为依据的一般认识能力。这样理解的“理性”其实就是《纯粹理性批判》一书之书名中所说的“理性”。在《纯粹理性批判》中，认识能力或认识理性自身进一步包含了感性、知性和（狭义的）理性三个部分。在最为狭窄的意义上说，康德所说的“理性”仅仅指的是《纯粹理性批判》中作为认识能力之一个部分的“理性”，它是人心中的最高层次的认识能力或者说思维能力（认识发展的最高阶段）。在探讨康德形而上学的人类学基础时，我们实际关注的是康德的最为广义的“理性”中的两种能力，即：认识能力和欲求能力，它们是“人为世界立法”中的立法理性，分别表现为《纯粹理性批判》中的“理论理性”（认识理性）和《实践理性批判》中的“实践理性”（道德理性）。

“理论理性”是康德的“人为世界立法”中的“人为自然立法”的理性，它通过自己的立法作用建构了自然世界，这一世界是康德的自然形而上学的研究对象；“实践理性”是康德“人为世界立法”中的“人为自己立法”的理性，它通过自己的立法作用建构了道德世界，这一世界是康德的道德形而上学的研究对象。无论是“理论理性”还是“实践理性”，归根到底都是人的理性，它们既是世界的基础，也是康德的“新”形而上学的基础。其实，人类学作为康德形而上学的基础，构成了全部康德哲学（形而上学）的总的问题。1793 年，康德在致卡·弗·司徒林的信中说：“在纯粹哲学的领域中，我对自己提出的长期工作计划，就是要解决以下三个问题：1. 我能知道什么？（形而上学）2. 我应当做什么？（道德学）3. 我可以希望什么？（宗教学）接着是第四个，最后一个问题：人是什么？（人类学）……”② 其中，由于前面三个问题归根到底都与最后一个问题相关，所以，康德形而上学的所有问题最终都指向了人类学的问题。

## 二、自然形而上学和道德形而上学

在康德的形而上学中，人类理性（最为广泛意义上的人类理性）可以有不同方面的运用，它在理论方面的运用就是人类的理论理性，这一理性

① 杨祖陶，邓晓芒. 康德《纯粹理性批判》指要. 长沙：湖南教育出版社，1996：37.
② 康德. 逻辑学讲义. 庞景仁，译. 北京：商务印书馆，1991：15.

就是“人为自然立法”的能力，自然世界就是这一能力的结果，关于“人为自然立法”的研究便是康德的自然形而上学；人类理性在实践方面的运用就是人类的实践理性，这一理性就是“人为自己立法”的能力，道德世界就是这一能力的结果，关于“人为自己立法”的研究便是康德的道德形而上学。从学术上说，在康德那里，人类理性的理论的运用产生了自然形而上学，人类理性的实践的运用则产生了道德形而上学。所以康德指出：“形而上学分为纯粹理性思辨的运用的形而上学和纯粹理性实践的运用的形而上学。所以，它要么是自然的形而上学，要么是道德的形而上学。”①

康德曾在《道德形而上学基础》的“序”中谈到知识的分类。他说：一切理性知识都分为两类，一类是实质的，一类是形式的，形式的知识叫逻辑学，实质的知识叫物理学（又叫自然哲学）和伦理学（又叫道德哲学）。其中，自然哲学研究自然的规律，道德哲学研究自由的规律。逻辑学不能有任何经验部分，自然哲学和道德哲学则各有其经验部分。他又说道：“凡是立足于经验根据的哲学，就可以称为经验哲学；凡是仅仅依据先天原则立论的哲学，就可以称为纯粹哲学。后者如果只是形式的，就叫逻辑学；如果局限于某些理智对象，就叫形而上学。”② 根据康德的上述论断，我们可以得出这样的结论，即：自然形而上学和道德形而上学既是依据先天原则的纯粹哲学（因此它们有别于经验哲学并且与逻辑学有某种共同之处），又是关于理智对象的实质哲学（因此它们有别于逻辑学并且与自然哲学和道德哲学有某种共同之处）。因此，康德进一步做出结论说：“这样，我们就想到两种形而上学：一种是自然形而上学，一种是道德形而上学。所以说，物理学有它的经验部分，却也有一个理性部分；伦理学也是一样，它的经验部分可以有一个特殊名称，叫做实用人学，它的理性部分则可以专门称为道德学。”③ 根据康德的解释，人给予自然世界的法则（自然之法）属于“自然的规律”，自然世界是一个遵循自然规律的世界，自然形而上学也可以说是研究自然规律的学问；人给予道德世界的法则（道德之法）属于“自由的规律”，道德世界是一个遵循自由规律的世界，道德形而上学也可以说是研究自由规律的学问。他说，尽管形而上学的这个名词通常指的是思辨理性的形而上学，但是，“只要纯粹的道德学

① 康德．纯粹理性批判．邓晓芒，译．杨祖陶，校．北京：人民出版社，2004：635.

② 北京大学哲学系．西方哲学原著选读：下卷．北京：商务印书馆，1982：309.

③ 同②.

说仍然属于出自纯粹理性的人性知识也就是哲学知识的特殊部门，那么我们就要为它保存‘形而上学’这个名称”①。

由此可见，康德的形而上学体系告诉我们：自然形而上学是研究纯粹理性之思辨使用的学问，它探讨自然世界的产生以及自然世界中的自然规律。在康德那里，自然世界就是经验世界、现象世界，它是一个受制于自然必然性的事实世界。所以，自然形而上学要研究关于事实上出现某事的规律，这一规律作为实际如此发生的关于自然事物的“必然”规律，它告诉人们“对象”是什么，以及我们能够知道什么。道德形而上学是研究纯粹理性之实践使用的学问，它探讨道德世界的产生以及道德世界中的自由规律。在康德那里，道德世界就是自由世界、本体世界，它是一个受制于自由必然性的价值世界，所以，道德形而上学要研究关于道德行为应当如此的规律，这一规律作为应当如此发生的关于道德现象的“应当”规律，它告诉人们“应当”如何行为。

## 三、真不是善

哲学家们曾经通过“同化道德世界”把外在世界看成真善统一的世界，把“求真”与“求善”统一起来。现在，康德把人的理性分成了“理论理性”和“实践理性”两个部分，并且据此把“人为世界立法”分为“人为自然立法”和“人为自己立法”，以及把世界分为作为“人为自然立法”的产物的“自然世界”（经验世界、现象世界）和作为“人为自己立法”的产物的“道德世界”（自由世界、本体世界）。自然世界是一个事实世界，它是一个真的世界；道德世界是一个价值世界，它是一个善的世界。因此，真与善并不属于一个世界，它们分属于服从必然律的自然世界和事实世界与服从自由律的道德世界和价值世界。由此出发，康德指出：人们面对自然世界的活动是认识知识和真理的“求真”活动、科学活动，他们面对道德世界的活动则是追求美德和至善的“求善”活动、道德活动。因此，求真和求善也不属于同一活动。除人类学的共同基础之外，上述两个世界以及针对两个世界的两种活动相互分离，并不相干。它们只是人类理性（人类理性自身的纯粹原理和永恒规律）分别在理论方面和实践方面的不同运用。这样一来，在康德新形而上学中，旧形而上学之“真与善”之间的等号被改变成了不等号，真不是善，善也不是真，获得了知识

① 康德．纯粹理性批判．邓晓芒，译．杨祖陶，校．北京：人民出版社，2004：635.

并不等于获得了美德，获得美德也不需要通过掌握知识。

自从西方形而上学诞生以来，“真就是善”（知识就是美德）成为西方哲学的一个重要特征，这一重要特征把西方哲学与包括中国哲学在内的世界诸多哲学区别开来，它在很大程度上决定了西方传统哲学（形而上学）的诸多内容（包括存在论、认识论、伦理学）。康德把真（知识）与善（美德）之间的等号改变成了不等号，对于西方哲学而言，确是一场巨大的革命。康德之后，西方哲学关于事实问题和价值问题、求真问题和求善问题，以及认识论和伦理学之间相互关系问题的讨论与争论一直绵延不绝。

# 第二章　康德形而上学的内在世界

康德形而上学通过“人为世界立法”建构的世界是一种内在世界，在他看来，人就是生活在这种内在世界中的人，因此，内在世界（其实是贯彻在内在世界中的人的立法理性）就是人类之根。康德通过“人为世界立法”建构世界的活动包含两个方面，即：以“人为自然立法”建构自然世界和以“人为自己立法”建构道德世界。因此，我们应该分别来探讨这两个方面。

## 第一节　“人为自然立法”

康德的“人为自然立法”体现了他的“哥白尼式革命”。在他那里，“人为自然立法”的过程不仅是一种人追求真理的认识论过程，而且也是一种人通过立法建构自然世界的存在论过程。他通过这一同时兼有认识论和存在论的双重过程来追求“真理（科学知识）如何可能”和“自然世界如何可能”，并且，他的这一追求具体通过“先天综合判断”如何可能表现了出来。

### 一、“先天综合判断”如何可能

为了探讨“先天综合判断”如何可能这一康德“人为自然立法”（康德认识论乃至存在论亦即他的《纯粹理性批判》）的总问题，我们应该先行探讨何谓“纯粹理性批判”，以及何谓“先天综合判断”？

**1. 纯粹理性批判**

如前所述，康德之所以要发动“哥白尼式革命”，是因为他要应对旧形而上学的认识论困难，也就是说，他要应对唯理论的理论困难以及经验论对于唯理论（典型的形而上学乃至形而上学本身）的攻击，从而挽救形而上学这门学科。面对旧形而上学认识论的理论困难，康德开始清理旧形而上学认识论（尤其是唯理论）的错误，总结旧形而上学认识论的经验教训。在他看来，旧形而上学陷入独断论和怀疑论的基本原因就在于误用了人类理性。独断论者滥用了人类理性，怀疑论者则失去了对于人类理性的信心。康德指出，人类理性不可避免地要把经过经验充分验证了的基本原理运用于经验领域，并在知识发展的路途中步步登高而不断达到更为遥远的条件。但是，人类理性的本性使它并不满足永远处于没有完成的状态，从而促使它去超越一切可能经验的运用，试图一劳永逸地掌握关于世界整体的绝对知识。这样一来，“人类理性也就跌入到黑暗和矛盾冲突之中”，“这些无休止的争吵的战场，就叫作形而上学”①。形而上学的历史成了独断论和怀疑论交替出现的历史。因此，为了避免旧形而上学的错误，首先必须重新审视人类理性。

当然，康德批评旧形而上学的目的并非否定形而上学这一学科。在他看来，人们“在任何地方想到某物，他们就不可避免地退回到他们曾装作极为鄙视的那些形而上学主张上去”②。所以，问题不是是否需要形而上学，而是需要什么样的形而上学。根据他的观点，我们不需要的只是那种在科学形而上学名义下的实为“伪科学”的形而上学，我们所需要的是一门真正科学的形而上学，所以他说“世界上无论什么时候都要有形而上学”③，而且这种“形而上学不仅整个必须是科学，而且在它的每一部分上也都必须是科学”④。康德认为，旧的形而上学作为一种“独断的”形而上学，它与真正的科学的形而上学的关系，犹如炼金术和化学、占星术和天文学的关系。康德指出，为了淘汰不需要的旧形而上学并且建构一门真正需要的新形而上学，我们应该对于我们自己的理性能力展开考察，也就是说，对于纯粹理性展开批判。他说：“……我所理解的批判，不是对某些书或体系的批判，而是对一般理性能力的批判，是就一切可以独立于经验而追求的知识来说的，因而是对一般形而上学的可能性和不可能性，对它的范围、根源和界限加以规定，但这一切都是出自原则。”⑤

① 北京大学哲学系．西方哲学原著选读：下卷．北京：商务印书馆，1982：第一版序．

② 同①．

③ 康德．未来形而上学导论．庞景仁，译．北京：商务印书馆，1982：16．

④ 同③168．

⑤ 康德．纯粹理性批判．邓晓芒，译．杨祖陶，校．北京：人民出版社，2004：第一版序．

## 2. 先天综合判断

形而上学（自然形而上学）的可能性，在康德那里，其实就是“先天综合判断”的可能性。因此，康德把“先天综合判断”看成纯粹理性批判所围绕的总纲，认为只有通过考察“先天综合判断”，方能把纯粹理性批判所要解决的各种问题串联起来，以便一劳永逸地解决所有的问题，使得形而上学得到挽救并且成为科学。其实，“先天综合判断”是康德基于“哥白尼式革命”（对象依照知识）而融合唯理论的理性（将其变为先天的认识形式）和经验论的经验（将其变为后天的经验内容）的结果。

康德认为，单个的或无联系的观念不是知识，只有当判断把它们联系起来并使它们与经验中的对象相一致时，才能形成知识。但是，判断也不必然就是知识。那么，判断在什么情况下才能成为知识呢？为了回答这一问题，首先，康德根据知识的来源和构成把知识分为“先天知识”和“经验知识”两类。“经验知识”是指经由后天的经验归纳得出的判断，但是，“经验永远也不给自己的判断以真正的或严格的普遍性。”[①] 康德指出：“……按照时间，我们没有任何知识是先行于经验的，一切知识都是从经验开始的。”[②] 提出经验知识表达了康德形而上学的经验论倾向，但他认为，经验知识没有严格的普遍性。“先天知识”就是指理性在经验以前并且独立于经验做出的因而其正确性无须经验证明的判断，这种判断具有经验归纳所不能提供的严格的普遍性和绝对的必然性（即他所谓的“客观有效性”）。所以他说：“……必然性和严格的普遍性就是一种先天知识的可靠标志。”[③] 因此，康德认为先天知识在知识的形成过程中有着举足轻重的作用。这一观点，表达了康德形而上学中的唯理论倾向。由此出发，他觉得应该有一门专门的科学来研究先天知识，“找到知识中先天因素的来源、构成一切知识的先天条件，并确定先天知识的适用范围”[④]。他把这项工作看作自己的任务。其次，他还考察了一切知识的两种逻辑形式，从而对于判断做了另外一种区分。康德根据判断中主语和谓语的关系，把判断区分为“分析判断”和“综合判断”两种。“分析判断”是指谓语包含在主语的概念之中，只是通过判断将其明白阐述出来的判断；“综合判断”则是其谓语不包含在主语的概念之中，而是通过判

① 康德. 纯粹理性批判. 邓晓芒，译. 杨祖陶，校. 北京：人民出版社，2004：3.

② 同①1.

③ 同①.

④ 杨祖陶，邓晓芒. 康德：《纯粹理性批判》指要. 长沙：湖南教育出版社，1996：58.

断新加上去的判断。换句话说，“……分析的（肯定性的）判断是这样的判断，在其中谓词和主词的连结是通过同一性来思考的；而在其中这一连结不借同一性而被思考的那些判断，则应叫作综合的判断”①。康德强调，由于“分析判断”并没有为主语概念增加什么新的内容，没有扩大原有的知识范围，它只是一种“解释性的判断”，所以，这种判断还算不上真正的知识；只有“综合判断”才为主词概念增加了新内容，扩展了我们原有的知识，它是一种“扩展性的判断”，所以，真正的知识应由能扩展我们的知识范围的“综合判断”所构成。康德认为，一切“分析判断”都是先天判断，一切后天（经验）判断都是“综合判断”。其中，先天的“分析判断”虽然有普遍性和必然性，但不能扩大和增加我们的知识；后天的“综合判断”虽然能增加和扩大我们的知识，但没有普遍性和必然性，所以，两者都不是真正的知识。康德指出，真正的知识必须是既能扩展我们的知识范围又具有普遍性和必然性的判断，它就是“先天综合判断”。在他看来，“先天综合判断”正是我们需要探讨的知识，它关涉到哲学以及科学的生死存亡问题，它也是对于纯粹理性进行批判所要涉及的总的问题。

**3. “先天综合判断”如何可能**

康德认为，针对“先天综合判断”，我们面临着两个问题：一是是否存在“先天综合判断”的问题，二是“先天综合判断”如何可能的问题。关于第一个问题，他说确实存在着“先天综合判断”，我们在数学、几何学以及自然科学中都能看到这种判断，并且，就其目的而言，形而上学也纯粹是由“先天综合判断”所构成的。因此，现在面临的关键问题应是“先天综合判断”如何可能的问题，它既指的是“先天综合判断”为何可能亦即先天综合判断的根据（基础、来自何处）问题，又指的是“先天综合判断”怎样可能亦即“先天综合判断”成为可能的方式问题。康德进一步指出，在现有的数学和自然科学中已经发现了“先天综合判断”的实际存在，在以往的旧形而上学中也已经发现了“先天综合判断”的假定的存在，因此，要探讨“先天综合判断”如何可能，必须立足于上述三种事实上已经包含了“如何可能”的“先天综合判断”。这样一来，“先天综合判断”如何可能的问题便演化成了如下四个问题，即：（1）纯粹数学如何可能；（2）纯粹自然科学（自然科学的“纯粹部分”或基础部分）如何可

① 康德. 纯粹理性批判. 邓晓芒，译. 杨祖陶，校. 北京：人民出版社，2004：8.

能；(3) 形而上学作为“自然倾向”(因为“先天综合判断”在旧形而上学那里是作为满足理性之“自然倾向”提出来的) 如何可能；(4) 形而上学作为科学如何可能。康德的最终目的是要解决第四个问题，他要探讨通过纯粹的“先天综合判断”的命题如何构成形而上学这一学科从而使得形而上学成为“未来的科学的形而上学”的问题。康德谦虚地认为，科学的形而上学尚属“未来的形而上学”，而他对纯粹理性的批判只可以说是未来的“科学的形而上学的导论”。

康德把经验论和唯理论两种认识学说的关系变成了认识形式和认识质料的关系，并且，在他看来，认识就是先天的认识形式“能动地”整理后天的认识质料的过程，他的“先天综合判断”所体现的正是他的这一思想。在他看来，“先天综合判断”作为“先天判断”和“综合判断”的统一，它的统一过程就是先天的认识形式“能动地”整理后天的经验内容的过程。因此，探讨“先天综合判断”如何可能的过程就是探讨人类实际认识的过程。由于康德的认识论与存在论的一致性，所以，他的认识过程其实就是通过“人为自然立法”产生自然世界的过程。康德把实际的认识过程由浅入深地分为感性认识、知性认识和理性认识三个阶段，它们的任务分别在于：探讨不同的先天认识原理，形成不同层次的科学知识，回答数学和自然科学作为“先天综合判断”如何可能，以及形而上学作为“自然倾向”和作为“科学”如何不可能和可能的问题。

## 二、先验感性论：感性认识

### 1. 感觉与现象

康德在《纯粹理性批判》的“先验感性论”中讨论了感性认识。感性认识是关于对象的直观，它是认识的第一层次，并是全部认识的基础。所谓“直观”，是这样一种东西：“一种知识不论以何种方式和通过什么手段与对象发生关系，它借以和对象发生直接关系、并且一切思维作为手段以之为目的的，就是直观。”① 直观的发生必须具备两个条件，即：对象和接受对象的能力。对象是外在的作用于我们感官的东西。康德的“对象”有时指的是“物自体”(这时它与人的主体无关)，有时指的是“现象”(这时与人的主体相关，它是主体的认识形式与来自物自体的刺激的认识质料的统一)。接受能力就是感性，“通过我们被对象所刺激的方式来获得

① 康德. 纯粹理性批判. 邓晓芒，译. 杨祖陶，校. 北京：人民出版社，2004：25.

表象的这种能力（接受能力），就叫做感性”[①]。这种接受能力虽然是一种被动的“接受性”，但是，作为先天地存在于人心中的一种能力，它也有某种“能动作用”，它决定了接受刺激获得表象的方式。

直观的两个条件（对象刺激和接受能力）的结合便产生了感觉，它是物自体刺激我们感官而在我们心中所造成的印象。康德认为，尽管感觉确实与对象（物自体）有着某种关系因而不是任意产生的东西，但是，感觉并未反映物自体自身的性质，它只是认识主体心理上的变状。康德将这种变状称为“现象”。现象是认识形式和认识内容的统一，它是感性直观的对象，但还未得到知性的规定，因而还是尚未确定下来的对象。所以康德指出：“一个经验性的直观的未被规定的对象称为现象。”[②] 因此，直观的两个条件的结合产生了双重的结果：感觉和作为感觉对象的现象。

**2. 时间与空间**

感性认识作为直观即对象刺激和接受能力的结合，其实就是认识主体先天的认识形式能动地整理认识质料的过程，也就是说，其实就是直观的接受能力能动地整理对象刺激的过程。在康德那里，认识主体在感性阶段的先天认识形式就是“纯粹直观”，它们是人的心中的认识能力，“即算没有某种现实的感官对象或感觉对象，也先天地作为一个单纯的感性形式存在于内心中的”[③]。这种先天的纯粹直观形式就是空间和时间。其中，空间是外感官的直观形式，时间是内感官的直观形式。因此，“对康德来说……如果没有空间的世界也就没有内在的世界，没有思想或经验”[④]。康德认为，由于纯粹直观不是概念，所以，它们不能定义只能阐明，因此，他专门对空间和时间做了“形而上学的阐明”和“先验的阐明”。“形而上学的阐明”是为了说明空间和时间之“先验的观念性”，也就是说，它们既非客观事物（物自体）或其属性，也非经验事物本身属性的抽象，它们仅仅是先天的直观形式。假如抽掉感性直观的各种条件，它就是无，但是，它们却使普遍必然的知识成为可能。“先验的阐明”则是从时空在认识中的作用方式上说明空间和时间的“经验的实在性”，也就是说，它们如何必然客观有效地能够应用于一切在经验中被给予的对象（现象）

---

① 康德．纯粹理性批判．邓晓芒，译．杨祖陶，校．北京：人民出版社，2004：25.

② 同①．

③ 同①26.

④ Schwyzer H. Subjectivity in Descartes and Kant. The Philosophical Quarterly，1997，47（188）：343.

(但也仅仅能够应用于现象),它们如何使数学的“先天综合判断”成为可能。

## 三、先验逻辑:知性认识与理性认识

### 1. 先验逻辑

先验逻辑属于康德以感性认识为基础的(广义的)理性认识学说,包括知性认识和(狭义的)理性认识。康德认为,先验逻辑与形式逻辑既有联系又有区别。就其联系而言,它们都能提供真理的消极条件(必要条件),因为形式逻辑像先验逻辑一样属于纯粹理性的学科,探讨纯粹理性的先天规律和原理,考察概念等思维形式的连接方式,确保思维自身不相矛盾。就其区别而言,形式逻辑仅仅考察纯粹的思维形式,而不关注概念的来源,特别是不关注思维形式与经验对象之间的相互关系,因而它也不能增加新的知识,所以,形式逻辑不能成为真理的积极条件(充分条件)。先验逻辑则不同,它探讨概念的来源,特别关注思维形式(通过感性直观)与经验对象之间的(间接)关系,因而能够提供新的知识。只有先验逻辑才能为真理提供积极条件(充分条件)。简而言之,先验逻辑把逻辑学与认识论统一起来,从而关注被形式逻辑忽视了的知识形式与知识内容之间的关系,而真理正是知识与对象的统一,所以,只有先验逻辑才是“真理的逻辑”(局限于知性阶段)。

那么,先验逻辑如何在探讨概念来源的基础上关注知识形式与知识内容之间的关系呢?康德将这一关注看成认识主体通过判断将纯粹理性的先天认识形式(范畴)能动地运用于感性认识所提供的经验材料,从而构成具有普遍必然性的科学知识的认识过程。因此,他把自己的先验逻辑的任务规定为:探讨先天的认识形式(范畴)的来源,范畴运用于经验对象从而构成知识的范围,以及这些知识的客观有效性的问题。并且,在他看来,由于先验逻辑与形式逻辑具有某种联系,所以先验逻辑应该以形式逻辑作为自己的出发点,以形式逻辑的划分为基础来完成自己的任务。具体地说,先验逻辑应像形式逻辑分为分析论和辩证论一样,划分成作为“真理的逻辑”的先验分析论和作为“幻象的逻辑”的先验辩证论,同时还应像形式逻辑分为概念、判断和推理一样,划分出作为知性认识的概念(范畴)和判断,以及作为(狭义的)理性认识的推理。其中,知性认识就是所谓的“真理的逻辑”,(狭义的)理性认识就是所谓的“幻象的逻辑”。

### 2. 先验分析论：知性认识

康德在“先验分析论”中讨论了知性认识（真理的逻辑）。知性认识是认识的第二层次，它以感性认识为基础，是对感性认识的进一步发展。感性不能思维，不能产生概念；知性不能直观，不能产生对象的直接知识。所以，知性必须依赖感性提供的思维内容，它是联系到直观以思维对象的能力。早期的经验论的错误和唯理论的错误就在于不知道感性和知性的差别，洛克把概念感觉化了，莱布尼茨则把直观理智化了。知性，就是知识能力，知性认识的主要任务是将我们的先天知识分解为纯粹知性知识的各个要素，并使这些要素相互关联而构成一个作为完整统一体的总体理念。知性认识具体包括概念和判断两个阶段。

（1）概念分析论

概念阶段之“概念分析论”的目标在于发现范畴表，并且进一步说明范畴表如何能够成为一切有关对象的经验知识之可能性的条件。康德认为，知性的自发活动是“我思”，换句话说，“我思”（自我、自我意识）就是一种自发的活动，它的这种自发活动是“先验统觉”的本源的统觉活动，它通过自身的先天知性范畴把来自感性认识的杂多经验材料联结并且统一起来，形成知性对象以及与知性对象相互一致的科学知识。这里，联结经验材料使其得到统一的各种方式就是范畴。康德从形式逻辑的判断入手发现范畴，得出了范畴表，其中包括两组数学的范畴（量的范畴和质的范畴）和两组力学的范畴（关系的范畴和模态的范畴）。数学的范畴仅仅处理单个的直观或者经验对象，力学的范畴则处理对象之间以及对象与主体之间的关系。并且，每组范畴包含三个子范畴，其中第三个子范畴是前面一对范畴的能动综合。在发现了范畴表之后，康德通过先验演绎来证明范畴对于经验对象（感性认识所获得的作为知性认识质料的“感性杂多”或“经验杂多”）的客观有效性，也就是说，证明范畴所具有的能够先天（普遍、必然）地运用于经验对象使之成为科学知识的权利。

（2）原理分析论

判断阶段之“原理分析论”的目标是在概念分析论提供了范畴作为一般知识的先天规则的基础之上，具体告诉我们范畴如何与感性杂多进行联结，即一个具体事物归属于范畴之下加以运用的条件究竟如何。为了能够将抽象的范畴运用于感性杂多，康德提出了一套与范畴表对应的时间图型（先验的时间规定）。这些图型既与抽象范畴同质，又与感性直观同质，因而能够成为范畴运用于感性杂多的中介环节（桥梁）。正是凭借这些时间图型，康德才通过“直观的公理”、“知觉的预测”和“经验的类比”，具体说明了范畴运用于感性杂多，从而构成客观有效（普遍、必然）的经验知识的各种方式。

“我思”（自我、自我意识、统觉）的本源的综合统一性原理是康德知性认识的重点内容。正因为“我思”原是一种本源的综合统一性，“我思”的自发性活动才能通过范畴联结（加工、整理、安排、统一）感性杂多获得知性认识（经验判断）。在康德的知性认识中，知性知识的产生过程同时也是知性对象的产生过程，知性“客体则是在其概念中结合着一个所予直观的杂多的那种东西”[①]，也就是说，知性对象正是依靠“我思”的本源的综合统一（通过我思的自发活动产生的知性范畴联结直观的感性杂多）建立起来的东西。因此，知性知识必然是与知性对象相互一致的知识。当然，这里的“对象”作为知性认识形式（我思的自发活动产生的知性范畴）和认识内容（直观的感性杂多）相互结合的产物，它依然不是物自体而仅仅是现象。其实，由于来自物自体刺激的感性质料经过了范畴这一认识主体自身的先天认识形式的进一步的联结，所以，在知性知识中，物自体不是更近而是更远了。康德认为，正是“我思”凭借知性范畴的综合统一，才使直观的感性杂多按照范畴联结起来从而获得普遍性和必然性，同时产生了知性认识和知性认识的对象，最终使得知性知识成为客观有效的严格意义上的科学知识，说明了自然科学如何可能的问题。

一旦我们通过知性认识获得了知性知识，我们就达到了认识与对象、主体与客体、思维与存在的一致。对于知性知识这一科学知识而言，尽管作为它的形式的知性范畴和作为它的内容（质料）的直观表象（感性杂多）都不可少，但是，其中起着支配作用的却是“我思”先天具有的认识形式（纯粹知性范畴），只有这些范畴才使知性知识成为具有普遍必然性的科学知识。康德给予范畴以支配地位的思想表现了他的唯理论哲学的根本立场，所以赖欣巴哈说道：“……从历史上说，它（指康德形而上学——引者）代表了唯理论哲学的最后伟大体系。”[②] 当然，作为知性认识内容（质料）的直观表象（感性杂多）依然不可或缺，它不仅为知性认识提供了质料来源，帮助构成了综合命题，更为重要的是，它还限制了知性范畴的运用范围，“所以纯粹知性概念……只有在这些先天直观、因而

---

① 康德. 纯粹理性批判. 邓晓芒，译. 杨祖陶，校. 北京：人民出版社，2004：92.

② 赖欣巴哈. 科学哲学的兴起. 伯尼，译. 北京：商务印书馆，1991：35.

借助于先天直观使知性概念也能够被运用于经验性直观的情况下，才获得知识”①。

**3. 先验辩证论：理性认识**

康德在先验辩证论中讨论了（狭义的）理性认识。理性认识是认识的第三阶段，也是认识的最高阶段。康德指出，就实际的认识范围说，人类认识不能超越知性的范围，但是，就人心的欲望和自然倾向说，人类理性又不满足于知性所获得的有条件的、相对的、不完整的关于现象世界的经验知识，它不可避免地要追求无条件的、绝对的、完整的统一性知识，它要认识现象世界之外的本体世界，亦即“物自体”的世界。因此，理性认识的主要任务就是通过理性这一最高的认识能力寻求知性知识的最高统一，并且防止陷入先验幻象。康德认为，理性是一种高于知性但又以知性为对象的认识。知性只是一种“规则”的能力，只有理性才是一种“原则”的能力。这就是说，知性的能力最终都要依赖于直观，只有理性的能力才能不从任何经验概念中得到并且不包含任何经验，它的“原则”纯粹从概念的普遍性中产生综合的知识。

理性认识阶段相当于形式逻辑的推理阶段。在理性认识阶段，理性可划分为形式逻辑方面的间接推理能力和先验逻辑的自身产生概念（理念）以进行最高综合统一的能力。正如在知性认识阶段我们可以通过形式逻辑的判断发现知性范畴一样，在理性认识阶段，我们也能通过形式逻辑所制定的三段论推理形式，发现理性的先验的概念和原理。根据康德的理解，先验逻辑的理性推理之所以能够超越形式逻辑的间接推理，就在于它不仅是形式推理，而且能够通过自身产生的概念（先验理念）对于知性知识进行最高的综合统一活动，将多数知性规则隶属于少数乃至唯一的原则，以便促使知性知识得到彻底的自身统一。康德通过三段论式推理形式发现的先验的概念就是先验的理性概念亦即先验理念，先验理念“无非有关一个给定的有条件者的诸条件的总体性的概念”②，也就是说，它是一个“无条件者”的概念。先验理念其实只是一个“认其为真”的概念，因此，它的实质在于它（在思辨的运用即认识中）“仅仅是一个理念”，是一个永远只能接近但却不能实现的虚设概念，它能引导我们的经验知识（现象）不断走向整体，但它却不具有自己的经验对象。康德认为，先验理念作为引

① 康德. 纯粹理性批判. 邓晓芒，译. 杨祖陶，校. 北京：人民出版社，2004：98.

② 同①276.

导知性知识走向绝对整体的“无条件者”，它的作用体现在直言推理、假言推理和选言推理三种推理形式之中，亦即分别去追求无条件的实体、无条件的原因和无条件的协同作用。所以，先验逻辑通过直言、假言、选言三种推理形式分别发现了灵魂、世界整体和上帝三个先验理念，并将它们作为引导我们知性知识达到思维主体的绝对统一、现象条件的绝对统一和所有一般对象的绝对统一的先验对象。

康德指出，先验逻辑的理性推理应比形式逻辑的间接推理更难避免“幻象”。因为形式逻辑陷入“幻象”总是由于忽视了形式逻辑的规则，所以它通过指出错误并且遵守规则就能消除幻象。但是，先验逻辑陷入的先验幻象，则是出自人类理性（以及感官）自身固有的原则和结构，即人类理性的本性总是误以为理性概念不是先验理念，而是具有客观实在与其对应的概念，因而不顾批判的警告，把只能运用于经验对象（现象世界）的知性范畴无限制地带到超越经验的范围，导致我们蒙受欺骗，从而陷入先验幻象。旧形而上学的唯理论就是因此才陷入了“独断论”。

所以，真理之乡的“周围是一片广阔而汹涌的海洋、亦即幻象的大本营，其中好些海市蜃楼、好些即将融化的冰山都谎称是新大陆，在不停地以空幻的希望诱骗着东奔西闯的航海家去作出种种发现，将他卷入那永远无法放弃、但也永远不能抵达目的之冒险”①。假如理性认识将世界理解为先验理念，那么，这样的世界概念确实能够引导我们的知性知识趋向于彻底的统一性。但是，假如它认为先验理念确实具有实在对象，那么，我们就会陷入先验幻象。理性认识既有积极意义，也有限制意义；既能引导我们的知性知识走向彻底的统一，又能把知性知识局限于经验领域。

这里，认识论依然与存在论相互一致，因此，从认识世界的角度说，我们的知识只能局限于经验领域；从创造世界的角度说，我们通过“人之立法”而建构的世界只能是经验的世界。正是为了明确这一世界的经验性质，康德将其称为“现象”或者“现象世界”，意指它是人的一切经验和可能经验的对象。现象世界作为一个在认识过程中产生的世界，它是一个事实世界，人的先天认识形式给了这个事实世界以自然的必然性。这样一来，康德便借助先验逻辑不仅回答了“形而上学作为一门科学”何以可能的问题，而且回答了“旧形而上学何以因理性的自然倾向而成为一门假学

① 康德. 纯粹理性批判. 邓晓芒，译. 杨祖陶，校. 北京：人民出版社，2004：216.

问”的问题。

康德在先验辩证论中围绕旧形而上学（下属形而上学）的三个对象（灵魂、宇宙和上帝）讨论了三种辩证论亦即理性宇宙论、理性心理学和理性神学。其中，理性宇宙论讨论了旧形而上学把世界整体（本质）作为哲学的对象并在凭借理性去把握这一超验对象时陷入的自我矛盾。他把理性陷入的自我矛盾归纳为四种“二律背反”，包括世界在时空上是有限和无限的二律背反、世界是单一的和复合的二律背反、世界是自由的和必然的二律背反以及世界有最初原因和没有最初原因的二律背反。他说，二律背反之间的争论其实就是“柏拉图路线”（唯理论）和“伊壁鸠鲁路线”（经验论）之间的争论。人类理性陷入二律背反的根本错误在于混淆了“现象”和“物自体”。若把现象和物自体区分开来，那么，在前面两个二律背反中，正反两种看法都是错误的观点，因为世界作为现象依赖于认识主体的“综合统一”活动，这种活动可以不断地继续下去，因而世界就既非有限，更非无限，而世界作为物自体，究竟是有限还是无限，则不可知。在后面两个二律背反中，正反两种看法则又都是正确的观点，因为世界作为现象从属于因果范畴的统一活动，所以一切都受必然性制约，没有自由可言，也没有作为世界最初原因的绝对必然的存在者，但在物自体世界里，理性出于道德的需要，则可以“假设”有绝对自由的意志和绝对必然的存在者即上帝。根据康德的这种分析，自由（以及上帝）应该存在于物自体（本体）领域，它正是康德将要讨论的“人为自己立法”的道德世界的领域。

## 第二节　“人为自己立法”

除了“人为自然立法”之外，在宽泛的意义上，“人为自己立法”也体现了“哥白尼式革命”。“人为自己立法”的过程是一种人追求至善的伦理学过程，更是一种人通过立法建构道德世界的社会论的过程。康德通过这一同时兼有伦理学和社会论的双重过程来追求“至善如何可能”和“道德世界如何可能”的问题，并且，他的这一追求具体通过“人的自由如何可能”表现出来。正如古留加所说：“在《纯粹理性批判》的基本问题——先天综合判断为什么是可能的——背后，回响着另一个对康德形而上学来说更为重要的问题——人的自由为什么是可能的。”①

## 一、人的自由如何可能

为了探讨“人的自由如何可能”这一康德“人为自己立法”（康德伦理学乃至社会论亦即他的《实践理性批判》）的总问题，我们应该先行探讨何谓实践理性意义上的“自由”“自律”，以及“自由”“自律”在康德的“实践理性批判”中乃至整个康德哲学中具有何种地位。

### 1. 自由与实践法则

《实践理性批判》的任务就是要通过探讨实践的诸原理而进一步探讨实践规则（实践原理）。康德指出：“实践的诸原理是包含有意志的一个普遍规定的那些命题，这个普遍规定统率着多个实践规则。”② 所谓实践的规则，就是一种区别于主观准则的客观实践法则（或者说道德法则、道德律），它对每一个有理性的存在者的意志普遍有效，并且属于康德整个道德理论得以展开的第一基础。按照康德自己的理解，这样的实践规则并非来自人的后天学习，而是人的纯粹实践理性先天具有的东西。

问题在于，我们的纯粹实践理性自身是否真的具有实践法则呢？康德认为，我们可以假设人的纯粹实践理性具有一种“自由”的能力，正是这一“自由”构成了纯粹理性自身能够作为意志的根据从而产生实践法则的东西。那么，我们进一步要问，人的纯粹实践理性是否真的具有“自由”的能力呢？根据康德的观点，“自由”作为纯粹实践理性的第一个也是最为重要的一个假设，尽管它是实践法则（道德法则）的根据，但是，它的客观实在性却只有通过道德法则才能得到证明和发现。他通过道德法则的自明性来论证自己的观点。他说：道德法则其实就是理性超越一切经验性条件给我们颁定的一种具有普遍必然性的东西，假如某个准则能够普遍化，它便具有普遍立法的资格，成为具有普遍必然性的道德法则。例如，我把用一切可靠的手段增大我的财产定为我的准则。现在，假如我手中有一项属于某个已经去世并且没有留下任何相关字据的人的寄存物，根据我的准则，我自然想要这一寄存物，那么，我如何才能知道这一准则是否可以被看作普遍的法则呢？只要看它能否普遍化（能否具有普遍立法的资格）即可。显然，若把它普遍化，那就不再会有任何寄存物了，所以，它

① 阿·古留加. 康德传. 贾泽林，等译. 北京：商务印书馆，1981：125-126.

② 康德. 实践理性批判. 邓晓芒，译. 杨祖陶，校. 北京：人民出版社，2003：21.

并不具有普遍立法的资格。我们接下来将会看到，在康德那里，自由正是某种给自己颁定一种具有普遍必然性的东西，既然很容易就能发现道德法则，那么，我们也就能证明和发现我们自身意志的自由。所以康德指出："……自由固然是道德律的 ratio essendi［存在理由］，但道德律却是自由的 ratio cognoscendi［认识理由］。"[①] 因此，对于具有实践理性的人来说，自由是一个自因，它是意志的真正根据，所谓《实践理性批判》的任务是要通过探讨实践的诸原理而进一步探讨实践规则（实践原理），其实也就是通过探讨自由而进一步探讨实践规则（实践原理）。所以康德明确强调：所谓"实践"，就是通过自由而成为可能的一切东西。自由是康德整个伦理学的基石。

康德所谓的自由作为理性（实践理性）的自由，具有积极与消极两层含义。积极的自由就是包括人在内的一切有理性的存在者的意志（自由意志）先天就是颁布道德法则的意志。消极的自由就是实践理性对于经验、感性的独立性，也就是说，这种自由独立于经验，不依赖任何外界条件，超越了任何关于自爱、幸福的感性冲动。康德的自由就是自律或意志自律。自律意味着自由仅仅服从自律（自由的积极含义）而不服从他律（自由的消极含义）。自律就是自由律，它指的是"每个有理性东西的意志的观念都是普遍立法意志的观念"[②]，也就是说，每个有理性的存在者的意志都是颁布道德律并且自我执行道德律的意志；他律则是自然律，它指的是意志受制于理性之外的经验对象和感性对象，受制于那些外在的与自爱、幸福相关的欲望客体（质料）。由此可见，康德的自由之所以是"自由"，就在于他摆脱了"他律"，它意味着人作为理性的人仅仅服从自己，在康德那里，自由作为自律实际表达了人作为有理性的人遵循道德法则的必然性，即："……意志并不去简单地服从规律或法则，他之所以服从，由于他自身也是个立法者，正由于这规律、法律是他自己制订的，所以他才必须服从。"[③]

**2. 自由的拱顶石作用**

既然"实践"就是通过自由而成为可能的一切东西，那么，"自由"就应该是"实践理性批判"亦即康德整个道德形而上学的基石。其实，康

① 康德. 实践理性批判. 邓晓芒，译. 杨祖陶，校. 北京：人民出版社，2003：2.

② 康德. 道德形而上学原理. 苗力田，译. 上海：上海人民出版社，1986：83.

③ 同②83-84.

德不仅把自由看成他的整个道德形而上学的基石，甚至进一步把自由看成他的整个哲学体系的“拱顶石”。他说：“自由的概念，一旦其实在性通过实践理性的一条无可置疑的规律而被证明了，它现在就构成了纯粹理性的、甚至思辨理性的体系的整个大厦的拱顶石，而一切其他的、作为有些单纯理念在思辨理性中始终没有支撑的概念（上帝和不朽的概念），现在就与这个概念相联结、同它一起并通过它而得到了持存及客观实在性，就是说，它们的可能性由于自由是现实的而得到了证明；因为这个理念通过道德律而启示出来了。”①

首先，自由是一个“桥梁”，它联结了理性的理论运用和理性的实践运用，也就是说，它联结了《纯粹理性批判》和《实践理性批判》，联结了“人为自然立法”和“人为自己立法”，从而也联结了“人为自然立法”建构的自然世界和“人为自己立法”建构的道德世界。在理性的理论运用中，先验理念（包含自由）是某种引导人类有条件的知识不断趋向无条件的系列（最高完备）的某种无条件者，它是一种完全由自身规定自身的原因性的调节性原则。但是，就其实质而言，它只是一种“认识论”中的“悬拟”概念，换句话说，它是一种理性在其思辨的运用过程中“认其为真”的概念，因此，它并不具有客观实在性。但是，思辨理性虽然根本没有认识到被赋予这样一种原因性的那个对象是什么，但是，它却在作为一种理性的思辨运用的调节性原则的同时，又给理知的东西保留一个空的位置。“这个空的位置现在由纯粹实践理性通过在理知世界中的一个确定的原因性法则（通过自由）而填补了，这就是道德法则。这样一来，虽然对于思辨理性在它的洞见方面并没有丝毫增添，但却给它那悬拟的自由概念增加了保障……”② 所以，在理性的实践运用中，“自由”这一概念获得了某种实在性，它通过自明的道德规律获得了证明。“……在思辨理性的一切理念中，也是惟一的这种理念，我们先天地知道其可能性，但却看不透它，因为它是我们所知道的道德律的条件。”③

其次，自由是一个“基石”，它支撑起了“灵魂”和“上帝”，并且它连同“灵魂”和“上帝”共同支撑起了康德的整个道德形而上学。随着自由（它因“理性宇宙论”中的二律背反而与世界整体相关）获得了某种实

---

① 康德. 实践理性批判. 邓晓芒，译. 杨祖陶，校. 北京：人民出版社，2003：2.

② 杨祖陶，邓晓芒. 康德三大批判精粹. 北京：人民出版社，2001：323.

③ 同①.

在性，理性思辨运用中的其他两个先验理念亦即灵魂和上帝，也都在理性的实践运用中因自由而获得了某种支撑，也就是说，"……通过自由的概念使上帝和不朽的理念获得了客观的实在性和权限"①。一旦灵魂和上帝由于自由而获得了客观实在性，它们便和自由一起成了康德道德形而上学的三个支柱，其中：自由是道德法则得以存在的先天条件，我们曾说，康德哲学中的道德律是康德整个道德理论得以展开的第一基础，灵魂（灵魂不朽）和上帝则是确保康德道德理论中"至善"得到实现的条件，"至善"意味着康德道德理论的最终追求，它保证着康德道德理论的最终完成。所以，总体而言，自由，以及灵魂和上帝"只是一个由道德律来规定的意志的必要客体的条件，亦即我们的纯粹理性的单纯实践运用的条件"②，"……超越感性的概念能被'内在地'——作为理性自己的——使用，因此，它们能够打开道德的可能性"③。鉴于自由对于康德道德形而上学的基石作用，康德指出："自由概念对于一切经验论者都是绊脚石，但对于批判的道德学家也是开启最崇高的实践原理的钥匙，这些道德学家由此看出，他们不可避免地必须合理地行事。"④

**3. 自由如何可能**

自由的可能性问题就像"先天综合判断"的可能性问题一样，实际包含了两个方面：一个是自由是否可能，另外一个则是自由如何可能。同样，在理性的实践运用的领域中，自由已被自明性的道德法则所证明，它获得了绝对意义上的肯定，具备了实践意义上的某种客观有效性。因此，剩下的问题在于：自由究竟如何可能？

自由如何可能指的是"自由"如何能够在现实社会中得以实现，并且，由于自由是道德法则（实践规则）的根据并且通过道德法则表现出来，因此，自由如何实现便意味着自由如何通过道德法则实现自己，道德法则的实现就是它的实现。在康德那里，这一问题有着这样的逻辑顺序，即：自由作为道德法则的根据提供道德法则；道德法则作为一切有理性的存在者应该遵循的道德规律，它决定着善恶，规定着何者为善、何者为恶；人们（作为自律同时也有幸福欲望因而有可能不去遵循甚至违背道德

---

① 康德．实践理性批判．邓晓芒，译．杨祖陶，校．北京：人民出版社，2003：3.

② 同①2－3.

③ Colebrook C. Philosophy and Post-Structuralist Theory：From Kant to Deleuze. Edinburgh：Edinburgh University Press，1999：49.

④ 同①7.

法则的人）必须抑制自己的幸福欲望并去遵循道德法则，这样一来，他们就会产生一种对于道德法则的敬重情感并且同时产生一种抑制幸福的痛苦情感。这样的逻辑顺序演历了自由通过道德法则的实现过程，它也就是道德法则的实现过程。但是，我们这里所演历的自由通过道德法则的实现过程并不等于人们在现实中一定遵循这一过程，人作为有幸福欲望的人，它完全可能违背这一过程，因此，若要人们更有可能最为经常乃至最大限度和最为持久地遵循道德法则，康德探讨了在现实中人们如何才能遵循道德法则从而组建一个道德世界的问题。归纳起来，康德实际上指出了实现自由（道德法则）的三个路径，即：（1）通过责任之心来实现自由；（2）通过敬重之感来实现自由；（3）通过灵魂不朽和上帝存在来实现自由。其中，责任之心和敬重之感是实现自由的主观条件，它们意味着人作为有理性（实践理性）的人的主观努力；灵魂不朽和上帝则是人作为有理性的人的主观努力的客观条件和基础。

## 二、从道德法则到道德情感

我们在探讨自由如何可能之前先行探讨康德思想中的道德法则实现的逻辑顺序。尽管归纳康德的相关思想便会发现，道德法则实现的逻辑顺序就是自由通过道德法则的实现过程亦即自由如何可能的问题，但是，为了表达清晰，我们还是把道德法则实现的逻辑顺序问题和自由如何可能的问题分开讨论。在道德法则实现的逻辑顺序上，康德的叙述遵循着一条与《纯粹理性批判》相反的路径，即：在《纯粹理性批判》或认识论中，他所遵循的叙述顺序是由感性到知性（概念）再到理性（原理）；在《实践理性批判》或伦理学中，他所遵循的叙述顺序则是由理性（原理）到知性（概念）再到感性。

### 1. 理性：纯粹实践理性的法则

理性阶段是探讨纯粹实践理性的主体的阶段，它意味着先要考察纯粹实践理性（自由）先天具有的道德法则。康德认为，有了自由，“单是纯粹理性自身就足以对意志进行规定”①，自由为道德法则提供了根据。康德的道德法则就是这一基本法则：“要这样行动，使得你的意志的准则任何时候都能同时被看作一个普遍的立法原则。”② 或者：“要只按照你同时

① 康德. 实践理性批判. 邓晓芒，译. 杨祖陶，校. 北京：人民出版社，2003：17.

② 同①39.

认为也能成为普遍规律的准则去行动。”①

为了正确理解道德法则，我们必须厘清以下两个问题。

首先，必须区分“准则”和“法则”两个概念。准则是个人或某一些人的主观行为规则，它只对特殊主体的意志有效，并且因此使得它的原理只是“主观的”原理而无普遍有效性；法则（Gesetze，也可译作“规律”）则是所有的有理性的存在者的行为准则，它对每个有理性的存在者的意志普遍有效，并且因此使得它的原理成为“客观的”原理。

其次，必须区分意志的两种根据（动机）。意志的一种根据是后天的客体亦即质料。“质料”就是现实之中能够引起我们愉快或不愉快的经验对象，它们作为一种主观的感受性一概“隶属于自爱或自身幸福这一普遍原则之下”②。“一旦我们把人的主观因而任意的感受性（情感）作为规定意志的根据，那么，这种根据只能是特殊主体的准则而不能是客观因而普遍有效的法则。其实，意志若把质料作为自己的根据，就是他律。意志的另外一种根据是先天的主体（理性）亦即形式（立法形式）。这种形式就是主体自身的道德法则。康德指出：“惟有准则的单纯立法形式才是一个意志的充分规定根据。”③ 为什么呢？由于任何归属于自爱、幸福之下的关于经验对象之愉快与否的主观感受性都是主观的、个别的、任意的，那么，我们就有必要排除一切归属于自爱、幸福之下的经验对象（客体、质料）。当我们把这一切都排除之后，“那么在一个法则中，除了一个普遍立法的单纯形式之外，就什么也没有剩下来”④。这种单纯形式正是实践理性自身提供的立法形式，它作为排除了任何质料的形式，恰好能够成为法则，亦即确保实践规则具有客观性、普遍性和必然性。其实，意志若把形式作为自己的根据，就是自律。

根据以上两个区分，我们可以得出结论：康德的道德法则，就是要求每一个有理性的存在者应当使自己个人的“准则”同时符合普遍的“法则”，为此，必须不以质料（经验对象或自爱、幸福）为意志的根据或动机（不能他律）而仅仅以法则（道德法则）为意志的根据或动机（只能自律）。康德的道德法则为我们进一步走向善恶判断制定了客观依据。

---

① 康德．道德形而上学原理．苗力田，译．上海：上海人民出版社，1986：72.

② 康德．实践理性批判．邓晓芒，译．杨祖陶，校．北京：人民出版社，2003：26.

③ 同②36.

④ 同②34.

**2. 知性：纯粹实践理性的对象**

知性阶段是探讨纯粹实践理性的客体的阶段，它意味着实践理性要把以自由为根据的道德法则显现为现实中的善恶标准。知性阶段所探讨的纯粹实践理性的对象就是善恶对象。“……实践理性的惟一客体就是那些善和恶的客体。”① 在纯粹实践理性的对象亦即善恶方面，康德重点强调的一个问题在于：究竟是先有道德法则，并由道德法则推出善恶概念，还是先有善恶概念，并由善恶概念作为基础决定道德法则。在他看来，假如把善恶概念看成不是从道德法则中推出来的东西，那么，它们其实所预示的只是愉快或不愉快。同时，我们并不能先天地看出何种表象带有愉快或不愉快，所以，我们只能凭借经验来识别善恶，这种经验在主体中就是快乐与痛苦的情感或内感官的感受性。因此，善就成了引起快乐的东西，恶就成了造成痛苦的东西。这样一来，善恶便是能否达到“快适”的手段。显然，康德这里分析的是他一直反对的经验论的或功利论的伦理观点。在他看来，善应该是纯粹实践理性自身规定的对象，它无须考虑结果的有用与否，只有这样，它才能成为客观的因而普遍有效的东西，从而避免求助于经验、情感等等外在于理性的主观的因而没有普遍有效性的东西，并把道德判断局限于结果之有用与否之上。因此，康德主张用先天的实践法则直接规定意志，把“善”看成依据道德法则必然欲求的对象，并且把“恶”看成依据道德法则必然憎恶的对象。康德的善恶观念进一步为我们如何趋善提供了客观依据。

**3. 感性：纯粹实践理性的动机**

感性阶段是探讨道德法则如何在现实中实现的阶段，它意在说明：道德法则若要实现，人们就必须敬重道德法则并且排除经验对象的干扰。道德展现在现实的行为之中意味着人作为生活在感性世界中的人必须克制自己的感性欲望遵循单单来自实践理性自身的道德法则。那么，人有何种动机推动他这样做呢？人，作为感性的人，他首先会不由自主地用欲求能力的对象（爱好的质料）从病理学上规定自己，“力图使其要求预先地并作为第一的和本源的要求发生效力，就好像这构成了我们的整个自己一样”②。因此，人，作为理性的人，他为了道德之故，必须永远以道德法则为其动机。那么，人为什么能够不以爱好对象为自己行为的动机而仅仅

① 康德. 实践理性批判. 邓晓芒，译. 杨祖陶，校. 北京：人民出版社，2003：79.

② 同①102.

以道德法则为自己行为的动机呢？那是由于他出于对道德法则的敬重（同时产生一种由于抑制感性欲望所带来的痛苦感）。所以康德强调，纯粹实践理性的动机就是“敬重感”。由于我们将会在自由如何可能的讨论中把作为道德情感的“敬重感”当作自由如何可能的路径之一来重点讨论，所以，我们这里不进一步讨论“敬重感”的问题。

在道德法则实现的逻辑顺序的探索中，康德始终在贯彻一种“唯动机论”的道德路线。整体来说，康德的道德理论是一种仅仅关注纯粹形式（道德形式）而不考虑甚至完全排除经验内容（质料）的道德理论，即：从“理性”阶段亦即关于道德法则的讨论来看，他的道德法则是排除了一切经验内容而仅仅保留普遍形式的法则；从“知性”阶段亦即关于道德对象的讨论来看，他的善恶对象是排除了一切经验内容标准而仅仅依据道德法则标准的对象；从“感性”阶段亦即关于道德动机的讨论来看，他的道德动机则是排除了一切经验内容动机而仅仅敬重道德法则的动机。既然从道德法则到道德动机都排除了经验内容而仅仅保留着道德形式，那么，在评价一种行为的道德与否的时候，人们只要考虑与形式相关的动机而无须考虑与经验内容相关的效果。康德在谈到符合道德法则的意志亦即“善良意志”时说：善良意志作为好的意志，它之所以好并不在于它的结果，而在于它自身的立志作用，“善良意志，并不因为它所促成的事物而善，并不因为它期望的事物而善，也不因为它善于达到预定的目标而善，而仅是由于意愿而善，它是自在的善”①。

## 三、实现自由的三条路径

康德在探索道德法则实现的逻辑顺序中，也探讨了自由如何可能的问题。自由的可能性既意味着康德伦理学中的道德的可能性，也意味着康德社会论中的道德世界的可能性，不仅如此，它还意味着康德哲学中人之为人的可能性，以及人走向神的可能性。

### 1. 人走向自由的必要性

人是自由的人。人的自由之所以不可能是因为人不仅仅是理性（因而自由）的人，还是感性的人。自然世界和道德世界尽管是性质根本不同亦即分别遵循自然的规律和自由的规律的两种世界，但是，在现实中，这两种世界混在同一个世界之中；感性的人和理性的人尽管是性质根本不同亦

① 康德. 道德形而上学原理. 苗力田，译. 上海：上海人民出版社，1986：43.

即分别生活在自然世界因而具有感性欲望和生活在道德世界因而具有道德法则的两种人，但是，在现实中，人的感性和理性混在同一的人的身上。因此，人，就是一个感性与理性相互冲突的“战场”。康德曾用三种形式来表述他的道德法则，除了我们曾经讨论过的“自律”定义和“道德法则”的定义之外，他还这样来表述他的道德法则：“你的行动，要把你自己人身中的人性，和其他人身中的人性，在任何时候都同样看作是目的，永远不能只看作是手段。”① 康德关于道德法则的三种表述形式都反映了人自身作为一个感性和理性相互冲突的“战场”性质：在自律的表述中，在人身上的冲突是自律与他律的冲突，也就是说，人应该服从自律但人却常常服从他律；在道德法则的表述中，在人身上的冲突是法则和准则的冲突，也就是说，人应该服从普遍的法则但却常常服从个人的准则；在把人身中的人性当作目的（康德称为客观目的）或者手段（由于它实际上是把个人个别的目的当成了目的，因此，康德称这一情形为主观目的）的表述中，在人身上的冲突是目的和手段的冲突，也就是说，人应该把人身中的人性当作目的而不仅仅当作手段但他却常常把它仅仅当成了手段。这里，自律、法则、目的与理性相连，他律、准则、手段与感性相连，因此，上述冲突归根结底就是，人应该仅仅像理性的人那样行为但人却常常像感性的人那样行为。所以，康德便孜孜不倦地探讨人如何才能成为不受感性干扰的理性的人的问题，也就是说，探讨人如何才能仅仅遵循道德法则的问题。这个问题就是人的自由如何可能的问题，为此，他提出了人走向自由的三条路径。

**2. 自由如何可能的三条路径**

第一，人的责任之心是人类通往自由的第一条途径。根据康德的自律理论，道德法则原是包括人在内的一切有理性的存在者自己颁布的法则，因此，人，作为有理性的人，理应遵循道德法则。但是，现实的人却是感性与理性的双重存在，他若从感性的角度出发，就有可能违背道德法则。这样一来，人要想能够现实地遵循道德法则，他就应该把道德法则看成人应该遵循的命令，借助这一命令坚守理性并且斥退一切来自感性欲望的动机（例如自爱、幸福）。康德认为，道德法则作为命令应该是一种“定言命令”而非假言命令，亦即不附加任何条件、不顾及任何结果的命令，他把这种纯粹形式的定言命令称为“绝对命令”。既然道德法则对于人来说

① 康德．道德形而上学原理．苗力田，译．上海：上海人民出版社，1986：81.

是一种“应该”遵循的绝对命令，因此，人也就应该把遵循道德法则、执行绝对命令看成自己的“义务”，人应该具有履行义务的“责任之心”。正是由于人类感性欲望的存在，所以，“这样一个意志与这法则的关系就是以责任为名的从属性，它意味着对一个行动的某种强制……这行动因此就称之为义务”[①]。由此出发，康德就在自己的伦理学中找到了人类通往自由的“责任”路径。

第二，人的敬重之感是人类通往自由的第二条途径。尽管康德提出了责任之心这一人类通往自由的途径，但是，他深知感性欲望的诱惑之大，担心人仅凭自己的责任之心似乎还不足以战胜自己的感性欲望，于是他又提出了一种道德情感，将其作为行为动机以期增强理性（道德法则）战胜感性（感性欲望）的力量。根据康德的解释，道德情感虽是一种“情感”，但它绝非像感性欲望那样是一种感性的情感。感性情感作为一种“感性”的情感，它非但不能劝导人们去遵循道德法则反而会引诱人们远离甚至违背道德法则。所以，道德情感虽然与感性相关（因为它直接起源于对于人的感性欲望的抑制），但是，它实质上是源自人的理性亦即道德法则的情感，它是人们对于道德法则的敬重之感（敬重心）。“康德认为道德动力亦即道德情感源自理性，因此，没有任何情感（包括道德情感）先于道德法则。”[②] 敬重之感作为一种道德情感为何能够战胜作为另外一种亦属情感（感性情感）的感性欲望呢？康德答到：尽管人从感性欲望出发把“自爱”“幸福”理解成自己的个人价值，甚至把它提升为无条件的立法的实践原则，但是，它们一旦遇到道德法则便会相形见绌，从而使原本狂妄的人产生一种“谦卑感”，这种“谦卑感”不仅导致了一种抑制感性欲望的否定性的消极作用（“不快意”），而且更导致了一种敬重道德法则的肯定性的积极作用。因此，“道德律消除着自大”，“……对道德律的敬重……是我们能完全先天地认识并看出其必然性的惟一情感”[③]。由此出发，康德又在自己的伦理学中找到了人类通往自由的“情感”路径。

第三，人的灵魂不朽是人类通往自由的第三条途径。责任之心和敬重之感固然能够在一定程度上保证人能够把道德法则作为意志的动机，从而使人获得自由，但是，若要人们一生一世都仅仅遵循道德法则，抑制自己

---

① 康德. 纯粹理性批判. 邓晓芒，译. 杨祖陶，校. 北京：人民出版社，2004：42.

② Xiaomei Yang. Categorical Imperatives, Moral Requirements, and Moral Motivation. Metaphilosophy, 2006, 37 (1): 125.

③ 同①101.

的感性欲望，斥退自爱等等物质利益的诱惑，康德依然没有把握，甚至认为根本不能做到。康德把人的最终德性状态称为至上的善，认为它是人的意志与道德法则的完全契合（意志始终仅仅遵循道德法则，亦即一生一世都仅仅把道德法则作为自己意志的动机）。在他看来，至上的善亦即人的意志与道德法则的完全契合是一种神圣性，它"是任何在感官世界中的有理性的存在者在其存有的任何时刻都不能做到的某种完善性"①，但是，至上的善（作为感官世界中的有理性的存在者做不到的完善性）在实践上又被必然地要求着，因此，它只能在朝向那种完全契合的无限的实践进步之中才能找到。为此，我们必须假设存在一个承载人的意志能够无限进步的实在客体，亦即同一个有理性的存在者的某种无限持续下去的生存。为此，康德假设了人的灵魂的不朽性，意在使人能够在无限的实践进步中实现至上的善。因此，"灵魂不朽"作为康德道德形而上学中通过自由支撑起来的概念成了康德纯粹实践理性的另外一个重要悬设。由此出发，康德进一步在自己的伦理学中找到了人类通往自由的"灵魂不朽"的路径。

在康德那里，道德的人本质上就是自由的人，所以，康德在自己的伦理学中不遗余力地探寻人实现道德的各种路径，其实他所探讨的就是人的自由如何可能的各种路径。我们发现，他所提出的人类通往自由的三条路径具有十分清晰的逻辑关系，它们层层递进，构成了一个相互支持的完整系统。责任之心是一条客观的路径，它要求客观上把遵循道德法则作为一条绝对命令；敬重之感是一条主观的路径，它要求主观上把敬重道德法则作为唯一的行为动机。因此，康德指出："……义务的概念客观上要求行动与法则相符合一致，但主观上要求行动的准则对法则的敬重，作为由法则规定意志的惟一的方式。"② 至于灵魂不朽则是一条兼有客观和主观的路径，它为人的无限的主观努力提供了假设的客观基础。随着三条路径的层层递进，人在通向自由的道路上越来越由被动走向主动（自觉）。由于人的感性欲望对于人有强大的诱惑力，所以，为了遵循道德法则，抑制感性欲望便包含着人的自我牺牲，它使道德对人具有强迫性质，这种性质首先表现在责任之中，"对于人和一切被创造的理性存在者来说，道德的必然性都是强迫，即责任……"③。尽管人的敬重之感中依然包含了人的自

① 康德. 纯粹理性批判. 邓晓芒，译. 杨祖陶，校. 北京：人民出版社，2004：168.

② 同①111.

③ 同①112.

我强制，但是，敬重之感作为道德情感毕竟已经成了人的主观动机。到了灵魂不朽，它为人的无限的主观努力提供了客观基础，人将在这一无限的主观努力中越来越不受制于外在强制，从而越来越自觉自愿地走向自由。

**3. 道德世界及其性质**

人的自由的可能作为道德法则的实现（人人遵守道德法则）就是道德世界得以建构的可能。康德不仅描述了道德法则实现的逻辑顺序，而且阐述了人的自由（道德法则）如何可能的路径。这样一来，他的道德世界终于得以建构。不过，道德世界作为一个"人为自己立法"的世界，它不同于"人为自然立法"的自然世界。人与上帝不同，尽管上帝和人一样都是有理性的存在者，并且他们的意志都是颁布道德法则的意志，但是，上帝是纯粹的有理性的存在者，所以，上帝的意志是神圣的意志，它的"任意"不可能提出任何不同时就是客观普遍法则的准则，它的准则始终同时就是道德法则。因此，对于上帝来说，遵循道德法则根本无须采用"命令"的形式，上帝处于绝对的自由之中。人不是纯粹的理性存在者。人若按照自己的理性本性行事，就能克服并且独立于一切感性欲望，做着他应该做（自律、道德法则、客观目的）的事情；人若按照自己的感性本性行事，就会屈从于自己的感性欲望，做着他不应该做（他律、个人准则、主观目的）的事情。康德把能彻底摆脱整个自然的机械作用从而具有自由独立的人称为"人格"，认为它是人性中的接近上帝的崇高部分，但是，由于感性本性的存在，人只能通过责任之心、敬重之感和灵魂不朽逐步摆脱感性欲望以无限地接近上帝而永远无法成为上帝。人永远处于走向自由的途中。因此，尽管道德世界已经建构起来，然而，它有别于自然世界而仅仅是一个应然世界。

尽管康德反对道德世界中的人把幸福当作意志的动机，但是，他却把道德世界中的人的德性看成配享幸福的条件。为此，他提出了"至善"这一概念作为他的道德形而上学的最高目标。"至善"包含了我们曾经提到的"至上的善"（意志始终仅仅遵循道德法则）和"完满的善"，并且"至上的善"（德性）就是配享幸福的条件，"完满的善"则是德性与幸福的统一，它既包含了在个人身上的德性和幸福的统一，也包含了在一个可能的善的世界中的幸福完全精确地按照与德行的比例进行分配。但是，德行和幸福分属于两个性质完全不同的世界亦即道德世界（知性世界）和自然世界（感性世界），以及人的理性方面和感性方面，因此，"至善"作为德性和幸福的统一其实包含着实践理性的二律背反（辩证论）。康德认为，若从综合的角度（它们的关系不是分析的关系）来思考它们的结合，那么：虽然对于幸福的追求不能产生德性的意向，但是，在一定的条件下，德性却能产生幸福。所以他说："由于我不仅仅有权把我的存有也设想为一个知性世界中的本体，而且甚至在道德律上对我（在感官世界中）的原因性有一种纯粹智性的规定根据，所以意向的德性作为原因，与作为感官世界中的结果的幸福拥有一种即使不是直接的、但却是间接的（借助于一个理知的自然创造者）也就是必然的关联，这并非是不可能的……"① 这里，他通过假设上帝存在来让上帝保证德性与幸福的统一，把德性解释成配享幸福的原因。因此，上帝成了纯粹实践理性的第三个假设，它保证了配享幸福的人有福可享。正是在这样的意义上，康德进一步把"道德学"（道德形而上学）理解成"如何配享幸福的学说"，并且认为道德学的这一理解最终把它引向了宗教。

## 第三节　世界之为世界：内在世界

我们曾说，旧形而上学的世界是外在世界。康德的新形而上学则通过"人为世界立法"（"哥白尼式革命"）建立了一种完全不同于旧形而上学之外在世界的内在世界，包括以"人为自然立法"建构的自然世界和以"人为自己立法"建构的道德世界。康德曾动情地说："有两种东西，人们越是经常持久地对之凝神思索，它们就越是使内心充满常新而日增的惊奇和敬畏：我头上的星空和我心中的道德律。"②

### 一、世界：从外在到内在

旧形而上学把外在世界看成作为人类之根的哲学对象，它的特征就是把世界二重化为本体（本质）与现象两个部分。前者是一个永恒不变的真实世界，是真理之乡；后者则是一个变动不居的虚幻世界，与真理无缘。其实，正是这种区分才使旧形而上学作为一门学科得以产生。首先，从存在论说，旧形而上学的研究对象就是现象后面的本体世界，若无世界的二

① 康德．纯粹理性批判．邓晓芒，译．杨祖陶，校．北京：人民出版社，2004：157.

② 同①220.

重化，形而上学就失去了自己的研究对象；其次，从认识论说，旧形而上学的认识对象也是现象后面的本体世界，若无世界的二重化，形而上学就不可能是真理。因此，旧的形而上学，无论是典型的形而上学还是离异的形而上学，无论是唯理论还是经验论，它们一致认为“经验”不能提供确定的知识（普遍必然的知识亦即绝对真理），它们要在变动不居因而不能提供确定的知识的现象后面设想某种更为根本的本质（本体、实体），并且或者“跳过”经验（典型的形而上学和唯理论），或者“途径”经验（离异的形而上学和经验论）把握现象之后的本质。由于旧形而上学的真理对象不是经验所能把握的外在的超验对象，所以，旧形而上学（尤其是典型的形而上学）是一种“超越”经验的“超验的形而上学”。同时，由于旧形而上学相信真就是善，所以，它的超验形而上学内在地包含了关于善的形而上学。

然而，旧形而上学由于认识论困难最终分别陷入了唯理论的独断论和经验论的怀疑论。康德为了克服唯理论和经验论的认识论困难，采用了两个限制来扬长避短：一个限制是限制唯理论的独断论，为此，他明智地承认和接受了经验论关于认识必须起源于经验并且始终不能超越经验的观点，从而把认识限制在经验的范围之内，否认了唯理论关于哲学能够提供有关物自体（实体）的绝对真理的独断结论；另外一个限制是限制经验论的怀疑论，为此，他坚定地强调和坚持了唯理论关于认识能够提供普遍必然的科学知识的观点，从而限制了经验认识使之不至于滑入怀疑论。但是，他并不认为知识的普遍必然性来自外在的对象，而是坚持知识的普遍必然性来自人类自身（人类先天具有的认识能力）。这样一来，康德通过对于唯理论和经验论的扬长避短，最终把认识理解成人类把自己理性先天固有的认识形式给予经验质料而使之成为具有普遍必然性的科学知识的过程。根据康德认识论与存在论相互一致的原则，认识过程其实就是“人为自然立法”的过程，即：人把自己固有的先天之法（认识形式）给予经验质料使之成为自然世界。所以，对人来说，世界就是内在于人类认识（人类理性之法）的“内在世界”。这就是说，康德把“世界”由旧形而上学的外在世界转换成了他的新形而上学的内在世界。康德的新形而上学既然以这种内在的世界为研究对象，那么，它就应该是一种“内在的形而上学”。同时，由于认识只能局限于经验或现象领域，所以，康德的自然世界作为内在世界只是一个现象世界。除此之外，他认为还应有一个与认识无关的通过“人为自己立法”建构起来的道德世界。由于道德世界也是人通过人类固有的另外一种先天之法（道德规则）建构起来的世界，所以，它也应是一个“内在世界”，道德形而上学因而也是某种意义上的内在形而上学。这样一来，康德就在用“内在世界”代替旧形而上学的“外在世界”的基础上用自己的“内在形而上学”代替了旧形而上学的“超验形而上学”。

## 二、回归现象与解放道德

旧形而上学的外在世界的实质是本质世界，为了确保外在世界作为本质世界的实质，它既虚化了现象世界，又同化了道德世界。现在，康德把旧形而上学的超验的外在世界变成了经验的内在世界亦即自然世界和与认识无关的内在世界亦即道德世界，在这种改变的过程中，他使自然世界回归到了现象世界，并使道德世界从本质世界中解放出来。

### 1. 回归现象世界

由于康德的自然世界是一个认识论与存在论相互一致的世界，所以，它作为一个来源于经验的世界，只能是一个经验世界，或者现象世界。康德认为，这个世界并不像旧形而上学认为的那样，是一个虚假世界，或者至多是一个虽然真实但却不能提供真理的世界，相反，它是一个真真切切的实在世界，它有着自己的必然性，它完全能够提供真理，并且是人类的普遍必然性的科学知识的唯一来源。人类就生活在现象世界之中，他们遵循着自然的必然性，拥有真理，拥有科学。这样一来，康德就使那种真实的能够提供真理和科学知识的世界从外在本质世界（作为现象之后的世界）回归了现象世界。

既然真实的作为真理、科学对象的世界就是现象世界（经验世界），那么，康德是如何处理旧形而上学的本体世界（本质世界）的呢？康德采取的办法就是“搁置本体世界”。康德十分肯定有某种外物（外在世界）存在着，因为他知道人的认识就源自这个外物的某种刺激。但是，在他看来，我们所能认识到的东西（知识的内容）却是我们主体通过自己的认识能力（认识形式）加以整理改造的东西，它与外在世界已经完全不同。我们所知道的就是确实存在一个我们并未认识并且也不可能认识的“某物”，康德把这种不可认识的“某物”称为“物自体”。这个“物自体”其实就是“本体”，它既然是不可知但又存在着的“某物”，它就应该被搁置起来存而不论。

**2. 解放道德世界**

康德把通过认识论（“人为自然立法”）建构起来的自然世界看成与道德无关的事实世界，亦即一个与“善”无关的“真的世界”；与此相应，他进一步把通过人的自律（“人为自己立法”）建构起来的道德世界看成与认识无关的价值世界，亦即一个与“真”无关的“善的世界”。这样一来，康德就把旧形而上学的“真就是善”（美德就是知识）转换成了“真不是善”，从而把事实世界和价值世界（作为善的世界）分离开来，把旧形而上学那里的被本质世界同化了的道德世界重新解放出来。因此，康德在认识论的意义上搁置了本体世界之后，又在伦理学（道德形而上学）的意义上建构了另外一个本体世界。在他看来，道德世界就是一个我们真真切切地生活于其中的本体世界。

其实，康德把自然世界限制为现象世界的目的之一，就是要为作为本体世界的道德世界留下地盘，“使人的自由和道德实践能彻底摆脱现象界、飞跃到超验的本体界，达到对上帝、不朽的灵魂、自由意志的纯粹信仰，过一种充满希望的精神生活”①。所以他说：“因此我不得不悬置知识，以便给信仰腾出位置。”② 正因为如此，康德把《纯粹理性批判》中认识无法触及的“三个本体”（先验理念）变成了《实践理性批判》中的具有客观实在性的作为道德意义上的信念（假设）的三个实践概念。他说：实践理性的悬设“虽然并不扩展思辨的知识，然而却普遍地（借助于它们与实践的关系）赋予思辨理性的诸理念以客观实在性，并使思辨理性对于那些它本来甚至哪怕自以为能断言其可能性都无法作到的概念具有了权利”③。

**3. 现象与本体**

由于自然世界和道德世界之间存在着现象与本体的区别，所以，尽管它们作为两个不同的世界即事实世界和价值世界在康德那里总是处于分离之中，但是，在某种意义上，康德还是试图探讨它们之间的关系，寻求它们之间的统一。

在《实践理性批判》中，康德专门列了一节来讨论实践理性在纯粹思辨理性和纯粹实践理性（因而也是自然世界和道德世界）的结合中的“优先”地位。在他看来，所谓“优先地位”就是这样一种“优先权”，即：

---

① 杨祖陶，邓晓芒. 康德《纯粹理性批判》指要. 长沙：湖南教育出版社，1996：51.

② 康德. 纯粹理性批判. 邓晓芒，译. 杨祖陶，校. 北京：人民出版社，2004：第二版序.

③ 康德. 实践理性批判. 邓晓芒，译. 杨祖陶，校. 北京：人民出版社，2003：181.

在两个或多个由理性结合起来的事物之中，它是其他所有事物的最初规定根据；在狭义的时间意义上，它处于其他所有兴趣之前并且其他事物的兴趣都服从于它。那么，实践理性何以占有比思辨理性更为“优先”的地位呢？康德指出，一旦涉及理性的思辨兴趣与实践兴趣的关系，我们便会面对两种情况：其一，“如果实践理性除了思辨理性单独从自己的见地出发所能呈献给它的东西之外，不再能假定任何东西并把它思考为被给予的，那么，思辨理性就领有优先地位”①。其二，如果实践理性自身拥有本源的先天原则，以及与这些原则结合着的、思辨理性的任何可能见地都见不到的某些理论性的肯定，那么，问题就转变成：何种兴趣将是至上的兴趣？从思辨理性来看，思辨理性究竟是必须采纳实践理性交给它的那些它自己一无所知的命题，并且力图把它们作为一笔外来的转移给它的财产与自己的概念一致起来，还是有权恪守自己的特有兴趣，把那一切不能经由经验的例证来认可其客观实在性但又与自己的思辨运用并不矛盾的东西加以拒绝？康德认为，如果实践理性基于幸福的感性原则，那么，它就根本不能对思辨理性提出这种苛求；反之，如果实践理性独自就是实践的，并且这是现实情况，那么，思辨理性就必须采纳它们。理由在于：思辨理性的兴趣与实践理性的兴趣是两种并不必然矛盾亦即可以同时存在的兴趣，在这种同时存在中，由于实践理性会把自己的边界扩展到一切之上，并且在自己的要求之下力图把思辨理性一起包括到自己的边界之内，所以，它们二者不应该是并列关系而应该是一种从属关系，也就是说，思辨理性从属于实践理性。正因为如此，康德把超验的道德世界称为“知性世界”并把现象世界称为“感性世界”，甚至进一步指出：知性的世界属于“原型的世界”，感性的世界则属于“摹本的世界”。

## 三、世界：从现成到发生

康德把旧形而上学的外在世界改变成内在世界，这一改变使得旧形而上学的现成世界转变成了康德新形而上学的发生世界。

美国哲学家穆尼茨曾说：“康德在哲学史上的‘哥白尼式革命’在于向旧哲学共有的实在论提出了挑战，根据这种实在论，知识是对独立存在的世界中的一种预先存在的结构的揭示。而对康德来说，知识是一种产

① 康德. 实践理性批判. 邓晓芒，译. 杨祖陶，校. 北京：人民出版社，2003：165.

物、一种构造，而不是一种揭示。”① 穆尼茨的这一段话其实十分准确地揭示了康德形而上学之内在世界的本质。在近代主体性的崛起的时代背景下，在康德那里，无论是广义的“哥白尼式革命”和“人为世界立法”，还是“先天综合判断如何可能”和“人的自由如何可能”，以及作为人为世界立法之产物的“内在世界”（尤其是作为“人为自然立法”之产物的自然世界或“内在世界”），这些康德哲学的基本概念和基本命题，尽管它们的意思都存在着各种细微差别，但是，它们实质上都表达着一个共同的基本意思，即：世界是发生世界！旧形而上学在探讨世界的时候，它的基本路径是先行设置一个外在世界并且把它当成认识对象，然后再通过认识论去认识这个对象以便获得关于这个对象的绝对真理，并且由于旧形而上学之“真就是善”这一命题的影响，所以，它的“求真”内在地包含了“求善”。但是，由于旧形而上学的认识论遇到了困难，所以，它关于外在世界及其本质的整个（真、善）断言也都遇到了困难，也就是说，它的整个形而上学体系（它自诩的绝对真理体系）遇到了危机。康德通过总结旧形而上学之认识论困难（优点和缺点）以及近代数学和自然科学的方法论发现，必须通过一场“哥白尼式革命”才能摆脱旧形而上学的困难和危机。他的“哥白尼式革命”在探讨世界的时候，采用了一条与旧形而上学探讨世界之路径的相反路径，即：必须先行研究认识论，我们只有通过认识论才能走向存在论，真理的产生过程与世界（现象世界）的产生过程是一个过程（“人为自然立法”）。由于认识论只是认识和揭示事实的学科，所以现象世界只是事实世界，因此，人又通过“人为自己立法”建构了一个道德世界（我们可以将其理解成社会）。因此，总体而言，在康德的形而上学中，世界作为“人为世界立法”而建构起来的世界不是一个“现成”的世界而是一个“发生”的世界，并且，由于“人为自己立法”所建构起来的发生世界以“人为自然立法”建构起来的发生世界为前提，所以，康德通过“人为自然立法”建构起来的发生世界亦即在人的认识过程中发生的世界应是一个最为基础的世界，人的认识活动也是发生世界之所以会“发生”的最为基本的条件。因此，西方哲学从外在世界对象向内在世界对象的转向，以及西方哲学从超验形而上学向康德内在形而上学的转向，归根到底，都是从“现成世界”向“发生世界”的转向。正因如此，穆尼茨才说“知识（其实也包含了世界）是一种产物、一种构造，而不是

① 穆尼茨. 当代分析哲学. 吴牟人，等译. 上海：复旦大学出版社，1986：6.

一种揭示”。

旧形而上学把世界当作外在的现成世界的观点在当代社会依然大量存在，当代社会有些哲学家依然认为“外部世界独立于我们而存在……我们能够形成关于它的合理信念”①。其实，这种观点更像是一种自然科学的观点，因为对人来说，他所谈论的世界只能是他已知道的世界，这个世界的表现先行向他发生他才能够知道，哲学应该探讨世界如何向人原始地发生。因此，康德把旧形而上学作为外在世界的“现成世界”转向了他自己的新形而上学作为内在世界的“发生世界”既是一种哲学进步，也是人类思维方式的一种进步。人的认识是通向外在世界的唯一途径（同样，个人的“规则化”亦即使人受制于共同规则也是人类通向社会的唯一途径，我们这里暂且不讨论这一问题），因此，从逻辑上说，我们不可能在认识之前先行设置一个世界。一旦我们通过认识走向外在世界，那么，这个世界就是一个伴随着认识发生的世界，并且，人的认识必然会给这个世界留下痕迹，从而使它成为一种具有外在因素的内在世界。

## 四、发生世界的本质

康德在把旧形而上学的作为现成世界的外在世界改变成为他的新形而上学的作为发生世界的内在世界的同时，还把旧形而上学虚化了的现象世界还原成了真实的现象世界，以及把旧形而上学同化了的道德世界还原成了独立的道德世界。旧形而上学虚化现象世界和同化道德世界的目的就是确保外在世界之本质世界的实质，现在，康德在把世界改变成了作为发生世界的内在世界之后，他的这一世界的实质（本质）究竟为何呢？

康德之作为发生的内在世界的本质就是人的纯粹理性通过“人为世界立法”给予世界的“法”，它表现为自然的必然性和自由的必然性，这样理解的世界本质与旧形而上学所理解的作为现成的外在世界的本质规律其实并无不同，也就是说，它们都把世界的本质理解成了世界之中的决定世界林林总总的各种具体现象的共同本质和不变规律。但是，除此之外，康德作为发生的内在世界的本质则与旧形而上学作为现成的外在世界的本质之间有着不少区别。首先，它们的来源不同。在旧形而上学那

① Langsam H. Why I Believe in an External World. Metaphilosophy，2006，37（5）：670-671.

里，世界的本质是外在世界自身固有的本质；而在康德的新形而上学这里，世界的本质则是人通过自己的立法给予世界的本质。其次，它们与世界的关系不同。这一情形包含了两个方面的内容：其一，旧形而上学把世界分为二重世界并把现象世界进行了虚化处理，因此，在它那里，世界的本质只是超越现象之后的世界本质；而在康德这里，自然世界就是现象世界，因此，世界（自然世界）的本质就是现象世界之中（而非之后）的本质。其二，旧形而上学还用本质世界同化了道德世界，在它那里，世界只是“一个”外在世界，它是真的世界但却内在地包含了善，因此，世界的本质就是这“一个”世界的本质，它以真的形式表现出来并且内在地包含了善；而在康德这里，道德世界已经被解放出来，它表现为自然世界之外的另外一个世界。自然世界是真的世界，道德世界则属于善的世界，因此，世界的本质既呈现为自然世界的真的本质，也呈现为道德世界的善的本质。

总体而言，在康德的新形而上学中，世界的本质就是自然世界的本质和道德世界的本质。

## 第四节　哲学之为哲学：先验哲学

康德既然改变了旧形而上学的研究对象，并且进一步提出了内在的形而上学，那么，他也必然会改变旧形而上学的哲学性质，也就是说，他必然会以一种新的方式来理解哲学。康德曾经追溯过西方哲学的“哲学”概念，在《判断力批判》中探讨过理论哲学和实践哲学的分类，以及哲学的领域、基地和领地问题，然而，它关于哲学何谓的探讨主要还是在《纯粹理性批判》之中。

### 一、康德对于传统哲学观的批判

旧形而上学作为“哲学”真正开始脱离并且超越科学首先发生在柏拉图对于“辩证科学”的阐述之中。随后，亚里士多德对于第一哲学的阐述则进一步系统表达了哲学类似于并且高于科学的思想。研究对象决定着学科的性质，亚里士多德正是依据研究对象来对哲学与包括物理学（科学）在内的所有具体学科加以区分的。我们前面提到，亚里士多德曾指出“有多少种实体，哲学就有多少种分支，因而其中必然存在着一种第一哲学以及后继的分支”①。那么，究竟什么是“第一哲学”？什么又是次于第一哲学的其他哲学呢？在他看来，那种研究作为普遍的“种”即存在（实体）本身的哲学，就是第一哲学；而那些研究各个特殊的“种”即存在的一个部分（“特殊的实体”）的哲学就是次于第一哲学的其他哲学（具体科学）。第一哲学所研究的是事物的“第一原因”，包括物理学在内的其他哲学所研究的则是各种次级的原因。由此出发，亚里士多德认为，第一哲学是物理学等其他学科的根源、基础和指导，它是关于世界的终究至极的“第一原因”的最普遍、最本质的学问。

康德认为，旧形而上学这种通过研究对象之“种”的普遍程度来区分哲学和科学（以及其他具体学科）的做法，并未在实质上将哲学与科学区分开来。根据康德的看法，虽然旧形而上学认为哲学的研究对象比科学的研究对象具有更大的普遍性（亦即存在本身大于存在的一个部分），并且据此认为哲学不同于并且高于科学，但是，无论是哲学对象的最为广大的普遍性还是科学（以及其他具体学科）之对象的更小的普遍性在性质上都是“普遍性”，无论是存在的本身还是存在的一个部分在性质上都是“存在”，它们之间只有隶属程度（普遍性程度、存在程度）的区别而无性质上的区别，也就是说，它们之间只有“量”的区别而无“质”的区别。康德十分明确地指出，单纯的“量”的区别绝对不能说明哲学与自然科学的本质不同，因而不能说明哲学何以能够成为自然科学的根源、基础和指导。所以他说：“单纯的隶属等级（把特殊隶属于普遍之下）决不能确定一门科学的界限，相反，在我们的情况下，起源的完全不同性质和差异性才能确定一门科学的界限。”② 因此，严格地说，形而上学（旧形而上学）就是一门科学，一门“大物理学”，一门作为“科学的女王”的第一科学。正因如此，才出现了哲学（形而上学）把科学的方法论作为自己的模仿对象，尤其是把数学作为自己的模仿对象的现象。

## 二、康德形而上学的新哲学观

严格地说，康德的哲学与形而上学存在着一些区别，但是尽管如此，他的哲学的基本部分和重点内容依然是形而上学，所以，我们在这里并不

① Aristotle. Metaphysics. Translated by Hugh Lawson-Tancred. Penguin Group, 1998: 82.

② 康德. 纯粹理性批判. 邓晓芒，译. 杨祖陶，校. 北京：人民出版社，2004：637.

严格地区分他的哲学和形而上学。

康德在批判旧形而上学之哲学观的同时阐述了自己的新形而上学的哲学观。他说："……以前的哲学概念只是一个学派概念，也就是一个知识系统的概念，这种知识只被作为科学来寻求，而不以超出这种知识的系统统一、因而超出知识的逻辑完善性的东西为目的。但还有一个总是为这个命名提供根据的世界概念（conceptus cosmicus），尤其是当我们仿佛把哲学概念人格化并将它在哲学家的理性中设想为一个蓝本时。从这方面来看哲学就是有关一切知识与人类理性的根本目的（teleologia rationis humanae）之关系的科学，而哲学家就不是一个理性的专门家，而是人类理性的立法者。"① 根据康德的这一段话我们发现，在他看来，以往的哲学是一种关于知识系统的学派概念，它实际上是（以独立的外在世界为对象的）一个科学的知识系统，这时，哲学家其实就（像自然科学家一样）是一种理性的专门家或理性的技师；现在，哲学成了另外一种东西，它也以"世界"为对象，然而，"……所谓'世界概念'，不是单纯逻辑上一切知识综合统一的整体概念，而是人人都处于其中的一个以人类理性的根本目的和最高目的（即道德天职）为制高点的目的系统概念，因而是一个'人化'了的世界概念……这样，哲学就应看作一切知识对人类理性的根本目的之关系的科学，因而'哲学家'就不是人类理性的技师（如在'学术概念'的哲学那里那样），而是人类理性的立法者。"② 循着这样的思路，康德具体规定了自己的新的哲学（形而上学）的对象、方法和知识形态。

第一，从对象上看，新的哲学的研究对象是"人类理性如何为世界立法从而使得世界能够发生"。由于新的哲学探讨的"世界"不是一个现成的世界而是一个发生的世界，并且这个发生世界之所以会"发生"，是由于人之理性的立法作用，因此，哲学真正所要研究的东西既包含了人类的纯粹理性以及理性的立法作用，又包含了人类理性立法作用如何产生世界，以及人类理性立法作用产生的世界的性质和特征。综合上述因素，我们便能得出结论：康德的新的哲学的研究对象就是"人类理性如何为世界立法从而使得世界能够发生"。康德自己正是这样来开展自己的哲学研究的。首先，他通过"人为自然立法"探讨了自然世界的发生，并且进一步探讨了自然世界的自然的必然性，以及自然世界与科学

① 康德．纯粹理性批判．邓晓芒，译．杨祖陶，校．北京：人民出版社，2004：633-634.

② 杨祖陶，邓晓芒．康德《纯粹理性批判》指要．长沙：湖南教育出版社，1996：417.

知识的相互关系；其次，他又通过"人为自己立法"探讨了道德世界的发生，并且进一步探讨了道德世界的自由的必然性，以及道德世界与善和至善的关系。

第二，从方法上看，新的哲学的研究方法是先验论。康德哲学先验方法论的特征就是：在实际的认识活动和道德实践中，发现人类纯粹理性中的先天的认识能力（作为认识形式）和欲求能力（作为道德法则），并把它们作为基础实际地运用于认识活动和道德实践，既通过认识活动来给自然立法以建构具有自然的必然性的自然世界（同时获得科学知识），又通过道德实践来给自己立法以建构具有自由的必然性的道德世界（同时获得善和至善）。他的形而上学就是通过这一方法建构起来的哲学（包括自然形而上学和道德形而上学）。康德在《纯粹理性批判》中专门列了一章讨论"纯粹理性的建筑术"问题。所谓纯粹理性的建筑术，其实就是康德建构未来哲学亦即"纯粹理性哲学"的方法论，它的目的是要从形式上为未来哲学规定一种科学体系的模式。它也应是康德先验方法论的形式部分。根据他的"纯粹理性的建筑术"，他的整个哲学体系应该是一个立足于自己的固有基础的有着内在有机联系的系统。尽管康德自己主要在认识论（自然形而上学）中讨论先验论的方法论，但是，他在伦理学（道德形而上学）中实际运用的依然是先验论的方法论，所以，我们这里认为先验论的方法论是他全部新的形而上学的方法论。

第三，从知识形态上看，新的哲学与自然科学并不相同。根据康德的理解，形而上学是探讨"人为世界立法"的学说，它探讨知识以及世界的发生依据和方式，自然科学（以及数学、逻辑学）则在形而上学探讨的前提下凭借理性建立具体的知识系统。因此，哲学家是自然科学家以及数学家、逻辑学家的导师，只有他们才能称为哲学家，自然科学家则是理性的专门家（理性的技师）。因此他说："数学家、自然科学家和逻辑学家，无论前两者一般地在理性知识中、后两者特殊地在哲学知识中取得过怎样的进展，他们却都只是理性的专门家。仍然有一个理性中的导师对他们大家作安排，将他们用作工具，以便促进人类理性的根本目的。惟有这个导师是我们必须称之为哲学家的……"① 我们看到，康德的新形而上学确实开始脱离自然科学的轨道而走上了自己的道路。

但是，尽管如此，康德的哲学依然具有类似于旧形而上学的追求"科

① 康德．纯粹理性批判．邓晓芒，译．杨祖陶，校．北京：人民出版社，2004：634.

学”的情结。他在面对旧形而上学的困境强调“世界上无论什么时候都要有形而上学”①时，如我们在前面所引述的，他依然坚持这种“形而上学不仅整个必须是科学，而且在它的每一部分上也都必须是科学”。不仅如此，他的哲学方法尽管已与自然科学的方法有所区别，但是，他还是像旧形而上学一样，力图在自然科学中寻找榜样。我们知道，为了挽救形而上学，他曾要求哲学模仿自然科学发动一场思维革命，在他那里，“哥白尼式革命”正是这一模仿的结果。

## 三、先验哲学是先于自然科学的科学

在西方的哲学传统中，哲学把自己看成类似于并且高于自然科学的“第一科学”。但是，旧形而上学由于把哲学对象与自然科学对象之间的区别理解成“量”的区别而非“质”的差异，所以，它未能有效地把自己与自然科学区别开来以便说明哲学究竟如何在本质上是高于自然科学的学科。康德也表达了哲学类似于并且高于自然科学的思想。他也有着旧形而上学的视哲学为科学的“科学情结”。但是，在他看来，哲学的研究对象与自然科学的研究对象有着本质的区别：哲学的研究对象是世界作为发生世界的“发生”，自然科学的研究对象则是世界作为现成世界的“本质”。由于先有世界的发生才有现成世界的存在，所以，哲学的研究对象先于并且高于自然科学的研究对象，哲学因此也就先于并且高于自然科学。

正如我们认为康德哲学之“发生世界”的提出是一种哲学以及哲学思维的进步一样，我们认为，康德对于哲学对象以及哲学之所以“高于”自然科学的理解同样也是一种哲学以及哲学思维的进步。哲学研究着我们所生活的世界（包含自然世界和道德世界）如何发生，自然科学则在已经发生的世界的事实背景之下，尤其是价值背景之下认识和探讨自然世界的本质和规律。哲学与自然科学之对象的本质差异决定着哲学与自然科学的本质差异。

① 康德. 未来形而上学导论. 庞景仁，译. 北京：商务印书馆，1982：16.

# 第三章　内在逻各斯与人类之根

在旧形而上学作为西方人的哲学对于人类之根做了第一次追问之后，康德改变了旧形而上学的世界及其本质的意义，因此，他要循着内在世界及其本质来追寻人类之根，试图通过内在世界及其本质来追问作为人类共同之根的逻各斯。那么，它的哲学的内在世界的逻各斯究竟是一种什么样的逻各斯呢？

## 第一节　内在世界的逻各斯

在旧形而上学那里，人类之根源自外在世界及其本质亦即外在世界的逻各斯；在康德形而上学这里也是一样，它解说的人类之根源自内在世界及其本质亦即内在世界的逻各斯。但是，康德的内在世界是"人为世界立法"而产生的发生世界，并且分为自然世界和道德世界两个世界，因此，康德形而上学中的作为人类之根的内在世界的逻各斯具有更为复杂的表现形式。

### 一、康德形而上学之逻各斯

康德并不像后来的哲学家海德格尔那样重视关于逻各斯的讨论，但是，这并不等于说康德形而上学中没有逻各斯的问题，更不等于说逻各斯不是康德哲学中的最为重要的问题之一。在西方哲学中，尽管逻各斯的解释纷繁复杂，但是，逻各斯本质上都被理解成那种客观上决定着包含人在内的宇宙中的万事万物的必须如此而不能如彼的普遍必然规则。由于康德的哲学中的那种客观上决定着包含人在内的宇宙中的万事万物的必须如此而不能如彼的普遍必然规则就是"人为世界立法"的"法"，因此，康德形而上学中的"法"就是康德形而上学中的"逻各斯"。

科尔布鲁克（Claire Colebrook）说道："根据海德格尔的看法，西方形而上学史被追问存在问题的方式决定着。这个开启哲学的问题是一个'根据'问题：什么是作为存在的存在？但是，这个问题一直通过一种确定的'逻各斯'的观念被追问着。"① 在她看来，正是基于主流的看法，海德格尔认为，"西方思想的传统因此已经被存在的逻辑所决定：仿佛它的呈现就是某种在场的作为基质或根据的'逻各斯'的表现，或者说就是通过某种在场的作为基质和根据的'逻各斯'来表现的。在很大程度上，这个逻各斯都被神学本体论所决定，就像存在的根据是某种更高的存在一样……然而，从笛卡尔开始，'逻各斯'变成了自我的逻辑：存在的根据成了表象的主体。这样，海德格尔坚持认为，向主体的变换和哥白尼式转向是同一表象主义的不同形式；不过，在所有的情形中，存在都表现为某种根据的在场。"② 其实，西方传统哲学（包括新旧形而上学）之"存在"概念作为世界的根据和本质，它在某种意义上就是"逻各斯"概念，因此，在不太严格的意义上，存在也可以直接被看作存在的逻各斯。但是，在严格的意义上，存在是逻各斯的载体，它与逻各斯还是有着明显的区别的。西方传统哲学一直把追问存在的逻各斯作为自己的使命，因此，存在与逻各斯决定着西方的思想传统。如前所述，近代社会以来，也就是说，从笛卡尔开始，存在成了主体的存在，逻各斯也转向了主体的逻各斯，它表现为主体的逻辑，并采取了表象主义的形式，康德的经过"哥白尼式革命"转向之后的逻各斯像笛卡尔的自我的逻各斯一样也采取了表象主义的形式。

然而，由于康德把世界看成人为之立法的世界，所以，在他那里，主体的逻各斯的表现形式与笛卡尔的主体的逻各斯的表现形式并不完全一样。他的主体的逻各斯除了主体的"法"（逻各斯）的表现形式之外，也就是说，除了"人法"（给予的法）的表现形式之外，还是（通过立法的贯彻）内在世界的"法"（逻各斯），也就是说，还有一种"世界之法"（接受的法）的表现形式。

## 二、"给予的法"与"接受的法"

在康德的形而上学中，人作为"我思"，他是给世界立法的表象主体，

① Colebrook C. Philosophy and Post-Structuralist Theory：From Kant to Deleuze. Edinburgh：Edinburgh University Press，1999：53-54.

② 同①54.

他凭借自己的纯粹的理性授予世界以一种法则。因此，人的理性先天地就是具有某种法则的立法理性。立法理性的法就是先天存在于人之理论理性中的时空形式和知性范畴，以及先天存在于人之实践理性中的道德法则。当然，先天存在于人的理性中的“法”并非某种现成存在着的东西，而是某种在运用于内在世界时方能表现出来的一种条件。例如，知性范畴并不像唯理论哲学家的天赋知识一样是一种现成存在着的知识，它甚至不是任何现成的东西，它仅仅是认识发生之时必然会出现的先验认识形式，假如没有实际的认识过程，它什么也不是。尽管如此，康德形而上学中的先天存在于人的理性中的“法”依然是一种先于内在世界（作为现象世界的自然世界和作为本体世界的道德世界）并且使内在世界成为可能的“法”。因此，在康德的哲学中，“法”亦即“逻各斯”首先表现为一种先天存在于人的理性之中的“给予的法”，亦即“给予的逻各斯”。

“给予的法”是给予内在世界使其成为内在世界的“法”，它是使内在世界成为世界的关键条件，因为内在世界必须是一个具有“法”亦即“法则”的世界。这样一来，在康德的形而上学中，除了这种先于内在世界的“给予的法”亦即“给予的逻各斯”之外，还有另外一种“法”，它就是内在世界接受“给予的法”之后而形成的内在世界的“法”，也就是说，它是“给予的法”在内在世界中的贯彻或内在世界对于“给予的法”的接受，所以，我们将其称为“接受的法”。根据康德的认识理论，“物自体”的刺激产生的经验质料若没有人类理性的先天之“法”亦即认识形式的过滤和整理，它们就是一堆不能感知的杂乱无章、毫无秩序的因而根本不能看作“世界”的东西。正是人类通过“人为自然立法”把认识形式这一“给予的法”亦即“给予的逻各斯”给予了这些杂乱无章、毫无秩序的经验质料，才使经验质料成为有着内在规律与规则的秩序井然的作为现象世界的自然世界。通过如此路径产生出来的自然世界其实包含了两个部分的内容，除了经验质料之外，便是先天形式，并且正是先天形式使得经验质料有了井然的秩序。尽管作为认识形式的“法”或“逻各斯”来源于“给予的法”亦即“给予的逻各斯”，但是，它在这时却体现在了自然世界之中，成了自然世界之中的被给予的“接受的法”亦即“接受的逻各斯”，也就是说，它成了自然世界中的自然的必然性。此外，尽管康德没有明确论及若没有道德法则的话道德世界中的人是否就是杂乱无章、毫无秩序的人，但是，他实际上却应具有这样的思想。根据康德的理解，人之出于感性动机（爱好）的行为是具有个人主观目的的个别行为，这种行为是偶然的不能普遍化的行为，在人的社会或者说道德世界中，若人人都以感性爱好为动机，那么，这个社会就会缺乏统一的普遍协调机制，正是人类通过“人为自己立法”把道德法则这一“给予的法”亦即“给予的逻各斯”给予了这些杂乱无章、毫无秩序的感性个人，才使感性个人组成了具有内在规律和规则的秩序井然的作为本体世界的道德世界。通过这一路径产生出来的道德世界也包含了两个部分，除了感性个人之外，便是先天形式，并且正是先天形式使得感性个人有了井然的秩序。同样，作为道德法则的“法”或“逻各斯”虽然来源于“给予的法”亦即“给予的逻各斯”，然而，它在这时却体现在了道德世界之中，成了道德世界之中的“接受的法”亦即“接受的逻各斯”，也就是说，它成了道德世界中的自由的必然性。

因此，在康德的哲学中，“法”包含了“给予的法”和“接受的法”，“逻各斯”包含了“给予的逻各斯”和“接受的逻各斯”。无论是“给予的法”还是“接受的法”，无论是“给予的逻各斯”还是“接受的逻各斯”，都是围绕“内在世界”而呈现的“法”或“逻各斯”。“给予的法（逻各斯）”是通过内在世界体现并且决定内在世界的“法”或“逻各斯”，没有内在世界，它就无从显现；“接受的法（逻各斯）”是内在世界决定生活于内在世界中的人的“法”或“逻各斯”，没有内在世界，生活在内在世界中的人就没有自己的根。从人类的纯粹理性来说，所有的逻各斯都是源自人类理性的逻各斯，并且“接受的逻各斯”来自“给予的逻各斯”，因此，所有的逻各斯实质上是同一种逻各斯；从人类理性之思辨运用和实践运用两种不同的运用来说，康德的逻各斯还可进一步分为人之理论理性的运用（“人为自然立法”）以及作为其结果的自然世界的逻各斯和人之实践理性的运用（“人为自己立法”）以及作为其结果的道德世界的逻各斯。因此，在康德的哲学之中，内在世界的本质作为人类之根其实就是“给予的法”作为人类之根，由于“给予的法”是人类立法理性给予的法，所以，我们还可以进一步认为，人类的立法理性（通过“给予的法”）才是人类之根。

## 三、逻辑形式与道德法则

### 1. 逻辑形式

自然世界的逻各斯，从“给予的法”的角度看，是人类纯粹理性先天具有的认识形式，当它作为认识形式给予了自然世界并且成为自然世界之逻各斯时，它则表现为自然的必然性。由于自然的必然性来自纯粹理性的先天认识形式，所以，自然世界的必然性归根到底是纯粹理性的认识形式的一种体现。由于康德那里的人类理性（理论理性）之先天的认识形式（除了时间和空间两种纯粹直观形式之外）只是一种逻辑形式，因此，自然世界的逻各斯，无论是从“给予的法”来看还是从自然世界的自然必然性来看，都是一种逻辑形式。其实，康德自然形而上学中的这种作为逻辑形式的逻各斯，是对于西方传统形而上学中的旧形而上学逻各斯思想的一种直接继承。

根据旧形而上学对于逻各斯的理解，逻各斯归根到底是外在世界的逻各斯，它包括外在物质世界的规律、外在精神世界的理性以及作为无限实体亦即上帝的“命令”，并且，这些逻各斯其实都是一种具有普遍必然性的“规则”（理性）。由于人是外在世界的产物，所以，人的本性也是逻各斯，逻各斯在人身上体现为“人的理性”。外在世界逻各斯（理性）与人的理性的本质一致性使得人的理性是认识外在世界的逻各斯以便获得真理的工具，它能直接通过自己的理性认识逻各斯从而把握真理。因此，从巴门尼德和亚里士多德以来，逻各斯就具有了真理、逻辑的含义。所以，穆里茨说道：“‘逻辑’一词导源于逻各斯，按其广义与逻各斯一词的复杂意义是一致的。”① 根据康德新形而上学的解释，逻各斯归根到底是内在世界的逻各斯。与旧形而上学的逻各斯相比，康德把旧形而上学的外在世界的逻各斯转换成了他的新形而上学的内在世界的逻各斯，并因此出现了两个方面的独特之处：其一，内在世界（作为自然世界的内在世界）的逻各斯以人之纯粹理性的逻各斯为其源泉，因此，尽管人的理性（作为具有逻各斯的理性）与内在世界的逻各斯相互之间必然一致，但是，它们之间的一致不是由于人的理性产生于内在世界而是由于内在世界产生于人的理性。其二，“人为自然立法”的过程既有认识论的意义（认识自然世界）也有存在论的意义（建构自然世界），因此，人的理性（逻辑）既是认识世界的工具又是建构世界的工具。正因为如此，康德把自己的作为逻各斯的“知性范畴”看成“先验逻辑”的讨论对象。在他看来，尽管他的先验逻辑与亚里士多德的逻辑一样属于纯粹理性（先天）的逻辑科学，但是，亚里士多德的逻辑是一种形式逻辑，它只研究思维的形式（表象、概念等等相互连接的方式）而不研究思维的内容，它的任务只是论述思维在形式上是否正确的规律、规则、标准和方法，因此，它只是真理（真理总与某

① 穆尼茨. 当代分析哲学. 吴牟人，等译. 上海：复旦大学出版社，1986：8.

种经验内容存在一定的关系）的消极条件；他的先验逻辑则不相同，它不仅研究思维的形式而且还把这些思维形式运用于经验内容，它不仅关注思维形式而且关注它与对象的关系，因此，它是真理的逻辑。先验逻辑作为真理的逻辑，除了它研究思维形式的内容之外，最为关键的地方在于：它研究如何把思维形式应用于经验质料，使之不仅成为具有普遍必然性的科学知识，同时成为具有普遍必然性的现象世界。“逻辑是世界被给予的方式。逻辑不是能够直觉到的外在世界的秩序，而是主体给予秩序和统一的能力。”① 正如科尔布鲁克所说：逻辑从亚里士多德到康德的“……进步的可能性仅仅在于……逻辑的理想能被转向关于世界的问题，而不仅仅是判断的问题”②。

这样一来，康德就在继承笛卡尔之“自我”的基础上，通过把自己的主体提升为给予世界以自然的必然性的主体，把自然世界的本质变成了一种逻辑体系。

**2. 道德法则**

道德世界的逻各斯，从“给予的法”的角度看，是人类实践理性先天具有的道德法则，并且，它还作为道德法则具体体现在人类实践理性通过自己的立法作用所建构的道德世界之中，成为自由的必然性。表面看来，康德的道德法则作为逻各斯在西方哲学历史上的重要性远远不如他的逻辑作为逻各斯的重要性，甚至按照西方形而上学的一贯传统，道德法则能否成为逻各斯都成问题，但是，我们认为，由于他的道德法则实质上是社会（作为一个世界亦即道德世界）中的决定所有个人必须如此而不能如彼的普遍必然的规则，所以，它不仅应该属于逻各斯，而且，在康德的哲学中，它作为康德首次提出的道德世界的逻各斯而应比康德的关于“逻辑的逻各斯”具有更为重要的地位。

尽管康德的道德法则有着类似于旧形而上学外在世界之逻各斯（以及康德自己的作为逻辑的逻各斯）的共同性质，即：它是一种人与世界（道德世界）共有因而也相互一致的普遍必然性，但是，康德的道德法则作为康德首次提出并且给予道德世界的逻各斯，它的更大的特色却是它的特殊性：就它体现了人与世界的相互一致来说，它是人的实践理性与道德世界

---

① Colebrook C. Philosophy and Post-Structuralist Theory：From Kant to Deleuze. Edinburgh：Edinburgh University Press，1999：28.

② 同①.

之间的相互一致；就它属于一种普遍必然性来说，它虽然作为一种逻各斯必然地制约着道德世界中的每一个人，并且使整个道德世界具有自己的秩序从而成为道德世界，但是，它是一种自由的必然性，作为一种自由的必然性，它并不能像自然的必然性那样毫无例外地制约着每一个人，它只能以“应该”（绝对命令、责任、义务）的方式制约着每一个人。自由的必然性（自由律）是一种应然的必然性（规则）。不过，它的应然性不仅没有降低它的重要性，反而提升了它的重要性，因为它表明了人区别于物的独特性和崇高性。

## 四、康德形而上学之逻各斯的实质

在逻各斯的实质意义上，康德形而上学大致继承了旧形而上学之逻各斯的实质的思想，这就是说，它一方面继承了旧形而上学关于逻各斯之实质的理解，另一方面又超越了旧形而上学关于逻各斯之实质的理解，并且赋予它以新的时代意义。

我们先来分析在逻各斯实质的问题上康德的逻各斯对于旧形而上学的逻各斯的继承。根据我们前面对于康德新形而上学之逻各斯的分析，他的逻各斯可以从两个方面理解：其一，从“给予的法”和“接受的法”的方面理解。从“给予的法”的角度看，它是人类理性的立法形式；从“接受的法”的角度看，它是人类理性立法形式在内在世界中的体现，也就是说，它是内在世界的本质。就此而言，康德的逻各斯的实质就是“理性”。其二，从“逻辑形式”和“道德法则”的方面理解。从“逻辑形式”的角度看，它作为人类理性在思辨的运用过程中的“给予的法”是人类理性的纯粹认识形式，它作为自然世界中的“接受的法”是自然的必然性；从“道德法则”的角度看，它作为人类理性在实践的运用过程中的“给予的法”是人类理性的纯粹道德法则，它作为道德世界中的“接受的法”则是自由的必然性。就此而言，康德新形而上学中的“逻辑形式”和“道德法则”（并且无论作为“给予的法”还是作为“接受的法”）归根结底都是“理性”。我们知道，旧形而上学的逻各斯的实质就是理性，现在，既然康德新形而上学的逻各斯（无论从什么角度理解）的实质也是理性，因此，在逻各斯的实质的问题上，他完全继承了旧形而上学的观点。

我们再来分析在逻各斯实质的问题上康德的逻各斯对于旧形而上学的逻各斯的超越。我们在前面分别从“给予的法”和“接受的法”与“逻辑形式”和“道德法则”两个角度讨论了康德的逻各斯。从第二个方面亦即

“逻辑形式”和“道德法则”的方面来看，尽管康德分别从“逻辑形式”和“道德法则”两个角度提出逻各斯的做法似乎不同于旧形而上学，但是，由于旧形而上学在实质上把真与善统一了起来，也就是说，由于它的逻各斯作为理性的逻各斯在实质上已经既包含了“逻辑形式”又包含了“道德法则”，所以，除了康德把“真”与“善”分离开来这一点具有新意之外，康德对逻各斯实质的理解与旧形而上学的理解并无不同。因此，在逻各斯实质的问题上，康德的真正超越之处表现在他对第一个方面（“给予的法”和“接受的法”的方面）的理解中。在旧形而上学那里，作为最终的人类之根的逻各斯（理性）是外在世界自身的逻各斯，人作为理性的人是被世界、逻各斯决定的人；在康德的新形而上学那里，从人是“给予的法”的主体的角度看，作为最终的人类之根的逻各斯（理性）是人的主体给予的法，人作为理性的人是立法或给予世界、逻各斯的人。这一区别使得人与世界、逻各斯的关系有了一个根本颠倒：尽管理性作为逻各斯的本质依然是理性，但是，康德把被世界、逻各斯决定的人的理性转换成了决定世界、逻各斯的理性，它体现了西方近代哲学之“主体性的崛起”的时代精神。正因如此，康德哲学才有了作为“给予的法”的逻各斯。除此之外，在康德的新形而上学中，在人与世界、逻各斯的关系上，从“接受的法”的角度看，也还保留了某种与旧形而上学相一致的观点，即：人作为生活于内在世界“之中”的理性的人，他的理性依然被世界的逻各斯决定着。尽管这一“超越”中的“保留”是康德新形而上学中的一个重要内容，但在人们热衷于主体性崛起的近代社会中，它并不十分被人重视。

## 第二节　内在逻各斯与人类的本性

正如旧形而上学的外在世界及其本质决定着人的本质并且进而构成了人类之根一样，在康德的新形而上学中，他的哲学的内在世界之本质同样决定着人的本质并且进而构成了人类之根。但是，由于康德形而上学的世界不是旧形而上学的外在世界而是人的理性为之立法的内在世界，以及由于康德形而上学的世界本质不是外在世界的逻各斯而是人的理性为之立法的内在世界的逻各斯，因此，康德形而上学中世界及其本质决定人的本质从而成为人类之根的现象，又有着自己的特殊性。

## 一、“立法之人”和“执法之人”

内在世界是人实际生活于其中的世界，毫无疑问，内在世界的本质构成了人类之根。但是，内在世界意味着它是一个“人为世界立法”之结果的世界，因此，在它之前，还有一个更为原始、更为根本的“人”作为人类之根。这个作为人类之根的“人”就是先验的作为立法的主体。“如果我（先验地）想象自己是一个自律的、给予法则的主体，那么我立即在一般主体性的意义上把我展现出来。”① “只有在不是被决定的经验性存在的可能性的意义上，我才能把行为看成正当的，只有认识到这个‘人格’我才能展示非感性的根源或任何感性存在的‘根’。”② 这样一来，我们便碰到了这样的问题，即：人是人的更为原始的人类之根。为此，我们先来讨论康德哲学的“立法之人”和“执法之人”，他们分别构成了“给予的法”和“接受的法”的主体。

在康德的形而上学中，人具有双重身份，他既是“立法的人”又是“执法的人”。作为“立法的人”，人是“给予的法”的主体，他是世界的根源和创造者，他把自身的理性所固有的先天法则给予了内在世界，从而使得内在世界成为“世界”。这就是说，人不仅把自己理性所固有的认识形式亦即知性范畴（它是一种纯粹理论或思辨理性的能力）作为“法则”给予了经验质料，使得作为现象世界（经验世界）的自然世界得以“发生”；他同时还把自己理性所固有的道德立法形式亦即道德法则（它是一种纯粹实践理性的能力）作为“法则”给予了道德领域，使得作为本体世界（超验世界）的道德世界得以“发生”。作为“执法之人”，人是“接受的法”的主体，他（通过“人为世界立法”）是内在世界的产物和生存者。他生活在内在世界之中，作为有着与内在世界之本质相互一致的本性的人遵循着内在世界的法则，既作为生活于自然世界中的人遵循着自然世界的必然律，也作为生活于道德世界中的人遵循着道德世界的自由律。因此，在康德的形而上学中，人同时具有双重身份，他既是世界的根源又是世界的产物，既是给予世界法则的人又是遵循世界法则的人。正如克莱尔·科尔布鲁克所说：“根据康德的观点，我不仅仅‘生活’在我的世界之中；

① Colebrook C. Philosophy and Post-Structuralist Theory：From Kant to Deleuze. Edinburgh：Edinburgh University Press，1999：50.

② 同①.

就我对我自己表象一个世界来说，我通过某种表象形式——时间、空间、概念、范畴等等，我有一个世界。"[①] 人的双重身份同时体现在人的身上，使人同时既是人类之根又是以人类之根为基础的人。

正如"给予的法"和"接受的法"都与内在世界密切相关一样，人作为"立法之人"和"执法之人"也与内在世界不可分离。作为"立法之人"，他若不处于给世界立法的行为中就不是"立法之人"，他作为"立法之人"必须依赖内在世界而存在；作为"执法之人"，他所执行的就是内在世界的法，没有内在世界之法他就不是"执法之人"。因此，经由内在世界，人给自己立法并且自己执行，人既是人类之根又是以人类之根为基础的人。当人承担人类之根的角色时，他不得不承担这一角色，也就是说，他不能不处于认识之中，一旦处于认识之中，他就必须运用知性范畴，他不可能不运用知性范畴就能进行认识活动并为自然立法；他也不能不处于实践之中，一旦处于实践之中，他就必须运用道德法则，他不可能不运用道德法则就能进行道德活动并为自己立法。当人作为以人类之根为基础的人时，他却具有选择自由，也就是说，他可以选择执法，但也可以选择不执法。例如，人在自然世界中生活的时候，尽管自然的必然性决定着他，但是，他可以为了道德法则违背自然的必然性，为了"德性"牺牲"幸福"；反之，人在道德世界中生活的时候，尽管自由的必然性决定着他，但是，他也可以为了自然规律违背自由的必然性，为了"幸福"牺牲"德性"。

问题在于：我们究竟应该从哪个角度去理解人的本性呢？也就是说，我们究竟是应该从人类之根亦即"立法之人"的角度去理解人的本性呢，还是应该从以人类之根（从而也以内在世界及其本质）为基础亦即"执法之人"的角度去理解人的本性呢？我们认为，人主要是"执法之人"，也就是说，我们应该从"执法之人"的角度去理解人的本性。理由在于："立法之人"是给予人类之根的人，而我们要探讨的人则应该是承接人类之根的人，这就是实际生活于世界之中并受世界规律支配的人。我们要追问的是他立足于他的本性（它决定于人类之根）的普遍的价值追求，以及决定于他的普遍价值追求的应然的生活方式，这种人正是"执法之人"。康德本人把"人是什么"的问题作为自己哲学的总的问题，这种人作为

---

① Colebrook C. Philosophy and Post-Structuralist Theory：From Kant to Deleuze. Edinburgh：Edinburgh University Press，1999：28.

“能够认识什么”、“应该做什么”和“可以希望什么”的人，其实就是生活于世界中的“执法之人”。所以，我们在分析人的本性时仅仅分析以内在世界之本质亦即逻各斯为根的人的本性，也就是说，主要分析“执法之人”的本性。

此外，需要强调的是：在现实的生活中，人不可能站在世界之外作为单纯意义上的“立法之人”。但是，笛卡尔的推出世界（客体）的自我和康德的创造世界的自我（立法之人），都似乎是某种站在世界之外的某个地方的人。这一倾向既是西方近代主体性崛起的原因，也是西方近代主体性崛起的产物，它更构成了西方近代主体性崛起的基本特色。尽管这一倾向具有进步的近代意义，并对西方的近代社会甚至现当代社会都产生了重要的影响，但是，人不在实际的世界之中依然是一种无法自圆其说的理论缺陷。

## 二、人的感性存在与理性存在

人作为“执法之人”是生活在内在世界中的人。内在世界包含自然世界和道德世界，尽管人的立法理性（法）决定着内在世界的本质并构成了内在世界的逻各斯，但是，人作为生活于内在世界中的人，他的本性还是直接决定于内在世界的本质（逻各斯）。不仅如此，正如我们在讨论传统形而上学的人的本性时所说的那样，从宽泛的角度看，人的本性除了取决于世界本质（逻各斯）的内容之外，还包含了取决于世界非本质成分的感性内容。

### 1. 人的感性本性

康德的自然世界是一个作为现象的感性世界。在这样一个感性的世界之中，人们服从自然的必然性，按照自然的必然性而生活。根据自然的必然性，人是肉体的人，作为肉体的人他具有感性的本性，他必须通过满足自己的物质需要来实现自我保存。因此，人的感性本性也就是竭尽全力满足自己的感性欲望，保存自我，追求幸福的本性。康德曾经认真研究了人的感性欲望，他把一切爱好的结合称为“自私”，并且指出自私包括“自爱的自私”和“称意的自私”两种形式。“自爱的自私”就是关爱自身超出他人，“称意的自私”就是对自己感到满意。康德又进一步把“自爱”称为“自矜”，并把“称意”称为“自大”。康德深深知道人作为感性的人，人的感性欲望的对象对于人的重要意义，他说：我们首先会不由自主地用欲求能力的质料（爱好的对象）从病理学上规定自己，“力图使其要求预先地并作为第一的和本源的要求发生效力，就好像这构成了我们的整个自己一样”[①]。并且，康德并不一般地反对感性欲望，在他看来，人的爱好若在可容忍的范围内，它的满足叫作自身幸福，幸福应是有德性的人的配享对象，所以，“……纯粹实践理性并不要求人们应当放弃对幸福的权利，而只是要求只要谈到义务，就应当对那种权利根本置之度外。就某种观点来看，照顾自己的幸福甚至也可以是义务：一方面是因为幸福（灵巧、健康、财富都属于此列）包含着实现我们义务的手段，另一方面也是因为幸福的缺乏（如贫穷）包含着践踏义务的诱惑”[②]。因此，根据康德的形而上学，在人的本性中，感性应该是一个重要的方面。

**2. 人的理智理性**

康德认为人作为生活在感性世界中的一种具有感性本性从而追求感性欲望的人，他会全力以赴地去追求自己的感性欲望（爱好）的对象。他曾说道：“人就他属于感官世界而言是一个有需求的存在者，在这个范围内，他的理性当然有一个不可抗拒的感性方面的任务，要照顾到自己的利益，并给自己制定哪怕是关于此生的幸福、并尽可能也是关于来生的幸福的实践准则。”[③] 然而，他接着说道：“但人毕竟不那么完全是动物，面对理性只是用作满足自己作为感性存在者的需要的工具。因为如果理性只应当为了那本能在动物身上所做的事情而为他服务的话，那么他具有理性就根本没有将他在价值方面提高到超出单纯动物性之上；这样理性就会只是自然用来装备人以达到它给动物所规定的同一个目的的一种特殊的方式，而并不给他规定一个更高的目的……也就是不仅仅要把那本身就是善的或恶的、且惟一只有纯粹的、对感性完全不感兴趣的理性才能判断的东西也一起纳入到考虑中来，而且要把这种评判与前一种评判完全区别开来，并使它成为一种评判的至上条件。”[④] 在上述两段话中，康德提到了一种“理性”概念，他把这种理性理解成一种理智（智慧、聪明），认为人是具有这种“理性”的人。具有这种理性的人能把自己的理性作为一种工具，用它来照顾人的自我利益和关注人的此生甚至来生幸福。康德非常看重人的理智理性对于人的幸福的重要作用，他说：“……凡是带来真实而持久的好处的东西，如果要把这好处扩延到整个一生的话，都总是包藏在难以穿

① 康德．实践理性批判．邓晓芒，译．杨祖陶，校．北京：人民出版社，2003：102.

② 同①127.

③ 同①84.

④ 同①84.

透的黑暗中，并要求有很多聪明来使与之相称的实践规则通过临时应变的例外哪怕只是勉强地与人生的目的相适应。”① 显然，在康德的人的本性中，“理性”亦即理智理性应该是除了人的感性本性之外的另外一个重要方面。

**3. 人的道德理性**

康德的道德世界是一个作为本体的知性世界。知性或理性世界作为一个“立法之人”通过自己的道德法则制约人的感性欲望和感性爱好的世界，它是一个人的实践理性面对的世界。在这样一个知性世界之中，人们服从自由的必然性，按照自由的必然性而生活。根据自由的必然性，人作为有理性的人就是遵循自由的必然性的理性的人，他的本性就应该是竭尽全力满足自己的理性追求，把道德法则作为自己的绝对命令和行为动机，并把遵循道德法则看成自己的责任和义务。显然，康德这里所说的理性是一种道德理性，在我们前面所引用的两段话中也曾提到了这种“理性”。根据我们前面所引用的两段话：除了他所说的人的工具理性之外，还有另外一种“理性”，这另外一种理性就是应该给人的理智理性规定的更高目的。根据康德的观点，这种“理性”是一种“对感性完全不感兴趣”的“理性”，它“不仅仅要把那本身就是善的或恶的、且惟一只有纯粹的、对感性完全不感兴趣的理性才能判断的东西也一起纳入到考虑中来”，而且要把这种评判与那种基于感性欲望和感性爱好（利益和幸福）的“评判完全区别开来，并使它成为一种评判的至上条件”。因此，在人的本性中，“理性”亦即道德理性应该是除了人的感性本性和理智理性之外的又一个重要方面。

**4. 人类之根与人的本性**

我们看到，根据康德的形而上学，人的本性包含了三种，即：感性的本性、理智的理性和道德的理性。更为准确地归纳，我们则可以说，康德的形而上学中阐述了两种人的本性，即：感性的本性和理性的本性，并且，在人的理性的人性中，包含了理智（工具）的理性和道德（目的）的理性。我们认为，无论康德哲学中的感性的人性还是康德哲学中的理性的人性都与作为人类之根的人类理性先天具有的“给予的法”或“给予的逻各斯”密切相关，并且直接地取决于内在世界及其本质或逻各斯。就理性的本性来说，康德哲学中所说的人之理智理性的本性归根到底源自人类思

---

① 康德．实践理性批判．邓晓芒，译．杨祖陶，校．北京：人民出版社，2003：49.

辨理性中的先天的“认识形式”，它通过感性世界中的本质或逻各斯使得人成为具有理智理性的人；康德哲学中所说的人之道德理性的本性归根到底源自人类实践理性中的先天的“道德法则”，它通过知性世界的本质或逻各斯使得人成为具有道德理性的人。至于人的感性的本性，它则源自感性世界中的质料内容。我们知道，感性世界是人的先天知性范畴（作为认识形式和世界的逻辑形式）和外在物体刺激所引起的感性材料（作为认识质料和世界的质料内容）相互结合的产物：从质料出发，人是肉体的人，他一定具有感性欲望，他需要自我保存和感性幸福。此外，从形式出发，人则会通过自己的理性（理智或工具理性）来服务于自己的自我保存和感性幸福。

## 三、康德形而上学之本质的人性

尽管康德既谈到了人的感性本性又谈到了人的理性本性，甚至进一步探讨了人的理智理性的本性和道德理性的本性，但是，从实质上说，康德认为人的本质的人性是人的理性，特别是人的道德理性。在他看来，人的理性，特别是道德理性才是人性的实质，唯有理性，特别是道德理性才是人之为人的标志。

### 1. 人的感性与人的理性

既然康德承认人的欲望与幸福的某种合理性，那就意味着他承认人性中有感性的内容。但是在他看来，就追求感性欲望和幸福而言，人与动物并无区别，因为人的感性追求其实只是一种本能行为。人作为人，他应独立并且高于动物，人类独立并且高于动物的根本特征在于人的理性。人若有了理智理性，他就能够采取一种不同于动物的方式来追求自己的爱好对象，满足自己的感性利益和幸福；人若有了道德理性，他就能够摆脱爱好对象的束缚，甚至牺牲感性利益和幸福，从而表明人与动物不同，他是能够自律并且能够承担道德责任的自由主体。因此，真正说来，只有理性才是人的本性，它应该是人性中更为本质的内容。所以，康德并不真的认为真正的人性之中包含了任何来源于感性经验的成分。他说：“人性，一般说来，作为每人行为最高界限的理性本性是自在目的这一原则，不是从经验取得的。首先，由于它的普遍性，它适合于一切有理性的东西，这一点经验是不能做到的。其次，由于在这里，人性不是主观地被当作人实际上作为目的的对象，而是被当作作为规律而成为一切主观目的之最高条件，被当作客观目的，不管我们所想的目的是什么：所以它只能来自纯粹理性。"①

**2. 工具理性与目的理性**

在康德那里，在人的理性本性中，道德理性与理智理性的关系是一种目的理性与工具理性之间的关系。道德理性是一种"自律"（自由）的理性，它意味着人作为理性的人仅仅服从自己所颁布的道德法则，也就是说，它意味着人作为具有道德理性的人完全无须服务于任何外在目的，换句话说，它是自由的，它自身就是目的，所以，它是一种目的理性。与此不同，人的理智理性作为"服务"于人的利益和幸福的理性，它是一种"工具理性"。由于道德理性才是目的自身，理智理性主要是一种工具，所以，相比于理智理性而言，道德理性更是人之所以为人的根本特征，它是人性中最为本质的人性，它是人性的实质。假如我们只能用一种理性来界说人的本质本性的话，那么，它就是道德理性。

因此，尽管我们反复强调"理性"是人区别于动物的根本标志，但是真正说来，只有人的道德理性才是人区别于动物的根本标志。正如康德在前面的引文中所说的："人毕竟不那么完全是动物"，"人若仅仅因为如果理性只应当为了那本能在动物身上所做的事情而为他服务的话，那么他具有理性就根本没有将他在价值方面提高到超出单纯动物性之上"。因此，康德指出，上帝选中人并且赋予他以理性来实现自己的意图，它的目的不是幸福而是道德，"假如在一个既有理性，又具有意志的东西身上，自然的真正目的就是保存它，使它生活舒适，一句话就是幸福，那么，自然选中被创造物的理性作为实现其意图的工具，它的转折安排也就太笨拙了。因为被创造物为达此目的全部行动，它所作为的全部规则，如果是有本能来规定的话，对它来说，要比由理性来规定更加适宜，更有把握来达到目的"②。正因为如此，上帝选中人并且赋予他以理性所要实现的意图才另有所在：它就是德性、善和至善。所以，"同时我们应该承认，不愿过高估计理性对生活幸福和满足的好处……在这种意见背后实际上包含着这样一种思想，人们是为了另外的更高的理性而生存，理性所固有的使命就是实现这一理性，而不是幸福，它作为最高的条件，当然远在个人意图之

① 康德. 道德形而上学原理. 苗力田，译. 上海：上海人民出版社，1986：83.

② 同①44.

上”①。因此，人，只有作为具有道德理性的人，才能完全摆脱外在的自然的必然性而仅仅服从自己内在的自由的必然性而成为自由的人，也就是说，成为完全凌驾于动物王国之上的人。

我们曾说，康德把彻底摆脱了整个自然的机械作用的自由和独立的人称为“人格”。所以，他把人格看成理性存在者的一种标志，指出：“……这个存在者服从于自己特有的、也就是由他自己的理性给予的纯粹实践法则，因而个人作为属于感官世界的个人，将它同时又属于理知世界而言，则服从于他自己的人格。”② 他进一步指出：“这就不必奇怪，人作为属于两个世界的人，不能不带有崇敬地在与他的第二个和最高的使命的关系中看待自己的本质，也不能不以最高的敬重看待这个使命的法则。”③ 人格作为人摆脱了整个自然的机械作用的自由和独立的人，其实就是摆脱了感性欲望而仅仅按照理性本性行事的人的崇高品格，它体现了人的本性的崇高性，它应该就是人的本性中的神圣品格，甚至是人性中的接近神性的部分。所以，康德指出：“这个激起敬重的人格理念让我们看见了我们本性（按其使命而言）的崇高性。”④

我们发现，康德人性论中关于人的两种理性（理智或工具理性与道德或目的理性）本性的思想其实正是传统形而上学所持有的关于人之本质人性的两种观点，并且一般来说，“典型的形而上学”更倾向于把道德或目的理性看成人的本质本性，“离异的形而上学”则更倾向于把理智或工具理性看成人的本质本性。康德作为一个归根到底站在典型的形而上学（唯理论）立场上的哲学家，他像典型的形而上学哲学家一样把道德或目的理性看成人的本质本性。当然，在西方近代主体性崛起的氛围之中，绝大多数哲学家更加热衷于在不排斥道德或目的理性的情形下更多地从理智或工具理性的角度来思考人的本性。

## 第三节　理性之人的价值追求

人类之根决定着人是理性的人，尤其是具有道德理性的人，既然如

① 康德. 道德形而上学原理. 苗力田，译. 上海：上海人民出版社，1986：45.
② 康德. 实践理性批判. 邓晓芒，译. 杨祖陶，校. 北京：人民出版社，2003：118-119.
③ 同②.
④ 同②119.

此，那么人就应该像理性的人主要是具有道德理性的人那样活着，从而回到自己的人类之根。换句话说，人类之根是一种内在世界的本质或“逻各斯”（普遍性），它构成了人类的普遍本性，人如人所是地活着就是把这种作为“逻各斯”和人的普遍本性当作一种“普遍的”价值追求，尤其是把道德法则作为自己行为的唯一动机。

## 一、人所追求的普遍价值目标：德性以及幸福

人的本性包含了感性欲望和理性要求两个方面，尽管理性要求是人的本质本性，它使人成为人并且把人与动物区别开来，但是，人的感性本性并非是应该完全忽视的对象，人的感性欲望在一定的条件下也应该得到满足。因此，康德主张：尽管人有德性是一个人作为人的先决条件，但是，人有幸福也应该是一个人作为人的应有的附加结果。不仅如此，他还进一步把人有德性并且在有德性的基础上配享幸福看成人应该追求的最高人生目标，他用“至善”来表达这一目标。因此，在康德的哲学中，人应该追求的普遍价值目标不仅包含了与人的理性本性（主要是道德理性的本性）相一致的德性，而且包含了与人的感性本性相一致的幸福。但是，正如感性必须服从理性一样，幸福必须服从德性，只有有德性的人才有享受幸福的“资格”。康德把人“有德性地”享受幸福作为自己哲学倡导的人应该追求的普遍价值目标之一，表明康德作为典型的形而上学家，尤其是作为一个典型的道义论哲学家虽然始终不渝并且立场坚定地坚持自己的哲学（伦理学）立场，即把幸福排除到道德理论之外，但是，作为西方近代哲学的一个代表，特别是作为西方近代主体性哲学的集大成者，他不可能不去关注幸福问题，并以某种他能容忍的方式让人能有追求幸福的正当权益。

我们不禁要问：既然感性幸福都能在一定的条件下成为人应该追求的普遍价值目标，难道作为理性生活的理智生活反倒不能成为人应该追求的普遍价值目标吗？我们认为，在康德那里，理智生活也应该成为人应该追求的普遍价值目标的重要内容。在前面关于人的本性的讨论中我们已经发现，人的理智理性是一种能服务于人的感性幸福的工具，因此，它也是实现人应该追求的普遍价值目标（德性与幸福）的条件。当然，它应该在人配享幸福的基础上帮助人去实现幸福。由于理智理性在实现人应该追求的普遍价值目标中具有条件作用，所以，遵循人的理智理性之本性的生活也是人应该追求的普遍价值目标，换句话说，它也应该是人应该追求的普遍

价值目标中的重要内容。

尽管我们能把理智生活作为人应该追求的普遍价值目标，并在一定的意义上把感性幸福也作为人应该追求的普遍价值目标，但是，由于人的本质本性仅仅是人的理性并且主要是道德理性，特别是幸福只是德性配享的对象，因此，人应该追求的普遍价值目标的根本内容其实只是德性或遵循道德理性的生活。

## 二、人追求普遍价值目标的特征：前进中的回归

内在世界的本质（逻各斯）作为人类之根归根到底是人作为“立法之人”的“给予的法”作为人类之根，而“给予的法”本质上属于“理性”之法，因此，人作为理性的人向人所追求的普遍价值目标的前进，其实意味着人作为“执法的人”（道德世界中的执法之人，下同）向人作为“立法的人”（道德世界中的立法之人，下同）的回归。

人作为“立法的人”原本就是作为“执法的人”，根据康德的理解：人若作为“立法的人”就是具有道德理性的人，他的意志就是道德法则的立法意志，只是形式上要求人应该遵循自己的立法意志所立的“法”；人作为“执法的人”（生活于世界之中的人）乃是具有理性的同时也有感性的人，它可以执行道德法则也可以不执行道德法则。因此，尽管作为“立法的人”原本就是作为“执法的人”，但是，人作为立法者的人的意志与人作为执法者的人的意志并不必然统一。人作为“执法的人”若要遵循道德法则，他的意志就能统一于他作为立法者的意志；人作为“执法的人”若不能遵循道德法则而去追求物质利益和感性幸福，他的意志就会远离甚至违背他作为立法者的意志。

康德关于“德性王国”立法成员与臣民的分析其实表明的正是这个道理。他说：“我们虽然是一个通过自由而可能的、由实践理性推荐我们去敬重的德性王国的立法的成员，但同时还是它的臣民，而不是它的首领，而看不清我们作为被造物的低微等级并对神圣法则的威望加以自大的拒绝，这已经是在精神上对这一法则的背弃了……”① 这就是说，我们可以把一切有理性的存在者生活的王国看成一个“德性王国”。在这个王国中，既有立法成员，也有一般臣民。若有理性的存在者的意志不仅是颁布道德法则的意志（立法意志），并且他的意志作为执法意志（即使任意）永远

① 康德. 实践理性批判. 邓晓芒，译. 杨祖陶，校. 北京：人民出版社，2003：113.

也不会违背道德法则，那么，他就仅仅是这一“德性王国”的立法成员——对于这样的立法成员来说，他的立法意志和执法意志高度统一并且永远不会矛盾；若有理性的存在者的意志虽是颁布道德法则的意志（立法意志），但是他的意志作为执法意志完全可能并且随时都会违背道德法则，那么，他就不仅是这一“德性王国”的立法成员，而且也是这一“德性王国”的臣民——对于这样的立法成员来说，它的立法意志和执法意志并不完全统一甚至常常处于矛盾之中。根据康德的观点，在所有的有理性的存在者中，只有上帝（最高的理性存在者）的立法意志与执法意志高度统一，上帝的任何行为（即使任意）都永远不会违背道德法则，所以，只有上帝才是“德性王国”的纯粹立法者，也就是说，它只是立法者而不是执法者（臣民）。人虽然也是有理性的存在者，他的意志虽然也是立法意志，但是，人还有感性的本性，他完全可能屈从于感性欲望（利益和幸福）而去违背道德法则，所以，人不仅是“德性王国”的立法的成员，也是“德性王国”的臣民。

根据这样的分析，人追求普遍价值目标其实就是追求人作为执法之人与人作为立法之人的统一，也就是说，作为执法之人的人努力向作为立法之人的人回归，作为“德性王国”的立法成员同时又是臣民的人努力成为纯粹的立法成员。

## 三、人追求普遍价值目标的形式：走向自由的途中

人追求普遍价值目标的形式在康德那里就是走向自由。我们曾说，康德坚持人同时生活在自然世界和道德世界之中，并且分别受制于必然律和自由律，同时，在他那里，人与动物不同，动物只能生活于自然世界并且受制于必然律，人则可以游移于自然世界和道德世界之间，凭借自己的意志选择遵循必然律或者自由律。康德认为，人作为自由（自律）的人，就是摆脱并且独立于自然世界的必然律亦即不屈从于人的感性欲望而单单遵循人（作为理性的人）自己颁布的道德法则的人。人的自律状态就是人之为人的状态，也就是说，它是人的普遍价值实现的状态。因此，人选择遵循自由律从而走向自由也就是人走向他所追求的普遍价值目标。

我们在探讨康德的道德形而上学（道德世界）的时候，曾把“人的自由如何可能”的问题归纳成康德全部道德形而上学的中心问题，其实，这一问题同时也就是“人如何走向自己应该追求的普遍价值目标”（人格）

的问题。我们曾经分析了康德关于人如何走向自由的三条路径亦即“责任之心”、“敬重之感”和“灵魂不朽”，并且认为人通过这三条路越来越近地走向自由，也就是说，越来越多地实现自己应该追求的普遍价值目标。但是尽管如此，在他看来，由于只有上帝才能成为“德性王国”单纯的立法者，能够做到自己的立法意志与执法意志的完全统一，并且由于人不可能彻底摆脱并且独立于自然世界的必然律，因此，人，尽管他能通过责任之心、敬重之感甚至通过假设灵魂不朽越来越自觉自愿地走向自由，但他却永远不可能获得完全自由，他只能处于走向自由的途中，也就是说，他只能处于实现普遍价值的途中。人只能在无限的实践进步之中无限地接近自己所追求的普遍价值目标。

# 第四章　康德形而上学的难题

我们将在这一章中立足于哲学的内部从西方哲学的内在逻辑分析康德形而上学的难题，也就是说，我们将从哲学家们对于康德形而上学的主观理解来分析康德形而上学的难题。要注意的是：由于康德形而上学具有强烈的转折意义，它一方面在近代主体性崛起的背景下把旧形而上学转换成了新形而上学，另一方面又在彻底完成了近代哲学的背景下留下了哲学继续前行的余地，从而使得近代哲学显示出了向现代哲学迈进的迹象。无论是哪个方面，康德的形而上学都有自己的难题。因此，康德后面的哲学家们也从不同的角度分析他之形而上学的难题，发展着自己的哲学。

## 第一节　从传统哲学视野看的难题

所谓传统哲学的视野，我们指的是实质上没有超越传统形而上学的思路来看待和分析康德形而上学问题的视野，这一视野重点关注的是康德哲学的认识论问题，以及康德哲学的认识论问题所衍生的存在论问题。传统哲学的视野认为，康德所实现的从旧形而上学向新形而上学的转变尽管包含了一些积极因素，但从旧形而上学的角度分析，却留下了难以克服的难题。由于康德是通过“哥白尼式革命”（“人为世界立法”）来实现从旧形而上学向新形而上学转变的，并且“哥白尼式革命”是一场源自认识论接着走向存在论最后落脚到伦理学的革命，其中存在论的问题主要融入认识论的探讨之中，因此，分析康德形而上学的难题应从认识论入手。

### 一、德国古典唯心主义的分析

我们这里所说的德国古典唯心主义是康德之后一直到黑格尔的唯心主义，尽管它们也像笛卡尔和康德一样（在认识论甚至在存在论上）坚持主体性哲学（就此而言，它们属于近代哲学），但是，它们最后（在存在论上）还是像旧形而上学一样把哲学看成关于实体的绝对真理（除了费希特之外，他们的实体就是外在世界）。就此而言，它们属于旧形而上学。所以，我们把德国古典唯心主义哲学看成用传统视野看待康德形而上学难题的典型代表。德国古典唯心主义依然把康德形而上学的难题理解成认识论难题，并且由此进一步指出康德形而上学由于认识论难题导致了存在论难题。

康德面对的哲学现实是近代唯理论和经验论的认识理论陷入了危机并且进一步导致了形而上学的危机。他解决问题的思路在于：沿用西方近代哲学主体-客体的二元结构，并把唯理论和经验论两种认识理论之间的关系改造成了认识形式与认识内容之间的关系，认为认识就是人的理性的先天“认识形式”综合整理来自后天的“认识内容”（经验质料）的过程。此外，他把认识过程同时看成自然世界的产生过程，因此，他通过自己的认识论既产生了科学知识又产生了自然世界。然而，康德认为，在认识（人的理性的先天“认识形式”综合整理来自后天的“认识内容”）的过程中，主体的认识形式的综合统一作用使得认识内容越来越主观化从而越来越脱离经验质料的客观特性，也就是说，认识越来越远离自在世界本身。因此，作为认识结果的自然世界并非纯粹客观的外在世界而是作为认识形式和认识内容相互结合的产物的“现象世界”，作为认识结果的科学知识也并非关于纯粹客观的外在世界的知识而是关于现象世界的知识。这样一来，人类所能知道的世界其实只是现象世界，人类所能拥有的知识其实只是现象知识，自在世界亦即纯粹客观的外在世界（乃至作为实体的主体自身）都是人类认识无法触及因而属于不可知的“物自体”。正如康德自己所说：“我们……由此既没有对于我们灵魂的本性，也没有对于理知的世界，更没有对于最高存在者，按照它们自在本身所是的而有所认识。”① 这些概念并非我们的认识（思辨认识）能够确知的东西，即使是自由，也只是通过道德法则并且为了道德法则而悬设的一种原因性存在。“……别的那些理念的情况也是如此。”② 因此，若是按照传统形而上学的视野来看，那么，康德的认识论并未解决以往哲学的认识论困难，也未化解形而上学的危机，因为他的认识论不仅未能把握作为实体的外在世界的本质，

---

① 康德. 实践理性批判. 邓晓芒，译. 杨祖陶，校. 北京：人民出版社，2003：182.

② 同①183.

甚至也未能把握作为实体的主体自身，主体和客体（思维与存在）同在不可知的领域相互眺望但却不能统一，哲学（形而上学）不能成为关于实体之绝对知识的第一科学。

康德之后的德国古典唯心主义哲学家们囿于这种传统形而上学的视野，一致指责康德形而上学中的“不可知论”。费希特和谢林分别从主体和客体出发“解决”康德形而上学的认识论难题，并且内在地“解决”着康德形而上学的存在论难题。费希特指出，康德把（先验）自我（主体）看成人类知识和现象世界之规律的源泉是他的最大贡献，但是，他却错误地提出了一个不依赖自我并且也不出现在经验之中的“物自体”。在他看来，既然“物自体”不在认识的范围之内，那么，它就完全是一个理智抽象的产物，是一种完全没有实在性的虚构物，它就应该被当作康德形而上学中的一个不合逻辑的赘物和不必要的幽灵加以清除。为了“克服”康德形而上学认识论的困难，他进一步提升作为主体的“自我”的地位，他把自我变成唯一实体，认为这种实体不是实存之物，而是一种纯粹的创造自己、产生自己、发展自己的纯粹能动活动，它的这种活动包含“自我设定自身”、“自我设定非我”和“自我设定自身和非我”三个正题、反题和合题的阶段，自我通过自己创造自己、产生自己和发展自己的纯粹能动活动，不仅直接引申出了本质和规律（范畴），而且把理智与感性、主体与客体（自我与非我）甚至理论理性与实践理性都统一在了其中。这样一来，它就在“自我”的统一的范围之内，达到了主体与客体、思维与存在的统一，甚至进一步达到了理论与实践、认识与道德的统一。谢林反对康德把“自我”和“物自体”同时作为哲学之根据和出发点的做法，认为这种二元论结构已经在主体与客体、思维与存在之间划下了不可逾越的鸿沟。然而，他并不认为经过费希特进一步提升了的康德的“自我”具有像费希特所理解的那么巨大的能耐。谢林指出，真理、知识必须以主体与客体的统一为基础：哲学的第一任务就是要“解释表象如何能与完全不依赖于它而存在的对象绝对的一致符合”①，从而确保“理论的确定性”亦即确保我们的知识具有必然真理。同时，鉴于人的内心总是“自由”地产生表象从而使思想世界过渡到现实世界的事实，哲学的第二任务则是要解决“一个客观的东西如何由于一个只是被思维的东西而成为可变化的，致使

① 北京大学哲学系. 十八世纪末—十九世纪初德国古典哲学. 北京：商务印书馆，1975：214.

那客观的东西与那所思的东西完全一致符合"[①]，从而确保"实践的确定性"亦即意志的实在性。然而，自我作为主体只是与作为客体二元对立之一方，它受非我的限制。因此，自我不能作为最高的哲学原则，最高的哲学原则作为哲学的出发点应是一种无条件的"绝对"，它是一种不自觉的精神力量，也即万物都依存于它并且存在于它之中的"宇宙精神"或说"绝对理性"，它是主体与客体的"绝对同一"但又能派生出相互对立因而有条件的主体和客体。根据谢林的观点，主体与客体以及宇宙中的一切事物都是绝对（精神）从无意识的状态（无欲望的活动）走向自我意识状态中的各种形式，无论是自然还是精神，它们在本质上都是绝对自我发展过程中不同阶段的表现。谢林通过自己的"自然哲学"描述了如何从自然追溯到精神亦即从无意识的自然引申出有意识的理智的发展过程，也就是说，描述了如何从客体到主体的发展过程。他还通过自己的"先验哲学"描述了如何从精神追溯到自然亦即从理智引申出无意识的自然物的发展过程，也就是说，描述了如何从主体到客体的发展过程。其实，上述两个过程本质上就是一个过程。谢林还把费希特提出的"正题"、"反题"和"合题"的思想改造后纳入上述发展过程，认为它们是一种由低级的自然世界逐步走向越来越高级（更为复杂、更多差别）的精神世界的发展过程。

黑格尔像费希特和谢林一样想"克服"康德形而上学认识论难题从而解决康德形而上学存在论的难题。黑格尔指出，康德把现象与物自体加以区分是近代哲学史上的一大功绩，但是，康德却不应该把现象与物自体绝对对立起来，也就是说，康德不应该在主观的意义上理解现象，并把物自体看成现象之外不可认识的抽象本质。在他看来，康德哲学中的这种不可认识的物自体就是摆脱了一切规定性的"虚假的、空洞的抽象"，其实也就是"无"。黑格尔试图通过引入另外一种方法亦即辩证法来解决康德形而上学以及唯理论和经验论哲学面临的认识论困难。他的总体做法就是把实体看成主体（亦即能动的东西），也就是说，他用"客观的"绝对精神代替了康德的"物自体"，并且同时把绝对精神理解成既是世界的实体（本原）又是世界的主体。作为实体，它是世界的本质，也是现象的本质；作为主体，它包含着内在矛盾，并且由于内在矛盾而呈现为一种自我展开、自我发展、自我认识的运动。在他看来，主体与客体、思维与存在、

---

① 北京大学哲学系．十八世纪末一十九世纪初德国古典哲学．北京：商务印书馆，1975：215.

精神与自然以及无限与有限、本质与现象、理性与感性等等，都是对立面的统一，它们不仅相互对立、相互冲突，而且相互联系、相互渗透，它们在绝对精神的自我运动过程中相互转化、辩证发展，由低级到高级，由简单到复杂，最终达到具体的统一（绝对真理）。其实，整个绝对精神的发展历程就是绝对精神由精神异化为自然然后再回到更高的精神的历程，这个历程既是对立面统一的过程，也是从"正题"到"反题"再到"合题"的否定之否定的过程。因此，现象与本质并不像康德所理解的那样相互之间存在着一条不可逾越的鸿沟，它们其实就是对立面的统一，现象总是体现本质的现象，本质总是通过现象表现出来，所以，我们通过现象必然能够认识本质，决不存在那种完全存在于认识领域之外的不可知的"物自体"。其实，康德之前的唯理论和经验论的根本错误在于它们采用了一种"非此即彼"的错误方法，它们总是孤立、静止、片面地看待现象和本质、有限和无限、感性和理性之间的相互关系。唯理论执着于理性认识，经验论执着于经验认识，结果唯理论的认识论不得不绕开经验对象和有限世界，经验论的认识论则无法通达本质对象和无限世界，使得双方都陷入了认识论的困难从而导致了形而上学的危机。

## 二、哲学：复辟还是前进

人所知道的世界只能是与人相关的世界，传统形而上学的最大困难就在于它不仅肯定了一个先于人而独立存在因而它的存在（形成）与人无关的外在世界，而且还要获得关于这一世界的绝对确定的知识。休谟指出了这种哲学探索方式的独断论本质，他无可辩驳地表明，人作为生活于经验世界中的人，不可能认识外在世界的超验原因。康德充分领会了休谟这一思想的真正力量，正如科尔布鲁克所说："根据康德，外在根据确实是所有以往形而上学的错误，它简单地从经验世界飞向某种推定的永恒绝对的根据，所有的真理都由这些根据给出。"① 因此，他通过"哥白尼式革命"改变了哲学的方向，尽管他未否定可能存在着人所不知道的纯粹客观的外在世界，但是，他强调人所知道的世界只能是与人相关的并且打上人的烙印的世界亦即现象世界。康德形而上学的真正价值在于他充分意识到了传统形而上学作为一门科学面对着无法逾越的困难从而改变了哲学的探索方

---

① Colebrook C. Philosophy and Post-Structuralist Theory：From Kant to Deleuze. Edinburgh：Edinburgh University Press，1999：28.

向，但是，康德之后的德国古典唯心主义却未能充分领会康德形而上学（甚至休谟哲学）的深意和真正力量，重新回到了传统形而上学的视野，试图重新肯定（除了费希特之外）一个先于人的认识的独立存在（实体）并要获得关于它的绝对确定的知识。换句话说，它们试图在康德的“哥白尼式革命”之后在存在论上重新复辟旧形而上学，把形而上学变成关于实体的绝对真理，从而变成“科学之科学”。在德国古典唯心主义哲学中，黑格尔的“复辟”最为新颖和有力，因为他系统地引入了一种全新的区别于传统形而上学“非此即彼”方法的辩证法（尽管这种方法的萌芽已经存在于费希特、谢林甚至康德的哲学之中），并且确实推动了辩证法这一重要哲学方法的进步和发展。然而，即使黑格尔借助了辩证法这一重要的方法，他也未能解决传统形而上学的认识论困难以及内在于它的存在论困难，人类依然未能获得关于实体（特别是作为外在世界的实体）的绝对确定的知识。黑格尔之所以不能解决旧形而上学的认识论困难以及内在于它的存在论困难，从而把传统意义上的形而上学（正如旧形而上学家一致期待的那样）变成关于实体的“科学之科学”，是因为它根本就不可能成为这样的科学。因此，尽管从时间上说，康德形而上学早于黑格尔哲学，故而康德被看作德国古典哲学的创始人，而黑格尔则被看成德国古典哲学的集大成者，然而从逻辑上说，我们则可以把黑格尔看成早于康德的人，因为康德放弃了传统形而上学是第一科学的基本要求，即形而上学是关于外在世界及其本质（实体、世界整体）的绝对真理的科学之科学，而黑格尔则在康德放弃了传统形而上学是第一科学的基本要求之后，再次复辟了传统形而上学的这一基本要求，试图通过提出一种新的哲学方法亦即辩证法，重新把形而上学变为关于外在世界及其本质（实体、世界整体）的绝对真理的科学之科学。为此，黑格尔建立了一个包罗万象的哲学体系。正因如此，现代西方哲学直接继承的是康德的形而上学而非黑格尔的哲学。因此，我们把康德看成传统形而上学中的“新”形而上学，而把康德之外的传统形而上学包括康德之后的德国古典哲学看成“旧”形而上学（相对于康德之“新”形而上学而言）。

正是基于康德形而上学所蕴含的哲学方向的改变，他的哲学才导向了一种更新的哲学。无论人们是用“语言学转向”来称谓这种新的哲学，还是用其他任何名称来称谓这种新的哲学，这种新的哲学都始终包含着一种共同趋势，即：哲学家们一致走出了传统形而上学的视野，并把传统形而上学作为批评的对象。这种由康德哲学所导向的新的哲学就是现代西方哲学，在它的各种各样的流派与思潮中，分析哲学与存在主义哲学无疑是其中两个最为主要的流派，代表着现代西方哲学的主要方向。尽管分析哲学走出了传统形而上学的视野，但是它在放弃了传统形而上学的存在论以及认识论时依然保持了哲学与科学的千丝万缕的联系，并把拒斥形而上学（存在论）作为自己的哲学任务。因此，分析哲学的哲学家们不可能提出系统的存在论理论。存在主义则有所不同，它更关注人的生存问题，尤其是人在现代社会中的生存问题。在存在主义哲学中，海德格尔是一个关注存在论问题并且系统阐述了自己的存在论的代表，而且他的存在论（尤其是早期存在论）与康德的存在论有着密切的联系。鉴于本书的任务是探寻人类之根，它以世界之为世界为基础，也就是说，它与系统的存在论思想密切相关，所以，在下一篇中，我们将把探索的目光集中于海德格尔哲学。

## 第二节　从现代哲学视野看的难题

所谓现代哲学的视野，我们指的是实质上超越了传统形而上学视哲学为科学的思路并用现代哲学的思路来看待和分析传统形而上学问题的视野，这里，这一视野重点关注的是康德哲学的存在论问题，以及康德哲学存在论衍生的其他问题。人类学是康德哲学存在论的基础，正是在人类学的基础之上，康德才实现了自己的“哥白尼式革命”，建构了自己的新的形而上学，并把西方近代哲学的发展推向了一个更高的阶段。但是，海德格尔认为，人类学作为康德哲学的基础是一个存在问题的基础，它虽然意味着康德哲学的贡献，但也意味着康德哲学的难题。

### 一、康德形而上学的人类学分析

#### 1. 从《实用人类学》说起

为了探讨人类学的问题，康德曾经专门写了一部著作——《实用人类学》。实用人类学并非先验人类学，也就是说，他探讨的对象并不直接就是作为康德形而上学基础的人类学。但是，“实用人类学”应该被理解成康德探讨先验人类学之努力的一个组成部分，并且他的这一努力所遭遇到的困难有助于我们更好地理解康德哲学中先验人类学的理论困难，进而有助于我们理解海德格尔对于康德哲学人类学的发难。因此，分析康德哲学的人类学基础，有必要了解康德的“实用人类学”。

康德的《实用人类学》一书分为两大部分：第一大部分即“人类学教授法”。在“人类学教授法”中，康德探讨了曾在先验哲学之中用形而上学的立场探索过的人类的认识能力、情感能力（论愉快或不愉快的感情）与意欲能力（论欲望能力），主要是从纵向上解剖了人的各种不同的心理结构。第二大部分是“人类学的特性”。在“人类学的特性”中，康德探讨了个人、性别、民族、种族和种类的特性，并且描述了人类特性的基本要点，主要是从横向上阐明了不同个性、气质的人，以及不同性别、民族和种族的人如何能够结合起来，在“类”的总体中体现人的本质。康德把“实用人类学”看成一门既不同于生理学和人种学，也不同于他自己的形而上学或先验哲学的学科，它研究的是“如何把握人类各种具有本质意义的现象（尽管这本质是不可知的），从而指导人们在日常生活中如何处理和对待人与人的关系，如何使自己的实践行为不偏离自己的道德本体所指示的方向”①。邓晓芒说：“‘人类学’在康德的理解中，不仅仅是一个‘实用’的问题，而是首先属于一个纯粹哲学的问题。”② 但他又说：“……由于他（康德——引者）把人的本质归结为不可知的‘物自体’，他未能真正建立一个完整的先验人类学体系。康德形而上学的巨大矛盾正是那个‘物自体’不可言说、但又尽量想要逼近它的矛盾，是人的本质的不可捉摸、但有拚命要从外围去规定它的矛盾。于是，康德意想中的‘先验的’人类学的最终归宿，便不能不是仅仅具有现象意义的‘实用的’人类学了。”③

**2. 如何看待《实用人类学》**

根据康德的《实用人类学》以及邓晓芒对于它的评价，我们可以得出这样的结论：康德在《实用人类学》中对于人类学的问题做了比较系统的分析，包括纯粹哲学的分析和实用层面的分析。同时，由于康德主张物自体不可知，人作为实体，其本质并不可知，所以，我们对于人类学的研究其实只能从外围去规定它。若联系到康德哲学作为形而上学基础的人类学（康德意向中的先验人类学）来看，我们可以把上述结论理解成这样一个“结论”，即：对于为世界立法的人（主体）来说，我们只能从“外围”知

---

① 康德．实用人类学．邓晓芒，译．上海：上海人民出版社，2005：中译本再版导言．

② 同①．

③ 同①．

道他的作用而并不知道他本身。那么，我们如何看待这样的一个“结论”呢？

我们认为，假如我们“独断”地肯定立法之人的立法“作用”确实存在并且确实如此，然后再把作为立法之人（主体）是否可知的问题“悬置”起来，那么，康德关于人类之根的全部理论（包括人为世界立法、人的本性以及人的应然生活的理论）确实具有内在的逻辑自洽性。这就是说，我们虽然不知道作为主体实体的人类自身，但是，我们却实实在在地感受到了其对内在世界的立法作用。并且，由于我们实际生活的世界只是内在世界（自然世界和道德世界），只有内在世界才对我们发生实实在在的影响，因此，我们完全可以满足于仅仅知道内在世界，其中包含了贯彻于内在世界之中的“立法之人”给予世界的“法”。由于主体之“法”的影响，内在世界有了自己的规律（自然的必然性和自由的必然性），人类有了自己的根（亦即具有了人作为执法之人的本性），并且知道了人之应然的生活方式。一切都顺理成章。因此，在这样的意义上，我们依然可以说，康德确实在一定的程度上建立起了他的（先验的）人类学，他正是在这种人类学的基础之上，通过“人为世界立法”建构了内在世界，探讨了人的本性以及人应该追求的普遍价值目标。

**3. 人类学与“拟人论”**

康德基于上述看法还指出了旧形而上学的“拟人论”错觉，他力图用自己的人类学去反对旧形而上学的“拟人论”。

康德认为，人类没有更好的超验的工具飞跃经验去认识“物自体”本身，它只能满足于把“现象世界”作为自己的认识对象和生存基础。然而，旧形而上学却采取了一种“拟人论”的做法，它错误地把自己（作为“人”）关于超验世界的想法强加给了超验世界，将其看成超验世界自身的实际状况，并且把超验世界看成人类之根，他把这种做法称为“拟人论”。总之，“拟人论创建了一种绝对的或超越感觉的领域的学说”①。作为一种哲学理论，“……拟人论在自然中寻找法，寻找世界的第一原因，试图决定空间的界限和时间的开端，努力回答暂时性、空间性、法、整体性、自由和因果性问题：努力在经验之外发现这些对象……”②“在拟人论那里，

---

① Colebrook C. Philosophy and Post-Structuralist Theory：From Kant to Deleuze. Edinburgh：Edinburgh University Press，1999：41.

② 同①42.

那能经验的理性自身的概念——整体、数量、条件、秩序概念——是在世界自身中被发现的。”①

但是，正如科尔布鲁克所说：“……康德的先验唯心主义……是一种反拟人论。它提醒我们世界是给予的。”② 根据康德的观点，人才是人所生活的世界的真正的基础，我们通过概念给自然世界以秩序，并且通过道德法则给道德世界以秩序，因此，世界，无论是自然世界还是道德世界，都是人类立法的结果，它以某种按照先验的逻辑和意志自律给予我们。“一旦我们认识到理性概念的适当的家园在人类的主体之中，那么，我们就再也不需要从给定的世界飞跃到某种非理性的绝对之上。我们再也不需要寻求上帝、自由或灵魂不朽作为我们知识的对象，因为这些观念都是我们自己的能力扩延自身到被给予的东西上的理性的结果。”③ 所以，“……当我们反思这一绝对的描述时，比如，作为无条件的原因、作为无限延伸的空间或作为内在延伸的时间——我们认识到的却是理性自身的形式能力……准确地说，绝对不是超越理性的世界而是理性扩展他自身的表象于经验的结果”④。所以，拟人论“在这样做的时候，理性忘了它所努力的对象——法、因果性、整体等等——是理性自身的形式，它们不能再作为一种现实在我们之外超验地被发现”⑤。“与人类学把法设置在人的内部，并把理性或逻辑看作经验的整合相比，拟人论则完全未能思考人的观点。”⑥ 由此可见，在某种意义上说，康德是在用一种人类学去反对旧形而上学的“拟人论”，这样两种理论的真正区别在于：假如人类学把人的观点延伸到一种解释的根据，那么，拟人论就犯了一种关键性的错误，这种错误就是完全忘掉了人的观点。因此，康德直接从人出发，把自己的全部哲学建立在人类学的基础之上。

## 二、海德格尔对康德人类学的分析

海德格尔超越了传统哲学的视野而从新的视野出发分析问题，他不像德国古典唯心主义哲学家那样主要从认识论的角度看待《纯粹理性批判》，

---

① Colebrook C. Philosophy and Post-Structuralist Theory：From Kant to Deleuze. Edinburgh：Edinburgh University Press，1999：41.

② 同①42.

③ 同①29.

④ 同①.

⑤ 同①42.

⑥ 同①41-42.

而把康德的《纯粹理性批判》理解成一部为形而上学奠基的著作即存在论著作，亦即理解成一部用新的形而上学基础置换旧的形而上学基础的著作。他说："康德的这一奠基表明：建构形而上学就是对人亦即对人类学的探讨。"① 在他看来，康德形而上学的最为重要的成果就是"对人的主体之主体性的揭示"②。由此可见，海德格尔十分准确地看到了康德哲学超越旧形而上学的根本之处就在于他在西方近代哲学之主体性崛起的背景之下，用人类学的基础代替了旧形而上学的外在世界基础（拟人论）。

海德格尔认为，在人类学的探讨中，其实有着一般人类学和哲学人类学的区别。最初的人类学其实就是一般人类学，它是一门十分时髦的学科。然而，由于一切存在者的问题都能与人发生某种关系并因而最终都能被归结为人类学的问题，它使得人类学的内容过于庞杂，并且还使它的提问、证明、叙述方式各不相同。因此，虽然人类学十分时髦，"但也没有任何时代像现在这样对于人是什么知道得更少"③。后来舍勒提出了哲学人类学，指出"哲学的一切核心问题都可以归结到人的问题，它在存在、世界和上帝的总体中占据何种形而上学的地位和位置"④，并且我们也不能用一个共同定义来简单概括如此丰富的人的本质。尽管康德生活在舍勒之前，但是，他的人类学应该是一种哲学人类学，换句话说，他的人类学应该是一种超越了一般人类学的具有哲学深度的人类学。不过，根据海德格尔的观点，即使是哲学人类学，依然存在着困难。

我们曾说，假如我们"独断"地肯定立法之人的立法"作用"确实存在并且确实如此，然后再把作为立法之人（主体）是否可知的问题"悬置"起来，那么，康德关于人类之根的全部理论（包括人为世界立法、人的本性以及人的应然生活的理论）确实具有内在的逻辑自洽性。但是，人作为"立法之人"是人的立法作用的载体，它是康德全部形而上学的人类学的基础，若把它"悬置"起来进而"独断"地肯定立法之人的立法"作用"确实存在并且确实如此终究难以服人。海德格尔就是由此出发对康德进行发难的。在他看来，康德哲学中的主体（"立法之人"）是一个尚未得到说明的孤零零的作为现成存在的主体，它本身是一个需要进一步规定的

---

① Heidegger M. Kant and the Problem of Metaphysics. Translated by James S. Churchill, Bloomington: Indiana University Press, 1965: 213.

② 同①.

③ 同①216.

④ 同①218.

东西。他说："一切人类学，哪怕是哲学人类学，都已经把人假定为人。"[①] 康德像一切人类学包括哲学人类学一样，先行假定了一种现成存在的人，它就是先验的纯粹理性的人，然而，这样的人作为一种现成存在（甚至是不可知的存在）的人为何恰好是这样的人却无法得到说明，甚至他究竟存在于何处并且是否是一个人都成为问题。康德哲学的人类学以这种有待说明的人为基础来建构他的新形而上学，由于这一理论基础本身存在问题，所以，他的整个哲学理论也必然会存在问题。海德格尔认为，人只有在人的实际生存活动中才能得到说明，才能成为人。他把这种处于实际的生存活动中的人称为此在，他试图以此在为基础来阐释人与人所生存于其中的世界，说明人的发生和世界的发生。

康德对于作为"立法之人"的主体定位的模糊性还直接导致了他的哲学中的人的自我分裂，也就是说，直接导致了人作为"立法之人"和"执法之人"的相互矛盾。我们知道，在康德的哲学中，人分为"立法之人"和"执法之人"，尽管在现实中人应该是集立法与执法于一身的人，但是，康德并没有专门说明这一问题，似乎"立法之人"是可以处于世界之前的单纯立法的人。这样一来，康德哲学就呈现出了"立法之人"和"执法之人"之间难以化解的矛盾，即：假如像康德所认为的那样世界的发生只能依赖于人类的先天立法，那么，若是没有人的先行存在并且作为先天之法的基础，自然世界就不可能"发生"，因此，必须有人作为"现成存在"先于世界发生而存在。但是，假如像康德所认为的那样世界只能是与人相关的发生世界，那么，人就只能是生活于世界之中并且必须（或者应该）遵循自然的必然律和道德的自由律的人，因此，任何人都应该作为"发生存在"存在于发生的世界之中。这就是说，在康德的形而上学中，"立法之人"应是一种"现成存在"，而在他的哲学中的"执法之人"则是另外一种"发生"存在。既然如此，那么，人如何能够在作为"现成存在"（已经存在的人）的同时又作为一种"发生存在"（正在存在的人）呢？这里，康德之所以会面临这样的理论困难，主要原因在于他在正确地把自然世界理解成发生世界并把人作为"执法之人"看成生活于发生世界之中的人的同时，却又提出了另外一种形式的人（"立法之人"）的存在，并且实际上把他看成一种先于世界因而也先于"执法之人"而存在的现成的人。

---

① Heidegger M. Kant and the Problem of Metaphysics. Translated by James S. Churchill, Bloomington: Indiana University Press, 1965: 238.

显然，康德的"立法之人"源自笛卡尔的"自我"，它们共同体现了西方近代哲学主体性崛起的基本精神，虽然康德也试图通过提出"执法之人"与笛卡尔有所区别，但是，他并没有违背西方近代主体性哲学的基本立场。所以，海德格尔指出："就算康德已经放弃了孤立主体和内部经验在存在者层次上的优先地位，可是在存在论上，笛卡尔的立场仍然保留如故……他要证明的也无非是：变易的存在者和持久的存在者的必然的共同现成存在。"① 或许正因如此，在康德的哲学中，主体总是具有明显的躲躲闪闪的模糊性。若要化解康德哲学中的"立法之人"和"执法之人"的矛盾，唯一的方式或许就是把他的"立法之人"也放到发生的世界中去，让他成为生活于世界之中的"立法之人"，从而与"执法之人"统一起来。

根据上面的讨论可以看出，若要在哲学上把自然世界乃至包含道德世界在内的全部生活世界彻底看成一种发生世界，就必须寻找一种新的方式，既要继续说明世界的发生绝对不能离开人的作用，同时还要把作为主体的人亦即作为立法的人进一步放到发生的世界之中，从而消除"立法之人"与"执法之人"之间的矛盾关系，也就是说，在依然能够借助于人解释世界发生的同时，把君临发生世界"万事万物"的先行存在的主体放到世界之中。海德格尔探索出的新的解释世界发生的方式就是把世界之发生奠基于更为原始的人的"生存活动"之中而非（在他看来）派生的"认识活动"之中。为此，必须超越哲学人类学。在他看来，哲学人类学由于是必须先行假定人之为人的"人类学"，所以它"永远不能取得哲学基础学科的权利"②。

---

① 海德格尔．存在与时间．陈嘉映，王庆节，译．北京：三联书店，1999：235.

② Heidegger M. Kant and the Problem of Metaphysics. Translated by James S. Churchill, Bloomington: Indiana University Press, 1965: 225.

# 结束语　西方哲学普遍性的初次沦落

当我们把探索的目光从“哲学之内”转向“哲学之外”，也就是说，当我们从哲学外部把康德的形而上学看成一种建构世界的学说时，我们发现：康德在自己的形而上学中为西方哲学确立了另外一种作为人类之根的“普遍性”，它是一种“主观的普遍性”，或说具有某种客观（先天）意义的主观普遍性。康德用自己的主观普遍性取代了旧形而上学的客观普遍性，它使西方哲学之普遍性合乎逻辑地出现了初次沦落。

## 一、主观普遍性的确立

康德为西方哲学所确立的普遍性就是“人为世界立法”中的“法”以及它在内在世界中的贯彻（作为内在世界之本质的逻各斯）。这种作为普遍性的“法”是康德形而上学所理解的人类之根，它是康德全部人类之根理论的基础，它告诉人们人是什么，应该到哪儿去。

康德形而上学按照自己的特殊方式建构了自己的人类之根理论，阐述了相互联系的三个层次的“普遍性”。排除“立法之人”的“立法理性”这一最终意义上的人类之根不说，他的“人类之根理论”建立在内在世界之本质或逻各斯这一人类之根的基础之上。在他的哲学中，由于内在世界包含了自然世界和道德世界，所以，内在世界的本质既表现为自然世界的本质或逻辑形式，也表现为道德世界的本质或道德法则。无论是自然世界的本质或逻辑形式还是道德世界的本质或道德法则，它们作为具有普遍制约作用的规律、规则都是一种“普遍性”。对于人类之根理论来说，内在世界的普遍性是一种基础的普遍性，它作为人类之根决定着人的本性，也就是说，决定着人作为“类”的“普遍”本性，从而产生了另外一个层次即初次被决定层次上的“普遍性”。一方面，从作为人类之根的自然世界的普遍性或逻辑形式出发，人具有了普遍的理智理性的本性；另一方面，也是更为重要的一个方面，从作为人类之根的道德世界的普遍性或道德法则出发，人则具有了普遍的道德理性的本性。人的“类”的普遍本性进一步决定了人的应然生活方式或人应该追求的普遍价值目标，它作为人类这一“族类”的共同的生活期待和价值目标，构成了再次被决定层次上的“普遍性”。这些“普遍性”不仅维持着内在世界的存在，并且通过内在世界的本质进一步维持着人类以及人类社会的存在，特别是维持着人类道德世界的存在。当然，与旧形而上学的人类之根理论比较起来，康德形而上学建构的人类之根理论有一个非常重要的特殊之处，即提出了一个比内在世界更为原始的人类之根，在他看来，内在世界之本质（逻各斯）作为人类之根只是这一更为原始的人类之根的结果。这一更为原始的人类之根就是人（作为“立法之人”）的立法理性的“法”，内在世界的本质或逻各斯只是这种“法”在内在世界中的贯彻。康德形而上学建构人类之根理论的这一特殊之处使得他的人类之根理论具有一系列独特的重要特征，其中之一就是使得他的哲学所建构的内在世界的普遍性成了一种弱于旧形而上学所建构的外在世界的普遍性。

康德内在世界的普遍性的强弱程度取决于它的根基即“立法之人”立法理性之“法”的强弱程度。在康德那里，“立法之人”是主体，他是主观的人，因此，立法理性的“法”应该是一种主观的“法”。康德把“立法之人”主观的“法”作为内在世界之根并且通过内在世界作为原始的人类之根，不仅削弱了内在世界及其本质的客观程度，同样也削弱了作为内在世界之产物的人类本质的客观程度。普遍性之所以能够成为具有普遍制约作用的“普遍性”，关键在于它包含了客观性从而具有必然性，也就是说，客观性构成了普遍性的支撑。因此，无论是内在世界的本质还是人的本质，一旦它们的客观性遭到削弱，它们的普遍性便会动摇，并且，它们的普遍性的动摇还会进一步动摇以它们为基础的人类应该追求的普遍价值观念。当然，康德作为一个有着强烈的科学情结的哲学家，他要避免人的立法理性之“法”的主观性。为了捍卫自己的“法”的客观性，他竭尽全力为自己的“法”找到了另外一个“客观”基础，即“先天性”。他论证说，他所说的“法”尽管是主体之法，但是，“立法之法”不是人作为主体所拥有的任意的“法”，而是人作为理性之人先天拥有的“法”，人只要是有理性的存在者（对于其他任何有理性的存在者都是一样），他就不得不拥有这种“法”，并且不得不在认识和实践中运用这种“法”。这样一来，我们就在新旧两种形而上学中发现了两种“客观性”以及以客观性作为支撑的普遍性，并且它们都是人类之根（逻各斯）：一种是旧形而上学的以外在客观世界为基础的"客观性"以及以这种客观性作为支撑的普遍性；另一种是康德新形而上学的以人的理性的先天性为基础的"客观性"以及以这种"客观性"为支撑的普遍性。毫无疑问，尽管康德的"客观性"作为"先天性"确实也可以被看成一种"客观性"，但是，作为一种源自主观的人（主体）的"客观性"，它的"客观程度"要远远逊于旧形而上学的源自客观世界的"客观性"，因此，若把旧形而上学的基于外在世界之客观性的普遍性称为"客观普遍性"，并把它看成"强势的普遍性"的话，那么，就只能把康德新形而上学的基于人的理性的"先天性"（客观性）的普遍性称为"带有先天性的主观普遍性"或直接称为"主观的普遍性"，并把它看成"弱势的普遍性"。

## 二、普遍性：形式上的弱独断论

从形式上亦即"产生程序"看，康德哲学中的作为人类之根的"普遍性"的提出也包含了某种独断性质，从逻辑上说，甚至也包含了造就思想精英乃至造成思想精英统治大多数社会大众的情形。但是，康德哲学中的独断论只是一种弱独断论，他的主观意图是把人的立法权还给人自己，特别是他的"人为自己立法"是反对古代形而上学"代天行言"的重要形式，所以，这种独断论通常不会遭到不良利用。

### 1. 弱独断论

旧形而上学在探讨人类之根的时候，把人类之根看成外在世界之本质亦即逻各斯，由于人的认识只能是经验认识，而外在世界的本质亦即逻各斯根本不在经验范围之内，因此，它关于人类之根的断言只能是一种独断论。康德的新形而上学通过内在世界把人类自身看成人类之根。他的作为人类之根的人类自身是一个不知自身为何但却能知道它的作用为何的主体。这就是说，一方面，主体作为实体，它也属于超验的外在世界，康德曾在《实用人类学》中把人（主体）的本质归结为不可知的物自体；但是另一方面，主体作为立法理性，它的作用却在自然世界（经验世界）和道德世界中实际地发挥着，人作为生活在经验世界和道德世界中的执法的人，他能感受立法理性的立法行为。尽管康德的人类之根理论没有断言不该断言的东西（不可知的主体自身），但是，他对主体之立法理性是普遍的"先天理性"的断言依然具有明显的独断性质。就此而言，他关于人类之根的断言像旧形而上学关于人类之根的断言一样，也是一种独断论。

但是，旧形而上学关于人类之根（外在世界之本质或逻各斯）的断言是对人类认识根本无法触及的纯粹超验对象的断言，所以，它的断言是一种强独断论。但是，康德关于人类之根（人类立法理性）的断言则有所区别，他所断言的仅仅是人作为主体的立法理性的立法作用，这种立法作用表现在人实际生活的经验世界以及道德世界之中。人们可以通过实际的观察、分析等手段获得有关人的各种知识，人们也可以直接借助科学、哲学和其他学科获得有关人的各种知识，特别是人还可以通过直接的自我体验来验证人的立法作用，所以，康德关于人类之根的断言或许更加符合实际情况，并且也更有可能接受社会大众的检验。因此，相对于旧形而上学关于人类之根的断言的"强独断论"来说，他关于人类之根的断言只能是一种"弱独断论"。这种"弱独断论"为他的人类之根理论从程序上的展开提供了基石。

**2. "代人行言"**

从程序上说，康德形而上学人类之根理论的展开程序也有表面程序和实际程序两种。从表面上看，它的程序是"内在世界（指作为人之立法理性在内在世界中贯彻的内在世界的本质或逻各斯，下同）—人类本性—应然生活"。这就是说：首先，人类（作为"立法之人"）先天具有的立法理性的"法"（普遍性）经由内在世界的本质构成了人类之根；其次，这种人类之根进一步构成了人类本性；最后，符合人类本性的生活成了人的普遍价值追求（应然生活）。其中，"法"是先天的，人是主观的，生活是应然的，所以，上述程序也可以表述为"先天—主观—生活"。但是，在这种表面程序之下，我们同样发现了一个隐藏的环节，这个环节就是康德的"主观断言"。若是我们把这个"主观断言"加入进去，那么，我们就发现了另一个程序，即康德形而上学人类之根理论展开的实际程序为"主观断言—内在世界—人类本性—应然生活"或"主观—先天—主观—生活"。这就是说，它的原始环节应是康德自己的"主观断言"，康德把自己的"主观断言"当作"先天性"的规定，然后把它作为一种"客观性"（通过内在世界）规定人的本性以及人的应然生活。虽然我们毫不怀疑康德的"主观断言"包含了大量的事实成分，但是尽管如此，康德依然无权把他的理解说成人类的"先天之法"。当他把自己的"主观断言"说成人类先天之法的时候，实际上，他是在"代表"着所有的人说话，他是在"代人行言"。

从客观上说，康德新形而上学人类之根理论的"代人行言"像旧形而上学人类之根理论的"代天行言"一样，也是一种欺骗。不仅如此，它也可能造就少数思想精英，并且造成少数思想精英代表所有的人来统治社会大众的情形。但是，康德的“代人行言”毕竟不是“代天行言”：“代天行言”试图让少数思想精英代表“天”，在客观上限制了社会大众的权力和价值，“代人行言”尽管也包含了少数精英代表“人”从而在客观上限制了社会大众的权力和价值的因素，但是，它的具体内容是强调每一个人都是拥有立法权力的人，因此，康德“代人行言”的主观目的是试图把社会大众的权力还给他们，让他们成为有立法权力的人。不仅如此，在一定的意义上说，康德的“代人行言”就是在反对旧形而上学的“代天行言”的过程中发展起来的。西方中世纪后期的少数政治人物以及与其利益一致的思想精英利用“代天行言”来为封建专制和宗教专制服务，“代人行言”则要求把每一个人的权力和价值还给每一个人，因此，“代人行言”是一种直接对抗“代天行言”的理论。正因如此，康德的基于弱独断论的“代人行言”通常不会遭到不良利用。

## 三、普遍性：实质上的弱信念论

从哲学之外的角度看，康德哲学中的人作为立法之人，他的“法”主要是一种价值信念而非（至少不完全是）客观事实，那么，这种价值信念的实质内涵究竟是什么呢？我们认为，就像旧形而上学家的逻各斯一样，康德形而上学中的“法”的实质内涵依然是理性。不过，康德是典型的西方近代社会的哲学家，他的形而上学中的理性尽管也继承了旧形而上学理性的基本内涵，但是，它却成了人的主体的内涵。这样一来，他的“法”便成了西方近代哲学主体理性的典型代表。

### 1. 弱信念论

旧形而上学家的人类之根（外在世界之本质或逻各斯）的内涵实质上是他们在科学的名义下表达的价值信念。康德的人类之根（人的立法理性的“法”，以及它在内在世界之中的贯彻或内在世界的法则或逻各斯）的内涵实质上也是在科学的名义下表达出来的价值信念。尽管康德对旧形而上学进行了“哥白尼式革命”，把自诩为“科学之科学”的旧形而上学作为绝对真理对象的实体推向了不可知的领域，并且在把真与善分离开来的基础上把伦理学从认识论（科学）中剥离出来，但是，他依然坚定地坚持“形而上学不仅整个必须是科学，而且在它的每一部分上也都必须是科学”。既然他的形而上学是科学，那么，他关于人类之根的内涵的断言也就成了科学，乃至他的整个人类之根理论也应该成为科学。因此，康德像旧形而上学家一样自信自己的人类之根的理论是科学，也就是说，他自信他关于人类之根内涵的表达是一种事实表达。但是，正如旧形而上学家的人类之根断言不是科学一样，康德新形而上学的人类之根断言也不是科学，他实际上表达的是自己的价值信念，他乐于相信人作为理性的人具有先天之“法”并且不得不为世界立法，他也乐于相信内在世界的“法则”是人给予内在世界的“法”并且它们可以进一步构成人的本性从而决定人的应然生活。因此，康德像旧形而上学家一样在自信自己关于人类之根的断言是一种科学断言的名义之下，其实表达的仅仅是自己的价值信念。

任何一种断言，它的独断成分越少它的事实成分就越多。一般来说，越是接近事实的断言亦即独断成分越少的断言就越应该是事实（科学）的表述而越不应该是信念的表述，因此，越是接近事实的断言亦即独断成分越少的断言就是信念程度越弱的断言。我们曾说，康德哲学的逻各斯学说作为一种独断论是一种弱于旧形而上学的逻各斯学说的强独断论的“弱独断论”，也就是说，它更多地包含了关于事实的猜测，因此，相比于旧形而上学逻各斯学说的强信念论来说，他的逻各斯学说（或人类之根理论）作为信念论应该是一种“弱信念论”。

那么，康德在科学的名义下所表达的“弱势信念”究竟是一种什么样的价值信念呢？它就是一种主体理性。

**2. 主体理性**

康德像旧形而上学家一样相信世界的本质或逻各斯就是理性，但是，由于在他那里内在世界的本质或逻各斯是人的立法理性的“法”在内在世界中的贯彻，也就是说，人的立法理性的“法”是人类的原始之根，所以，他的人类之根作为一种信念，它的内涵的实质是主体理性。相对于旧形而上学的客观理性而言，它应是一种主观理性。这种主体理性不仅包含了理智（工具）理性，而且包含了道德（目的）理性。理性在根源上从旧形而上学的世界的理性到人的主体的理性的转换是一种时代转换，它使西方古代哲学意义上的理性转换成了西方近代哲学意义上的理性，它主要通过两个方面表现出了西方近代的时代特征，并且一直影响到了现代和当代社会。

（1）面对自然的主体理性

面对自然的主体理性主要指的是主体的理智理性或工具理性。我们曾说，西方近代哲学把古代社会的处于世界之中的人提升成了站在世界对面的主体，这种主体作为一种拥有理智理性的主体首先（并非唯一）是一个面对自然世界的主体，这种主体为了人的感性幸福将把自然世界作为人类征服的对象，他要通过认识自然和征服自然，向自然索取财富，帮助人类获得感性幸福。

人作为有理智理性的主体的崛起是西方近代社会感性主义兴起的一个结果。随着西方文艺复兴和人文主义的发展，人们开始越来越不满意于对于人的正常的感性本性和感性欲望的贬抑，他们呼吁给人的感性生活和物质享受以应有的地位。这时，人们开始更加强调人的现世生活而非来世生活，也就是说，人们再也不愿意通过牺牲现世的感性生活去换取来世的天堂生活。因此，人们要把自己从古代（尤其是中世纪）所要求的禁欲主义之中解放出来，让人正大光明地去追求现世的感性幸福。近代的哲学家们为了论证人的感性本性和感性欲望的正当地位，他们把人的"自我保存"（它是人的感性本性的体现）视为人的本性。所谓"自我保存"，就是人努力保存自己的生命存在，并且为此趋利避害。哲学家们把自我保存看成是人的"天赋权利"，例如斯宾诺莎认为，包含人在内的任何事物都是实体的产物，实体不可能自己毁灭自己，所以人作为实体的产物也都没有"自己毁灭自己或自己取消自己的存在之理"，"每一个自在的事物莫不努力保持其存在"①。在论证人的自我保存的天赋权利的基础上，哲学家们把感性幸福当作人的生活的基本目标，甚至产生了以追求人类幸福为宗旨尤其是以追求最大多数人的最大幸福为宗旨的近代功利主义的伦理学派。强调人的自我保存、感性幸福的重要地位意味着强调人的现实存在的重要地位，在客观上促进了人的主体地位的确立，进一步促进了人的主体性的崛起。那么，由于重视人的自我保存和感性幸福的重要地位而引起的主体性崛起与人作为理智理性的主体性崛起又有什么关系呢？除了理智本性（理智理性）和人的感性本性同样属于人的自然本性之外，哲学家们认为，理智理性可以作为一种工具理性帮助人实现自我保存，获得感性幸福。

人作为有理智理性的主体的崛起是西方近代社会感性主义实现的一个条件。我们曾说，若哲学家们过分强调人的感性本性的地位，那么，他们就更有可能倾向于把人的理智理性看成一种工具，让它们来服务于人的感性本性（自我保存和感性幸福）。西方近代社会正是一个重视人的感性本

① 斯宾诺莎. 伦理学. 贺麟，译. 北京：商务印书馆，1983：105.

性，强调人的感性幸福的社会。因此，哲学家们认为，人类应该借助自己的理性，把理性当作能够趋利避害的有效工具。所以，在这些主张自我保存的哲学家看来，人区别与动物的根本特征在于：动物只能“感性地”去实现自我保存，因而它的自我保存能力十分有限；人却能“理性地”去实现自我保存，因而人的自我保存能力远非动物所能比拟。洛克曾说：“人既然是一种含灵之物，所以他便受了自己组织底支配，不得不受自己思想和判断底决定，来追求最好的事物。”① 那么，对于人的感性幸福来说，最好的事物是什么呢？它就是向自然索取尽可能多的物质财富。因此，人的理智理性的最大的工具作用在于：它能够帮助人类通过认识和征服自然向自然索取尽可能多的物质财富，一句话，它能把自然（甚至人所能接触的一切）变成人类的资源库、能量库和财富库，从而为人谋求最大的幸福。

康德的人为自然立法，体现出了这样的价值观念：人作为具有理智理性的主体，不仅是一个认识和征服自然的主体，而且更是创造自然的主体。人的感性幸福就在自然世界之中。当然，严格地说，在西方近代哲学感性主义兴起的潮流中，康德并非一个深陷其中的人物。一般来说，在哲学的层面中，感性主义的兴起更多地表现在唯物主义的哲学中，而在伦理学的层面中，感性主义的兴起则更多地表现在功利主义的伦理学中。康德在哲学上并非一个唯物主义者，他的唯理论的基本立场使他更倾向于唯心主义；而他在伦理学上并非是一个功利主义者，他所主张的道义主义则正好是功利主义的对立面。因此，尽管康德在形式上把西方近代的主体性崛起推向了顶峰，但是，在实质上，他更强调目的理性（道德理性）在人之为人中的价值地位，为了人格的纯洁性和善的道义性，他坚决反对把感性欲望的对象当成意志的动机。然而，康德毕竟是一个近代哲学家，甚至是近代哲学的一个不可替代的重要代表，他的人为自己立法洋溢着强烈的西方近代社会的时代精神，所以，西方近代兴起的感性主义（幸福论）不可能对他毫无影响。正因如此，康德作为一个具有唯理论立场的近代道义主义伦理学的典型代表，他依然以自己特有的形式表达了对于幸福的推崇，他把幸福作为具有德性的人的配享对象纳入了人类应该追求的普遍价值目标之中。这种幸福就处于人为自然立法所建构的自然世界之中，而人的理智理性则可以有助于人的感性幸福的实现。

---

① 洛克．人类理解论：上册．关文运，译．北京：商务印书馆，1983：234.

（2）面对人类的主体理性

面对人类的主体理性主要指的是主体的道德理性或目的理性。当西方近代哲学把人提升为站在世界对面的主体的时候，这种主体不仅仅是一种与感性幸福相关的理智的主体，也是一种道德的主体。这种道德的主体的崛起意味着人的尊严的建立，为了建立人的尊严，它通过重建价值体系和社会制度把人从没有尊严的状态之中解放出来。当人从没有尊严的状态中解放出来之后，他不仅获得了自己的尊严，而且他作为具有更多独立自由的人也同时获得了追求感性幸福的权利，因此，把人提升为站在世界对面的道德主体也能间接地帮助人去追求感性幸福。

人作为有道德理性的主体的崛起是西方近代社会反对封建专制和宗教专制的结果。站在文艺复兴和人文主义运动对立面的是封建专制制度和宗教专制制度，这样的专制不仅在理论宣传上要人放弃现世的感性幸福和在制度上剥夺人追求现世感性幸福的权利，更为重要的是，它为了自己的现世权利和现世幸福，还会对人实行专制控制，使人失去做人的尊严。因此，反对专制以及与其相连的意识形态确立人之为人的尊严便成了后来资产阶级需要承担的时代任务。人的尊严意味着人从被奴役的状态下解放出来，使自己成为自己的主人，因此，西方近代资产阶级试图重建一种人为自己做主的价值体系和社会制度。一般来说，从思想上重建人为自己做主的价值体系是从政治上重建人为自己做主的社会制度的前导。在西方近代的发展史上，从尼德兰到英国再到法国，从加尔文宗教改革到英国的哲学启蒙以及清教运动再到法国的启蒙运动，重建人为自己做主的价值体系和社会制度的运动如火如荼地展开。德国的启蒙运动虽然启动得更晚，但是却表现出了特有的思辨深度。我们认为，康德的“人为自己立法”从形而上学的角度为新的人为自己做主的价值体系和社会制度做了最高意义上的论证。

康德的人为自己立法，体现出了这样的价值观念：在道德社会中，每一个人都是有道德理性的人，道德理性意味着自由、自律，它表明人是自己为自己颁布“法则”（道德法则）的人，也就是说，人应该是自己为自己做主的人。人作为人，他只应该遵循自己颁布的法则。康德道德形而上学的目的就是要建构一个人人自由、人人自律、人人为自己做主以及人人都遵循自己颁布的法则的道德王国，他把遵循自己颁布的法则的人看成“人格”，认为它体现了人的尊严，他还进一步把由“人格”组成的道德王国看成目的王国，认为它体现了人应该追求的社会理想。由于他的道德社会其实就是一种人类社会，他的伦理学可以被看成社会论，所以，康德关于人为自己立法的观点“客观上”也可以被看成论证如何重建新的价值体系和社会制度的论证。在他那里，人作为人（人为了自己的尊严）只应该遵循自己颁布的法则，为此，他有权拒绝任何来自外在于自己意志的各种法则（他律），我们认为旧形而上学的“代天行言”也应该包含在那些应该被拒绝的各种法则（他律）之中。科尔布鲁克曾经论述了康德这一哲学思想的革命意义。她说：“启蒙革命中的启蒙要求和政治表现开始于法的内在化：权威不应该被看成外在强加的东西，而应该被看成人类理性自身产生的东西。理性要求代表自身。它同时采取了民主代表形式以及反思自我要求代表什么的形式。我个人的存在是被执行（fulfilled）的，不是通过接受某种在社会整体中已经被给予的观点，而是通过被允许代表自己的存在。正是这一自我表现的能力或自律，建立了作为不断内在化任务的启蒙。”①

康德的主体理性体现了西方近代主体性崛起的时代精神。但是，正如我们在前面提到的那样，在康德的新形而上学中，人还是生活在世界之内的“执法之人”，作为“执法之人”，他不仅不能决定世界或逻各斯反而被世界或逻各斯所决定。康德在强调主体理性的同时强调人的被决定性是一个重要的思想，这个重要的思想普遍被人忽视，正是这种忽视导致了后来西方社会出现了现代性危机。所以，海德格尔为了在一个角度帮助现代社会摆脱现代性危机，他把被后人所忽视的康德的被世界或逻各斯所决定的立法之人（有限的人）作为自己研究的出发点。

## 四、西方哲学普遍性的初次沦落

西方哲学的普遍性是原始的人类之根，当康德的新形而上学用主观普遍性取代了旧形而上学的客观普遍性后，出现了西方哲学史上哲学普遍性的第一次沦落或初次沦落。

西方哲学最早确立的作为人类之根的普遍性是旧形而上学的作为外在世界之本质（逻各斯）的客观普遍性。它以纯粹的客观性确保自己的必然性，并以这种客观必然性确保自己的普遍性，因此，它是一种强势的普遍性，这种强势的普遍性保证了（经由人的本性）以它为根源和基础的人类

---

① Colebrook C. Philosophy and Post-Structuralist Theory：From Kant to Deleuze. Edinburgh：Edinburgh University Press，1999：47.

普遍价值观念的稳定性。康德登上哲学舞台之后，他在继承和发展西方近代以来主体性哲学的基础上把人类立法理性的“法”作为原始的人类之根，从而确立了他的主观的普遍性，他用这种主观的普遍性取代了旧形而上学的客观普遍性。尽管康德力图用“法”的“先天性”来继续保证他的主观的普遍性的“客观性”，使之成为一种必然有效的普遍性，但是，他的那种以“先天性”作为基础的普遍性毕竟只是一种“人”给予的普遍性，它没有旧形而上学客观普遍性的那种强势。它时刻有着被彻底主观化、任意化的可能和风险。因此，康德用自己的主观的普遍性取代旧形而上学客观的普遍性的意味着西方哲学的普遍性遭到了动摇，它遇到了第一次或初次沦落，它的沦落也动摇了西方社会的普遍价值观念。

在西方哲学的发展中，普遍性的沦落并不意味着它一定就是一种退步。其实，它是一种历史进步。传统形而上学的“客观普遍性”为古代的一元价值社会提供了哲学基础，它把古代社会变成了一种排除和边缘化一切非主流价值的一元（主流）价值的社会。尽管这种基于客观普遍性的一元价值在把西方社会组织成一个统一的社会方面做出了重要贡献，但是，就一元价值社会自身来说，它是一个阻碍人的自由和平等的社会。一元价值社会总是喜欢把人束缚于一元价值之下并且排除其他价值的合法地位，它为了捍卫自己所主张的价值，总会不遗余力地对其他一切价值进行边缘化，从而把自己所主张的价值塑造成主流价值，形成一元价值社会。我们认为，把具有其他一切价值的人强行束缚于作为主流价值的一元价值之中客观上会限制人的自由，而对一切“非主流价值”的边缘化则会造成持有主流价值的人和持有边缘价值的人之间的不平等。同时，在特定的历史条件下，一元价值社会还可能与专制制度联系起来奴役人，它不仅扼杀人的自由平等，甚至使人生活在没有人的尊严的被奴役的状态之中。康德哲学的主观普遍性“客观上”动摇了西方哲学的客观普遍性以及以这一客观普遍性为基础的作为一元价值的普遍价值观念，从而为把人从一元价值的束缚之下解放出来走向多元价值提供了可能。此外，他的人为世界立法特别是人为自己立法，更是通过把每一个人的立法权还给每一个人的方式为每一个人（或每一种人群）发展自己独特的价值观念打开了广阔的空间。因此，随着西方哲学之普遍性的第一次或初次沦落，人类价值开始了多元化的历程，一元价值社会开始逐步走向多元价值社会，人也在这一历程之中在越来越多地享有人的尊严的同时越来越多地享有自由和平等。在现代社会中，这种价值的多元化得到了空前的繁荣，正如麦金太尔在道德领域所看到的那样，道德已经成了一种完全没有客观标准的个人的情感主义，“情感主义是这样一种学说：所有的评价性判断，都无非是偏好的表达、态度或情绪的表达”①。尽管麦金太尔是从消极的意义上来说这一番话的，并且他的话也有自己的合理性，也就是说，他的话指出了人类缺乏共同价值可能带来的消极作用，但是，我们却不能由于价值多元化带来的消极作用就否定人类价值多元化的进步意义。我们所要做的不是去否定多元价值，而是在如何确保多元价值的同时重建一种既不威胁多元价值同时又有人类共同认可的价值的新的社会。

① 麦金太尔．追寻美德．宋继杰，译．南京：译林出版社，2003：14.

# 第三篇

# 对于生存世界的追问

在西方哲学的寻根之路上，对于生存世界的追问属于第三次追问。这次追问试图在生存世界中寻求世界的本原，探询人类之根，也就是说，试图通过生存世界来追问作为人类共同之根的普遍性。我们所说的西方哲学对于生存世界的追问特指海德格尔哲学的追问。海德格尔在探索全部西方哲学历史的基础上认为西方哲学自柏拉图、亚里士多德以来的根本错误在于错失了真正的存在意义本身，因此，他以一种新的方法亦即现象学的方法来追求存在的最为原始的意义，并在其中发现人类之根。

# 第一章　海德格尔哲学的诞生

围绕海德格尔关于人类之根的思想，我们将在这一章中讨论海德格尔哲学诞生的基础。尽管海德格尔哲学作为在解构西方自柏拉图、亚里士多德以来全部形而上学之存在学说的基础上建构起来的哲学具有异常广泛的思想基础，但是，我们还是根据需要有选择地进行讨论。同时，我们还将在讨论他的哲学基础的同时，进一步讨论他之哲学不同时期的主要特征，以及它们如何构成一个整体。

## 第一节　语言学转向及其后果

西方现代哲学随着语言学的转向登上了历史舞台。尽管西方传统形而上学江河日下，西方哲学研究的问题越来越缺乏统一性因而越来越多样化，但是，语言学转向以及随着语言学转向登上历史舞台的哲学却构成了西方现代哲学的主流。海德格尔哲学既是这种语言学转向的结果，又是这种语言学转向的显现。

### 一、语言学转向

语言学转向，就是西方哲学在近代把古代哲学的研究中心从存在论转向认识论之后，在现代社会中进一步将其转向语言学问题。西方现代哲学的语言学转向像西方近代哲学的认识论转向一样，也是一个反映西方哲学发展内在逻辑的过程。并且，它还与西方近代哲学的认识论转向一样，包含了西方哲学发展的两种内在逻辑。

我们先看西方现代哲学语言学转向所体现的西方哲学发展的第一种逻辑。我们在前面讨论西方近代哲学认识论转向第一种逻辑的时候曾说，西方古代哲学的存在论在认识论之前讨论存在本性问题的过程中遇到了不可解决的困难，它迫使西方近代哲学实现了认识论转向特别是第一种逻辑意义上的认识论转向。但是，西方近代哲学的认识论，无论是经验论还是唯理论乃至康德、黑格尔哲学的认识论都未能最终解决对于世界整体及其本质的认识问题，未能最终解决认识主体与认识客体的统一问题。一般来说，认识是一种思维活动，语言（概念、定义）则是构成思维活动的基本要素，人只有借助于语言才能进行思维（认识）。若未能弄清语言学问题，就不能很好地处理思维问题，因此，语言学问题应该先于认识论问题。由此出发，我们可以认为，若哲学在未充分探讨语言学的情况下就直接探讨认识论问题通常也有可能遇到理论困难，并且在遇到理论困难的时候必然会合乎逻辑地转向语言学问题。西方哲学发展的历史表明，它确实遵循了这一逻辑，它在西方近代哲学的认识论遇到无法解决的困难时合乎逻辑地转向了语言学的探讨，所以，“语言哲学的中心问题之一是发现语言和思想的关系问题。这就是说，语言使我们把自己的思想无障碍地传达给他人”①。这种转向语言学探讨的直接结果就是西方现代哲学的语言学转向，它构成了西方现代哲学语言学转向的第一种逻辑。表面看来，这种语言学转向是一种退步，即它在认识论（思维）遇到困难时退守到了作为思维的构成要素的语言学，但是，它实际上却是一种进步，即它在西方近代哲学认识论遇到挫折之后发现了一个事实：解决好语言学的问题是更好地解决认识论问题的必要前提。

我们再看西方现代哲学语言学转向所体现的西方哲学发展的第二种逻辑。我们以上所分析的西方现代哲学由认识论向语言学的转向所基于的逻辑是：为了达到某一目标必须先有达到这一目标的工具，也就是说，必须先有思维的工具（语言）我们才能思维。此外，我们还可以从另外一种逻辑来看西方现代哲学的语言学转向。既然语言是通向认识（思维）并且进而通达存在（世界）的途径，那么，我们就可以换一种角度来看问题，即：若没有语言也就没有世界。正如在认识论转向的第二种逻辑中康德指出世界是在认识（以及其他的活动例如道德活动）中向人显现、发生的世界一样，这里，我们可以根据语言比认识具有优先性的特性进一步认为，世界首先应该是在语言中向人显现、发生的世界，语言学与存在论也是相互一致的理论。据此，我们便可得出西方现代哲学语言学转向的第二种逻辑，即：人所谈论的世界只能是人所知道的特别是人实际生存于其中的世

① Prosser H. Metaphor and Thought. Philosophy Today，Summer 2000：137.

界，并且语言是人通达世界的比认识更为优先的途径，因此，世界首先应该是在语言中向人显现、发生的世界，我们只有先行探讨语言学然后才能拥有世界。这里，第二种逻辑中的语言与仅仅作为思维（以及表达和交流）工具的语言不同，它具有相对于认识（思维）的优先性并不是因为它是构成思维的基本要素（思维的工具），而是因为它是一种赋予世界意义从而使得世界成为世界（并使认识成为认识）的比作为思维工具的语言更为优先的原始的语言。同样，从第二种逻辑意义上的语言学转向出发，我们还是可以认为：尽管表面看来现代哲学的语言学转向是一种退步，也就是说，它是认识论在遇到无法解决的困难的情况下向构成认识（思维）的要素的退守，但是，它实质上仍是一种进步，它表明西方哲学在经历了认识论的挫折之后进一步认识到必须经由语言这一途径世界才能向人以及人的认识显现、发生。

西方哲学语言学转向的两种逻辑的共同之点在于：它们都是在西方哲学的认识论以及它的存在论遇到难以克服的困难之际退向语言学的探讨，并且认为语言学乃人类通达思维和存在（世界）的工具（途径）。但是另一方面，它们之间又存在着很大的差异：西方哲学语言学转向的第一种逻辑的立足点是实际存在的顺序，即它从实际存在的角度先肯定了存在（世界）的先在，认为认识（思维）是通向世界的工具而语言是认识的工具，因此，要先解决语言学问题才能解决认识论的问题，并且要先解决认识论问题才能解决存在论的问题，据此，在认识论遇到困难的时候就有必要转向语言学；西方现代哲学语言学转向的第二种逻辑的立足点则是向人发生的顺序，即它坚持我们只能谈论我们所知道的特别是我们实际生存于其中的世界，这个世界是我们在自己的活动（例如生存活动）中首先经由语言赋予意义（从而向人发生）的世界，因此，就人只能谈论人所知道的特别是人实际生存于其中的世界而言，发生世界是在先的世界，应该先有语言赋予意义然后才有世界，据此，在认识论不能顺利通达世界的时候有必要转向最为原始的亦即赋予世界意义的语言。尽管按照第一种逻辑实现西方现代哲学语言学转向的哲学家们可能是反形而上学的哲学家，但是，就他们依然坚持“存在顺序”而言，他们还是内在地坚持了传统形而上学对于存在（世界）、认识和语言关系的理解。反之，按照第二种逻辑实现西方哲学语言学转向的哲学家们则超越了传统形而上学（旧形而上学）对于存在（世界）、认识和语言关系的理解，他们在一定的意义上继承了康德哲学（新形而上学）关于世界是发生世界的思想。

正如在西方近代哲学认识论转向中的第一种逻辑内在地指向了第二种逻辑一样，这里，西方现代哲学语言学转向的第一种逻辑也内在地指向了第二种逻辑。然而，第二种逻辑中的语言是一种赋予世界意义从而使世界成为世界的语言，它不是第一种逻辑中的在世界产生以后作为思维工具或者说交流工具的语言，也就是说，它是一种比第一种逻辑所说的语言更为原始的语言。所以，若要从第一种逻辑走向第二种逻辑，尽管它需要我们改变视角，不从实际存在的顺序而只从向人发生的顺序来看待语言学的转向，但是，它还需要我们改变对于语言的理解，从赋予世界意义的更为原始的角度去理解语言。

## 二、语言学转向的后果

像西方近代哲学认识论转向的两种内在逻辑产生了两种后果一样，西方现代哲学语言学转向的两种内在逻辑也产生了两种后果。

分析哲学的语言学转向体现了西方哲学发展从存在论到认识论再到语言学的第一种逻辑。在它看来，西方近代哲学的认识论危机的产生是由于它陷入了一种看待知识的错误模式，即：把知识问题看成在主体与客体二分的基础上，欲“在作为心灵内容的观念和存在于这些观念之外的世界之间建立一种令人满意的关系”①。它还进一步指出，若从这一模式出发就难以回答“人怎么可能具有关于外部世界的知识”的问题。因此，分析哲学家们完全抛弃了近代哲学为了理解认识的本质而把主体与客体对立起来的做法，抛弃了他们看待知识问题的模式。“这些哲学不考虑心灵怎样或是是否可能真正认识外部世界的问题，而是一开始就假定，我们已经以各种方式获得了知识，并且在任何情况下能去认识这个世界。”② 由此出发，他们把探讨的中心转向“探究的逻辑的问题（方法论），以及对澄清我们用以谈论知识和信念的语言的关注……”③，在他们看来，哲学就是通过澄清语言的意义问题为科学的发展进行“清道”。

海德格尔哲学完全摆脱了西方哲学发展从存在论到认识论再到语言学的第一种逻辑。他所说的语言不是作为思维或者交流工具的语言，因

① 穆尼茨．当代分析哲学．吴牟人，等译．上海：复旦大学出版社，1986：6-7.

② 同①7.

③ 同①7.

此，这种语言也就不是西方哲学传统中表达概念从而使思维（认识）成为可能的语言，它是赋予世界以意义从而使世界成为世界的语言。在早期哲学中，海德格尔明确指出，话语是人的生存的基本环节，它在“世界之为世界”的形成中起着基本的组建作用，也就是说，他通过话语的解释赋予世界以含义从而使世界成为世界；在后期哲学中，他直接把世界理解成大道的道说向人的生存显现的世界亦即语言开启的世界。世界就是语言赋予含义（意义）的世界，因此，在某种意义上说，生存世界就是语言世界，它们只有经由语言方能成为生存世界。这里，语言（话语）比认识论中作为思维工具的语言以及作为交流工具的语言更为原始，它是后者成为可能的根据，只有从它出发，我们才能理解认识论，并且理解认识论中作为思维工具（要素）的语言，以及其他一切日常语言。

## 第二节 海德格尔哲学的基础

我们若把问题局限于海德格尔关于人类之根的思想中，并且把他的哲学分为早期哲学和后期哲学的话，那么，我们便能认为他的早期哲学和后期哲学分别是为了化解西方哲学之存在论危机和主体性危机而创立起来的哲学。基于这样的理解，我们选择康德哲学作为基础来分析他是如何形成自己的早期哲学并化解存在论危机的，并且，我们还选择尼采哲学和荷尔德林的诗歌作为基础来分析他是如何形成自己的后期哲学并化解主体性危机的。不过，从整体上说，胡塞尔的现象学对于海德格尔哲学所起的影响作用最为直接。

### 一、康德的人的有限性思想

#### 1. 海德格尔面临的存在论危机

或许是个偶然机会，海德格尔接触到了西方传统形而上学的核心问题亦即存在论问题，这个问题随之成了他终身关注的中心问题，尤其是他早期哲学集中探讨的问题。1907 年，海德格尔就读于家乡附近的文法学校，文法学校的校长亦即后来成为弗莱堡的主教的格约伯神父送给海德格尔一本布伦塔诺的书，书名叫作《论存在对于亚里士多德的数种含义》。正是“这件礼物促使海德格尔去阅读亚里士多德的书，由此而决定了他后来思想的方向。他将此书作为自己哲学追求的起点……”[①]。海德格尔认为，十分遗憾的是：存在这个“曾使柏拉图和亚里士多德为之思殚力竭”[②] 的问题，追问它的意义却逐渐教条地被认为是多余的事情，因此，现在重提存在的问题并且追问存在的意义十分重要。在他看来，尽管关于存在的问题被讨论了几千年之久，但是，自从柏拉图和亚里士多德以来，人们却错失了存在的意义本身，他们错误地把存在者这一非原始的东西当作存在这一原始的东西进行考察。正是这种错误导致了传统形而上学的存在论的探讨屡次陷入危机，从而使人们逐渐教条地把追问存在的意义看成多余的事情。那么，我们如何才能回到真正的存在问题，把握到存在的意义本身呢?

海德格尔在许多著作中追问了这一问题，尤其是在他的《存在与时间》这一著作中最为系统地追问了这一问题。我们认为，在海德格尔关于存在的独立见解由不太清楚到逐渐清楚的过程中，他的存在论思想与康德的存在论思想之间有着明显的继承和改造关系，也就是说，康德的人类学思想，尤其是他的人的有限性思想对于海德格尔自己的存在论（生存论）思想的形成起了十分重要的影响作用。尽管海德格尔出版《存在与时间》（1927）的时间早于他出版《康德与形而上学问题》（1929）的时间，但是，他早在 1915—1916 年担任邮政检查员时，就曾在弗莱堡大学讲授过康德的哲学思想。因此，康德的哲学思想对海德格尔写作《存在与时间》应该具有重要影响。正如弗朗索瓦·拉福斯所说：“在康德与海德格尔之间有着一种特殊的关系，这甚至是一种公认的接近关系。”[③]

### 2. 康德的人的有限性思想

我们曾说，海德格尔认为康德在《纯粹理性批判》中为形而上学进行的奠基工作通过“哥白尼式革命”一下突入了存在论问题的中心，他说：“康德的奠基表明了这一结论：对形而上学的建立必须求教于人，亦即求教于人类学。”[④] 海德格尔认为，尽管传统形而上学把存在问题看成形而上学的中心问题，但是，它们所说的存在其实只是一种外在于人的“存在

① 帕特里夏·奥坦伯德·约翰逊. 海德格尔. 张祥龙，等译. 北京：中华书局，2002：3.

② 海德格尔. 存在与时间. 陈嘉映，王庆节，译. 北京：三联书店，1999：3.

③ Raffoul F. Heidegger and Kant：The Question and Idealism. Philosophy Today，Winter 1996：531.

④ Heidegger M. Kant and the Problem of Metaphysics. Translated by James S. Churchill，Bloomington：Indiana University Press，1965：213.

者”（其实就是独立于人的作为现成存在的外在世界），这种与人无关的外在世界本质上是人类无法通达的世界，“认识是通达实在事物的一种派生途径”①。所以，传统形而上学无论在认识论上如何努力，它都不能解决主体如何能够认识客体及其本质的问题。所以他说：若把实在理解为“现成的东西”，那么，“世内存在者可能还一直掩蔽着”②。康德有所不同，他把形而上学奠基于人类学的基础，通过人为世界立法来阐明世界之为世界并且由此通达世界，也就是说，他把通达世界建立在建构（开启）世界的基础之上，这样一来，康德就更合理地解决了通达世界的问题。海德格尔十分欣赏康德的做法。然而，海德格尔依然认为康德的人类学自身还有着不可克服的内在困难，这一困难就是它的“立法之人”仍然是一种现成的人，它仍然是一种现成地存在于世界之外的孤零零的主体。

尽管康德的人类学思想存在着难以克服的内在困难，但是，他的人类学思想中还是包含了人如何走出它的孤零零的主体的内在启示，这就是康德的“人的有限性”的思想。康德的“人的有限性”的思想能把人彻底驱入世界之中，从而使人有可能成为真正能够开启世界的人。何谓康德的“人的有限性”的思想？我们曾说，康德哲学同时高扬和限制着人的理性。他对人的理性的高扬的典型表现就是他的“哥白尼式革命”亦即“人为世界立法”的思想，这一思想集中反映了康德哲学的近代性质，表征着康德哲学是近代主体性哲学发展的一个顶峰。但是，康德的伟大之处在于：他在高扬人的理性的同时，却又限制着人的理性（人的理性在认识方面只能认识现象世界，而在实践方面它也不能完全避免他律的诱惑），并且正是这种限制，使得他的哲学超越了其他的近代哲学家，昭示着西方现代哲学乃至后现代哲学的来临。换句话说，人若单单是“立法之人”，他就是无限的人；人若单单是“执法之人”，他就是有限的人。海德格尔曾经这样归纳康德的人（作为“执法之人”）的有限性的思想，他说：在康德哲学所要探讨的人类学的四个问题——我能够知道什么、我应当做什么、我可以期望什么和人是什么——中，虽然康德没有直接回答第四个问题，但是，他的前面三个问题都与最后一个问题相关。前面三个问题都涉及了人的有限性问题：能够认识什么意味着“尚有不能认识的东西”，应当做什么意味着摇摆在“是”与“否”之

① 海德格尔．存在与时间．陈嘉映，王庆节，译．北京：三联书店，1999：233.

② 同①233-234.

间，可以期望什么则意味着“尚有不可期望的东西”。因此，在康德那里，人类理性最内在的关切指向了有限性本身，“对人类理性来说关键在于，不要去排除能够、应当和可以，因而不要去扼杀有限性，相反，恰好要意识到这种有限性，以便在有限性中坚持自身”①。因此，“……在《存在与时间》中，海德格尔是带着高度肯定的眼光来阅读康德的”②。他与康德之后的大多数哲学家不同，他紧紧抓住了康德的人的有限性思想，将其作为自己探讨存在论的起点。

**3. 从有限的人到有限的此在**

海德格尔说：“……理性的有限性就是有限化，也就是为了能够成为有限而‘操心’。”③ 在他看来，当康德把人看成有限的存在者时，他已经接近人的本质，但是，当康德仅从人之认识的有限性以及人之道德的有限性等等来理解人的有限性时，他还未能真正深入人的更为原始的有限性，因而也未能把握人的真正本质。为了能够把握人的真正本质，我们必须进一步把人的存在与人的生存联系起来，把人理解成生存着的人。操心是生存着的人的存在方式，“人的这种存在方式，我们称之为生存（Existenz）”④。海德格尔把操心着的生存的人称为此在。他说：“基于存在领悟，人就是这个‘此’（Da），它以其存在而使存在者被首次突入而启开，以至于存在者作为存在者能够对它自己显示出来。”海德格尔认为：“比人更原始的是人的此在的有限性。”⑤“存在领悟本身就是有限性的最内在本质。”⑥ 因此，从“操心”着的此在出发，才能更好地理解人的有限性，以及人的本质。

一旦海德格尔把康德的有限的人改造成了有限的此在，他就消除了康德哲学中的那个孤零零地存在于世界之外的现成主体，他以另外一种方式开启了世界，并且说明了人与世界的关系。在他那里，人作为有限的此在亦即为生存而操心的人，他只能存在于世界之中。他在世界之中通过自己的操心活动开启了世界，它不仅使世界成为世界，同时也使人成为人。只有在这样的基础上，我们才能真正说明世界何以成为世界，以及人何以成为人，并且真正说明人与世界的原始关系。传统形而上学的“实在作为一

---

① 海德格尔选集：上卷．孙周兴，选编．上海：上海三联书店，1996：107.

② Raffoul F. Heidegger and Kant：The Question and Idealism. Philosophy Today，Winter 1996：531.

③ 同①.

④ 同①117.

⑤ 同①118.

⑥ 同①118.

个存在论名称同世内存在者联在一起"①。在存在论上，一切存在样式都植根于在世现象，因此，实在并不具有优越地位，最终"实在回指到操心这种现象"②。因此，他说："通向世内存在者的一切途径在存在论上都植根于此在的基本建构，都植根于在世的存在。"③"而在世具有更为原始的操心的存在建构（先行于自身的-已经在-世界之中的-作为寓于世内存在者的存在）。"④

## 二、尼采的艺术和荷尔德林的诗歌

陈嘉映说："从哲学思想的发展看，20 年代末 30 年代初是海德格尔的又一重要阶段。很多学者相信他的思想正在经历一个转折［Kehre］，即从以人的生存来规定存在转到以存在规定人的生存。相应地，他对物、文艺、语言的看法也发生了转变。"⑤ 假如说康德的人的有限性思想主要影响海德格尔形成了自己的早期哲学（当然对他的后期哲学也有影响）的话，那么，尼采哲学和荷尔德林的诗歌则影响了海德格尔思想的转折，因而影响了他后期哲学的形成，也就是说，影响了他采取何种方式去化解主体性危机。因此，1934 年 2 月"海德格尔辞去校长后，专心于授课。课程内容十分广泛，最突出的则是荷尔德林诗的解释和尼采哲学研究"⑥。

### 1. 海德格尔面临的主体性危机

海德格尔不仅面临着西方哲学的存在论危机，而且他还面临着西方哲学的主体性危机。笛卡尔提出的"自我"宣告了西方近代主体性哲学的崛起。从此以后，在西方近代"主体-客体"二元结构的哲学理论的支持下，人类便开始了认识自然和征服自然的波澜壮阔的伟大进程。在这一伟大的进程中，人类凭借自己的工具理性，通过自然科学和现代技术，针对自然取得了史无前例的巨大成就，获得了丰富的物质财富。然而，人类在取得巨大的成就和获得丰富的物质财富的同时也给自己带来了一系列的不利影响，形成了西方近代哲学以来的主体性危机。海德格

① 海德格尔．存在与时间．陈嘉映，王庆节，译．北京：三联书店，1999：243.
② 同①.
③ 同①233.
④ 同①233.
⑤ 陈嘉映．海德格尔哲学概论．北京：三联书店，1995：18.
⑥ 同⑤.

尔认为这一危机的主要表现就是现代社会的技术统治。在他看来，现代技术把包含人类自身在内的一切都客体或对象化了，它把包括人自己在内的一切都变成了给人提供材料、能源或其他资源的对象。因此，海德格尔对于主体性危机的分析批判主要表现在他对现代技术之本质的分析批判之中。

严格地说，西方哲学的主体性危机是它的存在论危机在近代哲学中的表现，现代技术的统治归根到底导源于柏拉图以来的传统形而上学。西方近代哲学与古代哲学尽管有所不同，但实质上却一脉相承，它们都是崇尚理性的哲学。尽管西方古代哲学（特别是典型的形而上学）把人看成世界中的“小点”（因而是有限的人），但是，它认为人能够凭借自己的理性把握感性现象世界之后的超验的本质世界从而获得绝对真理。所以，它潜在地已经包含了人的无限性的思想，由此出发，我们可以把西方近代哲学随着主体性崛起而产生的人的无限性思想看成在近代社会发展需要的基础上对于早已潜藏在古代哲学中的人的无限性思想的明确发挥和无限扩大。因此，海德格尔把西方传统形而上学在本质上都看成柏拉图哲学的延续符合事实。西方近代哲学的主体性危机其实只是西方哲学存在论危机的近代表现。

尽管主体性危机是存在论危机的近代表现，但是，它毕竟是一种“近代的表现”。在西方古代形而上学那里，人还是世界中的“小点”，他是有限的人（尽管他有成为无限之人的潜力）。主体性危机作为“近代的表现”，它归根到底还是导源于笛卡尔以来的“主体-客体”的二元结构。海德格尔则把尼采哲学（尽管他的哲学是“非理性主义”哲学）亦即尼采哲学中的强力意志看成近代（主体性）哲学的完成。尼采在虚无主义的基础上提出一种强力意志的哲学。他的虚无主义所要否定的历史传统就是代表着西方文明的“理性精神”传统，包括古希腊开始的理性主义传统、基督教的道德传统和启蒙运动以来的现代主义文化传统。在他看来，西方文明的“理性精神”传统的最大代表就是上帝。所以海德格尔说：“尼采把对虚无主义的解释综括在一个短句中：‘上帝死了！’”① 当然，尼采的“上帝”并不仅仅局限于基督教的上帝，甚至并不能仅仅局限于上帝，它所表示的是整个超感性的理性世界，因此，“上帝乃是表示理念和理想领

① 海德格尔选集：下卷. 孙周兴，选编. 上海：上海三联书店，1996：767.

域的名称"[①]。由于上帝代表着西方历史传统的最高价值，所以，尼采把虚无主义看成"是最高价值的自行废黜"[②]，以及柏拉图主义的西方形而上学的终极。尼采既然虚无主义地对待西方文明的传统，通过宣布"上帝"这一最高价值的死亡把世界变成了赤裸裸的毫无价值的"世界本身"，那么，他就不可避免地要重塑新的最高价值，因此，他提出了"重估一切价值"的口号，把强力意志重塑为最高价值。尼采的强力意志是一种生命或说生命（生命力）意志，它作为唯一的价值就是使得生命成为更强大的意志，它不仅要支配（命令、利用）其他的东西，而且为了能够支配其他的东西，它首先要战胜和提高自己。其实，尼采的强力意志是一种取代了理性的非理性意志。问题在于，海德格尔为何要把作为非理性主义哲学的尼采哲学看成近代哲学（并且主要是理性主义哲学）的完成呢？海德格尔这样论证，即：尽管近代哲学与古代哲学有着一致性，但是，作为一种主体性哲学，它更加关注的不是超感性的上帝而是人类自身，人类理性成了一种取代"上帝和教会圣职权威"的服务于人类包含感性幸福在内的"理性的权威"，它把"一种永恒的幸福的彼岸目标转变为多数人的尘世幸福"[③]。虽然笛卡尔也像亚里士多德那样凭借理性追问绝对不可怀疑的确定可知的东西（即确定性），但是，他在主体性的意义上将其理解为"我思"，因此，"我思"也就成了一般主体，主体成了自我意识。尼采认为，确定性作为现代形而上学的原则"唯在强力意志中才真正找到了根据"[④]，因为强力意志把"保存"（对它自身的持存保证）设定为一种必然的价值，同时还把它看成"持以为真"的存在者，而"持以为真"的保证就被叫作"确定性"。海德格尔正是在这里看到了尼采哲学与近代主体性哲学的内在一致。所以他说："在尼采关于作为现实的'本质'的强力意志的学说那里，现代的主体性形而上学达到了完成。"[⑤] 尼采的超人是强力意志的典型体现，它在所有的神死去之后活了起来，它其实就是开始进入自己的时代本质之完成过程之中的现代人类的本质，它是要去承受对大地的统治的人类的本质。

海德格尔认为，技术统治的时代就是"一个几乎没有神性的时代，而

---

① 海德格尔选集：下卷. 孙周兴，选编. 上海：上海三联书店，1996：770.

② 同①766.

③ 同①774.

④ 同①791.

⑤ 同①792.

且一时看不出希望和出路何在"①。尽管如此，海德格尔还是为"思"规定了自己的任务，即：尽可能地揭示技术时代的本质以为神性重临做准备。不仅如此，他还把思与诗结合起来，试图探求一种新的哲学方向和生存方式。这里，我们发现了海德格尔哲学与尼采哲学和荷尔德林诗歌之间的继承关系。

**2. 尼采哲学的艺术导向**

海德格尔深入分析了尼采基于强力意志的艺术思想。他分析道，尼采把强力意志与艺术结合起来，并从强力意志来理解艺术的本质。他把艺术看成生命的最大刺激，认为它的本质就是意志之可能性的创造，"艺术激发强力意志首先成其本身，并且激励强力意志去超出自身"②。因此，"……尼采在'艺术'这个称号下所思索的不只是艺术的审美领域，甚至并不首先是这种审美领域。艺术乃是所有开启并占有视角的意愿的本质……"③。由此出发，尼采认为，"强力意志的形而上学的根据律是一种价值律"④。"这个根据律就是：'艺术比真理更有价值。'"⑤ "我们有艺术，我们才不致毁于真理。"⑥ 我们知道，西方传统形而上学崇尚理性主义，把真理看成最高价值，并把哲学理解成为科学，因此，它总是要与科学结盟；与此不同，尼采改变了西方形而上学的传统，他把传统形而上学对于理性主义的崇尚变成了对于非理性主义的崇尚，把艺术看成最高价值，并把哲学理解成关于艺术所创造的强力意志的哲学，因此，他主张哲学与艺术结盟。我们认为，尼采这种艺术高于真理以及哲学与艺术结盟的思想对于海德格尔的后期哲学乃至对于海德格尔从早期哲学转向后期哲学都有重要的影响。

当然，海德格尔的哲学并非非理性主义哲学。在海德格尔看来，尼采的非理性主义依然没有走出传统形而上学的范围，而他的哲学则是一种超越了传统形而上学（以及它的理性主义和非理性主义）的更为原始的生存哲学。所以，海德格尔认为，尼采的观点具备了走出传统形而上学的可能，但却止步于此。他的艺术与真理的观点暗示了人们可以思考一种可能性，"……即，尝试与这个时代的正在自行完成的形而上学的隐蔽立场作

① 陈嘉映．海德格尔哲学概论．北京：三联书店，1995：19.

② 海德格尔选集：下卷．孙周兴，选编．上海：上海三联书店，1996：794.

③ 同②.

④ 同②795.

⑤ 同②795.

⑥ 同②801.

一种本质性的争辩，以便把我们自己的历史性本质从历史学和世界观的蒙蔽中解放出来"①。这就是说，在强力意志之形而上学的根据律中，艺术与真理作为强力意志的第一性的占有统治地位的构成物是在与人的关系中被思考的，由此我们可以进一步思考存在者本身的真理与人的本质关系在形而上学范围内究竟应当如何。但是，"这个问题几乎还没有得到追问，就已经被风靡一时的哲学人类学不妙地混淆起来了……倘若我们想把价值律公式作为证据来说明尼采所从事的是生存论思考，那是错误的。尼采从来没有做过生存论的哲学思考"②。"尼采的思想……并不比亚里士多德的思想更少实际性和严格性。"③ 因此，尼采虽然经历了虚无主义的某些东西，但是，他却未能思考虚无主义的本质。其实，"从存在之命运来思考，'虚无主义'的虚无意味着：根本就没有存在"④，存在缺席使得那种把存在者作为存在者的"形而上学本质上就是虚无主义"⑤。因此，"尼采最后体会到无家可归的味道。尼采在形而上学的范围之内不能找到无家可归的痛苦的其他出路……"⑥。因此，我们应该在更为原始的人的生存意义上来思考哲学与艺术，以及它们的结盟。

**3. 荷尔德林的诗歌启示**

荷尔德林是 18 世纪末到 19 世纪上半叶德国古典浪漫派诗歌的先驱，他于 1788 年毕业于杜宾根大学，多次当过家庭教师，并当过图书馆管理员。他是谢林、席勒和黑格尔的朋友。荷尔德林除了阅读和研究诸如柏拉图、斯宾诺莎、莱布尼茨、康德、卢梭、索福克勒斯的作品之外，曾经潜心研究过古希腊神话，并把希腊诸神看成真实存在的实在力量。

海德格尔十分欣赏荷尔德林，他在 1934—1935 年的冬季学期专门开了关于荷尔德林的研讨课，并且大量阐释了荷尔德林的诗歌。问题在于，海德格尔为什么一定要选择荷尔德林的诗歌作为自己的阐释对象呢？他自己做了这样的解释："为了揭示诗的本质，我们为什么要选择荷尔德林的作品？为什么不选择荷马或者索福克勒斯、不选择维吉尔或者但丁，不选择莎士比亚或者歌德呢？按说在这些诗人的作品中，同样也体现出诗的本

① 海德格尔选集：下卷．孙周兴，选编．上海：上海三联书店，1996：801.
② 同①802.
③ 同①802.
④ 同①816.
⑤ 同①816.
⑥ 海德格尔选集：上卷．孙周兴，选编．上海：上海三联书店，1996：381.

质，甚至比在荷尔德林过早地蓦然中断了的创作中更为丰富地体现出来了……我之所以选择了荷尔德林，并不是因为他的作品作为林林总总的诗歌作品中的一种，体现了诗的本质，而仅仅是因为荷尔德林的诗蕴含着诗的规定性而特地诗化了诗的本质。在我们看来，荷尔德林在一种别具一格的意义上乃是诗人的诗人。所以我们把他置于决断的关口上。"[①] 海德格尔之所以选择荷尔德林来揭示诗的本质在于荷尔德林作为诗人的诗人揭示了诗人之职责的规定，这就是说，荷尔德林把诗人的职责规定为担当"神和人之间的中介"，传达神的天命，从而使人能够诗意地栖居在这片大地之上。海德格尔认为思者也应该承担同样的职责，因此，在他看来，诗思应该比邻，诗人与思者应该对话。在海德格尔的后期哲学中，这种对话（尤其是与荷尔德林的对话）全面展开。

对于海德格尔后期哲学的形成，以及他试图通过后期哲学探求技术的本质来说，思者和诗人就共同职责的对话围绕的一个核心问题在于：大道的道说（语言）开启了世界。在海德格尔的早期哲学中，世界是人的生存所开启的世界，世界作为存在是由人的生存所规定的世界；现在，既然人应该通过思者和诗人接受神的天命才能诗意地栖居，那么，人就成了被世界（存在、天命）所规定的人，它表明人生活在一个已有的世界之中，海德格尔把这个已有的世界看成大道的道说亦即语言开启的世界。对此，我们可以这样理解：人的生存开启的世界处于语言开启的世界之中，它使海德格尔从人的生存探索人类之根（世界、存在）的早期哲学转向了从语言或者诗歌探讨人类之根的后期哲学。由于思者与诗人的对话，以及他们共同承担的职责都与人的生存和世界的开启相关，也就是说，都与那最为原始的存在问题而非传统形而上学的存在者的问题相关，所以，海德格尔就把尼采式的依然囿于传统形而上学意义上的"哲学与艺术"的结盟提升为他的更为原始的"思与诗"（一切艺术都是诗）的结盟。

## 三、胡塞尔现象学的基础

其实，对于海德格尔形成自己的哲学影响最为直接的还是胡塞尔的现象学（以及施莱尔马赫和狄尔泰的解释学）。无论海德格尔对康德、尼采、荷尔德林等人思想的接受，还是对他们思想的改造，都只有在现象学及解释学的方法论的基础上才有可能。

---

① 海德格尔．荷尔德林诗的阐释．孙周兴，译．北京：商务印书馆，2000：36.

### 1. 胡塞尔的现象学

现象学是以现象为研究对象的学科。现象学把“现象”看成向人的意识显现出来的东西，因此，现象学研究的现象就是意识现象，它通过意识的自我显现揭示事物本身。意识自我显现所揭示的就是事物的本质或事物自身，所以，现象学提出的口号是“面向实事本身”。这里显示了现象学与传统哲学的一个重要区别，即：它不承认传统哲学关于现象与现象背后之本质或本体的区别，坚持现象就是实事本身。胡塞尔的现象学依然想把哲学变成最严格的科学，并且认为这样的科学应该是第一前提的科学。

在某种意义上说，胡塞尔的现象学就是他的先后通过本质还原、先验还原和历史还原来实现自己哲学抱负的学科。因此，除了胡塞尔晚年讨论的主体的交互性问题之外，他的现象学围绕本质还原、先验还原和历史还原建构了依次递增的三种理论，其中他的现象学方法贯彻始终，并且构成了他的哲学的核心内容。

首先，他通过本质还原分析意识的基本结构，提出了本质直观或本质现象学。在《逻辑研究》这一著作中，胡塞尔在批判心理主义的基础上通过意识分析方法（描述心理学的方法亦即现象学的方法）开辟了“关于意识一般、关于纯粹意识本身的科学”①。他把意识的基本结构理解为“意向性”，他通过“排除法”排除了一切不纯粹的意识内容（它们属于个人心理范围因而不属于知识对象）亦即意识的经验前提，从而获得了具有明证性的纯粹意识，即：意向某物的意识的基本结构。意识总是关于某物的意识。无论对象是否始终存在，这一情况依然有效。通过意向性的分析，胡塞尔把意识的意向与本质联系起来，指出对象的种类就是“本质”。他说：“意识进行的特征不依赖于偶然出现的经验被给予性，而是依赖于‘本质’，即：对象种类的一般规定性。”② 这里，“将意向体验和其对象的事实特征还原到作为它们基础的本质规定性”③，就是胡塞尔的本质还原。本质还原通过本质直观来实现。本质直观归根到底就是要摆脱传统经验论依赖经验从特殊之物和实事之物出发，通过归纳达到普遍的路径，它要在纯粹意识自身直观到本质，其中，自由变更成为胡塞尔所说的“通过想象

① 倪梁康．现象学及其效应．北京：三联书店，1994：37.

② 胡塞尔．现象学的方法（克劳斯·黑尔德的导言）．倪梁康，译．上海：上海译文出版社，1994：18.

③ 同②19.

来摆脱事实之物的关键步骤”①。总之，本质直观就是本质还原，它要还原到纯粹本质。

其次，他通过先验还原分析了自我意识，提出了先验现象学。在《纯粹现象学和现象学哲学的观念》这一著作之中，胡塞尔不满意《逻辑研究》中仍以具体的心理活动为前提来分析意识结构的做法，为了摆脱一切前提，他把意识结构的研究进一步扩展到意识本原的研究，试图从意向性发生的角度探寻意识结构的根据。为此，他通过现象学还原（先验还原）走向意识（意向性）的原初状态。先验还原就是采取存而不议的方式暂时中止或悬搁关于事实存在（包括自然事实、历史社会等等）的一切信念，也就是说，暂时中止或悬搁一切意识内容，从而还原到绝对纯粹、绝对自明的意识领域。在先验还原的基础上，他通过现象学构造帮助意识构造自己的内容，亦即使先验还原得到的自我意识在显现过程中构造现象，将流动的时间意识（纯粹的自我意识就是流动的时间意识）专注于一个经历的状态，并使边缘域以其为中心进行凝聚，从而使之成为相对静止并有确定意义的事物。胡塞尔暂时中止或悬搁关于事实存在的一切信念走向纯粹自我的做法甚至把“他人”也悬搁起来，存在着唯我论的嫌疑，为了避免这一困境，他在晚年提出了“交互主体的现象学”试图克服这一困境。

最后，他通过历史还原分析了生活世界，提出了“生活世界的现象学”。胡塞尔认为，“自我意识”并未走向真正的无前提，它原本就是传统设置的前提，若要真正地走向无前提，那就必须通过历史的还原走向前科学因而不受任何传统影响的生活经验世界即“生活世界”。正如瓦尔登费尔茨所说：“生活世界在胡塞尔那里不是一个直接描述的对象，而是一个具有方法目的的回问对象，通过这种回问，人们可以重新把握住生活世界的在先的被给予性。”② 生活世界就是“在自然态度中的世界”，它的最基本的含义应是我们各人或各个社会团体生活于其中的现实而又具体的环境，它是一切科学的起源和基础。尽管生活世界是主观经验的世界，但它并非随意性的世界，现象学照样可以从多种学科出发对其进行研究，把握它的结构与演变。

**2. 胡塞尔现象学的启示**

胡塞尔曾说：“现象学运动，海德格尔与我而已。”此一说法表明，海

① 倪梁康．现象学及其效应．北京：三联书店，1994：78．

② 同①123．

德格尔不仅是现象学者，而且还是现象学运动的领导者之一。但是，后来胡塞尔又十分不满意海德格尔走向了“人类学研究”，并且海德格尔于20世纪30年代之后也放弃了“现象学”这一术语。此一情形表明，海德格尔的现象学不仅继承了胡塞尔的现象学，而且还改造了胡塞尔的现象学。总体而言，现象学是海德格尔终身坚持的哲学方法，它经过海德格尔式的改造成了海德格尔建构自己全部哲学的方法论基础。

海德格尔从词源上考察了现象学的意义。现象学（Phänomenologie）这个词可以分为现象和逻各斯两个部分。海德格尔明确指出，现象学这个词包含“现象”和“逻各斯”两个部分，他把这两个部分合成的意义确定下来，即提出了现象学的先行概念。他考证说，希腊词的“现象”就是显示着自身的东西（显现者、公开者），“诸现象”亦即 φαινομενα 是“大白于世间或能够带入光明中的东西的总和”①。此外，“假象”也包含在现象的含义之中。但是，在作为“假象”的现象中，作为公开者的现象的原始含义已经共同包含在内，并且它对“假象”具有奠基作用，“假象”则是现象的褫夺性变式。逻各斯则具有与现象大致相同的含义。根据现象与逻各斯的意义的内在关联，海德格尔得出结论：“现象学是说：αποφαινεσθαι τα φαινομενα：让人从显现的东西本身那里如它从其本身所显现的那样来看它”②，亦即“面向事情本身”。

“面向事情本身”应是所有现象学者的共同口号。但是，究竟什么是“现象”，不同的现象学者却存在着重大的分歧。海德格尔继承了胡塞尔现象学面向事情本身的现象学方法，然而，他对现象却做了一个根本性的置换，即：他把胡塞尔作为纯粹的意识结构和先验自我的现象置换成了存在者的存在，特别是人的存在。其实，胡塞尔的生活世界已把现象学引到了经验的生活世界，这也应为海德格尔直接把现象学与人的存在联系起来提供了基础。因此，海德格尔的事情本身就是存在，在他看来，存在是最为原始的现象，只有现象学才能把捉这一最为原始的现象。在早期哲学中，他直接通过人的存在来追问存在的意义，到了后期哲学，尽管他为了避免自己的现象学与胡塞尔的现象学的混淆而不再使用现象学这一概念，并且逐步通过其他的东西例如艺术作品、语言等等来追问存在的意义，但是，在本质上，他还在使用着现象学方法。在他那里，“存在论只有通过现象

① 海德格尔．存在与时间．陈嘉映，王庆节，译．北京：三联书店，1999：34.

② 同①41.

学才是可能的"[①]，所以，"存在论和现象学不是两门不同的哲学学科"[②]，"现象学是存在者的存在科学，即存在论"[③]。

此外，与受到现象学的影响相关，海德格尔也受到了施莱尔马赫和狄尔泰，尤其是狄尔泰解释学思想的影响。在他看来，现象学描述的方法论意义就是"解释"，"此在现象学的 λογοξ 具有 ερμηνευειν［诠释］的性质。通过诠释，存在的本真意义与此在本己存在的基本结构就向居于此在本身的存在之领会宣告出来。"[④] 因此，从诠释学这个词的原始含义说，"此在的现象学就是诠释学［Hermeneutik］"[⑤]。

## 第三节　早期哲学与后期哲学

在前人思想资源的基础上，海德格尔创立了自己的哲学。人们把海德格尔哲学的发展分为不同的时期。在海德格尔哲学分期的问题上人们有着各种不同的观点，大致说来，我们可以把海德格尔的哲学发展分为早期和后期，并且在早期和后期之间划出一个转折期。那么，他的早期哲学和后期哲学之间究竟具有什么样的关系？他的哲学为什么会有一个转折期并且这个转折期是如何将他的早期哲学和后期哲学联系起来的呢？

### 一、翻转与解释

毫无疑问，海德格尔的早期哲学和后期哲学之间存在着巨大的差异，正是这一差异才使他必须通过一个转折来将他的早期哲学发展成后期哲学。因此，为了理解海德格尔的早期哲学和后期哲学的关系，首先必须理解他的哲学的"转折"。他曾用"这里全都翻转了"[⑥] 来表达这一转折。问题在于：翻转的原因以及翻转的性质究竟如何？有人认为，翻转的原因在于："从各个方面说来人们都认为《存在与时间》中的尝试已经陷入死胡同了。"[⑦] 这就是说：海德格尔在《存在与时间》中想创立一门关于更

---

① 海德格尔．存在与时间．陈嘉映，王庆节，译．北京：三联书店，1999：42.
② 同①45.
③ 同①44.
④ 同①44.
⑤ 同①44.
⑥ 海德格尔选集：下卷．孙周兴，选编．上海：上海三联书店，1996：1276.
⑦ 海德格尔选集：上卷．孙周兴，选编．上海：上海三联书店，1996：386.

为原始的存在的哲学并且因此超越西方近代启蒙哲学家的主体性哲学，但是，由于他在《存在与时间》中阐述了一种人的生存开启世界（人的生存规定存在）这一类似于主体性哲学的思想，所以，他的哲学并未实质性地超越西方近代启蒙哲学家的主体性哲学，因此，他在《存在与时间》中的尝试陷入了死胡同。在后期哲学中，海德格尔不得不抛弃那种弘扬主体性的早期哲学并且重建抑制主体性的新的哲学。根据这样的理解，从性质上说，翻转就是“颠倒”。它意味着海德格尔早期哲学和后期哲学之间仅有“性质不同的否定关系”，并且没有“逻辑一致的延续关系”。他们甚至把海德格尔的早期哲学和后期哲学分别称为“海德格尔Ⅰ”和“海德格尔Ⅱ”来表示它们之间的根本差异，以至于“……有些学者认为‘海德格尔Ⅰ’和‘海德格尔Ⅱ’的区分反映了从早期的‘超验的’海德格尔向后期的‘后超验的’海德格尔的过渡”①。海德格尔坚决反对这种关于“颠倒”的理解，在他看来，翻转的原因是他采取了相反的研究方向，所以，从性质上说，翻转不是根本性质的“颠倒”，而是研究角度的置换。因此，尽管早期哲学和后期哲学探讨的问题有不同的侧重甚至不同的方向，但是，它们的基本立场始终如一，因而它们之间有着一种“逻辑延续”的关系。所以海德格尔说道，全都翻转的“全都”就是“‘存在与时间’和‘时间与存在’的实事内容”②。这就是说，海德格尔早期哲学和后期哲学的关系就是“存在与时间”和“时间与存在”的关系。“存在与时间”和“时间与存在”的确有着截然相反的方向，所以，从“存在与时间”到“时间与存在”确实存在着一种翻转。但是，根据海德格尔的计划，他的《存在与时间》一书第一卷的第三个部分就是“时间与存在”（尽管后来他一直未写这一部分，但是他说他的《现象学的基本问题》一书可视为第一卷的第三部分），既然海德格尔把翻转之后的后期哲学的内容直接说成“时间与存在”，那么，这些内容应该早已（在写作《存在与时间》之时）存在于海德格尔的思路之中，由此可见，海德格尔的基本立场一直没有改变，他的翻转是一种有“逻辑延续”关系的翻转。

## 二、理解与分析

问题在于：我们如何理解海德格尔所说的翻转前后的“存在与时间”

---

① James Gilbert-Walsh. Transcendental Exhaustion: Repeating Heidegger's Fundamental Ontology. Philosophy Today, Winter 2006: 388.

② 海德格尔选集：下卷. 孙周兴，选编. 上海：上海三联书店，1996：1276.

和“时间与存在”的相反关系?

我们认为,“存在与时间”与“时间与存在”作为早期哲学与后期哲学的关系,其实就是早期哲学“此在开启世界”和后期哲学“语言(大道的道说)开启世界”的关系,它们也就是人的生存规定存在和存在规定人的生存的关系。在“存在与时间”中,“存在”指人的生存以及人的生存对于世界的开启,“时间”则指人在自己的生存之中一直带有时间,并且时间使人的生存的各个环节具有统一性。在“时间与存在”中,“时间”指的就是世界作为在场自身的澄明,“存在”则指包含生存的人在内的世界的存在。我们认为,在“存在与时间”和“时间与存在”这两个命题中,“时间”是一个需要特别注意的提法。时间具有绽放、澄明之意。在“存在与时间”中,生存的人在时间的绽放中有了生存世界,“只要此在到时,也就有一个世界存在”①,人是开启世界的原动力,他规定着存在;在“时间与存在”中,语言自身(大道)的“说”在时间中显现一片澄明,它就是人生存于其中的天、地、神、人的世界,世界(存在)规定人。其实,在海德格尔后期哲学中,时间就是真理(存在)自身之遮蔽的澄明。海德格尔曾说:“如果我们用对在场之自身遮蔽之澄明来代替‘时间’,那么,存在就是从时间的筹划区域越出来而规定自身的。然而,这种情况却只有当对自身遮蔽的澄明为一种和这种自身遮蔽相应的思所应用时才出现。”② 他又说道:“在场(存在)被归入对自身遮蔽的澄明(时间)中。对自身遮蔽的澄明(时间)导出了在场(存在)。”③ 正因为如此,海德格尔才说:“……存在与时间,时间与存在之间的转向倒是从如何有存在,如何有时间出发来规定自己的。”④ 由此出发,我们认为,海德格尔早期哲学和后期哲学关于“存在与时间”与“时间与存在”的关系就是“此在开启世界”和“语言(存在、时间)开启世界”的关系。

那么,海德格尔的早期哲学与后期哲学之间的关系作为“存在与时间”和“时间与存在”的关系为什么不是一种“颠倒”的翻转而是一种“逻辑延续”的翻转呢?表面看来,它似乎是一种颠倒的翻转,即:在早期哲学中,他的探讨似乎沿袭了近代哲学以来的重视人的主体性作用的哲学思路,把人的主体看成世界得以产生的基础;在后期哲学中,他的探讨

---

① 海德格尔. 存在与时间. 陈嘉映,王庆节,译. 北京:三联书店,1999:414.

② 海德格尔选集:下卷. 孙周兴,选编. 上海:上海三联书店,1996:1278.

③ 同②.

④ 同②.

似乎开始自觉扭转了近代哲学过分注重人的主体性作用的哲学思路，有意识地把人置于神的尺度的决定之下。然而事实并非如此。

首先，在海德格尔那里，早期哲学所阐述的内容和后期哲学所阐述的内容并非同一层次上的相反的内容，而是处于两个层次上相反的内容。根据海德格尔的总体思想，在早期哲学中，海德格尔侧重探讨的是此在如何开启一个世界，这个世界是人所开启的世界；在后期哲学中，海德格尔侧重探讨的则是更广大的范围上的语言如何开启一个世界，这个世界作为语言开启的世界，它把人以及人所开启的世界包含在内，它不仅包含了一片澄明之地（交融着人所开启的世界），而且包含了澄明与遮蔽交融的巨大背景（参见海德格尔的《论真理的本质》）。因此，海德格尔的早期哲学和后期哲学所阐述的两个世界是具有包含关系因而并非一个层次上的两个世界，早期哲学阐述的人的生存开启的世界包含在语言开启的世界之中。因此，他之早期哲学与后期哲学的关系是一种“逻辑延续”的关系。

其次，在海德格尔那里，无论是人还是世界，无论是此在开启的世界还是语言开启的世界，都是比主体性更为原始的世界。因此，在他那里，根本不存在弘扬主体性的思想的问题。正如海德格尔自己所说：“要是谁愿意看看这样一个简单的实事内容，即《存在与时间》中，问题是以摒除主体性的范围来立论的，任何人类学的提法都不沾染，倒是只从往常对存在问题的高瞻远瞩中由此在的经验来定调子，那他就同时可以看出：《存在与时间》中所问及的‘存在’决不可能由什么人的主体来设定。相反，从其时间性质而表现为在场的存在却与此在相关。”① 因此，在他看来，“在《存在与时间》这部书的探讨中跨出几步的那个思，直到今天还没有超出《存在与时间》的范围。但这个思也许在此期间毋宁是有些深入堂奥了”②。因此，他之早期哲学与后期哲学的关系确是一种“逻辑延续”的关系。“……其实，在《存在与时间》中的存在问题的开端处，思就已倾向于一种其行程是和转向相符合的转变了。然而正因为如此，《存在与时间》中问题的提法决没有作代价。”③

当然，由于时代的发展以及海德格尔所思考的问题自身的复杂性，所以他的后期哲学中的很多观点都是他的新的探索。海德格尔自己也谈到了

---

① 海德格尔选集：下卷．孙周兴，选编．上海：上海三联书店，1996：1277.

② 海德格尔选集：上卷．孙周兴，选编．上海：上海三联书店，1996：386.

③ 同①.

这一转向的"艰难"，认为转向包含了"一种内在的批判"①，并且"震荡他的思想有10年之久"，是他"一直在按照在《存在与时间》(39页）中'时间与存在'这个标题下所指明的看法追问不休"②。但是尽管如此，事实正如海德格尔自己所说："……对'海德格尔Ⅰ'和'海德格尔Ⅱ'之间所作的区分只有在下述条件下才可成立，即应该始终注意到：只有从海德格尔Ⅰ那里思出的东西出发才能最切近地通达海德格尔Ⅱ那里有待思的东西，但海德格尔Ⅰ又只有包含在海德格尔Ⅱ中，才能成为可能。"③

## 三、整体与真理

根据海德格尔的现象学，现象的显现就是真理，并且在他那里，世界的开启就是世界的显现，它本质上也就是真理。海德格尔《论真理的本质》作为他之哲学"转折时期"的著作，其中的真理理论明确表达了他用后期哲学（真理理论）超越早期哲学（《存在与时间》中的真理理论）的丰富内容，因此，为了完整理解海德格尔早期哲学和后期哲学的真实关系乃至他的全部哲学，探讨他的《论真理的本质》和《存在与时间》两本著作中的真理理论的差异应该有所帮助。

### 1.《存在与时间》中的真理理论

海德格尔在《存在与时间》中指出，自亚里士多德起，传统形而上学就把命题（判断）看成真理的"处所"，认为真理的本质就是命题（判断）与其对象的"符合"。他并不绝对否认这种真理观，正如拉索尔说："……海德格尔事实上是赞成一种作为符合的真理观的。"④ 但是，海德格尔却否认这种真理观的原始性，在他看来，从原始的真理观来看，命题是此在揭示存在者的一种方式，它不产生意义而只揭示存在者本身。因此，命题是让人看的一种方式，"它在存在者的被揭示状态中说出存在者、展示存在者、'让人看见'存在者"⑤。据此，真理的原始现象之"真"包含两层含义：其一，进行揭示的此在，它是进行揭示自身亦将使揭示成为可能的东西。其二，作为被揭示的东西的世内存在者，它是被揭示的状态。由于

---

① 海德格尔选集：下卷．孙周兴，选编．上海：上海三联书店，1996：1242.

② 同①1276.

③ 同①1278.

④ Wrathall M A. Heidegger and Truth as Correspondence. International Journal of Philosophical Studies，1999，7（1）：69.

⑤ 海德格尔．存在与时间．陈嘉映，王庆节，译．北京：三联书店，1999：251.

世内存在者的揭示状态奠基于此在的基本存在方式亦即世界的展开状态，所以，真理的第一层含义是它的第一位的意义，“揭示活动本身的生存论基础首先指出了最原始的真理现象”①。不过，海德格尔指出，在大多数情况下，真理的两层含义的区分并不十分严格甚至有些模糊，因此，大致说来，真理就是此在的展开状态，它包含了世内存在者的揭示状态。在《存在与时间》中，此在的展开状态通过操心的结构亦即“先行于自身的-已经在世界中的-作为寓于世内存在者的存在”② 显现出来，它由现身、领会、话语来规定并且原始地涉及了世界、自身和“在……之中”。

**2. 《论真理的本质》中的真理理论**

在《论真理的本质》(1930)（关于真理的讲稿 1943 年以成文形式发表）中，海德格尔进一步探讨了真理的问题。在他看来，尽管传统形而上学的符合论既包含了“物与知”的符合也包含了“知与物”的符合，但是，人们通常喜欢把真理表述为陈述符合事情（“知与物”的符合）。问题在于：这种符合的内在可能性是什么呢？也就是说，“陈述如何能够通过守住其本质而与一个他者——物——适合呢?”③ 海德格尔答道：符合的内在可能性是“自由”。他所说的“自由”就是“自行揭示为让存在者存在”④ 亦即参与对于存在者的解蔽，它是“行为向存在者保持开放”⑤，开放出一个关联领域、敞开之境，并把一切行为置于敞开之境，从而使得“每个仿佛与之俱来的存在者就置身于这种敞开状态”⑥ 或去蔽状态之中。所以“海德格尔相信解蔽形成了命题的真理的基础”⑦，若是没有行为的这种开放状态，便不可能有陈述的正确性（真理）。因此，“真理的本质乃是自由”⑧。

这里，尽管海德格尔提出了真理的本质是自由这一新的思想，但是，除此之外，他依然把揭示与被揭示者视为真理。“我们似乎又回到了《存在与时间》的论断：第一位的真，是此在的展开，随之得到解释的存在者

① 海德格尔. 存在与时间. 陈嘉映，王庆节，译. 北京：三联书店，1999：253.

② 同①254.

③ 海德格尔选集：上卷. 孙周兴，选编. 上海：上海三联书店，1996：218.

④ 同③222.

⑤ 同③219.

⑥ 同③223.

⑦ Wrathall M A. Heidegger and Truth as Correspondence. International Journal of Philosophical Studies，1999，7 (1)：83.

⑧ 同③221.

是第二位的真，命题之真则是派生出来的，排在第三位。”① 但是，真相远非这么简单。

**3. 两种真理理论的差异**

海德格尔所表述的两种真理理论存在着巨大的差异，这种差异既表现在作为真理的“真”的方面，也表现在作为非真理的“非真”的方面，并且它们相互联系。

作为真理本质的自由并不是某种人的自由而是先行于人的自由的东西，它作为一种敞开之境“参与到存在者本身的解蔽过程中去”②，“一切人类行为和姿态都在它的敞开之境中展开”③。因此，绽出的自由先于人的生存并使人的生存成为可能。“自由，即绽出的、解蔽着的此之在占有人……以至于唯有自由才允诺给人类那种与作为存在者整体的关联，而这种关联才首先创建并标志着一切历史。”④ “绽出的自由作为真理的本质并不是人固有的特性，倒是人只有作为这种自由的所有物才绽出地生存出来，并因而才能有历史。”⑤ “对存在者整体的原初解蔽，对存在者之为存在者的追问，和西方历史的开始，这三者乃是一回事……”⑥ 这样一来，我们发现这种自由是一种原始的解蔽，即原始的真理，它自行开启了世界，开启了历史，并且也开启了思想的历史。对于《存在与时间》中的通过人的生存活动所揭示的世界而言，它把后者纳入自身之中，也就是说，它在人的生存活动之前便显现为一个原始的敞开之境（真理、世界、历史），它为生存着的人的（开启世界）的活动提供了既定的舞台。

在提出了原始的“真”（解蔽）的同时，海德格尔进一步提出了原始的“非真”（遮蔽）。在《存在与时间》中，非真只是此在以伪装、假象的方式所呈现的揭示活动。在《论真理的本质》中，海德格尔提出了一种与原始的真理（自由、敞开之境、整体去蔽）对应的原始的遮蔽，这种遮蔽是与原始真理同时甚至更早的存在，它“让存在——即让存在者整体存在——是解蔽着又遮蔽着的”⑦，它不是某种假象或对人的伪装，它是人不可回避的命运。对此，我们不免这样来想象原始世界的开启方式：原始

---

① 陈嘉映. 海德格尔哲学概论. 北京：三联书店，1995：180.

② 海德格尔选集：上卷. 孙周兴，选编. 上海：上海三联书店，1996：223.

③ 同②225.

④ 同②224.

⑤ 同②225.

⑥ 同②224.

⑦ 同②228.

的真理在原始的遮蔽状态中开启一片敞开之境并且这种敞开之境始终萦绕着整体的遮蔽状态。这个敞开之境就是世界和历史，它是人类的生存活动的舞台，而作为人类不可回避的命运的原始遮蔽对人来说就是一种神秘。他说："真理的根本性的非本质乃是神秘。"① 他还认为，人若遗忘了存在者整体的遮蔽，他就可能陷入迷误。

由此可见，在《论真理的本质》中，海德格尔实际表达了他后期哲学中语言（自由）开启世界（敞开之境）的思想，并把早期哲学人开启世界的活动包含在自由开启的世界之中。在他看来，自由开启的敞开之境为生存着的人开启世界的活动提供了世界舞台。此外，海德格尔后期所说的"神的尺度"其实就是原始遮蔽的神秘，并且人若不以神的尺度度量自身，它就可能陷入这里谈到的迷误，即：把存在者整体的遮蔽附带地看作一个偶尔呈报出来的界限，全力趋向于具体的方便之物，凭借当代科学技术并且自以为无所不至地忙于揭示这一存在者或那一存在者。总体而言，海德格尔的早期哲学和后期哲学是方向不同但却一以贯之的哲学，我们可以把他前后期哲学所说的世界统一称为"生存世界"，其中，把他早期哲学所说的世界称为"人的生存开启的世界"（此在开启世界），并把他的后期哲学所说的世界称为"向人的生存显现的世界"（语言开启世界）。

① 海德格尔选集：上卷．孙周兴，选编．上海：上海三联书店，1996：228．

# 第二章　海德格尔的生存世界

海德格尔通过“此在开启世界”和“语言开启世界”建构了一个生存世界：一方面，此在在生存中通过“赋予含义”建构了一个此在生存的世界；另一方面，语言在吁请中向人的生存显现一个语言的世界。在他看来，人就是生活在这种生存世界中的人，因此，生存世界就是人类之根，更为准确地说，生存世界中的神或神的尺度才是人类之根。海德格尔首先通过“此在开启世界”建构了一个生存世界，此后，他又通过“语言开启世界”建构了一个更为广阔的世界，并把此在所开启的世界看成语言所开启的世界中的一个部分。为了完整地探讨海德格尔的生存世界，我们应该分别探讨他的“此在开启世界”的理论和“语言开启世界”的理论。

## 第一节　此在开启世界

海德格尔“此在开启世界”的理论作为他的早期哲学集中于他的《存在与时间》一书之中。他的《存在与时间》实际是一部没有完成的著作。根据他的计划：著作分为两卷亦即“此在的存在论分析”和“存在论的解构”。“此在的存在论分析”具体包括“准备性的此在分析”、“此在与时间性”和“时间与存在”三个部分，他的《存在与时间》实际只完成了“此在的存在论分析”的前两部分。按照海德格尔的说法，《现象学的基本问题》可视为第一卷的第三部分，《形而上学导论》可视为第二卷。我们这里主要通过“准备性的此在分析”并且兼顾“此在与时间性”探讨海德格尔“此在开启世界”的思想。

### 一、基础存在论

#### 1. 此在的存在论

海德格尔不同意把“曾使柏拉图和亚里士多德为之思殚力竭”的关于

“存在”问题的探讨看成多余的事情，在他看来，我们一向已经生活在一种“存在”的领会之中但与此同时“存在”的意义却又隐藏在晦暗之中的事实充分证明重提存在的意义问题完全必要。因此，他把重提和追问一般的“存在的意义”作为自己哲学的基本目标。海德格尔认为，传统形而上学之所以最终把关于“存在”问题的探讨弄成了被其他哲学家看来是多余的事情，关键的原因是它离开了人来探讨“存在”问题。因此，我们应该从人出发来探讨“存在”的问题，围绕人来追问一般的“存在的意义”。那么，我们如何来具体实施这一追问呢？

根据海德格尔的论证，尽管“存在”使“存在者”成为“存在者”，但是，“存在”总是“存在者”的存在，因此，向“存在”意义的发问，总是首先针对“存在者”而展开，它要通过追问“存在者”来追问“存在”，“在存在者身上来逼问它的存在来”[①]。这里，“被问及的东西”是“存在者”，“问之所问”是“存在”，而“问之何所以问”便是“存在的意义”。同时，在“存在者”层次上，人的与众不同之处在于：其存在规定就是对存在的领会本身，或者说“此在在它的存在中对这个存在具有存在关系”[②]，也就是说，他的存在方式是生存［Existenz］，他总是从自身的生存来领会自身。所以，海德格尔选择此在这一“存在者”来追问“存在”的意义。他说：“……追问生存的存在论结构，目的是要解析什么东西组建生存。”[③] 海德格尔把通过此在这一“存在者”来追问“存在”的意义的学说称为此在的存在论。

海德格尔把生存着的人称为此在，是因为人作为生存的人具有两个重要的特征。(1) 此在的“去存在”。此在的“去存在”就是生存，“此在的‘本质’在于它的生存”[④]。海德格尔的这一规定颠倒了传统哲学关于存在与本质的优先关系。在他看来，传统哲学的“存在”(existentia) 其实只是“现成存在”(存在者)，它归属于本质，它回答的是“是什么”(现成属性) 的问题；然而，此在的存在实际上却是生存 (“去存在”)，它回答的则是“怎样去是”(去存在的种种可能方式) 的问题。在他看来，只有借助“怎样去是”才能理解“是什么”。(2) 此在的“向来我属”。此在具有“向来我属”的性质，也就是说，此在“这个存在者在其存在中对之有

① 海德格尔. 存在与时间. 陈嘉映，王庆节，译. 北京：三联书店，1999：8.
② 同①14.
③ 同①15.
④ 同①49.

所作为的那个存在，总是我的存在”[①]。由于这个原因，海德格尔认为，语言在涉及此在时总要连带说出人称代词，例如“我是”（ich bin）、“你是”（du bist）。这里，海德格尔的意图是反对把此在看成“某种现成的存在者族类中的一员和样本”[②]。此在的两个重要特征综合起来就是：此在总是“向来我属”地去存在，它“向来我属”地去存在总作为它的可能性来存在，它在本质上就是它的可能性（能在），因此，此在这一概念是一个生存论的存在论概念。当然，作为能在，此在“这个存在者可以‘选择’自己本身、获得自己本身；它也可能失去自身，或者说绝非获得自身而只是‘貌似’获得自身”[③]。

此在的两个重要特征体现了此在及其生存活动的原始性，所以，海德格尔把此在的存在论称为基础存在论。在他看来，其他的各种科学作为人的活动都包含了人的存在方式，“各种科学都是此在的存在方式”[④]。因此，此在的存在论分析属于最为原始的分析，此在的存在论的分析工作是其他的一切存在论分析的基础，此在的存在论是一切存在者在存在者层次上及存在论上得以可能的条件。

**2. 现象学的方法**

既然此在的存在论是一种原始的存在论，因此，我们必须借助一种与之匹配的方法才能通达原始的此在及其整个存在建构。这就是海德格尔的把解释学融入其中的现象学的方法。根据海德格尔的观点，由于只有通过现象学才能通达存在论的对象即作为存在者的“存在”，因此，存在论和现象学其实就是一门学科。在海德格尔这里，现象学的方法也就是诠释学的方法，所以，吉尔伯特-沃尔什说：“就方法论说，《存在与时间》作为先验探寻的结构明显地显示为诠释学。”[⑤]

在本篇第一章中，我们已经讨论过海德格尔现象学的问题，在他那里，现象学就是这样一门学科：让人从显现的东西本身那里如其所是地来看它亦即“面向事情本身!”。海德格尔重点强调了现象的假象问题。在《存在与时间》中，海德格尔指出，假象作为现象的褫夺性变式，它是真

① 海德格尔．存在与时间．陈嘉映，王庆节，译．北京：三联书店，1999：50.

② 同①.

③ 同①.

④ 同①15.

⑤ James Gilbert-Walsh. Transcendental Exhaustion：Repeating Heidegger's Fundamental Ontology. Philosophy Today，Winter 2006：388.

相的各式各样的可能遮蔽方式，例如，掩藏（现象根本未被揭示）、掩埋（现象曾被揭示但又沦入遮蔽）、伪装（从前被揭示的东西还看得见，但却只是作为假象才看得见）。其中，“伪装”属于遮蔽的常规情况，它是最经常、最危险的遮蔽。当然，我们在使用“现象”这一术语的时候，一般都指正面的原始的含义，使之有别于假象。海德格尔说道：“在现象学的‘现象’背后，本质上就没有什么别的东西，但应得成为现象的东西仍可能隐藏不露。恰恰因为现象首先与通常是未给予的，所以才需要现象学。”①

他用现象学的方法通达原始的此在及其整个存在建构，其实就是“像此在首先与通常［zunaechst und zumeist］所是的那样显示这个存在者”，亦即“在此在的无差别的平均的日常状态中显示这个存在者”②。在他看来，“任何发问都是一种寻求。任何寻求都有从它所寻求的东西方面而来的事先引导”③。在此在无差别的平均日常状态（首先与通常所是）中，我们已经有了对于存在的“平均的含混的”事先领会，它为我们的发问提供了必需的指导线索。不过，正如现象学的揭示也包含了遮蔽一样，平均日常状态作为首先照面的存在者层次的存在，它既能使我们的追求走向此在存在（生存）的原始状态，也很容易使我们的追求滑落到此在的现成存在的层次。

海德格尔通过现象学的方法经由此在的存在论探讨存在的意义，从而通过此在的存在论（此在的存在建构）给我们描述了一个原始的生存世界，他采用的具体路径就是人的“在世”亦即“人在世界之中”。人的在世不是此在有时有有时无的属性，而是此在的生存论性质。“在……之中”作为此在的生存论性质，它不是空间中的一个现成事物对于另外一个现成事物的“依存”，更不是空间中的一个现成之物摆在空间中的另外一个现成之物之中，它所指的是“依寓于”世界而存在，消散在世界之中。“在……之中”的种种方式都具有“操心”的方式，这里的“操心”不是存在者层次上的“生计操劳”，而是一种先于科学含义的“料理、执行、整顿”，例如制作某种东西、照顾某种东西、利用某种东西等等。我们只有通过“在……之中”才能通达“世界”，并且，我们只有通过“世界”

---

① 海德格尔. 存在与时间. 陈嘉映，王庆节，译. 北京：三联书店，1999：42.

② 同①20.

③ 同①6.

才能通达现成事物。人在世界之中由三个环节构成，即："在……之中"（"之中"本身的存在论建构）、"世界之中"（"世界的存在论结构"以及"世界之为世界"的观念）、"人"（"谁"，亦即"谁在此在的平均日常状态的样式之中"）。人在世界之中的三个环节相互纠缠，同时存在，然而尽管如此，我们依然可以从理论上分别对它们进行分析。在《存在与时间》中，海德格尔按照"世界之中"、"人"和"在……之中"的顺序进行了探讨，我们这里则按照"在……之中"、"世界之中"和"人"的顺序进行探讨。

## 二、"在……之中"

此在本身的原始存在是操心，此在操心于世揭示了它在世界之中存在的结构整体。由于此在就是操心的存在，所以，此在就是生存着的此在，"此在就是它的展开状态"①。此在"在世界之中"的生存论建构（环节）包含了"现身"、"领会"和"话语"。

### 1. 现身与被抛

存在论上的现身情态不是存在者层次上的诸如心平气和、心烦意乱等等情绪，它是此在处于被抛状态中的对某某东西的情绪（有所感觉）。被抛是此在现身于世界的方式，现身也只能在此在的被抛境况中开展此在，因此，此在总是有情绪的此在。"现身是一种生存论上的基本方式，此在在这种方式中乃是它的此"②。当然，尽管现身总是在此在的被抛境况中开展此在，但是，现身"首先与通常以闪避着的背离方式展开此在"③。因此，在日常生活中，尽管情绪总在且不得不在，但是，此在不向情绪"让步"，它"闪避"着情绪，并且正是这种不肯屈就和闪避，却使此在在生存论上和存在者层次上展开了此在。根据海德格尔的观点，现身所具有的存在论的本质性质之一就是整个"在世界之中"的当下开展，这就是说，现身（情绪）原始地开展出了此在的在世整体，包括生存、世界和共同此在，正因如此，我们才能向着种种"可能"制订方向。

### 2. 领会与筹划

存在论上的领会不同于存在者层次上的领会（"能做某事""胜任某

---

① 海德格尔. 存在与时间. 陈嘉映，王庆节，译. 北京：三联书店，1999：155.

② 同①163.

③ 同①159.

事”等等），“在生存论上，领会包含有此在之为能在的存在方式”①。“领会同现身一样原始地构成此之在。现身向来有其领会……领会总是有情绪的领会。”② 面对现身的被抛，此在便被委托给了被抛的可能，它取决于此在的此（定向），因此，领会作为可能的存在具有筹划的生存论结构，此在作为被抛的此在被抛入筹划活动之中，它实际组建着在世的存在，并且始终关涉到在世的整个展开状态。海德格尔说：“领会把此在之在向着此在的‘为何之故’加以筹划，正如把此在之在向着那个使此在的当下世界成为世界的意蕴加以筹划。”③ 不过他强调说：“此在拟想出一个计划，依这个计划安排自己的存在，这同筹划活动完全是两码事。此在作为此在一向已经对自己有所筹划。”④ 当然，领会既可能是本真的领会亦即“源于如其本然的本己自身”的领会⑤，也可能是非本真的领会亦即不是源于如其本然的本己自身的领会。无论是本真的领会还是非本真的领会，它们都可能是真实的或不真实的领会。

海德格尔在领会的基础上讨论了“视”。他说“视”植根于领会（领会的筹划性质），它是对于存在本身的视。这种“视”是一种生存论上的原始的“视”，它“让那个它可以通达的存在者于其本身无所掩蔽地来照面”⑥。他说：“我们用敞亮（Gelichtetheit）来描述此在的展开状态，‘视’就对应于这个敞亮的境界。”⑦ 他把那个首要地和整体地关涉生存的“视”称为“透视”（Durchsichtigkeit），认为它体现在操心活动之中，“视”作为原始的“视”既非“直观”又非“思维”，“‘直观’和‘思维’只是领会的两种远离源头的衍生物”⑧。

解释在生存论上也植根于领会，领会的筹划活动本身具有使自己成形的可能，解释则是领会使自己成形的活动，换句话说，解释就是“把领会中所筹划的可能性整理出来”⑨。因此，解释就是基于“作为”结构，把某某东西解释为某某东西。在解释中，寻视起着重要作用，它是有所领会

① 海德格尔．存在与时间．陈嘉映，王庆节，译．北京：三联书店，1999：167.

② 同①166.

③ 同①169.

④ 同①169.

⑤ 同①170.

⑥ 同①171.

⑦ 同①171.

⑧ 同①172.

⑨ 同①173.

的揭示着的寻视，它按照“为了作……之用”把寻视中上到手头的东西加以分解，并且按照已经分清的分解对其进行操劳。其实，“为了作……之用”本身就有“某某东西作为某某东西”这样一个寻视上的结构，它把领会的东西分环勾连，“寻视寻问：这个特定的上手事物是什么？……寻视着加以解释的回答是：它是为了作某某之用的”①。简单地说，解释无非是把操劳中的因缘关系解释出来。海德格尔还基于解释提出了意义、命题等等概念，指出它们都植根于有所解释的领会。

**3. 话语与沉沦**

“话语是可理解性的分环勾连”②，它按照含义来对此在的展开状态分环勾连。话语与现身、领会一样也是此在展开状态的生存论建构，“话语同现身、领会在生存论上同样原始”③。话语包含以下构成环节：话语的关于什么（话语所及的东西），话语之所云本身，传达和公布。话语是解释和命题的根据，“把话语说出来即成为语言（Sprache）”④。它是命题对于含义的传达。海德格尔强调，领会和话语是语言、“听”的生存论存在论的基础，我们只有从生存论存在论出发，才能具有它们。他说：“语言上的发音奠基于话语；同样，声学上的收音奠基于听。”⑤ 例如，“我们从不也永不‘首先’听到一团响动，我们首先听到辚辚行车，听到摩托车”⑥。在他看来，甚至沉默也有其生存论基础。

“沉沦”则被海德格尔看成此在日常存在的一种基本方式，它的特点是此在逃避它的“本真存在”，消失于常人的公众意见之中，消散于由闲言、好奇、两可引导的共处之中。因此，随着海德格尔对于此在在世的展开状态的生存论建构分析进入话语的讨论，他探讨了闲言、好奇、两可三种作为此在之沉沦的存在方式的语言。在他看来，闲言、好奇、两可的共同特征就是它们听从公众讲法而切除了与此在在世（操劳中的上手事物，以及世界、共同此在、“在之中”本身）的联系，从而变成了一种无根的漂浮的语言，或者表现为人云亦云（闲言），或者表现为无所事事（好奇），或者表现为模棱两可（两可）。他还说道，“跌落”是显示沉沦的动

---

① 海德格尔．存在与时间．陈嘉映，王庆节，译．北京：三联书店，1999：174.

② 同①188.

③ 同①188.

④ 同①188.

⑤ 同①191.

⑥ 同①191.

态结构。他所谓的“跌落”，就是“此在……跌入非本真的日常生活的无根基状态与虚无中”[①]，它包含了引诱、安定、异化和自拘四种现象。然而，根据公众讲法，跌落却被解释成了“上升”和“具体生活”。尽管海德格尔把“沉沦”看成此在的非本真的存在状态，但他强调，沉沦并不意味着它不在世，也不意味着它“从一种较纯粹较高级的‘原初状态’‘沦落’”[②]，其实，“它倒恰恰构成一种别具一格的在世”[③]，它是此在之最切近的存在方式。

**4. 存在与时间**

此在作为生存着的此在就是它的展开状态，它在时间中展开自己。因此，此在“在世界之中”诸生存环节亦即“现身”、“领会”和“话语”（沉沦）分别对应于不同的时间，即：现身作为被抛对应于曾在，领会作为筹划向着将来，话语作为沉沦（日常此在）则属于当前。此在的生存就是操心，此在“在世界之中”生存的三个环节“筹划（领会）、被抛（现身）、沉沦（话语）”作为操心就是“先行于自身的-已经在世界中的-作为寓于世内存在者的存在”，它通过完整的时间结构即将来（筹划）、曾在（被抛）和当前（沉沦）表现出来，其中，向着将来的筹划（先行）体现着曾在并且决定着当前，所以，将来是最重要的时间环节，“**时间性原始地从将来到时**”[④]。

## 三、世界之为世界

此在的现身、领会和话语是它“在世界之中”的存在方式，也是操心的方式。“在世界之中”首先要与世内的存在者打交道，此在的操心在此在与世内的存在者打交道时便是操劳。此在操劳于世揭示了此在的“寓世”亦即世界之为世界。依据现象学的理解，世界是“此在作为此在‘生活’‘在其中’的东西”[⑤]，因此，把世界理解为客观的世界，采用预先设置世界的方式谈论世界，结果必然不着“世界”的边际。同样，把世界理解为主观的东西，亦即简单地将世界看成此在的一种存在性质，我们也难以拥有一个“我们竟在‘其中’的‘共

---

① 海德格尔. 存在与时间. 陈嘉映，王庆节，译. 北京：三联书店，1999：207.

② 同①204.

③ 同①.

④ 同①377.

⑤ 同①76.

同的' 世界"[①]。唯一的领会世界的方式，就是把世界看成在世的组建环节之一。

**1. 用具与用具整体**

此在的日常在世存在就是在操劳中通过使用"用具"与世内的存在者打交道。它通过在操劳中使用用具（例如用锤子来锤）使用具照面，并使用具"依其天然所是显现出来"[②]，其中包含了对于用具特性的知，甚至还以最适当的方式占有了这一用具。"对锤子这物越少瞠目凝视，用它用的越起劲，对它的关系也就变得越原始……"[③] 海德格尔把正使用的用具（例如锤子）称为"上手事物"，并把上手事物之称手的存在方式（例如"锤"揭示了"锤子"特有的"称手"）称为"上手状态"（Zuhandenheit）。此在使用用具不是"主体"通过"认识"静态地观察和认识"物"（认识对象），但是，尽管这里没有所谓的"观察"，但却有一种顺应用具的"为了作……"的指引的视亦即寻视［Umsicht］，它是"视"或"透视"在操劳中的表现。无论认识论上的那种对于物的外观做出多么敏锐的观察，都会缺乏对于上手事物的上手状态的"领会"。其实，认识只能发生在上手事物的上手状态（指引）发生某种"中断"之时，例如用具坏了或者短缺等等。这时，上手事物成了在手事物，上手状态成了在手状态。在手事物和在手状态（认识）只是为了重新回到上手事物和上手状态，它们不仅没有使上手事物和上手状态消逝，反而使人们注意到了上手事物和上手状态的比现成事物的所谓"自在"更为原始的"自在"状态，呈现了上手事物的合世界性。

用具只能在用具整体中才能成为用具。因此，用具的整体性总是先于个别用具而被揭示，"严格地说，从没有一件用具这样的东西'存在'"[④]。用具之所以具有整体性，是因为它的本质是一种"为了作……的东西"（为了作……之用），它（更严格地说是它的效用）具有"指引"作用，它总有着某种"指引"或"依存"。为了更进一步地说明用具通过它的指引作用走向整体，海德格尔分析了"工件"，并且通过对工件的分析上溯到了周围世界（以及公众世界）。他论证说：制好的工件不仅指向它的合用性的何所用，而且指向它的成分的何所来；在简单的手工业状况下，它甚

① 海德格尔．存在与时间．陈嘉映，王庆节，译．北京：三联书店，1999：75.

② 同①81.

③ 同①.

④ 同①80.

至指向承担者和利用者。其中，成分的何所来是工件指向“质料”的指引（例如毛皮指向生皮、生皮指向兽类等等），它们共同揭示着处于自然产品光照中的“自然”（周围世界）；合用性的何所用乃至承担者和利用者则指向了人（消费者），它们揭示着承用者和消费者生活于其中的世界亦即“公众世界”。公众世界更加突出了此在生存的优先地位，例如，带顶篷的月台考虑到的就是风雨，所以他说：“周围世界的自然随着这个公众世界被揭示出来，成为所有人都可以通达的。”[①]

**2. 因缘与为何之故**

海德格尔认为，上手的东西指向某种东西就是与某种东西结缘，所以他把上手的东西的“指引”结构（指引和受指引）看成“因……缘……”的关联，这里，“因缘乃是世内存在者的存在”[②]。因缘有“何所缘”和“何所因”，“何所缘”就是效用的何所用，“何所因”就是与何所缘结缘之事。因缘因上手事物的效用的何所用而成了一个环环相扣的链条，“例如，我们称之为锤子的那种上手的东西因其自身同锤打有缘（所以我们才称之为锤子）；因锤打，又同修固有缘；因修固，又同防风避雨有缘。”[③] 海德格尔进一步认为，正如用具的整体性先于个别用具一样，“某种上手的东西是何因何缘……向来是由因缘整体性先行描绘出来的……因缘整体性‘早于’单个的用具”[④]。

在谈及因缘整体性时，海德格尔引出了一个重要概念“为何之故”。他说：“因缘整体性本身归根到底要回溯到一个‘何所用’之上。这个‘何所用’就不再有因有缘。这个‘何所用’本身不是以一种世内上手事物的方式存在的存在者。”[⑤] 并且，这样一来，我们就发现了一个首要因而“不再为了做什么”的“何所用”。“首要的‘何所用’乃是一种‘为何之故’。”[⑥] 这样一来，他的用具和因缘分析就指向了此在。

**3. 此在与意蕴世界**

海德格尔提出因缘理论的目的就是引出此在的存在（领会），他说：“……因缘结构导向此在的存在本身，导向这样一种本真的、唯一的‘为

① 海德格尔. 存在与时间. 陈嘉映，王庆节，译. 北京：三联书店，1999：83.
② 同①98.
③ 同①98.
④ 同①98.
⑤ 同①98-99.
⑥ 同①99.

何之故'。"[1] 他分析说，一切"何所用"最终都要上溯到"为何之故"，所有这些东西一定都已经在某种领会之中先行展开了。此在作为在世界之中的存在，他先于存在论领会着自身，他所领会自身的东西就是（无论是言明的或未言明的、本真的或非本真的）自己的能在，它就是为了能在之故存在，它出于"能在之故"而把自己指引到某种"为了作"，"为了作"先行标画出了某种"所用"，"这个'所用'便是了却因缘所可能具有的'何所缘'……此在总已经出自某种'为何之故'把自己指引到一种因缘的'何所缘'那里：这就是说，只要此在存在，它就总已经让存在者作为上到手头的东西来照面。此在以自我指引的样式先行领会自身；而此在在其中领会自身的'何所在'，就是先行让存在者向之照面的'何所向'。作为让存在者以因缘存在方式来照面的'何所向'，自我指引着的领会的'何所在'，就是世界现象。而此在向之指引自身的'何所向'的结构，也就是构成世界之为世界的东西"[2]。因此，"……这个世界就是此在作为存在者总已经对之有所作为的世界"[3]。

海德格尔提出一个"赋予含义"的概念来解释如何把握"存在论上的自我指引的联络"。在他看来，此在的领会活动把上述关联保持在一种先行展开的状态之中，"领会让自己在这些关联本身之中得到指引，并让自己由这些关联本身加以指引"[4]。他用"赋予含义"（be-deuten）来表示这些指引关联的关联性质，认为"它使自己原始地就其在世来领会自己的存在与能存在。'为何之故'赋予某种'为了作'以含义；'为了作'赋予某种'所用'以含义；'所用'赋予了却因缘的'何所缘'以含义；而'何所缘'则赋予因缘的'何所因'以含义。那些关联在自身中勾缠联络而形成原始的整体，此在就在这种赋予含义中使自己先行对自己的在世有所领会，它们作为这种赋予含义恰是如其所是的存在。我们把这种含义的关联整体称为意蕴（Bedeutsamkeit）。它就是构成了世界的结构的东西，是构成了此在之为此在向来在其中的所在的结构的东西"[5]。"世界之为世界曾被解释为意蕴的指引整体（第十八节）"[6]，此

① 海德格尔．存在与时间．陈嘉映，王庆节，译．北京：三联书店，1999：99.

② 同①101.

③ 同①100.

④ 同①102.

⑤ 同①102.

⑥ 同①143.

在向来已经熟悉意蕴。总之，“上手事物的存在（因缘）乃至世界之为世界本身规定为一种指引联络”①，“指引联络作为意蕴组建着世界之为世界”②。

这里，“赋予含义”作为最终使世界成为世界（意蕴）的东西具有十分重要的意义。其实，“赋予含义”就是“命名”，就是通过“话语”（它说出来就是语言）来给人在生存中所构成的因缘整体的各种关联命名从而使得它们成为世界，就此而言，世界就是语言的世界。因此，赋予含义、话语命名作为最终使世界成为世界的东西就是（人的）语言使世界最终成为世界，它与海德格尔在“在……之中”讨论的话语相互一致，表明人在生存中（作为能在之故）通过语言为世界赋予意义，并且最终使世界成为世界。

## 四、此在（谁?）

此在在世界之中的操心表现在此在与他人打交道时便是操持。此在在操劳中操持地与他人打交道，揭示了此在的共在，亦即揭示了公众世界。

**1. 此在与共在**

此在是谁？此在一向就是我的存在！但这个我的存在是一种作为“能在”亦即筹划着的存在，因此，它不是现成的存在，“现成性却是非此在式的存在者的存在方式”，“可能日常此在的这个‘谁’恰恰不向来是我自己”③。这就是说，这里的我的存在是生存论意义上的我的存在，“此在的‘本质’根基于它的生存”④。若从此在的存在者层次上的自明性出发，那么，在生存论上，我们就会误入歧途。

海德格尔认为，此在在操劳中发现了他人的共在。在操劳中，“……他人随同在劳动中供使用的用具‘共同照面’了，而‘工件’就是为这些他人而设计的”⑤。例如，此书买自某人并且将要赠送某人。当然，这些共同照面的他人既不是现成的他人也不是上手的东西，“而是如那有所开放的此在本身一样——他也在此，它共同此在”⑥。“此在本质上是共

① 海德格尔．存在与时间．陈嘉映，王庆节，译．北京：三联书店，1999：103.
② 同①.
③ 同①133.
④ 同①135.
⑤ 同①136.
⑥ 同①137.

在。"[①] 他人也是此在本身，因此，尽管此在总是首先与通常从自己的世界来领会自身，往往（在操劳中）通过世内上手的东西来照面他人的共同此在，但是，"'他人'并不等于说在我之外的全部余数，而这个我则从这全部余数中兀然特立；他人倒是我们本身多半与之无别、我们也在其中的那些人"[②]。即使他人"独在"也是在世界中共在，"独在"只是共在的一种残缺样式。

他人通过操劳中的用具"共同照面"，此在便与他人发生一种操持关系，以视或透视的另外一种形式亦即顾视或顾惜进行指引。例如，在操持中，"看护病体"就是此在的一种操持。在海德格尔看来，"代庖"（einspringen）和"表率"（vorausspringen）是两种积极的具有极端可能性的操持样式。前者仿佛从他人身上拿过操心并在操劳中去代替他，后者则把操心真正作为操心还给他人。表率涉及了"本真的操心"，它为他人生存的能在做出了表率。不过，此在首先与通常则行事于操持的残缺样式之中，例如互相怂恿、互相反对、陌如路人这些残缺的冷漠样式恰好就是平均的日常相处的特点。

**2. 常人：日常自己存在**

海德格尔把此在的日常存在（日常自己存在）称为"常人"。常人不是现成的存在或者作为族类的一般主体的存在，在生存论上，其就是在周围世界被操劳的东西中来照面的日常共处中首先与通常"在此"的人们（他人）。海德格尔曾用庸庸碌碌、平均状态、公众意见、卸除存在之责与迎合来描述常人之日常共处的特点，根据他的描述：常人就是个体在与他人共在之际听命于公众意见（公众讲法）而造成的一种作为集体的此在的全部可能性，它决定着个体如何理解、如何行为的方式。据此，常人应该是一种平均状态的人，他并非确定的他人，不是这个人或那个人，也不是一些人或人的总数，甚至不是人本身，"任何一个他人都能代表这些他人"[③]，人之所以使用"他人"这一称呼，目的就是掩盖自己本质上从属于他人或消失于公众意见的情形。他人是某种中性的人。从自我决定的角度看，常人"处于他人可以号令的范围之中"[④]，并由他人把此在从其身上拿去，此在由此便失去了自己本身；从承担责任的角度看，由于常人总

---

① 海德格尔. 存在与时间. 陈嘉映，王庆节，译. 北京：三联书店，1999：140.

② 同①137.

③ 同①147.

④ 同①147.

是处于公众意见（他人）的号令之中，公众意见已经预定了一切判断和决断，所以，常人卸除了此在在日常生活中的责任。其实，海德格尔在分析话语时所分析的沉沦的语言（闲言、好奇和两可）就是常人的“无根的语言”。根据海德格尔的观点，常人是此在的一种非本真的存在方式，但是，常人之非本真的存在方式“并不意味着此在的实际性有所减少，正如常人作为无此人并不等于无一样”①。

## 五、此在与世界

根据以上分析我们发现，“……《存在与时间》提出了一种理解人的方式，即在特殊事物和与他人共在中的世界中发现自己”②。因此，在海德格尔那里，此在开启了世界，此在是世界得以存在从而也是此在自己得以存在的原初动力，他开辟出了一片“林中空地”，世内存在者得以在其中显现与存在。严格地说，此在开启世界是此在通过自己的生存活动亦即操心开启了世界。它作为“能在”在操心中筹划自身的未来可能性：一方面，在操劳（操心的形式之一）中，此在通过与物打交道，并以寻视进行指引，从而让周围世界中的上手之物来照面，他作为“能在之故”导出了“为何之故”，从而形成了用具整体或因缘整体，形成了被“赋予含义”的意蕴，最终使得物的世界成为世界；另一方面，他人通过操劳中的物（用具）也来照面，此在通过操持（操心的形式之二）与人打交道，并以顾视进行指引，基于操劳的操持揭示出了此在与他人的共在，从而使得人的世界成为世界。需要强调的是：此在开启世界并非先有此在然后才去开启世界，此在始终并且不得不在世界之中，在操心中，此在开启了世界也成就了自己，“‘在世界之中存在’原始地、始终地是一整体结构”③。

此在的生存活动“操心”是在时间中展开的并且是同时在将来、曾在和当前中展开的，时间原始地作为时间性的到时存在，所以，操心的结构的原始统一在于时间性，时间使操心结构的建制成为可能。

---

① 海德格尔. 存在与时间. 陈嘉映，王庆节，译. 北京：三联书店，1999：149.

② Gray J G. Heidegger's Course：From Human Existence to Nature. The Journal of Philosophy，1957，54（8）：199.

③ 同①209.

## 第二节　语言开启世界

在海德格尔早期哲学中，此在是开启世界的原点；到了后期哲学，语言则成了开启世界的原点。海德格尔后期哲学中的作为开启世界之原点的“语言”不是人的语言，而是一种大道的道说，他将其称为本质的语言。语言开启世界实际就是世界显现自身并且此在（以及此在的语言）在世界之中，因此，从此在开启世界到语言开启世界（世界显现自身并且此在在世界之中）意味着开启世界之原点的颠倒，这一颠倒在海德格尔哲学中有一个过程。

### 一、此在到语言的两次转向

海德格尔从此在开启世界到语言开启世界的颠倒经历了这样一个发展过程，即：首先把开启世界的原点由人（此在）转向不是人但却是人所创造的艺术作品，并把艺术作品指向诗歌；其次再把开启世界的原点由艺术作品转向更加切近语言但依然是人（诗人）创造的诗歌，并把诗歌指向本质的语言亦即大道的道说。

**1. 艺术作品：第一次转向**

世界总与“物”相关，所以，“物”是海德格尔探讨世界的一条重要线索。问题在于：“物之为物”究竟为何？传统形而上学所说的物是一种“纯粹的物”，亦即一种与人无关即先于人并独立于人而存在的东西（实体、感官上被给予的多样性的统一体、赋予形式的质料）。海德格尔哲学所探讨的世界是一个比现成的物更为原始的世界，据此，他把“物”理解成“用具”，此在正是凭借用具在操劳中展现了一个世界。到了 20 世纪 30 年代中期的《艺术作品的本源》，“艺术作品”代替“用具”拥有了“物”的地位。海德格尔自己解释，他之所以用艺术作品代替用具，是因为艺术作品与用具比较起来，具有自足性、可靠性、独立性等等优点，正是依靠这些优点，它可以不像用具那样，随着用具特征的消失（例如用具坏了、旧了）而有可能失去用具性质成为纯粹的物。或许正是依靠艺术作品的自足性、可靠性、独立性等等优点，海德格尔给了艺术作品更强的开启世界之原点的地位。在谈到用具时，尽管用具在世界之开启方面作用非同寻常，但是，此在仍是开启世界的原点；在谈到艺术作品时，海德格尔则倾向于把艺术作品自身当作开启世界的原点。人（此在）作为开启世界之原点的地位开始淡去，非人逐渐填补了人的地位。

海德格尔在《艺术作品的本源》中讨论了通过艺术作品开启世界的思想。他曾针对一座希腊神庙明确地指出："神庙作品阒然无声地开启着世界。"① "正是神庙作品才嵌合着那些道路和关联的统一体，同时使这个统一体聚集于自身周围；在这些道路和关联中，诞生和死亡，灾祸和福祉，胜利和屈辱，忍耐和堕落——从人类存在那里获得了人类命运的形态。这些敞开的关联所作用的范围，正是这个历史性民族的世界。出自这个世界并在这个世界中，这个民族才回归到它自身，从而实现它的使命。"② 在希腊神庙所开启的世界中，世界的内容有了新的变化。他说："这个建筑作品中包含着神的形象……神在神庙中在场。"③ "岩石的璀璨光芒看来只是太阳的恩赐，然而它却使得白昼的光亮、天空的辽阔、夜的幽暗显露出来……树木和草地，兀鹰和公牛，蛇和蟋蟀才进入它们突出鲜明的形象中，从而显示为它们所是的东西。"④ 建筑作品在开启世界的"同时把这世界重又置回到大地之中。如此这般，大地本身才作为家园般的基地而露面"。"在涌现中，大地献身为庇护者。"⑤ 这里，除人之外，神、天空、大地以及天空之下大地之上的万物都是世界的构成要素。

**2. 诗歌：第二次转向**

在《艺术作品的本源》中，海德格尔有一句意味深长的话："一切艺术本质上都是诗。"⑥ 他的这一句话内在地包含了他的"艺术作品"向"诗歌"过渡的趋势。果然，海德格尔从 30 年代讨论《荷尔德林和诗的本质》开始，就一发不可收地讨论起诗来，并且把诗歌作为开启世界的原点。诗歌本身就是艺术，因此，讨论艺术作品开启世界和讨论诗歌开启世界本身并无多大区别。但是，相比之下，诗歌乃是一种语言，所以，以诗歌作为开启世界的原点更加接近以语言作为开启世界的原点。所以他说："语言本身就是根本意义上的诗。"⑦

在《语言》（1950）中，海德格尔通过分析《冬夜》（诗的作者不详）

① 海德格尔选集：上卷. 孙周兴，选编. 上海：上海三联书店，1996：263.
② 同①262.
③ 同①262.
④ 同①262-263.
⑤ 同①.
⑥ 同①292.
⑦ 同①295.

这一首诗描述了诗歌开启世界的情景。《冬夜》分为三节，即：(1) 雪花在窗外轻轻拂扬，晚祷的钟声悠悠鸣响，屋子已准备完好，餐桌上为众人摆下了盛筵。(2) 只有少量漫游者，从幽暗路径走向大门。金光闪烁的恩惠之树，吮吸着大地中的寒露。(3) 漫游者静静地跨进，痛苦已把门槛化成石头。在清澄光华的照映中的，是桌上的面包和美酒。海德格尔指出：诗的第一节召唤（命名）物，物让天、地、神、人四方聚集于自身从而使得世界得以实现；诗的第二节召唤（命名）世界，它命名了恩惠之树，“在闪着金色光芒的树上凝聚着天、地、神、人四方的运作。这四方的统一的四重整体就是世界”①；诗的第三节召唤（命名）世界和物的中间，中间是前面两节中物与世界相互贯通的“中间”，作为一种横贯物与世界的中间，它是分离中实现的统一，它就是“亲密性”。“作为世界和物的‘中间’，区分测出两者之本质的尺度（Mass）。”② 因此，诗歌《冬夜》从不同的角度开启了世界，并且表明了这个世界是天、地、神、人四方聚集的世界。

当然，海德格尔所说的诗（包括艺术作品）不是一般的诗，它是一种海德格尔所理解的真正的诗。但是尽管如此，诗（包含艺术作品）仍是人的作品。因此，当他把诗作为开启世界的原点之时，虽然一般的人（此在）已经开始淡去，但是，诗依然没有离开人（此在）。其实，在《冬夜》中，海德格尔探讨诗歌开启世界的目的在于非人的语言本身，以便探讨语言自身如何开启世界。所以他说：“探讨语言意味着：恰恰不是把语言，而是把我们，带到语言之本质的位置（Ort）那里，也即：聚集入大道发生（Ereignis）之中。”③ 他之所以要通过分析诗歌《冬夜》来完成这一目的，因为诗歌乃“应合”语言自身的说亦即本质的语言的说，我们可以通过诗歌体验语言本身的说。语言开启世界就是语言显现世界，它使世界得以存在，所以早在1947年出版的《关于人道主义的书信》中，海德格尔就提出了“语言是存在的家”这一命题，他的这一命题奠定了他的后期哲学关于世界学说的基调。那么，何谓海德格尔所说的语言或本质的语言呢？

## 二、作为本质语言的道说

### 1. 词与物

海德格尔把传统哲学所说的语言称为流俗的语言观念，认为它是亚里

① 海德格尔选集：下卷. 孙周兴，选编. 上海：上海三联书店，1996：994.

② 同①996.

③ 同①982.

士多德以来对于语言的流行理解，而他所说的语言和传统哲学所说的语言是一种截然不同的语言。为了正确理解他所说的语言，我们应该先弄清他对词与物的关系的不同于传统哲学的理解。

海德格尔认为，亚里士多德首先表达了传统哲学理解语言的经典结构：文字显示声音，声音显示心灵的体验，心灵的体验显示心灵所关涉的事情。在《解释篇》（即“论陈述”）中，亚里士多德指出，有声的表达是一种对心灵的体验的显示，而文字则是一种对声音的显示。而且，尽管文字在所有的人那里并不相同，并且说话的声音对所有的人也不相同，但是，它们（声音和文字）首先是一种显示，由其显示的是对所有的人来说都是相同的心灵的体验，并且表达（对一切人来说）相同的内容。他说：“亚氏的这段文字包含着一种明智清醒的道说，它揭示了那种始终掩蔽着作为说的语言的经典结构。”① 他还认为，亚里士多德所表述的这种语言经典结构后来成了欧洲思想中始终如一的基本指导观念。根据这种经典的结构：在词（语言、声音和文字）与物的关系上，物（心灵所关涉的事情）先于（经由心灵的体验亦即思维的）语言，换句话说，语言是表达物的东西，它是表达思想、与人交流的简单的有声工具。

海德格尔所理解的语言结构则与传统哲学所理解的语言结构正好相反。在他看来，语言先于物，物之所以是物，是因为有了语言，语言就是使物成为物的东西。他说：“唯当表示物的词语已被发现之际，物才是一物。唯有这样物才存在（ist）。唯有词才使物获得存在。”② 海德格尔的这一思想集中体现在他对斯蒂芬·格奥尔格（Stefan George）1919 年发表的诗《词语》的解读之中。根据海德格尔的观点，斯蒂芬·格奥尔格在《词语》这首诗中经验到了语言的本质，其实语言的本质就是诗人在《词语》中的最后一句诗：“词语破碎处，无物存在。”③ 海德格尔针对诗人的使命指出，“诗人把诗人的天职经验为对作为存在之渊源的词语的召集（Berufung）……诗人在语词上取得了经验……诗人进入词与物的关系之中……词语本身就是关系。词语这种关系总是在自身中扣留着物，从而物才是（ist）一物”④。既然有了语言才有物的存在，所以，语言就是存在之家。这里，海德格尔比传统哲学更原始地揭示了词与物的关系。在原始

① 海德格尔选集：下卷．孙周兴，选编．上海：上海三联书店，1996：1125.

② 同①1067.

③ 同①1066.

④ 同①1071-1072.

发生的意义上，应该是人先给物命名，从而通过词语（名称）使得此物成为此物；然后，当此物与特定的词语（名称）的关系固定之后，人们才在派生的层次上把词语（名称）看成特指该物的工具。

然而，海德格尔揭示词与物的原始关系的真正意图是要找到人们命名某物或通过词语使某物存在的深层根据。他举了一个人造卫星的例子。人造卫星这个“物”作为一个奇迹固然是人所能命名的物，但是即使如此，“如若不是那种尽其可能地在技术上提高速度的急迫……招呼着人，并且把人设置到它的指令中，如若这种指令没有对人挑起和摆置这种急迫，如若这种摆置的词语没有被谈论，那么，也就没有什么人造卫星：词语破碎处，无物存在”①。由此看来，在他所理解的词与物的关系中，人并不唯一是能够主动给物命名从而使物成为物的东西，在人后面，还有某种决定的东西，词与物的关系还有某种比人更为重要的底蕴。实际上，他探讨词与物的关系的真正目的是要找到一种非人的词或语言，这种语言不仅能够通过给物命名从而使得世界成为世界，而且也是人能给物命名的深层根据。他把这种非人的语言自身称为大道的“道说”。

**2. 大道的“道说”**

语言作为开启世界的语言并非人的语言，所以，“……真正地讲来，是语言说。人只是在他倾听语言之劝说从而应合于语言之际才说……语言乃是最高的、处处都是第一位的劝说”②。他把这种语言自身称为“本质的语言”（die Sprache des Wesen）。当然，这种本质并非传统哲学所说的作为类的本质，它不再意指某物之所是，它是一个动词，即“在场着”和“不在场着”中的“本质现身”，而“本质现身”则意味着在持续（逗留）之际关涉我们并为我们开辟道路。海德格尔进一步把这种语言自身说成是大道（Ereignis）的“道说”（Sagen）。国内学者根据Ereignis的各种含义将其译为“缘构发生”“自在起来”“成己”“本有”“本成”“本是”“本然”等等，本书根据海德格尔的原意和中国哲学的习惯表达，权且将其作为“大道”。大道的道说乃是一种寂静之音（das Geläut der Stille），因此，“语言作为寂静之音说”③。然而，正是这种寂静之音却是“大道”的运行和展开，它显现出任何方式和层面的在场者之在场和不在场。所以，

① 海德格尔选集：下卷．孙周兴，选编．上海：上海三联书店，1996：1068.

② 海德格尔选集：上卷．孙周兴，选编．上海：上海三联书店，1996：466.

③ 同①1001.

海德格尔说道："有鉴于道说（Sagen）之关联，我们把语言本质整体称为道说（Sage）。"[①]

大道的道说究竟是什么东西？海德格尔把大道的"道说"看成"大道"之显示运作，他说："'道说'意味：显示、让显现、让看或听。"[②] 海德格尔在解释"词语破碎处，无物存在"这一句诗时也表达了"词语"（语言）乃是显示的思想，把它称为"给出"。他解释说，词语作为使一物存在的东西，它本身决不应该是物。那么，词语究竟什么呢？难道词语竟是"无"（Nichts）吗？他回答说，词语是"有"但又不"存在"的东西，它的本质是"给出者"。他说："我们对词语决不能说：它是（es ist）；而是要说：它给出（es gibt）……词语即是给出者（das Gebende）。给出什么呢？按诗意经验和思想的最古老传统来看，词语给出存在。"[③] 因此，大道的道说就是显示或给出存在的东西。

## 三、道说显示世界

道说（语言）作为显示存在的东西就是作为显现世界或者说开启世界的东西。道说显现世界具有两个关键要素：其一，道说本身必须具有显现（给出）能力。海德格尔曾经借用了语言自身的各种特点解释了道说显现世界或开启世界的能力。例如，他借用了语言的命名功能和聚集功能。他说，命名虽然也有取名的意思，但是，它主要不是简单地给某物取一个名称，它是"召唤""邀请""令"，它把某物呼上前来，聚集起来，使其到场，亦即进入到在场之中。"被呼唤的东西作为在场者露面，露面之时，在场者受到呼唤的语词的保护、吩咐和召唤。"[④] 在海德格尔那里，总体而言，到场并聚集起来的东西主要就是天、地、神、人四重因素构成的整体世界。其二，道说还必须给出一个地带，从而使得被显现的东西能够在其中出现并聚集起来。海德格尔曾经发明了各种名称来称谓这样的地带，例如"中间""地带""道路""切近""剖面"，以及"场""林中空地""敞开领域""澄明之地"等等。例如，在分析《冬夜》时，他讨论了"中间"的问题。在《语言的本质》中，海德格尔较为详细地讨论"切近"（以及地带、道路）的问题。何谓"切近"（Nähe）？海德格尔回答："切

① 海德格尔选集：下卷．孙周兴，选编．上海：上海三联书店，1996：1133．

② 同①1132．

③ 同①1096．

④ 同①1127-1128．

近便自行显示为那种使世界诸地带‘相互面对’的开辟道路。”① 作为“近邻”的切近，“切近之现身本性并非距离”，相互面对就是“源起于那种辽远之境（Weite）……天、地、神、人彼此通达”②。至于“敞开之地”和“澄明之地”等等，他则使用的更为频繁。早在《论真理的本质》中，他就把作为真理本质的自由说成开放出一片“敞开之境”。其实，上述两个关键要素也可被看成一个要素，即：给出一片澄明之地（以便让天、地、神、人到场）。

因此，大道的“这一道说乃澄明之筹划，它宣告出存在者作为什么东西进入敞开领域”③，亦即“既澄明着又遮蔽着之际开放亦即端呈出我们所谓的世界”④。这样，语言才是存在的家，并且，正是“因为语言是存在的家，所以我们是通过不断地穿行于这个家中而通达存在者的。当我们走向一口井，当我们穿行于森林中，我们总是已经穿过‘井’这个词语，穿过‘森林’这个词语，哪怕我们并没有说出这些语词，并没有想到语言方面的因素”⑤。

总之，大道的道说就像一道闪电划破茫茫宇宙，开辟出一片澄明之地，天、地、神、人都被召唤到这片澄明之地，它们聚集起来，相互亲近同时又各自成己，成为一个完整的天、地、神、人的四重世界。

## 四、天、地、神、人的游戏

语言开启的世界作为天、地、神、人的四重世界已经不是海德格尔早期哲学的世界。当然，天、地、神、人的四重世界并不是说世界只有天、地、神、人，它还包含了天地之间的万事万物，但是，天、地、神、人却是首先到场的基本因素。早在《艺术作品的本源》中，海德格尔分析希腊神庙开启世界时就已把世界看成天、地、神、人的四重世界。后来，他更为详细地发挥了这一思想，直到《物》中他提出了“四大”的概念。那么，由语言开启的作为天、地、神、人的四重世界究竟是一个什么样的世界呢?

### 1. 世界游戏

海德格尔把天、地、神、人的四重世界称为“世界游戏”。在《物》

① 海德格尔选集：下卷. 孙周兴，选编. 上海：上海三联书店，1996：1118.

② 同①1115.

③ 海德格尔选集：上卷. 孙周兴，选编. 上海：上海三联书店，1996：294.

④ 同①1103.

⑤ 同③451.

中，海德格尔已经把世界与游戏联系起来思考，并且提出了诸如“圆舞”“圆环”“环化”等等似乎与此有些相关的概念。他曾说道：“天、地、神、人之纯一性的具有着的映射游戏，我们称之为世界（Welt）。”[①] 他还说道：“四重整体之统一性乃是四化（Vierung）。”“四化作为纯一地相互信赖者的居有着的映射游戏而成其本质。四化作为世界之世界化而成其本质。世界的映射游戏乃是居有之圆舞（der Reigen des Ereignens）……这种圆舞乃是环绕着的圆环（Ring，der ringt）……它在居有之际照亮四方，并使四方进入它们的纯一性的光芒中。”“世界的如此这般环绕着的映射游戏的被聚集起来的本质乃是环化（das Gering）。在映射着的游戏着的圆环的环化中，四方依偎在一起，而进入它们统一的、但又向来属己的本质之中。如此柔和地，它们顺从地世界化而嵌合世界。”[②] 在《语言的本质》中，海德格尔在分析“切近”时则更为明确地提出了“世界游戏”（时间—游戏—空间）的概念。他在反对把“切近”看成参数的空间和时间的同时提出了自己的时间和空间。他说“时间到时（die Zeit zeitigt）”，“空间空间化（der Raum räumt）”[③]。时间的“到时”意味着“让成熟”“让涌现”，它使我们“出神”，并把我们摄入它的同时者之中；空间的“空间化”就是“设置空间”，也就是说，它为地方和位置设置空间，把它们开放出来，并同时使一切事物释放到地方和位置中去，把同时者接纳为时间—空间。因此，“时间—空间”（Zeit-Raum）就是“有所出神和带来之际，时间为那种东西开辟道路——同时者把这种东西赋予给时间并为它设置空间（einräumt）”[④]。他强调说，“那始终把时间和空间聚集在它们的本质中的同一东西，可以叫做时间—游戏—空间。时间—游戏—空间的同一东西在到时和设置空间之际为四个世界地带的‘相互面对’开辟道路，这四个世界地带就是天、地、神、人——世界游戏（Weltspie）”[⑤]。

**2. 世界分析**

“世界游戏”，在海德格尔看来，应是天、地、神、人或者说世界的本然状态，它既体现了天地的本然关系，也体现了神人的本然关系，更体现了天、地、神、人的本然关系。

---

① 海德格尔选集：下卷. 孙周兴，选编. 上海：上海三联书店，1996：1180.
② 同①1181.
③ 同①1117.
④ 同①1117.
⑤ 同①1118.

就天地关系而言，天空具有澄明性质，大地则具有闭锁性质。在《艺术作品的本源》中海德格尔曾经探讨的世界与大地的关系更像是一种天空与大地的关系。他说，作品（希腊神庙）之为作品具有两个特征：其一，作品建立一个世界；其二，作品制造大地。世界是一种敞开状态，即它“是在一个历史民族的命运中单扑而本质性的决断的宽阔道路的自行公开的敞开状态”①；大地则永远自行锁闭，即它“是那永远自行锁闭者和如此这般的庇护者的无所促迫的涌现”②。立身于大地的世界作为自行公开的东西，它不能容忍锁闭，它在自己的立身中总是力图超升于大地，这样一来，世界与大地处于相互对立的争执之中，并在争执之中相互进入本质的自我确立。但是，世界并非完全就是与澄明相应的敞开领域，大地也并非完全就是锁闭的领域，因此，争执双方又相互包含，它们相互依存，保持在一种亲密性之中。“大地离不开世界之敞开领域，因为大地本身是在其自行锁闭的被解放的涌动中呈现的。而世界不能飘然飞离大地，因为世界是一切根本性命运的具有决定作用的境地和道路，它把自身建基于一个坚固的基础之上。”③ 海德格尔把这种争执的亲密统一体（作品的自立、自持）称作“宁静”。在《论真理的本质》中，海德格尔就曾围绕原始真理与原始遮蔽探讨过澄明（世界）与遮蔽的关系，指出澄明虽从古老的原始遮蔽中显现出来，但它始终萦绕着遮蔽并以遮蔽作为自己的背景，因此，世界永远争执于澄明与遮蔽之中。在《艺术作品的本源》中，大地作为闭锁的大地成了遮蔽的代表，“大地让任何对它的穿透在它本身那里破灭”④。因此，最终的结论是：大地永远与世界（天空）处于争执之中，并在争执之中保持着亲密和宁静。海德格尔的这一世界（天空）与大地（真理与遮蔽）相互关系的观点后来得到了进一步坚持与阐述。

就神人关系而言，在某种意义上说，天地关系直接容纳了神人关系。既然人生存于天空之下大地之上因而与在场者为伍，那么，他便纠缠进了大地与世界的争执之中；对人来说，究竟是扎根于大地还是企图脱离大地，也就是说，究竟是坚守原始的遮蔽还是企图完全去蔽，完全取决于人的选择，人的这种选择与人如何处理和神的关系密切相关。根据海德格尔的观点，人若选择无限地向天空升腾，那就意味着他不承认神的不可穿透

① 海德格尔选集：上卷. 孙周兴，选编. 上海：上海三联书店，1996：269.

② 同①.

③ 同①270.

④ 同①267.

性而要飞离大地，也意味着他要破坏天、地、神、人之间的亲密关系；人若选择在升向天空的澄明时始终扎根于大地，那就意味着他承认神的不可穿透性，也意味着他要保持天、地、神、人之间在争执中的亲密关系。因此，神人关系是海德格尔所要处理的重要关系。早在《荷尔德林和诗的本质》之中，海德格尔就专门讨论了人与神的对话。他说："自吾人是一种对话——人便有许多体验，诸神便多得命名。自从语言真正地发生为对话，诸神便发话了，于是就显现出一个世界。"① 随着诸神把人带入对话，时间就成为它所是的时间，"自从时间出现并达乎持存，我们就历史性地存在"②。在人与神的对话中，神的语言支配着人的语言，一旦诸神发话，人就被带向语言，带向了决断的领域，也就是说，对于是否"应答"诸神或是"拒弃"诸神做出决断。在本然的状态中，人应该应答神的发话。

天地关系和神人关系揭示了海德格尔天、地、神、人四重世界之间的相互关系。天空之中日月运行，诱人飞跃。大地滋养万物，并且庇护着万物。天地之间有着争执，它们在争执中各自确立自身（确立自己的本质）。神运行于遮蔽着的澄明之中，它是澄明之中遮蔽着的背景，它以人无法穿透的形式来决定着人的生存；人则应合神的语言，在升腾中扎根大地，在澄明中坚守遮蔽。人对神的应合使天、地、神、人都能在争执中如其所是地确立自己的本质（成己），它们之间因而也会相互信赖、相互照料，并且在自行遮蔽中彼此敞开、相互面对，从而成为友好的近邻，在争执中保持着纯一的亲密性，最终导向一种"宁静"（寂静）。在这种关系中，天、地、神、人都能在相互保护之中各自得到庇护。天、地、神、人的这种既有争执又能保持亲密并且各自成己的状态就是游戏的状态，它是一种世界游戏，它使世界成为游戏世界。世界游戏作为一种"游戏"的世界，它的"寂静绝非只是无声"，"宁静总是比一切运动更动荡，比任何活跃更活跃"③。

## 第三节　世界之为世界：生存世界

康德把旧形而上学的外在世界变成了内在世界，他的内在世界归根结

① 海德格尔选集：上卷. 孙周兴，选编. 上海：上海三联书店，1996：316.
② 同①.
③ 海德格尔选集：下卷. 孙周兴，选编. 上海：上海三联书店，1996：1000.

底是一种区别于旧形而上学之现成世界的发生世界，他从认识发生和道德发生，尤其是认识发生的角度探讨了内在世界的发生。海德格尔认为，康德哲学的内在世界其实依然属于现成世界，它和旧形而上学的外在世界一样统统属于传统形而上学的派生的世界，为此，他提出了一种生存世界，在他看来，他的生存世界才是最原始的基础世界。

## 一、世界：从派生到基础

海德格尔认为，传统形而上学的最大的错误就是把存在者误解成存在对其加以研究，从而使得对真正的存在现象的研究被延迟了长达几千年之久。在他看来，存在是比存在者更为基础的东西，我们只有通过追问存在的意义才能发现世界的意义，了解世界何以成为世界，并且进一步理解作为存在者的世界亦即现成世界。同时，追问存在的意义通常总是生存着的人的追问，作为存在意义上的世界或者是在生存着的人的追问中显现出来的世界（海德格尔的早期哲学），或者是向生存着的人显现着的世界（海德格尔的后期哲学），它使存在意义上的世界始终是人的世界（与人的生存相关的世界）。他也认为，从对人发生的角度看，这种人的世界或与人的生存相关的世界比那种与人无关的作为存在者的现成世界更为原始，我们只有通过人的生存活动才能在有了生存意义上的存在世界之后再有作为存在者的现成世界。因此，存在世界亦即与人的生存相关的世界是更为基础的世界，现成世界亦即作为存在者的世界则是它所派生的世界。

我们曾说，在传统形而上学中，旧形而上学把外在世界作为研究对象，它的关于世界的存在论是外在世界的存在论。后来，康德哲学把旧形而上学的外在世界改造成内在世界，他的关于世界的存在论是内在世界的存在论。康德的内在世界是一个在认识中发生的世界，在康德那里，这是一个我们人首先“知道”的世界，就“知道”而言，它应该是一个比旧形而上学更为基础的世界，所以，在此意义上，康德的存在论应该比旧形而上学的存在论更为基础。不过，在海德格尔看来，无论是旧形而上学所说的世界还是康德形而上学所说的世界都是传统形而上学所说的世界，他们的存在论都是传统形而上学关于现成的存在者的世界的存在论，他们探讨的世界都是他的哲学所探讨的更为基础的世界的派生的世界。就此而言，我们可以把从传统形而上学存在论到海德格尔哲学存在论的发展过程看成从派生的存在论到基础的存在论的发展过程。

海德格尔的更为基础的存在论就是生存论，它探讨的是更为原始的存在世界亦即生存的世界，那么，这个更为原始的生存世界究竟是一个什么样的世界呢？

## 二、世界：从认识发生到生存发生

我们可以把从旧形而上学到康德新形而上学之存在论的发展过程理解成从现成存在论到发生存在论的发展过程。我们曾说，旧形而上学把世界看成一种独立于人的世界亦即外在世界，这样的世界无论人是否感觉到它，认识到它，甚至无论人是否存在，它都存在。因此，旧形而上学所理解的外在世界是一种现成的世界，它早已“现成地”存在着，旧形而上学的存在论就是关于外在世界、现成世界的存在论。康德在建构他的新形而上学时并不否认旧形而上学的这种外在世界的存在，但是，在他看来，这种完全独立于人（即人的认识）的外在世界是我们根本不知道的世界，假如勉强为之命名，那么，只能称其为“物自体”。由于人既不知道物自体，也不生活在物自体之中，所以，对人来说，物自体除了表明了人的有限性之外，并无其他的意义。我们所能知道的世界只能是经由认识通达的世界，由于经由了人的认识，所以它被打上了人的烙印，因此，在认识中发现的世界只是一种内在于人的内在世界，康德把它称为现象世界。内在于人意味着这样的世界是随着人的认识而逐渐发生的世界，所以，它不是“现成地”存在着的世界，而是“发生着的”世界亦即发生世界。此外，道德世界作为人与人之关系的世界是人为自己建立的世界，人的建立意味着随着人的“建立”而发生，所以，它也是发生的世界。因此，康德新形而上学的存在论就是关于内在世界或发生世界的存在论，特别是关于随着人的认识而发生的自然世界的存在论。

问题在于：人为何要去认识从而让世界在认识中向人发生？海德格尔指出，认识只发生于操心活动的中断之时，它是人的生存（在世）的一种派生行为。“‘好奇心’或许可以解释某些人一时一地的从事认识活动的动力；若要解释所有个人长期持久地从事认识活动的动力，恐怕只能求助于人类的生存活动本身。因此，海德格尔从人的生存活动出发探讨世界的存在问题，他借助于现象学的方法，力图通过人的生存活动来追问世界的发生，这一追问的结果便是他的在人的生存中发生的世界亦即生存世界。他把生存世界看成首先向人发生的世界，对人来说，不仅旧形而上学的作为现成世界的外在世界，而且康德的在认识过程中发生的世界，都只能是派生的世界。"[①] 这样一来，海德格尔就把世界的发生问题贯彻到底了，他在最为原始的意义上揭示了世界的发生或发生的世界。康德正是因为未能彻底贯穿世界是发生世界的原则，所以，在他的哲学中，才出现了一个处于立法世界之外的孤零零的主体。

## 三、海德格尔的原始生存世界

海德格尔的在人的生存中发生的世界亦即生存世界在发生意义上是最为原始的世界，它使西方哲学所说的世界进一步接近了人类生活的真实世界自身，因此，它不仅体现了哲学的进步，而且也体现了人类哲学思维的进一步提升。

### 1. 原始世界

海德格尔曾说："……按照生存论存在论的根系联系的顺序来说是最后的东西，在实际存在者层次上却被当作最先最近的。"[②] 按照海德格尔的这一观点，从生存论的存在论层次上所理解的某种东西（世界）出现的先后远近顺序和从存在者的层次（实际就是传统形而上学之存在论的层次）上所理解的某种东西（世界）出现的先后远近顺序正好相反。因此，传统形而上学认为最先出现的最近的世界，从生存论存在论的角度去理解，则应该是最后出现的最远的东西。根据传统形而上学的理解，外在世界应是最先出现因而也是最近的世界，它是哲学的真正的对象；生存论存在者的理解则正好相反，在它看来，生存世界才是最先出现因而也是最近的东西，外在世界其实只是最后出现因而也是最远的派生的东西，生存世界才是哲学的真正对象。那么，我们究竟应该如何理解海德格尔的上述观点呢？也就是说，究竟是传统形而上学的世界是最先出现因而是最近的世界呢还是海德格尔的生存论存在论的世界是最先出现因而是最近的世界呢？一句话，究竟哪个世界才是最为原始的世界？

其实，海德格尔这里给了我们评价世界原始与否的两种秩序：其一，存在的秩序，它指的是客观存在上的先后秩序。按照这种秩序，外在世界先于生存世界因而外在世界是最原始的世界。因此，传统形而上学持有这种世界原始与否的评价标准。其二，发生的秩序，它指的是对人发生上的先后秩序。按照这种秩序，生存世界先于外在世界因而生存世界

---

① 强以华. 世界的去远和哲学的进步. 世界哲学，2015 (2).

② 海德格尔. 存在与时间. 陈嘉映，王庆节，译. 北京：三联书店，1999：259.

是最原始的世界。因此，海德格尔哲学持有这种世界原始与否的评价标准。问题在于，究竟哪种秩序或评价标准更为合理？我们认为海德格尔主张的秩序或评价标准更为合理。因为我们首先遇到的、唯一知道的并且实际生活于其中的就是生存世界，科学家和普通人乃至传统形而上学的哲学家在生存世界的背景下确实可以把世界当作外在的现成世界进行研究，但是，他们“必须首先生存于生活世界才能成其为人，科学家和普通人乃至哲学家首先必须生存于生活世界然后才能成为科学家、普通人，以及哲学家。‘外在本质世界在先存在’的断言作为科学家、普通人，以及传统哲学家所做出的科学性和常识性的断言，它不可避免地要以人在生活世界中取得的生存经验作为基础并且接受这些生存经验的影响”①。因此，对人来说，至少在发生的意义上，生存世界才是最为真实也最为原始的世界。

传统形而上学中的旧形而上学由于首先把对人发生顺序最晚的世界当作最早的世界来加以研究，结果他们遇到了无法通达外在世界的问题。康德敏锐地发现了旧形而上学的误区。他把认识作为通达世界的途径，用自己的认识发生论的存在论代替了旧形而上学的现成世界的存在论。毫无疑问，康德把存在论从现成存在论提升到（认识）发生存在论反映了哲学的进步和哲学思维能力提高。从常识和自然科学出发，我们总认为世界就是纯粹客观的世界，但是，我们真正能够知道并且能够生活于其中的世界却是“人的世界”，当我们自以为我们在谈论纯粹客观世界的时候，实际上，我们谈论的依然是“人的世界”，我们在谈论世界时所能想到的一切都只能是我们知道（直接或者间接知道）的一切。其实，我们自以为我们能够谈论纯粹客观世界只是一种错觉。当然，在常识中，甚至在科学中，这种错觉并不妨碍人们的日常生活甚至科学活动。旧形而上学实质上就停留在这一水平之上。它把自己看成类似于（尽管也高于）自然科学的“科学”，恰好表明它在此问题上与自然科学处于同一水平。因此，从对人发生的意义上来说，更为原始的世界就是认识发生的世界。道德世界也是一种发生的世界，它是道德立法的发生世界。

海德格尔进一步认为，假如离开了人的生存活动，我们根本无法通过“认识”通达外在世界，“……真的断言只有在世界已经开启……的情况下

---

① 强以华. 世界的去远和哲学的进步. 世界哲学，2015 (2).

才有可能”[①]。因此，在他看来，人首先从事的活动一定是生存活动，亦即操劳活动，只是人的生存活动或者操劳活动发生某种“中断”之时，他们才有可能从事认识活动（当然还有道德活动等等其他活动），也就是说，生存活动或者操劳活动是人类认识活动的动因。所以，“认识是在世的一种存在方式”[②]。我们只有从此在的在世出发，才能解决主体如何才能与客体统一的问题，也就是说，才能说明“这个进行认识的主体怎么从他的内在‘范围’出来并进入‘一个不同的外在的’范围？认识究竟怎么能有一个对象？必须怎样来设想这个对象才能使主体最终认识这个对象而且不必跃入另一个范围之险？”[③] 因此，人的生存活动是人通达外在世界的唯一途径，人在生存活动中形成的生存世界是最真实、最原始的世界。

其实，海德格尔像康德一样并不否认外在的现成世界的存在。我们知道，康德明确承认自在之物的存在。海德格尔也是一样，他在谈到“唯有此在存在牛顿定律才在”时，一方面强调“这些定律通过牛顿成为真的”，并且“凭借这些定律，自在的存在者对于此在成为可通达的”，另一方面他又说道，他的说法并不意味着牛顿定律不在因而在“这些定律有所揭示地指出来的存在者以前不曾在”[④]。但是，他也像康德一样，认为人首先遇到的世界并非外在的现成世界，而是向人发生的世界，不过，他比康德更为高明，在他看来，这种世界作为最原始的世界它不是在认识中发生的内在世界而是在生存中发生的生存世界。

**2. 生存世界**

海德格尔哲学所阐释的世界作为最原始的世界是生存世界。我们多次提到并且也具体阐释了这一生存世界。这里，我们将系统归纳一下这一生存世界。

我们曾在第三篇第一章的结尾处说：“海德格尔的早期哲学和后期哲学是方向不同但却一以贯之的哲学，我们可以把他前后期哲学所说的世界统一称为‘生存世界’，其中，把他早期哲学所说的世界称为‘人的生存开启的世界’（此在开启世界），并把他的后期哲学所说的世界称为‘向人的生存显现的世界’（语言开启世界）。”从海德格尔的早期哲学来看，他

---

① Wrathall M A. Heidegger and Truth as Correspondence. International Journal of Philosophical Studies，1999，7（1）：84.

② 海德格尔. 存在与时间. 陈嘉映，王庆节，译. 北京：三联书店，1999：71.

③ 同②.

④ 同②260-261.

的世界作为人的生存开启的世界是十分明显的事实。他通过人的生存活动或操心活动十分明显地诠释了生存世界的展开或发生过程。正是由于他把世界看成生存世界，所以，他甚至有些过分地说："森林是一片林场，山是采石场，河流是水力，风是'扬帆'之风……植物学家的植物不是田畔花丛，地理学确定下来的河流'发源处'不是'幽谷源头'。"①

问题在于：海德格尔后期哲学中的天、地、神、人世界是在何种意义上构成生存世界的？正如我们所说：它是向人的生存显现的世界。我们认为，天、地、神、人的世界亦即海德格尔后期哲学中的语言开启的世界是他早期哲学中的开启世界的此在在开启世界时被抛入的世界，在早期哲学中，海德格尔只是强调人只能是生活在（此在开启的）世界之中的人，他还来不及深入论及人作为此在开启并且生活于其中的世界与"被抛入"的世界的微妙关系问题。但是，在《存在与时间》接近最后的章节中，他开始进入这一问题，因为他从时间性的讨论进入了历史性的讨论。我们曾说，海德格尔早期哲学与后期哲学探讨的问题分别是"存在与时间"和"时间与存在"的问题，并且认为他的《艺术作品的本源》是海德格尔早期哲学转向后期哲学的重要著作。其实，《艺术作品的本源》直接承接了《存在与时间》中的有关"历史性"的讨论，也结束于"历史性"的讨论。他说："艺术作品的本源……也就是一个民族的历史性此在的本源，乃是艺术。之所以如此，是因为艺术在其本质中就是一个本源：是真理进入存在的突出方式，亦即真理历史性生成的突出方式。"② 因此，"历史"应该是海德格尔从早期哲学的"存在与时间"转向后期哲学的"时间与存在"的关键环节，历史作为"存在与时间"的结束，又作为"时间与存在"中的时间构成了"时间与存在"的开端。在早期哲学中，此在开启世界之时，他被抛于世，他被抛向的世界其实正是一个已经向人显现的历史世界，后来，这个历史世界逐渐演化成了语言自身向生存的人所显现的现实世界。其实，综合思考海德格尔的后期哲学，它的语言开启的世界既包含了向生存的人显现的现实世界，也包含了向生存的人显现的历史世界。它们就是此在被抛向的世界，所以，此在作为被抛的此在，他在被抛中通过筹划开启的世界应该包含在它被抛向的更为广大和悠久的早已存在的世界（例如历史世界）之中。尽管在语言开启的世界中生存的人作为开启此在

① 海德格尔．存在与时间．陈嘉映，王庆节，译．北京：三联书店，1999：83.

② 海德格尔选集：上卷．孙周兴，选编．上海：上海三联书店，1996：298-299.

世界的此在是被动地接受世界显现的人，但是，世界（无论在此在开启的世界的意义上还是在语言开启的世界的意义上）总是人的世界，若没有生存着的人，它就不是世界，所以，假如没有这种被动的生存着的人，语言开启的世界也就无从显现，因此，它也就不可能是所谓的“世界”。其实，语言开启的世界是天、地、神、人的世界，若是没有了人（生存着的操心于世的人），它就不是世界。就语言显现的世界必须针对生存的人显现并且只有通过向生存的人显现才能成为世界而言，海德格尔后期哲学的语言开启的世界依然是生存世界。所以，总体来说，在海德格尔的哲学中，世界就是生存世界。当然，我们也可以将这个生存世界看成语言世界。海德格尔的早期哲学所说的世界被他理解成“赋予含义”的世界，而他后期哲学所说的世界直接就是语言开启的世界。他说：“唯有语言之处，才有世界。”① 他还把语言比作绽放的花朵，他说：“语言是口之花朵。在语言中，大地向着天空之花绽放花蕾。”②

需要强调的是，当我们把海德格尔哲学的被抛的人看成抛向历史世界和现实世界之时，我们的意思并不是认为在海德格尔那里在此在开启世界之前已经先有了一个现成世界。由于语言开启的世界（历史世界和现实世界，天、地、神、人的世界）只有通过它的显现对象亦即生存着的开启世界的人才能“显现”从而才能成为世界，所以，语言开启的世界和此在开启的世界应该是同时显现的世界，并且，它们都仍在不断的显现之中。只是后者强调的是此在对于世界的开启，它的世界是“人”的世界；前者强调的是语言对于世界的开启，它的世界是天、地、神、人的世界，此在作为开启世界的“人”，只是这个世界的“天、地、神、人”的一个环节。

**3. 原始的生存世界的本质**

当我们在探讨旧形而上学的外在世界的时候，认为外在世界实质上就是本质世界；当我们在探讨康德的新形而上学的时候，把内在世界的实质看成人的立法理性的法，认为它既包含了自然世界的自然之法也包含了道德世界的道德之法。现在，海德格尔提出了生存世界，并把生存世界看成最为原始的世界，那么，海德格尔的生存世界的实质或本质是什么呢？

其实，海德格尔并不承认传统形而上学所说的本质，就像他把传统哲学、自然科学都看成是研究派生对象的派生学科一样，在他那里，传统形

---

① 海德格尔选集：上卷．孙周兴，选编．上海：上海三联书店，1996：314.

② 海德格尔选集：下卷．孙周兴，选编．上海：上海三联书店，1996：1109.

而上学所说的本质也不过是某种派生的东西。他的哲学所探讨的是原始的世界对象，这种原始的世界对象自然没有传统形而上学意义上的派生的本质。尽管如此，他的哲学的原始的世界对象依然有着某种“本质”，它就是世界现象的“如其所是”，它通过神的尺度体现出来。当然，如其所是的世界现象也可能被遮蔽起来（这里所说的遮蔽不是原始的遮蔽，或毋宁说是对原始遮蔽的遗忘），也就是说，它被伪装起来，但是，现象学的哲学能够帮助除去遮蔽，剥去伪装，还其如其所是。

## 四、超越传统哲学的真善

海德格尔认为，传统形而上学的世界作为现成世界只是一种派生的世界，有关这一世界的一切规定都是派生的规定。因此，传统形而上学所讨论的真和善、逻辑学和伦理学，都是人们在派生的现成世界中谈论的对象。长期以来，由于人们错失了原始的世界现象，所以，人们便喜欢把理性（逻辑）和反理性、价值和非价值、人道主义和反人道主义对立起来，并在它们之间进行非此即彼的逻辑推论。然而，由于除了派生的现成世界之外还有更为原始的生存世界，因此，这些非此即彼的推论便不能成为唯一的推论。海德格尔指出，在从柏拉图学派中成长出逻辑学、伦理学和物理学之前，思想家们并不知道这些学科，然而，他们的思既非不合逻辑又非不合道德。这就是说，在世界被单纯看成现成世界之前，并且与此相应，在关于现成世界的学科逻辑学、伦理学以及物理学出现之前，人们已在原始的世界之中既合乎逻辑又合乎道德地“思”了。“……这个思既不是理论的也不是实践的。这种思发生于有此区别之前。”[①] 据此，海德格尔讨论了一种与他的原始世界相关的“逻辑”（与真相关）和“伦理”（与善相关）的问题，这些问题直接跨越了传统形而上学讨论的真与善的问题。

从逻辑学来看，海德格尔认为，真理就是存在的显现。因此，逻辑就是思存在之显现的真理（逻各斯）的逻辑。根据通常的理解：“……谈到了反对‘逻辑’，人们就认为势必要求否认思的严格性并使冲动与感情的任意性占据统治地位以代之，因而一呼而出把‘反理性主义’作为真的东西了。因为还有什么比谁反对合逻辑的东西就要防护不合逻辑的东西‘更

① 海德格尔选集：上卷．孙周兴，选编．上海：上海三联书店，1996：400.

合逻辑些’呢?”① 然而他说:“反对着‘逻辑’来思,这意思并不是说,要为不逻辑的东西而较量身手。”“思存在的真理的思……抓住了 λόγθs(逻各斯)的原始本质……”② 所以反对逻辑来思“……只是说:要追思逻各斯及其在思的早期已经出现过的本质……”③ 其实,海德格尔的逻辑作为一种思存在之显现的真理的逻辑就是一种心灵的逻辑,后面我们将会进一步提到这种心灵的逻辑。

从伦理学来说,海德格尔认为,索福克勒斯悲剧对话中已经包含了一种比亚里士多德的伦理更为久远的“伦理”。他通过分析赫拉克利特的话“ήθος άνθρώπω δαίμων”提出了原始的伦理学。人们通常将此话译为:人的德性就是他的守护神(残篇 119);海德格尔则说,这句话的意思就是:只要人是人的话,人就住在神的近处。据他所说,亚里士多德所报告的臆断的历史是:“人们叙述着赫拉克利特的一句话,这句话是他向一些想来接近他的外来人说的。他们迎面而来看见他正在烘炉旁烤火。他们大惊停步,而之所以如此,主要是因为他还鼓励这些踌躇不前的人们并用这句话叫他们进来:‘这里诸神也在场’。”④ 对此,海德格尔评论道:这些好奇并且保有极大希望的访客看到赫拉克利特的居留情况十分失望,进而手足无措,因为他们看到的是一个平常得不能再平常的处所,甚至赫拉克利特在烘炉旁只是烤火(连面包都未烤),所以与他们的想象反差太大。赫拉克利特看出了他们的失望,发现他们准备离开,于是邀请他们:“这里诸神也在场。”在他看来,“居留”这一概念对人来说就是为神的在场而敞开的东西,根据此词的意思,“原始的伦理学”深思人的“居留”,它也就是“把存在的真理作为一个生存着的人的原始的基本成分来思的那个思本身”⑤。

世界的显现就是真理,居留于世就是伦理。那么,在原始的意义上,逻辑学(存在论)与伦理学相互之间有着什么样的关系呢?海德格尔指出,“思追问存在的真理,同时又从存在方面来规定人的本质居留而且把人的本质居留规定到存在方面去;这个思,既不是伦理学也不是存在论。

① 海德格尔选集:上卷. 孙周兴,选编. 上海:上海三联书店,1996:389.
② 同①391.
③ 同①391.
④ 同①397.
⑤ 同①398.

因此要追究彼此间的关系的问题在这个范围之内没有提出的余地”①。

## 第四节　哲学之为哲学：生存哲学

海德格尔转换了哲学的研究对象，自然也转换了哲学的意义。在他看来，哲学之为哲学应该是另外一种完全不同于传统哲学的哲学，他把这种哲学称为“思”。“思”乃他的“存在”之思。“语言是存在的家。人以语言之家为家。思的人们与创作的人们是这个家的看家人。”②

### 一、传统哲学的终结

康德曾对旧形而上学的哲学观提出批评，指出旧形而上学把研究对象普遍程度的差异看成哲学与科学的界限是一个错误，在他看来，哲学与科学的区别不是它们的研究对象之间的“量”的区别，而是它们的研究对象之间的“质”的不同，即：哲学所研究的是人的认识如何给予一个世界，科学所探讨的则是人如何去认识这个被给予了的世界。海德格尔既然把自己的研究对象看成最原始的生存世界并把包括康德哲学在内的传统哲学的研究对象看成派生的世界，那么，他便不能赞成那种把派生的现成世界看成哲学对象的哲学观。不过，他对传统哲学自有另外一种理解。

海德格尔的理解包含两层意思，并从他所理解的两层意思得出了传统哲学终结的结论。他之理解的两层意思在于：其一，哲学就是形而上学，并且它本质上就是柏拉图主义，也就是说，海德格尔认为哲学本质上就是典型的形而上学。他说：“哲学即形而上学。形而上学着眼于存在，着眼于存在中的存在者之共属一体，来思考存在者整体——世界、人类和上帝。形而上学以论证性的表象思维方式来思考存在者之为存在者。”③ 他还说：“形而上学就是柏拉图主义。”④ “一切形而上学（包括它的反对者实证主义）都说着柏拉图的语言。”⑤ “纵观整个哲学史，柏拉图的思想以有所变化的形态始终起着决定性的作用……尼采把它自己

① 海德格尔选集：上卷．孙周兴，选编．上海：上海三联书店，1996：399.
② 同①358-359.
③ 海德格尔选集：下卷．孙周兴，选编．上海：上海三联书店，1996：1243.
④ 同③1244.
⑤ 同③1254.

的思想标示为颠倒了的柏拉图主义。随着这一由卡尔·马克思完成了的对形而上学的颠倒，哲学达到了最极端的可能性……至于说人们现在还在说人们现在还在努力尝试哲学思维，那只不过是谋求获得一种摹仿性的复兴及其变种而已。”① 其二，哲学作为本质上是柏拉图主义的形而上学其实就是科学，所以，它既能使科学在哲学的视界内发展起来，又能通过科学最终完成自己的学科使命。一方面，海德格尔认为，早在希腊时代哲学就已显露出了一个决定性的特征，即：“科学在由哲学开启出来的视界内的发展。”② 在此过程中，“哲学转变为关于人的经验科学，转变为关于一切能够成为人的技术的经验对象的东西的经验科学；而人则通过技术以多种多样的制作和塑造方式来加工世界，人因此把自身确立在世界中。所有这一切的实现在任何地方都是以科学对具体存在者领域的开拓为基础和尺度的”③。另一方面，他又认为，尽管哲学开启科学，甚至把自己转变成了关于人的经验的科学，但是，一旦各类科学相继独立起来并且相互沟通，它们就能把哲学试图表达但又表达得不够充分的意思充分地表达出来，它们接过了哲学曾经试图表达的东西。他说：“哲学在其历史进程中试图在某些地方（甚至在那里也只是不充分地）表达出来的东西，也即关于存在者之不同区域（自然、历史、法、艺术等）的存在论，现在被诸科学当作自己的任务接管过去了。”④ 根据海德格尔的理解，既然哲学把自己看成科学，科学已经发展起来并且接过了哲学的使命乃至完成得很好，那么，哲学作为科学便再也没有存在的必要了。因此，“科学从哲学中产生出来，与此同时它不得不遗弃哲学”⑤。同时，科学从哲学中产生出来之后，再也不能重新回到自己的本源。因此，哲学已经到了自己的终结之时，剩下来的就是科学自身的发展。他说：“科学之发展同时即科学从哲学那里分离出来和科学的独立性的建立。这一进程属于哲学之完成。这一进程的展开如今在一切存在者领域中正处于鼎盛。它看似哲学的纯粹解体，其实恰恰是哲学之完成。”⑥

---

① 海德格尔选集：下卷．孙周兴，选编．上海：上海三联书店，1996：1244.

② 同①.

③ 同①.

④ 同①1245.

⑤ 同①1220.

⑥ 同①.

## 二、思的哲学的诞生

海德格尔宣布了哲学的终结，并且提出了自己的“思”，尽管他提出“思”是为了区别于传统形而上学的“哲学”，但是，他的“思”仍然是一种哲学。不过，海德格尔并不认为这种哲学是自己的首创，在他看来，古希腊最早的哲学就是这样一种“思”。

根据海德格尔对“哲学”一词的考证，最初并无哲学，赫拉克利特和巴门尼德是伟大的思想者，他们的“思”只与作为“聚集”的 Λόγos（逻各斯）相契合，亦即与 Ἕν Πάντα（一［是］一切）相契合，因此，在他们那里，还没有“逻辑”“伦理学”“物理学”这些名称，“希腊人甚至没有把思称为‘哲学’。如果思偏离其基本成分，思便完结”①。“走向‘哲学’一步，经过诡辩论的酝酿，最早是由苏格拉底和柏拉图完成的。”②亚里士多德把哲学的问题变成了“存在者是什么”的问题，也就是说，“什么是存在者之存在状态”的问题。他们认为，存在者的存在状态就是 oúσíα（在场），柏拉图将其称为相，亚里士多德将其称为现实。这样一来，思完结了，诸如“逻辑”“伦理”“物理”等等名称也出现了，“思”则被称为哲学。哲学从此便把自己看成研究存在者的科学亦即科学之科学。这一观点贯穿于赫拉克利特之后的两个多世纪。因此，假如说赫拉克利特和巴门尼德的思想是对哲学的一种“思”的话，那么，从亚里士多德和柏拉图开始，“哲学”便成了（在研究存在的名义之下）研究存在者的学问。海德格尔所说的这种哲学不仅包含了康德之前的把世界看成外在世界的哲学，也包括了康德的把世界看成内在世界的人类学（主体性）哲学。他说，传统哲学这样一来便跳过“存在现象”，也就是说，跳过了最为原始的（发生意义上的）世界现象。

既然由“思”到传统哲学的转换是苏格拉底、柏拉图和亚里士多德偏离赫拉克利特和巴门尼德之“思”的结果，也就是说，他们把“思”存在弄成了对于存在者及其本质的研究，那么，在传统哲学的终结之际，海德格尔的哲学任务就是重新回到“思”，去“思”那被古希腊人早已说出的在场之境亦即“存在”这一根基。所以，海德格尔把它自己的哲学理解成“思”存在的哲学，他说“率直讲来，思就是存在的思”，“存在使思成为

① 海德格尔选集：上卷. 孙周兴，选编. 上海：上海三联书店，1996：361.

② 同①597.

可能”，“思是听从存在而又属于存在的东西的时候，就是按照它的本质来历而存在的东西”①。海德格尔的“思”不是传统哲学的那种理性的逻辑“思维”（计算性思维），它只是对于“存在”的“沉思之思”。在海德格尔看来，人的活动都与“思”相关，因此，它们或多或少都包含了“思”。这样一来，与传统哲学相比较，海德格尔彻底改变了哲学的性质。

从对象上说，传统哲学探讨的是作为存在者的存在（者），其中既包括了旧形而上学的作为外在世界的存在，也包括了康德的作为立法主体的存在和作为立法活动之结果的存在；海德格尔则把哲学探讨的对象从存在者改变成了作为存在者的“存在”，或是此在通过生存开启的世界的存在，以及语言通过命名向此在显示的世界的存在。从方法上说，传统哲学采用的方法主要是认识论和逻辑学的方法，其中既包含了旧形而上学的唯理论（演绎逻辑）、经验论（归纳逻辑）乃至黑格尔的辩证法（辩证逻辑）的方法，也包括了康德的先验论（先验逻辑）的方法；海德格尔则采用了现象学的方法，用现象学的方法揭示和诠释此在对世界的开启，以及用现象学的方法揭示和诠释语言对世界的开启。在知识形态上，传统哲学呈现出了一幅科学的知识形态，旧形而上学呈现出了一幅类似自然科学并且高于自然科学的第一科学的知识形态，康德哲学所呈现的知识形态虽然有所不同，但是，康德依然把自己的哲学体系称为科学的形而上学。海德格尔既然认为作为科学的哲学已经终结，所以他的“思”的哲学根本不会呈现出类似于科学的知识形态，他的“思”的哲学所呈现的知识形态是通过现象学揭示并且诠释的世界显现的形态，或是此在如何开启世界的形态，以及语言如何开启世界的形态。他的这种哲学使他的“思”越来越走向“诗”。

## 三、思与诗

在海德格尔的“思”的哲学中，传统哲学的那种哲学与科学的结盟被彻底瓦解，哲学再也无须借助数学来把自己锻造成所谓精确的学科。那么，海德格尔的哲学也有盟友吗？有，那就是诗歌。在他看来，思与诗毗邻，思者和诗人应是最值得信赖的近邻。

海德格尔思与诗毗邻的观点主要体现在他探讨人如何经验语言（大道的道说）的思想之中。在海德格尔那里，用现象学的方法诠释世界现象的显现，最终目的还是要探讨生存世界中的人的应然的生存方式。尽管海德

① 海德格尔选集：上卷．孙周兴，选编．上海：上海三联书店，1996：361．

格尔早期哲学也探讨过人之应然的生存方式，但是，就其全部哲学而言，也就是说，若把他的早期哲学和后期哲学看成一个整体，那么，人的应然的生存方式还是顺从大道的道说的生存方式。为此，我们就要经验语言（大道的道说），以便能够顺从大道的道说。在《语言的本质》中，海德格尔认为，对于经验语言的本质来说，“语言的本质：本质的语言”（The being of language：The language of being）作为一个起路标作用的引导词“适当地向我们指出了一个地带，这个地带包含着那条由先行召唤着的引导词来护送的道路。这个地带显示在诗与思的近邻关系之中”[①]。其实，海德格尔想要表达的意思就是：在走向语言的途中，有一个思与诗毗邻而行的地带，在这个地带中，思者对于存在的思和诗人对于道说的体验原本就是一样的事情，所以，它们相互交织。因此，正是大道的道说把我们带向了思的地带，并在这个地带中使得思与诗相互切近，也就是说，正是大道的道说把诗与思共同带入近邻关系中并且使之切近。海德格尔说道：“……关于诗与思之近邻关系的谈论就意味着，诗与思相互面对而居住，一方面对着另一方而居住，一方定居于另一方的近处。”[②] 诗人可以在诗中运思，思者也可以在思中歌唱。例如，在诗句“词语破碎处，无物存在”中，“一俟我们考虑到，这里所说的乃是词与物的关系，从而也即语言与某个当下存在者本身的关系，我们便把诗召唤到一种思的近邻那儿来了……实际上，物与词的关系乃是通过西方思想而达乎词语的最早事情之一，而且是以存在与道说（Sein und Sagen）之关系的形态出现的。这一关系如此不可抗拒地侵袭着思，以至于它以独一无二的词语道出自身。这个词语就是逻各斯。这个词语同时作为表示存在的名称和表示道说的名称来说话”[③]。海德格尔说：“诗就是歌唱（Gesang）。”“歌之诗人乃是歌者。”[④] 诗人歌唱的乃是他所预感到的词语的秘密，思者所思的乃是非物的词语与“存在”亦即 ist 的关系。相比之下，诗趋于“显”，思趋于“隐”，它们二者作为近邻共同应和着道说。

根据海德格尔的观点，从“哲学”回到“思”，实际上不是要求哲学上升而是要求哲学下降。他关于人的有限性以及赫拉克利特诸神在场的话，其实都是对于当代社会主体过分张扬的限制。所以他说：“现在是人

① 海德格尔选集：下卷．孙周兴，选编．上海：上海三联书店，1996：1103.

② 同①1089.

③ 同①1088.

④ 同①1084.

们切忌把哲学估计过高而对哲学要求过高的时候了。在现在的世界灾难中必需的是：少谈些哲学，多注意去思；少写些文章，多保护文字。”“将来的思不再是哲学了，因为将来的思思得比形而上学更原始些……这个思正下降到它的本质的赤贫状态中去。这个思正凝聚语言以成简单地说。语言是存在的语言，正如云是天生的云一样。这个思正以它的手把不显眼的沟犁到语言中去。这些沟比农夫用缓慢的步子犁在地里的那些沟还更不显眼。”[①] 在他看来，只有这种下降而非上升的思才能克服形而上学，所以，下降比上升更为困难和危险。

① 海德格尔选集：上卷. 孙周兴，选编. 上海：上海三联书店，1996：405-406.

# 第三章　生存逻各斯与人类之根

在旧形而上学和康德新形而上学对于人类之根做了两次具有代表性的追问之后，海德格尔哲学对于人类之根做了第三次具有代表性的追问。海德格尔对于人类之根的第三次追问的基础是他对于世界意义及其本质的重新理解，他要循着他所理解的生存世界及其本质探寻作为人类共同之根的普遍性。

## 第一节　生存世界的逻各斯

旧形而上学和康德的新形而上学都把世界的本质亦即人类之根归结为“逻各斯”，海德格尔也一样，他实际上也在从“逻各斯”的角度出发探讨世界的本质以及人类之根，但是，他的逻各斯是原始的生存世界而非派生的现成世界的逻各斯，所以，他对逻各斯的理解与旧形而上学和康德新形而上学对逻各斯的理解有着巨大的差异，这一情形使得他的关于逻各斯是世界本质以及人类之根的思想显得更为复杂一些。

### 一、海德格尔哲学之逻各斯的含义

海德格尔在自己的哲学中，把对逻各斯的特有理解看成他的哲学区别于传统形而上学的根本特征，由此出发，他所理解的逻各斯也成了贯穿他的早期哲学和后期哲学的一条主线。在他那里，不仅他的逻各斯的含义与传统形而上学的逻各斯的含义有着本质区别，而且他的早期哲学中的逻各斯和后期哲学中的逻各斯也存在着同中之异。

何谓逻各斯？在早期哲学的《存在与时间》中，海德格尔说道：“如果我们说：λογοζ 的基本含义是话语，那么只有先规定了‘话语’这词本身说的是什么，这种字面上的翻译才有用处。”① 问题在于：“话语”这一词汇本身说的究竟是什么？在他看来，逻各斯（λογοζ）作为话语，就是“把言谈之时‘话题’所及的东西公开出来”，因此，“话语”亦即逻各斯就是（对于言谈着的人来说）“让人从某某方面看某种东西”，“让人看话语所谈及的东西”②，它具有“使……公开”的展示结构。在后期哲学中，海德格尔在《形而上学导论》和《逻各斯》中专门讨论了“逻各斯”的含义问题。他经过进一步考证，认为“逻各斯”起源于 legein（说话），并且，对于希腊人而言，逻各斯的更为原始的含义是“拢集”，通过“拢集”亦即“采集”“聚拢”，以便使之得到妥善的庇护与保存。

海德格尔在自己的不同时期的哲学中对于逻各斯的含义有着不同的解释，尽管如此，他对逻各斯基本含义的理解其实是贯彻始终的。其一，他始终把逻各斯的起源解释成“话语”（说话）；其二，他始终根据“话语”的特性把逻各斯理解成把某种东西“如其所是”地公开出来或者显现出来以便让人看见。据此，简单地说，逻各斯就是显现或“让……如其所是”地显现（以便让人看见）。海德格尔早期哲学和后期哲学关于逻各斯含义的区别只是他对具体显现解释的区别，即：在《存在与时间》中，他直接把显现解释成显现或“把某种东西作为某种东西来让人看”，而在《形而上学导论》和《逻各斯》中，他则把显现解释成“拢集”，通过“拢集”使之得到妥善的庇护与保存。因此，从基本含义说，逻各斯就是显现或“让……如其所是”地显现（以便让人看见）。从早期哲学和后期哲学的差异看，早期哲学更加强调逻各斯的直接显现含义，后期哲学则更强调不同的东西在显现中聚拢起来，以便在拢聚之中得到妥善的庇护和保存。总之，显现是逻各斯的基本含义。在海德格尔那里，逻各斯作为显现，就是存在的显现，就是世界现象的显现。海德格尔的现象学则是他通向存在、世界现象的方法论。根据海德格尔的解释，“现象”作为“显现”，它与逻各斯其实具有相同的意义，因此，现象学是“现象”与“逻各斯”两个部分内在结合的结果，它们共同意味着“面向事情本身!”

海德格尔对于逻各斯基本含义（以及逻各斯真正意义）的理解彻底改变了传统形而上学对于逻各斯含义的理解。我们曾说，海德格尔认为 λογοζ 的基本含义是话语，并且认为若要使该词字面上的翻译有用处必须

① 海德格尔. 存在与时间. 陈嘉映，王庆节，译. 北京：三联书店，1999：37-38.

② 同①39.

先行规定“话语”本身的意义。他自己把话语规定为（如其所是地）“显现”，并且认为这是关于“话语”一词的本真的含义。除此之外，他说在西方哲学史上还有着“话语”意义的另外一类规定，这类规定形形色色、随心所欲，其中包括理性、概念、定义、判断、根据、关系等等，这些规定“不断掩盖着话语的本真含义”①。海德格尔认为他对传统形而上学之逻各斯含义的改变其实只是一种恢复。在他看来，早在柏拉图、亚里士多德乃至苏格拉底之前，逻各斯作为话语就具有了充满生命力的本真含义亦即显现，但在柏拉图、亚里士多德那里，逻各斯的本真含义遭到“掩蔽”，它逐渐变成了理性、判断、定义、根据、关系等等。

海德格尔认为，他的逻各斯之所以体现了逻各斯的本真含义而传统形而上学的逻各斯之所以掩盖了它的本真含义，是因为他的逻各斯的含义是逻各斯的原始含义，传统形而上学的逻各斯的含义则是逻各斯原始含义的派生含义。当传统形而上学把逻各斯的派生含义错误地当作逻各斯的原始含义时，它自然而然地会掩盖逻各斯的本真含义。其实，逻各斯的派生含义只有在逻各斯之原始含义的基础上才能得到解释。因此，他把自己的哲学任务规定为恢复逻各斯的原始含义，并且除去传统形而上学对于逻各斯本真含义的遮蔽，在此基础之上，依据逻各斯的原始的本真含义来说明世界的本质，通过说明人类之根来规定人的应然生活。

## 二、海德格尔哲学之逻各斯的分析

逻各斯作为生存世界的本质，它的如其所是地显现其实就是存在、世界现象如其所是地显现。在他那里，如其所是地显现就是真理。尽管海德格尔认为在希腊的意义上“真”是比 λoγoζ 更为原始的“知觉”，但是，在不太严格的意义上，我们依然可以把逻各斯（以及存在、世界现象）的如其所是地显现与真理统一起来。这样一来，我们就会发现逻各斯的更为复杂的含义。

海德格尔曾经认为，在传统形而上学那里，逻各斯可以表示两种东西，一是传统形而上学所说的实体，二是传统形而上学所说的规律（理性）。他的这一观点应该不错。在传统形而上学那里，尽管严格意义上的逻各斯只是具有规律意义的逻各斯，但是，逻各斯也可以泛指实体（作为承载逻各斯之规律意义的主体）与规律（作为被实体所承载的规律），并

① 海德格尔．存在与时间．陈嘉映，王庆节，译．北京：三联书店，1999：38.

且二者之间没有严格的区别。与此相应，海德格尔也认为自己的逻各斯作为真理具有两层含义：真理的一层含义是“进行揭示的此在”或“揭示自身”，它就是使揭示成为可能的东西；真理的另外一层含义则是作为被揭示的东西的世内存在者或被揭示的状态。因此，在海德格尔的哲学中，逻各斯作为真理的体现（真在）既包含了揭示自身也包含了被揭示的状态。对于早期哲学的此在开启世界而言，真在的逻各斯既是进行揭示的此在（揭示自身），又是此在开启的世界或被揭示的东西的世内存在者（被揭示状态）；对于后期哲学的语言开启世界而言，真在的逻各斯既是进行揭示的大道（语言）或大道的道说（语言的说），又是大道或大道的道说开启的天、地、神、人四重整体的世界（被揭示状态）。不过，由于被揭示的状态最终必须奠基于揭示自身，所以，揭示自身才是作为显现的逻各斯（以及存在、世界现象）的更为重要的含义。并且，在揭示自身中，既包含了揭示的主体也包含了它的揭示行为，由于揭示行为才是真正意义上的“显现”，所以，揭示行为才是作为“显现”的逻各斯中的核心含义。

当然，正如现象所显现的既可能是真相也可能是假象一样，逻各斯作为“如其所是”地“显现”也可能会不是如其所是地显现。逻各斯作为话语的本真意义在传统形而上学那里的遮蔽就是一种它不是如其所是地“显现”。所以，作为真理的“显现”，逻各斯也有自己的真在和假在的问题。所谓逻各斯的“真在”亦即 αληθευειν 就是“把话题所及的存在者从其掩蔽状态拿出来”①；与其相反，逻各斯的“假在”就是遮蔽下的欺骗（伪装），亦即“把某种东西放到一种东西之前（让人来看），从而（把它挡住）使它作为它所不是的东西呈现出来”②。简单地说，逻各斯的真在就是“去蔽”以使存在者如其所是地显现自己，逻各斯的假在就是“遮蔽”（特别是作为一种伪装）以使存在者不能如其所是地显现自己。不过，当我们说到逻各斯或其“显现”时，通常指的都是它的如其所是地“显现”。真理是存在的原始显现，或对存在之原始显现的知，逻各斯的去蔽其实就是走向存在的原始显现，也就是说，走向真理。

## 三、海德格尔哲学之逻各斯的实质

随着海德格尔用原始世界代替派生世界以及用原始的逻各斯代替派生

① 海德格尔．存在与时间．陈嘉映，王庆节，译．北京：三联书店，1999：39.

② 同①.

的逻各斯，他的逻各斯的实质就再也不是理性了，它既不是外在世界的客观理性也不是内在世界的主体理性，它是一种神秘。海德格尔把这种神秘称为神的尺度。

**1. 神的尺度**

神的尺度，又被海德格尔称为“神”“神话”。海德格尔明确指出，神的尺度原本就是逻各斯。他说，逻各斯与神话最初是统一的。神话就是告人之言，在古希腊人看来，告知乃敞开和显现出来，也即外显、在场、神的显灵，因此，神话就是告知在场者，呼唤在无蔽中的显现者。“逻各斯也是说同样的东西。神话与逻各斯并非像当今的哲学史家们所宣称的那样，在哲学中是对立的东西。”① 例如，“早期希腊思想家（巴门尼德，残篇第八）就是在同一种意思上使用神话和逻各斯”②。到了后来，“神话和逻各斯只是在它们各自都不能保持住它们本初的本质时，才变得分裂和互相对立起来。这种分裂在柏拉图的著作中已经发生了。正是从柏拉图主义的根据出发，近代唯理主义采纳了这一历史的和语言学的偏见，认为神话已被逻各斯毁灭了。实际上宗教从未败北于逻辑，它的分崩离析仅仅是因为上帝抽身而去”③。这就是说，海德格尔认为，随着柏拉图把逻各斯变成理性，神话便与逻各斯分裂开来并且对立起来。近代理性主义自信地以为逻各斯作为理性已经毁灭了神话，其实，上帝只是抽身而去。因此，海德格尔现在所要做的事情正是迎接上帝的再次君临。

那么，海德格尔具体是如何解释他的作为天、地、神、人之因素之一的神的呢？在他看来，“神”游移于“可知”与“不可知”之间，以及“是”与“不是”之间。他在探讨荷尔德林诗歌的时候，曾明确回答过神是什么。他说神是天空中的一切，天空中的景象，也就是天空之下大地之上的万物。他说：“这一切闪烁和开放、鸣响和喷香、上升和到来，但也消逝和没落、也哀鸣和沉默、也苍白和暗淡。”④ 因此，“……诸神唯在天穹之中才是诸神，天穹乃诸神之神性”⑤。根据海德格尔这里的解释，神大抵是天地之间亦即天空之下大地之上的显现，以及显现之中所呈现的一切景象，包括日月运行、群星游移、四季更替、昼夜轮换。但是，他又明

① 海德格尔选集：下卷．孙周兴，选编．上海：上海三联书店，1996：1213.
② 同①.
③ 同①.
④ 海德格尔选集：上卷．孙周兴，选编．上海：上海三联书店，1996：476.
⑤ 同④410.

确地指出：神不可知。既然神不可知，那么，我们也就不可能知道神是什么。海德格尔的这种在可知与不可知之间的游移态度又表现在他对神人关系的解释之中。他曾经引用并且赞同荷尔德林的诗句："神本是人之尺度。"在他那里，既然神就是大地之上天空之下的一切景象，那么，天空就是人的尺度，海德格尔也曾明确指出："此天空乃是尺度。"[①] 但他又说："人之度量的尺度是什么？是神？不是！是天空？不是！是天空的显明？也不是！"[②] 当然，它更不是大地。他曾引用荷尔德林的诗问道："大地上可有尺度？"对此，他说诗人必得回答："绝无。"这就奇怪！到底神可知还是不可知？若是可知，海德格尔必须对它做出明确的"是"的回答，并且不能出尔反尔，但他确切肯定神不可知，并且回答起来也总是出尔反尔；若不可知，海德格尔就不能对其做出任何明确的回答，但是，他又确定地说了"神是什么"。那么，我们究竟应该如何来看待海德格尔这种闪烁其词甚至自相矛盾的情形呢？

我们认为，海德格尔的真理理论或许能为我们寻找答案提供某种线索。综合海德格尔的观点，真理就是在古老的原始遮蔽中的自行显现，它敞开了一片澄明之地，但是，更为广大无垠的原始遮蔽却作为真理的命运构成了作为真理的那一片澄明之地的原始背景，它使真理的显现成为解蔽与遮蔽、真理与非真理的相互纠缠，"让存在——即让存在者整体存在——是解蔽着又遮蔽着的"[③]。我们知道，在海德格尔那里，真理的显现就是大道的道说或语言的说，乃至神的发话，它就是逻各斯或逻各斯的显现，作为逻各斯的显现，它同时也就是存在和世界现象的显现。因此，魏尔纳·布洛克说，在海德格尔那里，"真理是一种巨大的侵犯——侵入那现在被命名为'存在'的领域……"[④] 既然作为一片澄明之地的真理总以原始的遮蔽为其背景，并且，它的显现总是纠缠着解蔽与遮蔽、真与非真，那么，大道的道说（语言的说或神的发话），逻各斯的显现，也就是说，存在、世界现象的显现，也总会以原始的遮蔽为其背景，它也会纠缠于遮蔽与解蔽、真与非真之中，从而使得澄明之中又有幽暗。正因如此，所以逻各斯的显现，存在、世界现象的显现总是带有似乎让人知道但又向人掩蔽的情形，它就是一种奥秘、神秘。海德格尔将这种奥妙、神秘称为

① 海德格尔选集：上卷．孙周兴，选编．上海：三联书店，1996：477.
② 同①473.
③ 同①228.
④ 海德格尔．存在与在．王作虹，译．北京：民族出版社，2005：35.

"神"或"神的尺度"。所以他说:"不光神本身是神秘的,神之显明……也是神秘的。"[①] 他还说道:"神显现入于其当前",同时又"自行隐匿而入于其掩蔽"[②],"……天空并非纯然的光明。高空的光芒本身就是其庇护万物的浩瀚的幽暗"[③]。既然神是显现中的"神秘",那么,它对人来说便有可能处于可知与不可知之间,人可以对它做出某些断言,但又常常不能确定。

**2. 神的尺度作为普遍性**

神的尺度(神性)尽管是一种神秘,但是,它也被称为一种"尺度"。作为一种"尺度",它就应该成为一种人类应然的生存方式的标准。既然如此,它就必须具有某种普遍性。不过,由于海德格尔所说的作为显现的逻各斯与传统形而上学所说的作为规律的逻各斯有着原始和派生的根本差异,所以,海德格尔不仅不承认传统形而上学对于逻各斯及其本质亦即理性的解释,而且还完全否认传统形而上学意义上的作为普遍性的本质的存在。但是,如前所述,海德格尔依然在某种意义上承认本质的存在,它的神的尺度应该具有这种本质。

海德格尔认为,神的尺度不是日常的观念和意见,也不是纯粹科学的观念。日常的观念和意见(尤其的纯粹科学的观念)"往往声称自己就是一切思想和反思的准则"[④],或者说到尺度时就想起数字,"并把尺度和数字两者看作某种数量上的东西"[⑤];与此同时,在常见的意义上,度量也只是借助于已知的东西(标尺、尺码)检测某个未知的东西以使它也成为可知的东西。传统形而上学关于尺度的观念其实就是这种日常的观念和意见。但是,神的尺度完全不同,它只是一种显现,或说显现中的神秘。假如说西方传统哲学的规律(理性)作为一种"逻辑规则"以"抽象"的方式说话的话,那么,神的尺度作为一种"尺度"则用"形象"的方式说话。不过,海德格尔所说的"形象"并非通常意义上的作为某物的景象和外观的形象,他说形象的本质是"让人看某物","真正的形象作为景象让人看不可见者,并因而使不可见者进入某个它

① 海德格尔选集:上卷.孙周兴,选编.上海:上海三联书店,1996:473.
② 海德格尔选集:下卷.孙周兴,选编.上海:上海三联书店,1996:1193.
③ 同①477.
④ 同①.
⑤ 同①475.

所疏异的东西之中而构形”①。在他那里，作诗就是用“形象”说话。他说：“形象的诗意道说把天空现象的光辉和声响与疏异者的幽暗和沉默聚集于一体。通过这种景象，神令人惊异。在此惊异中，神昭示其不断的邻近。”② 海德格尔把神的法则与形象以及诗联系起来，用以区别传统形而上学的那种与抽象以及科学联系起来的尺度，意在强调传统形而上学的尺度是一种客观、刚性，从而强迫人去“趋就”的尺度，而神的尺度则是一种诗意、柔性，从而让人“成为自己”的尺度。所以，他与传统形而上学用“客观性”“必然性”“普遍性”“精确性”等等词汇来描述尺度（本质、规律）的做法不同，他用诸如“天命”“纯真”“善良”“慈爱”“质朴”“温柔”等等词汇来描述自己哲学中的尺度（本质、法则）。他说：大道这个法则“不是那种无所不在地凌驾我们之上的规范意义上的法则”，“它把终有一死的人聚集入成道之中而达乎本质，并把终有一死的人保持在其中”，“如果我们把法则理解为对那种让一切在其本己中在场并且归于其范围的东西的聚集，那么，大道便是一切法则中最质朴、最温柔的法则……”③。

海德格尔指出，他所说的神的尺度是一种比人类理性的逻辑规则更为原始的开启世界的规则，它是人应该遵循的天命，所以他说，“思”的第一规律就是适合真理的天命（也即遵循神的尺度），并且强调“……此第一规律并非逻辑的诸规则，逻辑的诸规则要从此种的规律才能变成规则”④。不过，后来随着神话与逻各斯的分离，人类理性把逻各斯弄成了第一规律，因此，海德格尔把这样的时代称为“诸神逃遁”的时代。在某种意义上说，他提出自己的神的尺度就是要呼唤诸神的回归。

## 第二节 生存的逻各斯与人类的本性

在海德格尔哲学中，生存世界的逻各斯是人类之“根”。海德格尔的生存世界既是此在开启的世界，又是语言开启的世界，因此，在他那里，人类之根既是此在开启的世界的逻各斯（此在的真在），又是语言开启的

① 海德格尔选集：上卷. 孙周兴，选编. 上海：上海三联书店，1996：476.

② 同①.

③ 海德格尔选集：下卷. 孙周兴，选编. 上海：上海三联书店，1996：1140.

④ 同①405.

世界的逻各斯（神的尺度）。但是，由于此在开启的世界处在语言开启的世界之中并受之制约，所以，从海德格尔的整体哲学抑或他的全部世界来说，他哲学中的作为人类之根的逻各斯就是语言开启的世界的逻各斯，它的实质就是神的尺度，它从整体上指引着人的应然生活。

## 一、人是生存的人

人是什么？海德格尔关于人的本质的理解完全不同于传统形而上学关于人的本质的理解。综合海德格尔的早期哲学和后期哲学，我们可以概括地说，海德格尔把人看成生存的人特别是本真地生存的人。但是，由于他的早期哲学和后期哲学的差异，所以，在人的本质是生存之人的统一观点之下，他在早期哲学阶段把人看成操心的人特别是向死存在的人，而他在后期哲学阶段则把人看成终有一死的人特别是能够赴死的人。

### 1. 生存的人以及本真生存的人

在《关于人道主义的书信》（1946）中，海德格尔专门讨论了人的本质的问题。他说，西方传统哲学中的人道主义（从罗马的第一个人道主义起）一直把人的最一般的"本质"当作理所当然的前提，根据这种人的本质的观点，无论人的本质如何规定，也就是说，无论他们是从理性的意义上来规定人的本质，还是从生物的意义上来规定人的本质，乃至于从任何其他的意义上来规定人的本质，他们都是在把人看成既定的现成的人的基础上把人的本质规定成既定的本质，他们对其的认识只是对于这种既定本质的抽象。因此，海德格尔说："这些范畴只适用于非人类本性的分析，而根本不适用于理解人类的存在。"[①] 在他看来，甚至萨特提出的"存在先于本质"也没有彻底摆脱这种人之本质的思维框架。不错，萨特提出的"存在先于本质"确实恰好倒转了柏拉图的 essentia 先于 existentia。但是，萨特先已规定了人的现成的存在，所以，他据此提出的"'存在主义'的主要命题和《存在与时间》中的那个命题毫无共同之处"[②]。传统哲学关于人道主义的观点就建立在这种关于人的本质的基础之上。海德格尔认为，既然人的现成存在不是人的原始存在，那么，人的本质就不可能从人的现成存在中抽象出来。在他看来，在探讨人的本质的问题上，"存在"

① Gray J G. Heidegger's Course: From Human Existence to Nature. The Journal of Philosophy, 1957, 54 (8): 200.

② 海德格尔选集：上卷. 孙周兴，选编. 上海：上海三联书店，1996：373.

(逻各斯)对人的本质的关系应是需要追问的更原始的关系，无论我们如何规定人的本质（理性的、生物的等等），“存在本身都已经是澄明的了而且都已在存在的真理中出现了”①，人只有在这种人的本质中才成为本质。处于存在的澄明状态之中的是人的生存，它是理性的可能性根据，也是人的本质的来源。所以，人的本质就是人的生存。正是基于人的生存理解人的本质，海德格尔指出，人的本质比单纯理性的生物的人“更多一些”但却比主观性“更少一些”。他说：“……人的本质在于，人比单纯的被设想为理性的生物的人更多一些……这个‘更多一些’的意思是：更原始些因而在本质上更本质些。”② 同时，人又比作为主观性来理解的人更少一些，即“人不是存在者的主人。人是存在的看护者”③。并且，由于人在“更少一些”中进到了存在的真理之中，所以，“更少一些”并无亏损，反倒有所收获。

在海德格尔那里，现成存在者的本质是类的本质（定义），存在的本质就是显现，因此，作为存在（生存）的人的本质和作为现成存在者的人的本质根本不同。后者是一种静态的类本质，前者则是动态的生存本身。生存作为动态的生存，人可能处于本真的生存状态，也可能处于非本真的生存状态，只有本真的生存状态才更体现了人之本质的生存状态。所以，正如在传统形而上学那里人的感性和人的理性都是人的本质而人的理性才是人的实质本质一样，在海德格尔那里，尽管生存是人的本质，但是，人的本真的生存才是人的实质本质。当然，海德格尔不时提醒无论是本真的生存还是非本真的生存都同样原始因而没有价值高低之分，不过，从海德格尔的整体思想分析，他竭力推崇的应是人的本真的生存方式。海德格尔早期哲学和后期哲学对于人的本质有着不同的理解，对于人的本真的生存方式也有着不同的理解。

**2. 操心的人以及向死存在的人**

在早期哲学中，海德格尔把生存的人看成操心的人，认为人的生存活动就是操心活动，因此，生存作为人的本质也就是操心作为人的本质。海德格尔明确指出：人原始地就是操心着的此在。然而，尽管人的本质是操心，但是，有人勇于承担操心有人却会逃避操心。这就涉及了人的本真的

---

① 海德格尔选集：上卷. 孙周兴，选编. 上海：上海三联书店，1996：367.

② 同①385.

③ 同①385.

存在方式，它表明人只有勇于承担操心从而本真地存在才能守住人的本质，也就是说，只有坚守此在的真在（此在作为揭示者之如其所是地显现）才能守住人的本质。海德格尔曾提出过人的完善的概念，他的人的完善应该就是人的本真的存在。他说："人的 perfectio 是'操心'的一种'劳绩'。"[①] 正是因为"操心"构成了我们自己一向所是的存在论基础，所以，只有由此出发，我们才能厘清传统哲学的人的定义。海德格尔进一步认为："人能够为他最本己的诸种可能性而自由存在，而在这种自由存在（筹划）之际成为他所能是的东西，这就叫人的 perfectio［完善］。"[②] 这样一来，我们便可以认为，虽然人的本质就是操心，但是，人的更为实质的本质则是本真的操心亦即勇于承担操心，它的最为彻底的表现就是人在"畏"中的"向死存在"，也就是说，"向死存在"体现了人的更实质的本质。

海德格尔说道："此在首先与通常不是它自身，它倒失落于常人自身。"[③] 这就是说，此在首先与通常并未把操心承担下来，它失落了本真的自我而沦为常人。"常人自身我呀我呀说得最响最频，因为它其实不本真地是它自身并闪避其本真的能在。"[④] 若从常人出发，此在的"自身性的存在论结构问题还未得到回答"[⑤]。我们只有从生存论出发才能理解自我，此在只有承担"操心"才能如其所是地本真存在，因此，海德格尔从操心出发廓清此在之本真能在的现象，提出此在自身的持续常驻（或独立性）的观念，并且认为"自身常驻性是此在的一种存在方式并因而奠基在时间性特有的一种到时样式中"[⑥]。正是时间性构成了操心的分成环节的结构整体性亦即此在的结构整体的基础。

### 3. 终有一死的人以及能够赴死的人

在后期哲学中，海德格尔把生存的人看成终有一死的人。海德格尔十分明确地规定了天、地、神、人的各自职能（本质）。在他看来，天的职能（本质）是四季运行、昼夜转换、日出日落等等；地的职能（本质）是承载岩石与水流，滋养与庇护万物；神是神性暗示的使者；人则是"终有

---

① 海德格尔．存在与时间．陈嘉映，王庆节，译．北京：三联书店，1999：230.

② 同①.

③ 同①362.

④ 同①367.

⑤ 同①362.

⑥ 同①425.

一死的人类”。这就是说，他把人在本质上看成终有一死的人。所以他直接说道：“人作为终有一死者成其本质。”[1] 问题在于：动物难道不也是终有一死的动物吗？若是动物确实也是终有一死的动物，那么，我们何以能够把终有一死看成是人的本质呢？海德格尔认为，人不仅是终有一死的人，人也是能够赴死（Sterben）的人。他甚至说：“人之所以被称为终有一死者，是因为人能够赴死。”[2] 这就表明，人之所以是人，是因为他的终有一死内在地包含了能够赴死。天地之间，只有人才能赴死，动物是不可能赴死的。所以他说：“只有人赴死。动物只是消亡。”[3] 因此，虽然我们可以从本质上把人看成终有一死的人，但是，人的更为实质的本质则是他能够赴死。

所谓“能够赴死”，就是“有能力承担作为死亡的死亡”[4]。海德格尔说道：“唯有人赴死——而且只要人在这片地上逗留，只要人栖居，他就不断地赴死。”[5] 然而，正如操心是人的本质但却有人逃避操心一样，尽管终有一死是人的本质，但是，并非所有的人都能够赴死，都能承担作为死亡的死亡。海德格尔说：“唯有人赴死，而且只要人在大地上，在天空下，在诸神面前持留，人就不断地赴死。”[6] 他的这一段话表明：人，只有作为天空之下大地之上的人，只有持留于诸神面前，他才能成为能够赴死的人。其实，在他那里，能够赴死的人，就是能够以神的尺度度量自己的人。

## 二、人是有限的人

海德格尔基于人与存在的关系，基于人与世界显现的关系把人的本质规定为人的生存特别是本真的生存，并在此基础上，先后把人看作操心的人（特别是向死存在的人）或终有一死的人（特别是能够赴死的人）。其实，尽管海德格尔早期哲学和后期哲学对于人的本真有着不同的理解，但是，它们却有着共同的性质，即：它们都把人的本真的存在看作人的有限的存在。

---

① 海德格尔选集：上卷. 孙周兴，选编. 上海：上海三联书店，1996：472.

② 同①.

③ 海德格尔选集：下卷. 孙周兴，选编. 上海：上海三联书店，1996：1179.

④ 同③.

⑤ 同①.

⑥ 同③1193.

毫无疑问，海德格尔的早期哲学和后期哲学对于人的生存本质的理解存在着种种差异，其中一个重要的差异在于：他的早期哲学探讨的是此在开启世界，它强调的是人在开启世界中的主动性；他的后期哲学探讨的是语言开启世界，它侧重的是人在世界中的被动性。不过，即使是在早期哲学之中，从根本上说，他还是把人看作有限的人。在《存在与时间》中，海德格尔"试图把人类存在解释成为一个整体"①，也就是说，把人的存在解释成为在世界之中的存在，"世界之中"意味着他不能脱离更不能超越这个世界，所以，人归根到底是有限的人。我们知道，海德格尔早期哲学将人规定为操心的此在是他批判继承康德哲学人的有限性的产物，在此意义上说，操心的人就是有限的人。不仅如此，人若是能够承担操心因而能够本真地存在，那么，人就是能直面死亡因而能向死存在的人。"向死存在"这一概念本身就意味着人的有限性，而且它直接走向了海德格尔后期哲学中的把能够赴死包含在内的终有一死的人。终有一死强调的也是人的有限性。所以，当他把时间性作为操心（此在在世生存）的结构整体的基础时，他说："原始的时间是有终的。"② 此在在有终的时间中是有限的，也就是说，他是有死的人或向死存在的人。所以他说："死亡乃是无之圣殿……作为无之圣殿，死亡庇护存在之本质现身于自身内。作为无之圣殿，死亡乃是存在的庇所。"③

当然，在早期哲学中，当海德格尔把此在当作在操心中开启世界的此在时，确实包含了某种人的主动性的思想。其实，海德格尔从来不一般地排斥人的主动性，他说思并不会带来对于科学的敌视，科学的不思其实正是它的长处，因此，"盲目地抵制技术世界是愚蠢的。欲将技术世界诅咒为魔鬼是缺少远见的"④。或许正因如此，才有人认为他依然具有近代哲学的主性思想，并且认为正是他的主体性思想使他的早期哲学最终走向了"死胡同"。然而，在他的早期哲学中，人本质上还是有限的人，人的主动性归根到底只是人在有限性范围之内的主动性。人固然可以利用技术，但是，人必须能够制约它而不是被它所制约。他说："我们可以利用技术对象，却在所有切合实际的利用的同时，保留自身独立于技术对象的位置，

① Gray J G. Heidegger's Course: From Human Existence to Nature. The Journal of Philosophy, 1957, 54 (8): 199.

② 海德格尔. 存在与时间. 陈嘉映，王庆节，译. 北京：三联书店，1999：377.

③ 海德格尔选集：下卷. 孙周兴，选编. 上海：上海三联书店，1996：1179.

④ 同③1239.

我们时刻可以摆脱它们。"① 正是人的有限性思想，才体现了海德格尔早期哲学和后期哲学关于人的生存本质之本真存在的前后连贯性和一致性，它告诉人们，人只有坚守自己的有限性（同时又去发挥某种有限范围之内的主动性），才能守住人的本质的本真性。

海德格尔曾说："语言是人的主人。"人不要以为人是语言的主人，似乎人构成语言并以之为工具。"语言乃是最高的、处处都是第一性的呼声"②，正是由于人推动了语言与人之关系的颠倒，人的本质才被逐入阴森之境。

## 第三节 诗意地栖居

人的本质决定着人之应然的生存方式，决定着人的普遍价值追求。在海德格尔的哲学中，人应该具有的符合人之本质的生存方式或价值追求就是人能本真地生存，亦即能守住人的有限性。在早期哲学中，他强调人的本真生存就是把操心承担过来；在后期哲学中，他则强调人的本真生存就是人应该诗意地栖居。若是综合海德格尔的全部哲学，那么，在他那里，人的本真生存就是人的诗意地栖居。

### 一、本真的生存

"本真"是海德格尔早期哲学用得比较多的一个词语。在他的早期哲学中，本真的生存就是把操心承担起来，它意味着此在能从"自己最本己的能在"方面领会自己，承担责任，从而把自己最本己的能在开展出来，这一情形就是本真存在样式中的最原始的真理现象（它体现了逻各斯的如其所是的显现）；反之，非本真的生存就是逃避操心，它意味着此在从"世界"和"他人"方面领会自己，卸去责任，这时，此在的展开在向着存在的可能性的筹划中改道走向了世界方面，消散于常人之中并且屈从于公共意见。海德格尔强调，"畏"是此在从非本真的生存（展开状态）走向本真的生存（展开状态）的必由之路。

**1. 畏：必由之路**

什么叫畏？它与怕一样是一种情绪，它是此在的别具一格的现身情

① 海德格尔选集：下卷. 孙周兴，选编. 上海：上海三联书店，1996：1239.

② 同①1189-1190.

态，也就是说，它是此在别具一格地对它自己的展开，它是把握此在原始存在的整体性的现象基地。但是，畏不是怕，怕是有明确对象的怕，怕之所怕的对象是世内照面的存在者；畏则不同，它是没有明确对象的畏，畏之所畏乃“无何有之乡”。“畏之所畏者就是在世本身。”① 在海德格尔看来，生畏作为现身情态是在世的一种方式（实际生存），畏之所畏者是被抛的在世（被抛），畏之所为而畏者是能在世（先行）。这些内容刚好构成了我们所要追寻的此在的日常生活的结构整体，因此，畏能够在此在的整体性中把握此在的日常生活的结构整体。

那么，畏何以能使人从非本真的生存走向本真的生存呢？沉沦作为一种非本真的状态，它是面对畏的一种逃避。在被抛的畏的情绪中，此在的日常存在觉得茫然失其所在，它感觉到了“无”与“无何有之乡”即不在家，因此，它逃避此在的“此”，逃避本真的能在，消散于操劳所及的世界以及共在（公众意见）从而沦为常人，并且自以为安定在家。这样一来，它就可能跳过“存在现象”滑入现成事物。其实，常人的安定在家状态恰恰是一种“无家可归”状态。正是日常此在的逃避（针对茫然失所的态度）却显示畏作为基本的现身情态属于此在，它把此在从消散的世界与共在的沉沦中抽取回来，使之个别化，从而面对此在的茫然失所把此在抛回本真的能在。“畏使此在个别化为其最本己的在世的存在。这种最本己的在世的存在领会着自身，从本质上向各种可能性筹划自身。”②

**2. 向死存在**

畏使此在从非本真走向本真，但是，此在的完整存在还应包括死亡。日常生活处于生死“之间”，因此，海德格尔讨论了死亡，并且认为畏死的勇气最终确立了此在的本真生存。

此在之可能的整体存在就是向死存在。这里，死亡不是作为现成事物意义上的生物学乃至形而上学的死亡，它是一种更为原始的生存论意义上的死亡。操心的基本结构规定着死亡的生存论结构。它使“……死亡绽露为最本己的、无所关联的、不可逾越的可能性”③。并且，人被抛就是被抛向了这种可能性，因此，这种可能性并非生存中偶然遇到的可能性。但是尽管如此，死亡首先以沉沦的方式表现出来，它首先与通常在日常生活

① 海德格尔. 存在与时间. 陈嘉映，王庆节，译. 北京：三联书店，1999：215.

② 同①217.

③ 同①288.

中以非本真的方式死着。在常人的“闲言”中，死亡被认作不断摆到眼前的“偶然事件”，所以，“常人不让畏死的勇气浮现”[①]。他逃避死亡，他“赋予这种不确定性以确定性并以这种方式来闪避这种不确定性”[②]。然而，正是这种“闪避”证明必得把死领会为最本己的、无所关联的、不可逾越的可能性，使其向本真的向死存在进行生存论的筹划。海德格尔指出，本真的向死存在就是直面死亡，让畏死的勇气浮现。因此，向死存在本质上就是畏。

在海德格尔的哲学中，向死存在只是他讨论“先行的决心”的一个部分，亦即“先行”，此外，他的“先行的决心”还有另外一个部分亦即“决心”。在他看来，先行向死的存在揭示的是此在本真能在的整体存在，决心则见证此一本真能在的整体存在源自此在本身。海德格尔把见证称为“良知的声音”。良知是供人领会的呼唤，它是“此在本身”向其“本己的自身”的呼唤，它把躲避被抛境况从而逃到臆想的自由中去求轻松的亦即溜过罪责存在的常人从无家可归的状况中唤上前来，唤到一种可能性中去，让它生存着承受它所是的被抛境况并且将其领会为它不得不接纳到生存中来的根据，承认自己的罪责并且将其承担起来，向着自身的种种可能性筹划自己。其实，良知就是操心的呼声。此在在倾听呼声中进行选择，要么选择消散于常人“听任公众解释向自己提供这种可能性”[③]，要么选择自身向着本己的种种可能性筹划自己。后一选择就是愿有良知，它把此在唤回到本真的操心，走向人的本真的生存方式。海德格尔把按照生存论结构的选择活动称为决心，认为它是“缄默的、时刻准备畏的、向着最本己的罪责存在的自身（也即自由——引者）筹划”[④]。这样一来，海德格尔认为他终于说明了良知就是一种此在的见证，“它把此在最原始的能在作为罪责存在开展出来……在这一见证中把此在本身唤到它最本己的能在面前来”[⑤]。他总结说：“决心之为本真的展开状态就是本真地在世。”[⑥]

在海德格尔那里，先行的决心的两个部分是同一个问题的两个方面，

---

① 海德格尔．存在与时间．陈嘉映，王庆节，译．北京：三联书店，1999：292.
② 同①296.
③ 同①311.
④ 同①339.
⑤ 同①330.
⑥ 同①340.

它们共同奠基于时间性。正是时间性使得此在的生存论分析具备了原始性，使人能够走向人的本真存在。当然，由于海德格尔整体哲学强调的人的本真生存是人的诗意地栖居，所以，我们主要关注的还是他的后期哲学中关于人的诗意地栖居的思想。

## 二、诗意地栖居

何谓栖居？栖居不是在现实中困扰于住房短缺，它不是物质意义上的栖居，而是人在精神上的栖居，它就是终有一死的人在大地之上的生存方式。海德格尔认为，栖居有两种形式：或是符合人的本质亦即让人如其所是地栖居，或是违背人的本质亦即让人不能去如其所是地栖居，前者叫作诗意的栖居，后者叫作非诗意的栖居。由于人的本质（实质性的本质，下同）源自神的尺度，所以，符合人的本质让人去如其所是地栖居就是以神的尺度度量人的尺度的栖居，"神性乃是人借以度量他在大地之上、天空之下的栖居的'尺度'"①。

人生存于天空之下大地之上，天空之下和大地之上的"交合乃是贯通；只要人作为尘世的人而存在，他就时时穿行于这种贯通"②。贯通天空之下大地之上的一切景象都是人的劳累区域，"唯在一味劳累的区域内，人才力求'劳绩'"③；同时，这一区域作为人的劳累区域，也是人的栖居之所。海德格尔说道："这种仰望向上直抵天空，而根基还留在大地上。这种仰望贯通天空与大地之间。这一'之间'被分配给人，构成人的栖居之所。"④ 海德格尔在强调"贯通"是人的栖居之所并且人作为尘世之人只能穿行于这种贯通的同时，还强调了人的栖居之所的直抵天空的向上特征和归于大地的向下特征，即：一方面，人在天地之间生存时应该主动向上，力求劳绩，试图飞跃大地；但是另一方面，他又不能完全飞跃大地，而是应该守住大地的闭锁，归于大地并且植根于大地。因此，向上意味着人的主动无限性，向下意味着人的最终有限性，它表明人最终是有限的人，他的无限性（主动性）是基于有限性的无限性，也就是说，它是有限范围内的无限性。"人虽然能够阻碍、缩

---

① 海德格尔选集：上卷. 孙周兴，选编. 上海：上海三联书店，1996：471.
② 同①474.
③ 同①470.
④ 同①470-471.

短和歪曲这种贯通，但他不能逃避这种贯通。”[①] 人，作为尘世之人，他只能是并且不能不是有限的人，所以，他应该委身大地，勇于承担并且坚守自己的有限性。

人之所以是有限的人，在于人无法穿透神的神秘，换句话说，他无法穿透原始的遮蔽。因此，人应该承认并且承担人的神秘，以神的尺度度量人的尺度，也就是说，承认并且承担自己的有限性，把人的无限性置于人的最终的有限性之上。人的这种生存方式就是人的诗意地栖居。人一旦承认人的有限性，他就再也不会像近代主体性哲学那样，把自己看成终极的主宰和自然的主人，从而陷入非诗意地栖居。他就能使天空成为天空，使大地成为大地，使神成为神，并且使人成为人，从而使得人在被抛状态中看护存在，使得天、地、神、人在“相互面对”“相互争执”“相互归属”之中成为“相互依赖”“相互保护”的具有亲密性关系的近邻。

因此，海德格尔把栖居与保护联系起来，并且进一步将保护与和平、自由联系起来。他说：“栖居的基本特征就是这种保护。”[②] 保护并非消极地不损害它所保护的东西，而是积极的让某物隐回到它的本质之中，让其获得自由。因此，“自由的真正意思是保护”[③]。“终有一死者把四重整体保护在其本质之中，由此而得栖居。”[④] 他具体说明了对于天、地、神、人的保护问题，他说：“保护四重整体——拯救大地，接受天空，期待诸神，伴送终有一死者——这四重保护乃是栖居的素朴本质。”[⑤] 拯救大地不是去利用甚或耗尽大地，更不是控制或者征服大地，它的“真正意思是把某物释放到它的本己的本质中”[⑥]；接受天空不是使黑夜变成白昼，并使白昼变成忙乱的不安，它只是“一任日月运行，群星游移，一任四季的幸与不幸”[⑦]；期待诸神并非是要为自己制造神祇或者崇拜偶像，它是期待诸神到达的暗示；伴送终有一死者就是把他们本己的本质——也即他们有能力承受作为死亡的死亡——护送到对这种能力的使用之中，也就是说，把终有一死者护送到死亡的本质之中。

① 海德格尔选集：上卷．孙周兴，选编．上海：上海三联书店，1996：471.
② 海德格尔选集：下卷．孙周兴，选编．上海：上海三联书店，1996：1192.
③ 同②.
④ 同②1193.
⑤ 同②1201.
⑥ 同②1193.
⑦ 同②1192-1193.

他说："保护意味着：守护四重整体的本质。"①

根据海德格尔的解释，只有诗人以及思者才能聆听神的声音，并把神的声音传递给人类，从而让人如其所是地生存亦即诗意地生存。所以他说："作诗并不飞越和超出大地，以便离弃大地、悬浮于大地之上。毋宁说，作诗首先把人带向大地，使人归属于大地，从而使人进入栖居之中。"②

① 海德格尔选集：下卷．孙周兴，选编．上海：上海三联书店，1996：1194.
② 海德格尔选集：上卷．孙周兴，选编．上海：上海三联书店，1996：468.

# 第四章　海德格尔哲学的内在困难

海德格尔通过此在开启世界和语言开启世界解释了一个语言向生存着的人显现的生存世界，并用这一生存世界替代了传统哲学的现成世界（外在世界和内在世界）。与此相应，他提出了关于存在亦即生存世界的“思”，并用这种“思”替代了关于存在者的“哲学”。他认为在传统哲学关于世界的理解下，人类的本真生活遭到了遮蔽，为了消除这种遮蔽，我们必须实现传统哲学以及传统哲学的世界到“思”和“思”的世界的转变，从而使人回到本真的生存状态。然而，当海德格尔这样做时，他的哲学也存在着自己的内在困难。

## 第一节　哲学的贫困与上帝的缺席

海德格尔哲学的内在困难不仅表现在他解释世界的理论方面，而且由于他的哲学的诉求重点是要用一种生存态度代替另外一种生存态度，所以，也表现在他探讨人的本真生存的理论方面。为了更清晰地分析他的哲学的内在困难，我们先行考察一下海德格尔对于传统哲学以及现今时代的分析，从而为我们探讨他的哲学的内在困难提供一个基础。

### 一、哲学的贫困

我们曾说，海德格尔认为，随着柏拉图、亚里士多德乃至苏格拉底偏离了赫拉克利特、巴门尼德的“思”（对于存在的思）的方向，哲学（关于存在者的学问）从此便得以诞生。从那个时候开始，“思”就逐渐远离我们。因此，当今的时代便是一个没有“思”的时代，是一个人类逃避“思”但却又不承认这种逃避的时代。海德格尔把这种没有“思”的时代称为思想贫乏或哲学贫困的时代。

在哲学贫困的时代，人们之所以在逃避“思”的时候又不承认这种逃避，是因为他们以为他们自己正在“思”。其实，他们所理解的并且正在进行的“思”不是海德格尔所理解的对于存在的“思”，而是海德格尔所说的哲学（形而上学）的“思”，它是对于存在者的“思”。这种哲学的“思”与科学的“思”本质上是同一的“思”，在当代社会中，它集中表现为一种“计算性思维”。因此，尽管这是一个人们逃避“思”的思想贫乏的时代，但是，表面看来，人们似乎对于“思”充满了兴趣，学术聚会、学术庆典一个接着一个，好像人们正在不遗余力地从事着“思”的活动，但是，就其实质而言，这些聚会、庆典之中根本没有“思”。“无思状态是一位不速之客，它在当今世界上到处进进出出。”①

在海德格尔看来，在哲学贫困的时代，由于没有“思”而只有哲学以及自然科学的计算性思维，所以，它给人类生存带来了困境。哲学自从登上历史舞台以来，就把自己看作第一科学，它为自然科学的发展提供了广阔的基础，并为自然科学被现代技术利用从而走向当代社会的技术统治时代开辟了道路。海德格尔曾说，包括西方近代主体性哲学在内的西方形而上学都不过是柏拉图主义的各种变种，“笛卡尔形而上学的基本立场继承了柏拉图-亚里士多德的形而上学”②。但是，笛卡尔的主体性哲学依然有着自己的特征，正是这些特征催生了现代意义上的自然科学。“最早是在笛卡尔的形而上学中，存在者被规定为表象的对象性，真理被规定为表象的确定性了。”“整个现代形而上学，包括尼采的形而上学，始终保持在由笛卡尔所开创的存在者阐释和真理阐释的道路上。”③ 海德格尔曾把现代科学的本质规定为“研究”，认为“研究”对存在者的说明是说明存在者如何以及在何种程度上能够为表象所支配。他说：“当研究或者能预先计算存在者的未来过程，或者能事后计算过去的存在者时，研究就支配着存在者……在预先计算中，自然受到了摆置，在历史学的事后计算中，历史受到了摆置。”④ 这样一来，“自然和历史便成了说明性表象的对象”⑤。由于主体性哲学（它的基本立场源自柏拉图-亚里士多德的形而上学）是现

① 海德格尔选集：下卷．孙周兴，选编．上海：上海三联书店，1996：1232.

② 同①908.

③ 同①896.

④ 同①896.

⑤ 同①896.

代科学的基础，所以，海德格尔说："我们沉思现代科学的本质，旨在从中认识现代科学的形而上学基础。"① 也就是说，旨在从中认识何种关于存在的观点和关于真理的概念构成了"研究"的基础。

## 二、上帝的缺席

理论上对于"思"的逃避导致了现实中的"上帝缺席"和"诸神逃遁"，因此，逃避"思"的时代便是一个"上帝缺席"和"诸神逃遁"的时代。海德格尔把这样的时代称为贫困的时代，认为它是一种贫困到再也不能觉察"上帝缺席"和"诸神逃遁"的贫困时代。

海德格尔认为，"上帝缺席"和"诸神逃遁"并不只是出现于现代社会，其实，随着基督的出现和殉道，神的日子就已日薄西山了。自从赫拉克勒斯、狄奥尼索斯和耶稣基督这个"三位一体"弃世而去，世界的夜晚便趋向黑夜。那么，海德格尔所说的上帝或诸神究竟是什么呢？尽管海德格尔所说的上帝、诸神借用了传统哲学关于"上帝""诸神"等等概念，甚至有时给人以一种人格神的感觉，但是，它们归根结底还是"存在"自身。他说："上帝缺席"只意味着："不再有上帝显明确实地把人和物聚集在它的周围，并且由于这种聚集，把世界历史和人在其中的栖留嵌合为一体。"② 正是由于上帝、诸神归根到底就是存在，所以，随着存在不再被"思"，上帝、诸神必然也会扭身而去。一旦上帝、诸神扭身而去，人类便被连根拔起，失去了自己的精神家园，从而处于无家可归状态。由于上帝、诸神就是存在者的"存在"，所以，这个连根拔起的无家可归的状态其实就是"存在者离弃存在"③ 的状态。

理论上对于"思"的逃避造成了哲学（形而上学）的诞生，它导致了生存中的"上帝缺席"和"诸神逃遁"，也促成了现实中的技术统治的时代。海德格尔把现代社会称为技术统治的时代。在技术统治的时代中，人把自己看成自然（天地、世界）以及人类自身的主人，并把自然以及人类自身看成摆置的对象亦即材料、能量和资源。这种情况造成了人以及自然的"无保护状态"。人的"无保护性"就是人像其他事物一样面临着变成单纯的材料以及变成对象的可能，它使人陷入连根拔起的无家可归状态，

---

① 海德格尔选集：下卷. 孙周兴，选编. 上海：上海三联书店，1996：895.

② 海德格尔选集：上卷. 孙周兴，选编. 上海：上海三联书店，1996：407.

③ 同②382.

陷入日益增长的失去自己的危险之中。海德格尔指出：“这个危险就在于这样一种威胁，它在人对存在本身的关系中威胁着人的本质，而不是在偶然的危难中威胁着人的本质。”① 哲学的诞生之所以助长了现代社会的技术统治，是因为现代技术利用了那种归根到底植根于哲学的现代自然科学。现代技术之所以选中并且能够利用现代科学，因为它们之间存在着内在的一致性，“因为那种进入订造着的解蔽之中的促逼着的聚集早已在物理学中起支配作用了”②。现代物理学成了现代技术之本质的开路先锋，“精确自然科学的表象方式把自然当作一个可计算的力之关联体来加以追逐”③。

海德格尔曾经经典地表述了随着西方哲学对于“思”的偏离，哲学通过现代科学和现代技术对于西方社会产生的影响。他说：现代科学和技术在自身中发现并且开发新能源的“……根据在于几个世纪以来所进行的对一切规范性观念的彻底变革。人因此而被置入另一种现实之中。这种世界观的彻底革命完成于近代哲学之中。由此产生了人在世界中的和对于世界的全新地位。于是世界就像一个对象一般显现出来，计算性思维对此发起进攻，似乎不再有什么东西能够抵挡它们。自然变成唯一而又巨大的加油站，变成现代技术与工业的能源。这种人对于世界整体的原则是技术的关系，首先产生于 17 世纪的欧洲，并且只在欧洲”④。“隐藏在现代技术中的力量决定了人与存在者的关系。它统治了整个地球。”⑤ 因此，海德格尔坚持认为，无家可归（它与现实中的“上帝缺席”和“诸神逃遁”以及现代技术的统治密切相关）的状态产生于形而上学形态并且依靠形而上学而巩固起来。

## 第二节　从哲学到“思”的困难

哲学的贫困是造成“上帝缺席”、技术统治以及人类陷入无家可归的无保护性的危险状态的最终原因，哲学的贫困是思想偏离了“思”从而使“思”变成了哲学（形而上学）的结果。因此，人类若要期待上帝的降临，

---

① 海德格尔选集：上卷．孙周兴，选编．上海：上海三联书店，1996：435.

② 海德格尔选集：下卷．孙周兴，选编．上海：上海三联书店，1996：940.

③ 同②939.

④ 同②1236.

⑤ 同②1236.

消除技术统治的现状，从而帮助人类摆脱无保护性的危险回归到有家可归的状态，它就必须从“哲学”回到“思”。

## 一、两种思维

如前所述，海德格尔把哲学（形而上学）和科学之思也看成是一种思亦即计算性思维，只是认为这种思不是他所说的对于“存在”的“思”。正是在此意义之下，他才会说“科学不思”。为了区别，他把自己所说的区别于哲学和科学的“思”称为“沉思之思”。那么，他的“思”与科学之思究竟有何区别呢？

哲学和科学之思是一种理性的思维、逻辑的思维，它与存在者相关，并且表达了柏拉图、亚里士多德以来的传统哲学的逻各斯的含义，海德格尔也将其称为“计算性思维”。计算性思维作为一种理性的逻辑思维，它在现代技术统治的社会中有着极为重要的作用，它能帮助人类算计自然（以及人类自身）并把它们作为自己的征服对象。海德格尔指出，计算性思维并不一定用数来计算，但却是所有计划和研究的思维特征，“它的特性在于：当我们进行规划、研究和建设一家工厂时，我们始终是在计算已给定的情况”①。围绕特定的目标进行计算，权衡利弊，“权衡进一步的新的可能性，权衡前途更为远大而同时更为廉价的多种可能性”②。它唆使人不停地投机。由于人们热衷于计算性思维，所以，人们“有充分的理由说：没有一个时代像今天这样做如此广泛的规划，如此众多的调查，如此狂热的研究”③。所以，计算性思维为当代人类带来了物质性的福祉。

“沉思之思”和理性的思维、逻辑的思维毫无关系（尽管它也不是非理性的思维），它是一种更为原始的关于“存在”的“思”。“沉思之思”作为一种更为原始的关于“存在”的“思”，它对人类社会的作用在于：它能使人思最原始的人类之根，帮助人认识最内在的自己，找到人的应然生存方式。海德格尔认为帕斯卡尔的“心灵之逻辑”与他的“思”内在一致。他说：“几乎与笛卡尔同时，帕斯卡尔发现了相对于计算理性之逻辑的心灵之逻辑。心灵世界的内在东西和不可见东西，不仅比计算理性的内在东西更内在，因而也更不可见，而且，它也比仅仅可制造的对象的领域

---

① 海德格尔选集：下卷．孙周兴，选编．上海：上海三联书店，1996：1233.

② 同①.

③ 同①1232.

伸展得更为深广。”[①] 人只有在最内在的深处，才能“切近于为他所爱者：祖先、死者、儿童、后人。这一切都属于最宽广之轨道，这个轨道现在显示自身为整个美妙的牵引的在场范围。虽然这种在场与那种计算性理性制造的习惯意识一样，也是一种内在性的在场，但是，非习惯意识的内在东西保持着一个内心世界，在此内心世界中，万物对我们来说超出了计算的数字性，并且能够挣脱这种束缚而充溢地流入敞开者的无界限的整体之中。”[②] 海德格尔这里的话无非是强调心灵的逻辑是一种向万物敞开而不像计算性思维那样将万物作为征服对象的逻辑，并且它也是一种保持着人的内心世界使人充满了对于切近的人的爱的逻辑而不像计算性思维那样将人作为资源的逻辑。总之，在这种逻辑中，人回到了最原始的世界和自身，人和万物都得到了保护。

海德格尔认为，“沉思之思”比计算性思维更为根本，它是计算性思维（理性之光）的基础。我们知道，“沉思之思”所思的是存在或原始的世界现象，它们不是作为现成存在的存在者而是显现着的“存在”，所以，海德格尔也把这种东西称为“澄明”。他说：“……‘澄明’这个词所命名的东西即自由的敞开之境。”[③] 其他的东西唯当在澄明的敞开性已获得允诺时才会出现，其中包含人的理性之光、人的计算性思维。在他看来，光亮植根于澄明的敞开之境（自由之境），“唯有敞开之境才照亮 lumen naturale，即理性之光。理性之光虽然关涉于澄明，但却……只是为了能够照耀在澄明中的在场者才需要这种澄明。”[④] 即使“原始直观及其自明性也依赖于已然起着支配作用的敞开性，即澄明”[⑤]。

既然“沉思之思”比计算性思维更为根本，并且是计算性思维（理性之光）的基础。那么，计算性思维若是排除了沉思之思因而不把沉思之思作为基础，那么，它就会使人陷入无保护性的无家可归的危险境地。不幸的是，人类确实陷入了这种无保护性的无家可归的危险境地。尽管这种陷入主要是近现代以来的事情，特别是现代技术统治导致的后果，但是，它的最初根源早在古希腊社会就已出现。巴门尼德谈论过澄明（也就是说，他思考过“Ἀλήθεια”或无蔽，思考过存在者的存在），在某种程度上说，

---

① 海德格尔选集：上卷. 孙周兴，选编. 上海：上海三联书店，1996：446.

② 同①.

③ 海德格尔选集：下卷. 孙周兴，选编. 上海：上海三联书店，1996：1253.

④ 同③1254.

⑤ 同③.

甚至柏拉图也认识到了“没有光就没有外观”，但是，整体来说，除了前苏格拉底的哲学家例如巴门尼德以及赫拉克利特之外，“……哲学对于澄明却一无所知”[①]。所有的形而上学（包括它的反对者实证主义）都说着柏拉图的语言，仅仅谈论ἰδέα（相），谈论理性之光。现在，在人需要摆脱无保护性的无家可归的危险境地时，人必须从计算性思维走向沉思之思，从哲学走向“思”。这种“走向”其实也是一种“回归”，它应“回到”到前苏格拉底时代的沉思之思。然而，在人类都热衷于计算性思维，尤其是热衷于计算性思维所带来的巨大利益好处的当代社会中，这种“走向”或者“回归”并非一件容易之事。

## 二、飞跃之难

“走向”或者“回归”到“沉思之思”，不仅是某些哲学家（例如海德格尔）的事情，而且更是社会公众的事情，因为“思”应该被社会公众所接受从而使之成为一种新的生存方式的理论指导。然而，根据海德格尔的理解，社会公众学会“思”则是一个十分艰难的漫长过程，甚至是一个难以完成的任务。

从理论上说，“走向”或者“回归”到“沉思之思”充满着各种不确定性。面对着各种不确定性，海德格尔试图找到一个通向思的路标。他说：“为此，我们求助于一个由哲学提供出来的路标。”[②] 海德格尔所发现的由哲学提供出来的路标就是“面向事情本身”。正是凭借“面向事情本身”的现象学的方法，海德格尔才找到了“走向”或者“回归”到“沉思之思”的有效道路。借助现象学的方法，他“走向”或者“回归”到存在或世界本身，从而“走向”或者“回归”到人类的真正家园，使人以及天、地、神、人都得到了保护。

然而，尽管海德格尔自身在理论上“走向”或者“回归”了“思”，但是，人类是否接受他的“沉思之思”，“走向”或者“回归”到世界本身，从而“走向”或者“回归”到有保护性的人类家园却是一件希望渺茫的事情。为什么呢？根据海德格尔的观点：计算性思维（哲学，以及科学）与“沉思之思”属于完全不同的领地，它们之间没有过渡的桥梁，因此，从计算性的思维到“沉思之思”的唯一方式就是“跳跃”，并且是一

① 海德格尔选集：下卷．孙周兴，选编．上海：上海三联书店，1996：1254.

② 同①1247-1248.

种惊心动魄的跳跃。这种“跳跃把我们猝然引向万物皆异，以至于我们感到陌生的地方。猝然的意思是，突然从天而降，或拔地而起”①。这就是说，计算性思维和“沉思之思”诉诸两种不同的价值选择，对于那些溜过了世界现象从而自以为是的人来说，根本没有办法证明“沉思之思”的优越性，也就是说，“……通过跳跃，随着思所达到的境地而启明的东西绝对无法证明，也从不允许去证明”②。因此，对于那些溜过了世界现象的人来说，他们完全可以并且似乎很有理由选择计算性思维。当代社会人类正在沾沾自喜于自己的伟大，并且沾沾自喜于人类在征服自然乃至人类自身的过程中所取得的巨大成就，他们满足于自己丰腴的物质生活，认为人类已经找到了属于自己的“真正家园”。至于“沉思之思”，人们却抱怨说：它根本“无益于掌管日常的事务”，“无补于实践的贯彻执行”③，他们认为“沉思之思”没有根基，“实际上在不知不觉中飘摇于现实之上”④。面对这种情况，尽管人类已被连根拔起，完全陷入了无保护性的无家可归的危险境地，但是，他们对于自己的不“思”状态，对于上帝的抽身而去却毫无知觉，“技术世界的意义遮蔽自身”⑤。因此，当代人类完全不愿跳跃到另外一个完全不同的陌生的领域，学“思”的路还很漫长。

尽管如此，海德格尔依然坚持：我们还是要学会去“思”，为此，我们不能求助于传统哲学的逻辑，而是应该回到“诗”，并且反思技术的本质。诗是各时代流回源头之水，“戏剧、音乐、舞蹈、诗歌都出自回忆女神的孕育”⑥，因此，“在我们通向思之路上，我们聆听着诗化的语言”⑦。

## 第三节　从生存走向“本真”的困难

从理论上说，我们应该从哲学走向“思”，从生存上说，我们则应该从无家可归的人的生存走向（也是回归）本真的生存。若把海德格尔早期哲学和后期哲学对于本真生存的理解综合起来思考，我们认为，本真的生

① 海德格尔选集：下卷. 孙周兴，选编. 上海：上海三联书店，1996：1215.
② 同①1210.
③ 同①1233.
④ 同①1233.
⑤ 同①1240.
⑥ 同①1213.
⑦ 同①1220.

存就是以神的尺度为人的尺度的生存（诗意地栖居）。这种本真的生存是一种期待“上帝君临”、走出“技术统治”的生存。但是，在海德格尔那里，走向本真的生存依然是一个困难的问题。

## 一、神之神秘

本真的生存作为诗意地栖居是以神的尺度为人的尺度的生存。但是，根据海德格尔的思想，神的尺度作为一种尺度或者普遍性却不是人的理性所能把握的那种凌驾于我们之上的规范意义上的尺度（法则、规律），也就是说，它不是某种具有齐一性的静止意义上的法则，它只是一种神秘，因此，神的尺度是一种人难以把握因而也难以清晰遵循的尺度。

海德格尔明确强调神的尺度就是神秘，这种神秘是显现中的原始遮蔽的背景，是澄明之地中的若隐若现的黑暗。对它，我们不能尽知，但又并非完全不知。“并非完全不知”的情况要求我们应该有所作为，因此，本真的生存意味着我们应该把操心承担起来，面对世界（自然）应该有所作为，显示出人的某些主动性；“不能尽知”的情况则要求我们应该承认人的有限性，把自己看成有限的终有一死的人并且承担死亡（能够赴死）。由于神的尺度归根到底意味着它是人难以窥视的神秘，也就是说，它意味着人的有限性，所以，人的有限性比人的主动性更为根本，人的主动性仅仅是人的有限性范围之内的有限主动性。若是守住了人的有限性也就实现了以神的尺度为人的尺度，它使人成为人，并使天成为天、地成为地，它使天、地、神、人相互映射，相互庇护，处于友好的游戏状态。正因如此，神的尺度作为法则不是传统形而上学的那种冷冰冰的普遍一律的法则，而是一种最为温柔的法则，“它把终有一死的人聚集入成道之中而达乎本质，并把终有一死的人保持在其中”①。

根据以上的讨论，神的尺度作为神秘，就是要人满足于自己的有限性，也就是说，要人在操心中面对世界、自然有所作为时，在适当的地方止步。只有这样，人才能本真地生存，保持人的本质存在，从而使天、地、神、人处于相互映射、相互庇护的友好游戏之中。问题在于：如何才算把人的有所作为（主动性）保持在人的有限性的范围之内？也就是说，人的有限性的尺度（亦即神的尺度）究竟如何掌握？其实，海德格尔也曾试图通过一些对比来界说这一尺度。他曾把古代社会的农业耕作和现代社

---

① 海德格尔选集：下卷．孙周兴，选编．上海：上海三联书店，1996：1140．

会的农业耕作做一对比，他说：以往农民对于田野的“耕作”意味着“关心和照料”，“它把种子交给生长之力，并且守护着种子的发育”①。但是现在，田地的耕作却在促逼的意义之上“摆置”自然，“耕作农业成了机械化的食品工业”②。这里，海德格尔似乎把是否改变种子的本性（即是否把种子当作被摆置的材料、能量等等）看成人是否超越自己的有限性去发挥主动性的标准。按照这样的标准，对于自然之力来说，人若不改变自然之力的本性，人就守住了自己的有限性，从而保护了自然之力；但是，人若改变了自然之力的本性，人就超越了人的有限性，从而也就破坏了自然之力。然而，由于何谓物种或自然之力的本性本身就常常是一件难以判定的事情，所以，何谓改变了自然之物种乃至自然之力的本性，便是一件十分难以掌握的事情。因此，海德格尔有关通过对比来界说人的有限性和神的尺度的范围的一系列论断都有些模棱两可。例如，他曾引用了里尔克在 1925 年 11 月 13 日的一封信中的臆断性的话说：

> 对我们祖父母而言，一所“房子”，一口“井”，一座他们熟悉的塔，甚至他们自己的衣服，他们的大衣，都还是无限宝贵，无限可亲的；几乎每一事物，都还是他们在其中发现人性的东西和加进人性的东西的容器。现在到处蜂拥而来的美国货，空乏而无味，是似是而非的东西，是**生命的冒牌货**……一座美国人所理解的房子，一个美国苹果或一棵美国葡萄树，都与我们祖先的希望和沉思所寄的房子、果实、葡萄**毫无**共同之处……③

坦白地说，把握我们祖父母时代的房子和一座美国人所理解的房子，或者我们祖父母时代的苹果、葡萄树和美国人所理解的苹果、葡萄树之间的区别，确实非常困难！正是因为如此，有人认为“海德格尔的形而上学思想麻木不仁地远离了当代文化变化的氛围”④。

本真的生存既然是以神的尺度为人的尺度，也就是说，人以神的尺度来度量自身，那么，对人来说，这个尺度就应该是一种比较容易掌握的尺度，然而，海德格尔所说的神的尺度却常常是一个十分模糊因而难以掌握

① 海德格尔选集：下卷．孙周兴，选编．上海：上海三联书店，1996：933.

② 同①.

③ 海德格尔选集：上卷．孙周兴，选编．上海：上海三联书店，1996：430-431.

④ Gray J G. Heidegger's Course：From Human Existence to Nature. The Journal of Philosophy，1957，54 (8)：198.

的尺度，这样一来，人就常常很难去遵循这样的尺度。因此，在海德格尔那里，神的尺度自身的模糊性增加了人走向本真的生存的困难。

## 二、诗人的探险之难

其实，在海德格尔那里，不仅人难以把握神的尺度，而且神的尺度也非普通的人的把握对象，它仅仅是诗人或思者的把握对象。根据海德格尔的解释，诗人和思者在通过自己的特有的方式把握了神的尺度之后，再把这一尺度传递给普通的人，从而使人都能以神的尺度为自己的尺度。

海德格尔认为，当代世界作为上帝缺席以及诸神逃遁的时代是人类陷入无保护性的无家可归的时代，在这个时代中，世界作为失去了基础（上帝、诸神）的世界已经陷入了危险的深渊之中，所以，若要这个时代从深渊中发生逆转，"……就必须有入于深渊的人们"①。在他看来，诗人，像荷尔德林这样的真正的诗人或者说诗人的诗人，是最为大胆的冒险者，他们首先达乎深渊。他引用荷尔德林的观点指出，诗人在终有一死的人中能比其他的人更早地达乎深渊，发现远逝的诸神的踪迹。他说："在贫困时代里作为诗人意味着：吟唱着去摸索远逝诸神之踪迹。"② 发现诸神的踪迹就是探寻神的尺度（神秘）。那么，诗人如何发现神的踪迹，探寻神的尺度呢？海德格尔指出，神的显现就是大道的道说，所以，神（神话）总是向人（作为诗人的诗人）道说。但是，由于诸神（神的踪迹或尺度）只是暗示，所以，诗人只能通过"聆听"神的声音来"猜度"神的踪迹或尺度，并且对其"应合"。当诗人"聆听"神的声音，并且"猜度"神的尺度之后，他便通过"作诗"把自己听到的神的声音传给大众，帮助大众以神的尺度度量自己，走向本真的生存，也就是说，走向诗意的栖居。因此，"作诗即是度量（Messen)"③。"作诗乃是'采取尺度'。"④ "诗人作为诗人，并不是去描写天空和大地的单纯显现。诗人在天空景象中召唤那种东西，后者在自行揭露中恰恰让自行遮蔽着的东西显现出来，而且是让它作为自行遮蔽着的东西显现出来。" "唯当诗人采取尺度之际，他才作诗。"⑤ 由于作诗就是采取尺度，所以，作诗，乃是一种筑造（Bauen）或

---

① 海德格尔选集：上卷．孙周兴，选编．上海：上海三联书店，1996：408.

② 同①410.

③ 同①471.

④ 同①472.

⑤ 同①476.

说“让栖居”。海德格尔说道：“作诗是本真的让栖居（Wohnenlassen）。”[①] “让栖居”就是“让诗意地栖居”，它“同时也意味着：爱护和保养，诸如耕种田地，养殖葡萄。这种筑造只是守护着植物从自身中结出果实的生长”[②]。由此可见，在上帝缺席、诸神逃遁的危险时代中，诗人的使命就是聆听神的声音并且传达给社会大众。

思诗毗邻。诗人通过聆听神的声音猜度神的尺度其实也是思者经验语言，亦即经验作为大道之道说的本质的语言。思者的任务就是通过经验语言走向语言之途并引导大众走向语言之途。经验语言（走向语言之途）就是“道说作为道路让顺从道说的听者通达语言”[③]。经验语言涉及如下两个问题：其一，经验语言之可能与意义。在走向语言之途中，一边是大道的道说（本质的语言）。大道的道说本身就是一种允诺，它把自身允诺给了我们。海德格尔把这种允诺说成大道居有人，或者大道为人开辟道路。正是“这种开辟道路把作为语言（道说）的语言（语言本质）带向语言（有声表达的词语）”[④]。另外一边则是思者（以及诗人）的沉思（聆听）。思者的沉思活动是一种归本，人类之所以要沉思大道的道说（本质的语言），“……只是因为我们本就归属于道说”[⑤]。因此，经验语言之可能在于说者和听者原本有着相互指向的关系，大道的道说通过向人允诺指向人（听者），人则通过归本指向大道（说者）。正是这种可能性揭示了经验语言的意义，即：经验语言对于人来说是一种归本活动，也就是说，它是一种人类找到自己的本质的回归家园的活动。其二，如何经验语言。经验语言的方式多种多样，例如直接沉思存在本身、思索诗人的语言、思考现代技术的本质，如此等等。相比之下，海德格尔还是十分看重思者和诗人的结盟，所以他说：“语言是存在的家。人以语言之家为家。思的人们与创作的人们是这个家的看家人。”[⑥] 在他看来，诗人（作为诗人的诗人）的诗表达了语言的本质亦即本质的语言，因而，他主张思者通过思索诗人的语言走向本质的语言。由此可见，经验语言就是归本，这种归本就是作为听者的人对于道说做出应答，“把无声的道说带入语言的有声表达之

---

① 海德格尔选集：上卷. 孙周兴，选编. 上海：上海三联书店，1996：465.
② 海德格尔选集：下卷. 孙周兴，选编. 上海：上海三联书店，1996：1190.
③ 同②1137.
④ 同②1142.
⑤ 同②1135.
⑥ 同①358.

中"[1]。"在……允诺中，语言之本质作为本质之语言而说话。"[2] 其实，在海德格尔那里，经验语言的实质是改变我们与语言的关系。在传统哲学中，语言与物的关系在于语言是表达物的工具；在海德格尔的哲学中，语言与物的关系在于语言破碎处无物存在。传统哲学和海德格尔哲学关于语言与物之关系的颠倒其实正是海德格尔哲学对于传统哲学的颠倒。因此，改变我们与语言的关系意味着把传统哲学转换为海德格尔哲学，在理论上，它就是把计算性思维转换为沉思之思，在现实中，它就是把现代技术的统治转换为非现代技术的统治。所以他说："为了追思语言本质，为了跟随语言本质而道说之，便需要有一种语言转换（Wandel der Sprache）。"[3] 这种"转换触及我们与语言的关系"[4]。"我们与语言的关系取决于我们作为被使用者如何归属于大道。"[5] 在他看来，若要回到沉思之思，我们就要学会"把作为语言的语言带向语言"，走向语言之途！

在后期哲学中，海德格尔尤其强调"思"应该"从诗的本质那里来理解语言的本质"[6]，从而走向本质的语言。因此，在"上帝缺席"和"诸神逃遁"的现代社会，诗人们承担着重要的历史使命，他们聆听着神的声音，应和着神的声音，吟唱着期备神的降临。根据海德格尔的观点，世界时代的转向不是旧上帝的杀回或是新上帝的杀出，而是要有人实现为上帝准备好居留之所，事先让神性之光在万物中开始闪耀，只有这样，上帝才能具有合乎神之方式的居留之所。然而，在他看来，尽管诗人不顾自己的危险首先探入深渊，但是，诗人的探险并非容易之事，甚至是一件希望渺茫的事。首先，在当代世界中，诗已经变成了文艺活动，它在计算性思维和技术的统治之下，已经变成了工具性的市场活动。真正的诗人（作为诗人的诗人）凤毛麟角，真正的诗（作为诗的诗）也已经寥寥可数。其次，海德格尔用"聆听"一词来表达诗人对于大道之音的承接，这种"聆听"其实带有神秘色彩。细想起来，海德格尔采用带有神秘色彩的"聆听"来表达诗人对于大道之音的承接并不奇怪，因为诗人所"聆听"的大道之音其实就是"神秘"（神的尺度）。因此，海德格尔还采用了诸如"猜度"

---

① 海德格尔选集：下卷. 孙周兴，选编. 上海：上海三联书店，1996：1141.
② 同①1087.
③ 同①1148.
④ 同①1148.
⑤ 同①1148.
⑥ 海德格尔选集：上卷. 孙周兴，选编. 上海：上海三联书店，1996：319.

"应合""吟唱"这些或者不确定或者主观化的词汇来表达诗人对于自己之历史使命的承担。由于上述两个原因，所以，尽管诗人在"上帝缺席"和"诸神逃遁"的危险时代首先冒险探入深渊，以期盼上帝和诸神的君临从而拯救这个时代，但是，他们的探险却充满了不确定性。实际上，海德格尔本人也是这样看的，他在谈到我们应该转换自己与语言的关系时也未抱有乐观的情绪，他说："也许我们多少能够对我们与语言的关联之转换作些准备。或许能够唤起这样一种经验：一切凝神之思（Denken）就是诗（Dichten），而一切诗就是思。两者从那种道说而来相互归属。"①

## 三、技术的反思之难

海德格尔早期偏重于肯定技术的价值和意义，他对技术问题无动于衷。1936年之后，在对存在问题进行更为深入的思考的基础上，他对技术进行了批判。我们曾说，在他看来，哲学的贫困（以及上帝的缺席）所导致的严重后果之一就是现代社会的技术统治，它使人陷入了无保护性的无家可归的危险境地。因此，人若要摆脱危险、回归家园，从而诗意地栖居，不仅需要跳跃到"沉思之思"，期待上帝的君临，而且还需要反思现代技术的本质。所以，反思现代技术的本质也是经验语言的一种方式，也就是说，"在现代技术之本质中经验大道"②。然而，通过反思技术亦即现代技术的本质帮人走向诗意地栖居依然不是一件容易之事。

### 1. 现代技术的本质

根据海德格尔的反思，技术的本质不是工具而是解蔽，不过，它既可以是"产出"意义上的解蔽也可以是"促逼"意义上的解蔽。"产出"意味着它在解蔽中守护着事物的本性，它是守住"存在"本性的解蔽；"促逼"则意味着它在解蔽中改变着事物的本性，它是遮蔽"存在"本性的解蔽。现代技术就是一种"促逼"意义上的解蔽，它向自然乃至人自身提出蛮横要求，要求它们成为能够被开采和贮藏的能量，或是成为能够被利用的资源。问题在于：人为什么要对自然以及人自身提出蛮横的要求呢？海德格尔指出，人首先遭到某种叫作座架的东西"促逼"，然后它才"促逼"地向自然以及人自身提出蛮横的要求。所以海德格尔说道："现代技术之

① 海德格尔选集：下卷．孙周兴，选编．上海：上海三联书店，1996：1148.

② 同①1143.

本质居于座架之中。”①

座架由何而来？它来自“解蔽的命运”。“解蔽的命运”中的“解蔽”应是最高（最为原始）的解蔽，这种解蔽也是存在的显露、真理的闪现，也就是说，它是大道的道说或说一种开启世界的“产出”意义上的解蔽。那么，开启世界的“产出”意义上的解蔽何以能够产生座架这一“促逼”意义上的解蔽并成为一种命运呢？海德格尔说道：“一切解蔽都归于一种庇护和遮蔽。”② 大道的道说开启世界不仅是一种澄明，它也包含着遮蔽。解蔽之命运中的“解蔽”就是这样一种原始遮蔽之中的解蔽，它像飘动的面纱，“此面纱掩蔽着一切真理的本质现身之物，并且让面纱作为掩蔽着的面纱而显现出来”③，因此，人在被命运遣送入解蔽的道路的时候，他就有可能被这种面纱所迷惑，难以清晰辨别交织着遮蔽的无蔽领域从而误解无蔽的领域。由此出发，人用“促逼”意义上的解蔽闭锁了更为原始的产出意义上的解蔽，他一味地去追逐、推动那种在订造中被解蔽的东西，他狂妄自大地认为自己就是世界的唯一主体，他以世界主人的姿态要把世界上的一切都当作材料制造出来，或者当作能量开发出来，并当作资源加以充分利用。

**2. 反思本质的困难**

一旦人类按照座架的形式运作，时代就成了技术统治的时代，技术就“越来越把人从地球上脱离开来而且连根拔起”④。所以他说：“……如果命运以座架方式运作，那么命运就是最高的危险了。”⑤ 然而，海德格尔引用诗人荷尔德林的话说“哪里有危险，哪里就有拯救”。那么，为什么说哪里有危险哪里就有拯救呢？以及究竟谁去拯救以及他又如何去拯救呢？根据海德格尔的论证，拯救者应该是思者和诗人。他们的拯救方式就是反思现代技术的本质。“技术之本质现身在自身中蕴藏着救渡的可能升起。”⑥ 从可能性说，既然“促逼着的解蔽在产出着的解蔽中有其命运性的渊源”⑦，既然座架的遮蔽只是人的误解的结果，那么，消除人的误解，洞察（思量）被座架所遮蔽的东西，并且守护那种东西，人类就有可能摆

---

① 海德格尔选集：下卷. 孙周兴，选编. 上海：上海三联书店，1996：943.

② 同①.

③ 同①.

④ 同①1305.

⑤ 同①945.

⑥ 同①950.

⑦ 同①947.

脱危险获得拯救。从拯救的方式说，只要思者以及诗人指出了现代技术的本质，消除了人们的误解，那么，人类就能摆脱危险并获得拯救。所以海德格尔说道："一切皆取决于我们对此升起的思索，并且在追思中守护这种升起。"①

然而，正如诗人探险存在着巨大的困难甚至希望渺茫一样，反思现代技术的本质也存在着巨大的困难，这种困难在于技术的本质在最高的意义上具有两义性，它极大地增加了反思现代技术本质的难度。海德格尔认为，在最高的意义上，技术的本质具有两义性，并且这种两义性指示着一切解蔽（亦即真理）的秘密，即：一方面，座架"促逼"入那种订造的疯狂之中，此种订造伪装着对于解蔽之具有事件的洞悉，并且由此威胁着与真理本质的关联；另一方面，"座架自行发生于允诺中，此允诺让人持存于其中，使人成为被使用者，用于真理之本质的守护（Wahrnis）"②。这种两义性"就像星辰运行中的两颗星的轨道那样交臂而过……它们的这种交臂而过乃是它们的邻近（Nähe）之被遮蔽"③。所以，我们若没有极其敏锐的眼光，我们就不能透过技术本质的两义性，看到那个神秘的星辰运行的真相。

当人们洞察不到这种两义性时，他们就有可能被座架"促逼"，通过技术工具狂妄地要把自己变成世界的主人，自我得意地享受着"促逼"自然乃至人类自身的成果。与此同时，他们的这种想法和感觉反过来又更进一步地阻碍着他们去反思现代技术的本质，去洞察技术的两义性。因此，现代社会已经成为一个贫乏到根本不知道竟有贫乏的时代。因此，海德格尔对于人的未来能否走向本真的生存感到悲哀，他在回答《明镜》记者的提问时曾说："……哲学将不能引起世界现状的任何直接变化。不仅哲学不能，而且所有一切只要是人的思索和图谋都不能做到。只还有一个上帝能救渡我们。留给我们的唯一可能是，在思想和诗歌中为上帝之出现准备或者为在没落中上帝之不出现作准备……"④

① 海德格尔选集：下卷. 孙周兴，选编. 上海：上海三联书店，1996：950-951.

② 同①951.

③ 同①951.

④ 同①1306.

# 结束语　西方哲学普遍性的再次沦落

当我们再次把探索的目光从“哲学之内”转向“哲学之外”，也就是说，当我们从哲学的外部把海德格尔的哲学看成一种建构世界的学说时，我们发现：一种新的作为人类之根的普遍性又在西方哲学中被确立了起来，它就是海德格尔哲学中的“神秘的普遍性”。当海德格尔哲学用这种神秘的普遍性代替了康德的主观的普遍性后，西方哲学之普遍性合乎逻辑地出现了再次沦落。

## 一、神秘普遍性的确立

旧形而上学的普遍性是一种客观普遍性，康德新形而上学的普遍性是一种主观普遍性，海德格尔则提出了一种神秘普遍性。这种神秘普遍性就是海德格尔哲学中的人类之根，它是海德格尔全部人类之根理论的基础，它通过解释人是什么告诉人应该到哪儿去。

在海德格尔看来，包括康德哲学在内的传统形而上学都错误地把作为现成世界的派生的世界看成原始世界，其实，只有生存世界才是最为原始的世界。因此，他把包括康德哲学在内的传统形而上学的作为现成世界的逻各斯看成派生的逻各斯，并把他的作为生存世界的逻各斯看成原始的逻各斯。在他那里，生存世界作为显现世界，在显现中把天、地、神、人拢集起来，它的本质就是“显现”或“拢集”，只有这种“显现”或“拢集”才是最原始的逻各斯，它是一种贯穿于生存世界“显现”或“拢集”中的“神秘”或“神的尺度”，它虽然不是传统形而上学意义上的本质或普遍性，但是，在某种意义上说，它也是一种本质或普遍性。它是一种让人守住自己的有限性（从而使天、地、神、人各自成己）的柔性法则，它作为人类之根决定着人的有限的本质，并且进一步通过人的本质决定着人类生存应该遵循的普遍价值目标。这样一来，海德格尔就在神的尺度这一人类之根的基础上以自己的特殊方式建构了自己的人类之根理论，阐述了相互联系的三个层次的"普遍性"，即：世界的普遍性、人的本性的普遍性以及人类生活目标的普遍性。海德格尔人类之根理论的特殊之处在于他提出了一个比传统形而上学（包括康德哲学）的世界更为原始的世界，从而使得他的人类之根以及以他的人类之根为基础的人的本质和人的应然生活的解释有了更加原始意义。当然，他的人类之根理论的特殊之处也使他的人类之根作为一种普遍性进一步弱于康德哲学中的作为人类之根的普遍性。

尽管不同的旧形而上学家基于不同的性质（物质、精神乃至上帝）来理解世界，但是，他们的共同之处在于他们都把世界理解成了外在世界，对人来说，这种世界是一种"客观的"亦即不依赖人的主观意志而存在的世界，逻各斯作为"客观的"外在世界的逻各斯，也是一种"客观的"逻各斯。客观的逻各斯作为一种"客观的"普遍性决定着人的本质以及人类的普遍价值观念。康德的新形而上学把世界改造成了内在世界，也就是说，改造成了人通过自己的主观立法建构起来的世界，既然如此，这一内在世界便可以被看成一种主观世界，它的逻各斯也应该是一种"主观的"逻各斯。尽管他力图用"先天性"来保证逻各斯的客观性，但是，"主观性"仍会使人想起"任意性"。若把"主观的"逻各斯作为一种普遍性并用它来决定人的普遍本质和人类的普遍价值观念，那么，这种普遍性显然弱于传统形而上学的基于客观逻各斯的普遍性。海德格尔既然把包括康德哲学在内的传统形而上学的世界一概看成派生意义上的现成世界，并把自己哲学中的生存世界解释成最为原始的世界，那么，他也一定会把传统形而上学所讨论的世界和逻各斯的"客观性"和"主观性"问题看成非原始的派生问题。因此，他的逻各斯作为最原始的生存世界的逻各斯并不涉及"客观性"和"主观性"的问题。但是尽管如此，他依然不能回避这样一个问题，即：他凭什么认为他所说的"逻各斯"应该作为一种普遍性决定着人的本质以及人类的普遍价值观念？海德格尔的回答是：它是"神秘"，既然人类无法穿透这一神秘，它就应该甚至必须在神秘面前止步！这就是说，人要承认自己的有限性，按照有限的方式生存。尽管这样的解释确是一种解释，但是，从这种作为神秘的普遍性出发去规定人的本质并且进一步规定人的普遍价值观念，它的制约性显然要弱于康德哲学中的主观普遍性。因此，假如说旧形而上学的基于外在世界之客观性的客观普遍性是一种"强势普遍性"，而康德哲学的基于内在世界先天性的主观普遍性是一种"弱势普遍性"的话，那么，海德格尔的基于生存世界的神秘普遍性则是一种更为弱势的普遍性。

## 二、普遍性：形式上的虚独断论

从程序上亦即从“产生形式”上看，海德格尔的作为人类之根的“普遍性”（逻各斯）的提法依然是一种独断论；从逻辑上说，他的独断论客观上同样也包含了思想精英统治社会大众的情形。但是，海德格尔的独断论只是一种虚独断论，并且他的独断论仅仅是要求人们在无法穿透的神秘面前止步，并且他的“代天行言”比康德的“代天行言”更加弱化，所以，他的独断论遭到不良的政治利用的可能性极小。

### 1. 虚独断论

哲学思想的独断程度决定着独断论的强弱程度。旧形而上学（典型的形而上学）的逻各斯学说由于是对根本没有进入人类经验领域的外在世界的逻各斯的确定断言，所以，它是一种强独断论；康德哲学的逻各斯学说由于是对内在世界的逻各斯（甚至是对人类自身的逻各斯）的确定断言，所以，它是一种弱独断论。无论是外在世界还是内在世界，都被海德格尔看成作为现成世界的派生世界，他把自己的作为生存世界的原始世界看成显现的世界，综合地说，这个世界是向生存着（并且也开启着世界）的人显现的世界。显现就是逻各斯。既然显现是向人的显现，因此，人对这种显现的断言便不应该被视为独断论。但是，由于在海德格尔那里显现是遮蔽中的显现并且总是与遮蔽相互交织，它实质上是一种最终我们无法断定是否可知（是否可以穿透或者说是否可以完全除去遮蔽）的显现，所以，当海德格尔明确肯定它不可知（不可穿透或者说不可完全除去遮蔽）时，也就是说，明确肯定它是一种神秘时，他的断言还是一种独断论。

表面看来，海德格尔的逻各斯学说的独断论要强于康德逻各斯学说的独断论，因为康德的独断论是对人自身的独断而海德格尔的独断论是对人之外的“神”的独断，但实际上，海德格尔的独断论应比康德的独断论更弱。通常来说，人应该是有限的人，面对广阔无垠的宇宙整体和奥妙无比的微观世界，人类不可能像近代主体性哲学那样自负地认为，我们能够让整个世界一览无余。尽管人能够对于世界有所知并且有着越来越多的知，但是，一般来说，他不太可能对于整个世界拥有最终意义上的确知。海德格尔的“神秘”无非是要人承认人的这种有所知又有所不知并且最终也不能彻底地知的现实，从而承认并且满足于人的有限性。就此而言，他的独断论并没有更多的肯定性的独断内容，它是一种比较虚的独断论。因此，我们认为，在旧形而上学、康德的新形而上学和海德格尔的哲学三者之中，海德格尔的逻各斯学说之“独断性”最弱，它是一种最弱的“弱独断论”，我们将其称为“虚独断论”。这种“虚独断论”为他的人类之根理论从程序上的展开提供了基石。

**2. “代神行言”**

从程序上说，海德格尔人类之根理论的表面程序应该是这样一种程序，即：“生存世界（它指作为生存世界之本质的神的尺度或逻各斯，下同）—人类本性—应然生活”或“客观（神的尺度或神秘）—主观—生活”。这里，神的尺度或神秘因其具有外在于人且独立于人的性质也可被看成一种客观性。上述表面程序意味着生存世界的本质（神的尺度）作为人类之根决定着人的本性（人是终有一死并且能够赴死的人）并且进一步决定着人的普遍价值追求和应然生活。但是同样，在上述表面程序之下，我们还是发现了一个隐藏的环节，它就是海德格尔的“主观断言”。若我们把这个“主观断言”加入进去，那么，我们就会发现海德格尔人类之根理论遵循的真实程序，即：“主观断言—生存世界—人类本性—应然生活”或“主观—客观（神的尺度或神秘）—主观—生活”。在这样的程序中，海德格尔把自己的“主观断言”说成“神的尺度”，并且进一步把它作为决定人的本质和应然生活的人类之根，因此，他是在“代表”神说话，他是在“代神行言”。

尽管海德格尔的“代神行言”作为代“神”行言依然具有客观上的“欺骗”性质，并且也可能造成少数思想精英（思者和诗人）通过代表“神”的形式来统治社会大众的情形，但是，他的“代神行言”的“神”既不像旧形而上学的“天”那样是客观的“有”（外在世界的逻各斯），也不像康德的新形而上学的“人”那样是主观的“有”（人的立法之法），而是一种“无”，也就是说，他的“神”不是任何东西，它仅仅是在人无法穿透神秘之前承认它是“神秘”。就此而言，他的“代神行言”并没有“代表”任何具体的对象行言，也就是说，他的“代神行言”几乎放弃了“代……行言”，所以，它的客观“欺骗”性质很小，甚至近乎无，它也只能在微乎其微的意义上造成少数思想精英通过代表“神”的形式来统治社会大众的情形，并且，它几乎不可能遭到不良的政治利用。

此外，海德格尔“代神行言”的价值诉求重点不同于包括康德哲学在内的传统形而上学。传统形而上学在倡导人的应然生活方式时，它所倡导的应然生活是一种包含了政治生活但却不包含技术统治下的人与自然关系之生活的社会生活，而海德格尔所倡导的应然生活则是一种包含了技术统治下的人与自然关系之生活但不包含政治生活的社会生活。正因如此，政治家们也不可能出于政治的需要对他的“代神行言”加以不良利用。

## 三、普遍性：实质上的虚信念论

从哲学之外的角度看，无论海德格尔哲学中的神的尺度是否表达了一种客观事实，它都确定表达了一种价值信念。在价值信念方面，海德格尔彻底改变了包括康德哲学在内的传统形而上学价值信念的性质，他重点关注的不是人如何（根据他的理解）在派生的层次上的理性的生存，而是人在更为原始的层次上的诗意地栖居。正因如此，他才抛弃了传统的哲学家和科学家的联盟，并用思者和诗人的联盟取而代之。

### 1. 虚信念论

与传统形而上学的人类之根是在科学的名义下所表达的一种价值信念不同，海德格尔哲学的人类之根（作为生存世界之本质的逻各斯）则是在现象（事情本身）的名义下所表达的一种价值信念。海德格尔把它看成一种原始的存在或世界现象的真实显现，其中包含了神的尺度的真实揭示。海德格尔认为，他之所以采用现象学的方法，在于只有现象学的方法才能通达原始真实的存在或世界现象自身，从而显现世界现象自身中包含的神的尺度。然而，他的神的尺度本身就是一种神秘，所以，当他把神的神秘作为决定人的本质以及人的应然生活（人的本真生活或诗意地栖居）的尺度的时候，其实是他乐于“相信”神的尺度的实际存在，并且能够去规定人的本真生活或诗意地栖居。因此，他的生存世界的逻各斯或神的尺度归根到底还是他的一种价值信念。

我们曾说：任何一种断言，它的独断成分越少就越接近于事实，它就越应该是事实的表述而越不应该是信念的表述。我们还说，康德哲学的作为人类之根的逻各斯学说就是由于比旧形而上学的作为人类之根的逻各斯学说更加接近于事实而成了一种相对于旧形而上学强信念论而言的弱信念论。相比之下，海德格尔的作为人类之根的逻各斯学说的独断成分更少，它只要人们承认人不可能最终把握神秘的事实，或说，它只要人们承认人是有限的人的事实，因此，与康德的作为人类之根的逻各斯学说比较起来，它更多的是一种事实的表述而非信念的表述，也就是说，它是一种比康德的弱信念论更弱的信念论，我们将其称为“虚信念论”。

### 2. 人的神性

无论是旧形而上学还是康德的新形而上学，它们的信念其实都是理性，它们还一致地把人的本性看成理性本性，并且进一步用理性来规定人的应然生活。然而，康德新形而上学的理性仍与旧形而上学的理性有着较大的区别，这个区别其实是一种时代的区别。这种区别主要表现在“理性”的根据逐步由外在世界的客观理性转换为人的主观理性——主体理性。在旧形而上学看来，理性首先是外在世界的“客观理性”，这种客观理性使人有了理性本性，并且进一步通过人的本性决定人的应然生活；在新形而上学看来，以及在其他近代哲学家的体现近代精神的思想中，理性首先是人的主观理性，这种主观理性使世界有了理性，同时也使生活在世界中的人有了理性本性，并且进一步通过人的本性决定人的应然生活。通过理性基点的转换，近代社会的理性信念取代了古代社会的理性信念。近代的主体理性一方面作为理智理性或工具理性与自然界发生关系，它帮助人类取得了对自然界的巨大胜利，通过创造巨大的财富有效地帮助了人的自我保存；另一方面，近代的主体理性又作为道德理性或目的理性与人类发生关系，它帮助人类获得了人的尊严，获得了自由和平等，以及获得了自由和平等地保存自己、追求幸福的权利。

然而，近代的主体理性在给人类带来福祉的同时也给人类带来了危害。海德格尔的哲学主要关注的是主体理性作为理智或工具理性与自然发生关系时给人类带来的危害，在他看来，正是近代的主体性理性造成了人的狂妄自大，造成了西方当代社会的现代技术的统治，它把自然以及人类自身都降格成了对象，并把它们变成了可以造福人类的材料和资源，从而使人被连根拔起，最终陷入了无家可归的危险境地。我们知道，尼采曾经试图动摇西方传统形而上学的理性信念，但是，根据海德格尔的理解，尼采本身就没有逃脱西方近代以来的主体性哲学。在海德格尔看来，人首先不是理性的主体，甚至首先不是理性的人，更进一步，世界也首先不是与人无关的外在世界。西方哲学传统的错误在于：它误解从而错失了存在，它不知道原始的世界是在人的生存中发生或向生存的人显现的世界，原始的人是生存的人。海德格尔通过神性把原始的世界和原始的人联系起来，认为人的应然生活是人以神的尺度度量自身的生活。在此意义上，我们也可以把他的信念的对象看成人的神性。他像康德一样把信念的基点放在人的身上，但他又与康德不一样，他认为人不是理性的人，而是具有神性的人。

何谓神性的人？它就是原始意义上的生存之人。这种人是勇于承认神的神秘因而也愿意承担人的有限性的人。在海德格尔那里，只有这样的人才是完整的人，也就是说，只有这样的人才不至于把人的某种因素（例如理性）当作人的主要本性，从而阉割人的完整性。正如巴雷特所说："我们现在知道，使人之为人的并不是他的理性，而毋宁说理性是那真正使他成为人的东西的结果；因为正是人的存在这个自我超越着的自我锻造了理性，使它成为自己的筹划之一。人的理性就其本身而言也特别地具有人性（很可能跟他的艺术和他的宗教一模一样），因而也应当受到尊重……但是……对于一个完整而具体的人来说，它们真正代表的又该是多么渺小的一部分！"[①] 近代的主体性哲学的错误正在于它进一步强化了西方古代哲学的人的理性，用理性的人代替完整的人，从而使人变得支离破碎，造成了现代技术统治的社会，使人陷入无家可归的危险境地。因此，在他看来，人只有以神的尺度来度量自己，承认并且承担人的有限性，人才能重新成为完整的人，才能真正地具有人的尊严。只有这样，人才能在守住自己的有限性的同时让天成为天，让地成为地，并让天、地、神、人各自成己，使天、地、神、人在相互映射、相互信赖、相互庇护的亲密的四重游戏中得到保护，最终使人诗意地栖居于自己的精神家园之中，守住自己的本质，走向自由！

## 四、西方哲学普遍性的再次沦落

海德格尔在康德哲学用自己的作为人类之根的主观普遍性取代旧形而上学的客观普遍性从而引起西方哲学普遍性的第一次沦落之后，又用自己哲学的神学普遍性取代了康德哲学的主观普遍性，进一步引起了西方哲学普遍性的第二次沦落或最终的沦落。

尽管康德新形而上学用主观普遍性取代旧形而上学的客观普遍性从而使得旧形而上学的强势普遍性被弱化成了康德形而上学的弱势普遍性，并且最终导致了西方哲学史上的普遍性的第一次沦落或初次沦落，但是，在康德那里，毕竟还有一个先天性来保证他的普遍性的"客观性"。海德格尔的神秘普遍性则是一个没有任何客观支撑的普遍性。

当然，海德格尔不屑于把派生意义上的客观性或主观性问题纳入自己的哲学视野中加以讨论，但是，他的普遍性作为"普遍"的东西，作为人类（通过人的本质）应当普遍遵循的东西，它应该甚至必须具有"客观"或"刚性"的支撑，否则，它就很难被理解成普遍的东西，它也很难对人

① 巴雷特. 非理性的人. 段德智，译. 上海：上海译文出版社，1992：295-296.

类起到普遍的制约作用。然而，海德格尔的神的尺度作为“尺度”，原本就不是传统形而上学意义上的规范，它就是神秘，它对人的要求就是面对神秘人有责任承认这种神秘无法穿透因而承认和承担人的有限存在，所以，海德格尔强调这种神的尺度只是一种形象，并用诸如“天命”“纯真”“善良”“慈爱”“质朴”“温柔”等词汇来描述它，以替代传统形而上学用诸如“客观性”“必然性”“普遍性”“精确性”等词汇来描述它。因此，在他那里，普遍性作为神秘的普遍性，不仅是一般的人无法把握的东西，而且即使是思者和诗人，也只能对它进行沉思、猜度和聆听。显然，海德格尔的普遍性是一种比康德哲学的普遍性更为弱势的普遍性。因此，在海德格尔的哲学中，西方哲学的普遍性出现了西方哲学史上的第二次沦落或最终的沦落。通过这次沦落，海德格尔哲学的普遍性（神的尺度）若想作为人类之根通过人的本性来“普遍”地制约人的行为，那么，它的制约力应该微乎其微，甚至海德格尔自己对它的制约力量也不抱有乐观的期望。

当然，如前所述，在西方哲学的发展中，普遍性的沦落不是一种退步而是一种进步。它通过消除人类普遍价值观念的制约力量，越来越多地把人从一元论的价值观念下解放出来，越来越多地排除了通过主流价值和边缘价值的区分而用主流价值打压边缘价值的现象，最后也越来越多地使人获得了自由和平等。不过，在现代社会中，随着人类价值观念的不断多元化，有些思想家开始担心人类由于失去一元的共同价值观念而可能带来的某种风险，即：人类将因失去共同规范从而影响共同体的持续存在。例如，麦金太尔就曾把西方道德多元化的进程看成“道德逐渐衰微”的进程，认为它导致了“在我们的文化中似乎没有任何理性的方法可以确保我们在道德问题上意见一致”[①] 的情形，它使我们总是陷入没完没了的争论之中。为此，他欲在重建的基础上回归古代的德性伦理学。我们认为，既然价值观的多元化是一种进步，那么，尽管它也可能伴随着某种代价甚至风险，但是，我们必须首先肯定这种进步。只有在这样的前提之下，我们才能以正确的态度去探寻这一进步是否真的潜藏某种风险以及（在确有风险的情形下）如何才能在不妨碍它的进步成果的基础上去化解它所潜藏的风险。

① 麦金太尔. 追寻美德. 宋继杰，译. 上海：译林出版社，2003：7.

# 第四篇

# 连根拔去的世界

人类之根作为世界的本质其实也是世界之根。随着西方哲学在寻根之路上的不断前行，世界及其本质（逻各斯）越来越走向主观化和神秘化，它越来越失去确定性，因而也越来越难以承担世界之根的重任。同时，逻各斯作为人类共同之根必须具有普遍性，它的主观化和神秘化以及由其导致的确定性的失去使它也越来越难以支撑起逻各斯应有的普遍性。因此，随着逻各斯的主观化和神秘化以及西方哲学普遍性的沦落，世界之根以及人类之根正在被逐渐拔去。在这种趋势之下，德里达顺水推舟地解构了西方哲学作为人类之根的逻各斯，并彻底消解了西方哲学的普遍性，最终拔去了世界之根和人类之根。他使世界成了无根的世界，人成了无根的人。人开始无家可归，四处飘零。

# 第一章　德里达哲学的诞生

德里达是解构主义哲学的创始人，它不仅最全面地阐释了解构理论，而且也最典型地运用了解构方法。从20世纪60年代到80年代，“……德里达的文字就像一阵知识狂潮，虽然很少有人从头到尾读过诸如《论文字学》、《撒播》、《丧钟》这类皇皇巨著，但似乎每一个人都受到了它们的影响”①。当然，他的哲学也不是无源之水，它不仅继承了西方哲学史上的“解构”路线并把这种继承直接融入现代社会后现代主义兴起的大潮之中，而且继承了结构主义的某些研究视角并把这种继承与解构结合了起来。他的哲学是西方哲学文字学转向的直接结果。

## 第一节　文字学转向及其后果

德里达的哲学随着文字学的转向登上了历史舞台。文字也是语言的一种形式，因此，西方哲学的语言学转向内在地使文字学成了哲学探讨的主要内容，在这样的背景下，德里达把文字作为自己哲学探讨的重点，创立了哲学意义上的文字学。其实，正像西方哲学的认识论转向和语言学转向一样，西方哲学的文字学转向也体现了西方哲学发展的内在逻辑。

### 一、文字学转向

文字学转向，就是西方哲学在现代哲学把近代哲学的研究中心从认识论转向语言学之后，在当代社会中进一步将其转向文字学的研究。这种转向像西方哲学中的认识论转向和语言学转向一样，不仅体现了西方哲学发

① 陆扬．德里达的幽灵．武汉：武汉大学出版社，2008：导言．

展的内在逻辑，而且它也可以呈现出西方哲学发展的两种内在逻辑，尽管实际上表现出来的只是其中的一种逻辑。

当代文字学转向可以呈现的第一种逻辑应该是立足于实际存在顺序的逻辑，它体现的是西方传统形而上学的观点。海德格尔曾把亚里士多德首先表达的理解语言的结构看成传统哲学理解语言的经典结构。这个结构就是：文字显示声音，声音显示心灵的体验，心灵的体验显示心灵所关涉的事情。毫无疑问，这种经典结构体现了传统形而上学的哲学观，在它看来：心灵（认识、思维）后于事情（存在、世界或外在对象），语言（声音）后于心灵，文字后于语言；或者反过来说，心灵是事情的补充，语言是心灵的补充，文字是语言的补充。因此，当存在论遇到困难时我们就退守到认识论从而实现认识论转向，当认识论遇到困难时我们就退守到语言学从而实现语言学转向，当语言学遇到困难时我们就应该退守到文字学从而实现文字学转向。然而，在这一经典结构中，仅就语言与文字的关系看，它与存在和认识的关系，以及认识（思维）和语言的关系存在着一定的区别。这就是说，我们可以把语言看成通向认识的工具，并把认识看成通向存在的工具，但是，当我们把文字看成通向语言的工具时，似乎有些勉强。尽管如此，若从传统形而上学的从存在到文字链条的理解（它已通过亚里士多德阐述的经典结构表现出来）来看，以及从对应于传统形而上学从存在到文字链条的理解而实际产生的西方哲学的发展历程（亦即因存在论遇到困难转向认识论和因认识论遇到困难而转向语言学）来看，我们认为，若西方哲学遇到了语言学困难，它完全有可能在立足于传统形而上学之实际存在顺序的意义上实现文字学转向。

当代文字学转向可以呈现的第二种逻辑应该是立足于向人发生顺序的逻辑，它体现的是超越西方传统形而上学的观点。亚里士多德所表述的经典结构也可以不从实际存在顺序的角度去看，也就是说，我们也可以从向人发生的角度去看待亚里士多德所表述的经典解构。若是这样，那么这个结构的顺序就应该被翻转过来，即：文字—语言（声音）—心灵（思维、认识）—事情（存在、世界或外在对象）。这就是说，我们既可以像康德一样把（对人来说）最原始的世界看成在认识中（以及在道德活动中）发生的世界，也可以更进一步像海德格尔一样把（对人来说）最原始的世界看成人在生存中通过语言赋予意义的世界或是语言自身向生存着的人显现（发生）的世界，不仅如此，还可以把文字自身看成向人显现的最为原始的世界现象。这样一来，它就彻底改变了亚里士多德所表述的反映了传统形而上学的关于从存在（世界）到文字链条的经典结构，即：第一步它让认识论与存在论统一，从而使原始的世界成为在认识（原始的认识）中发生的世界；第二步它让语言学与存在论统一，从而使原始的世界成为在语言（原始的语言）赋予含义中显现的世界；第三步它让文字学与存在论统一，从而使原始的世界现象首先作为文字（原始的文字，在亚里士多德所表述的经典结构中文字是最后一个环节）而现身。当然，正如文字学转向的第一种逻辑尽管确是一种“逻辑”但相对于认识论转向和语言学转向的第一种逻辑来看显得有些“勉强”一样，文字学转向的第二种逻辑亦即把文字看成原始的世界现象似乎也有一些“勉强”。这就是说，我们真的能把文字看成原始的世界现象吗？我们可以联系文字学转向的第一种逻辑来进行思考。

我们可以从两个不同的角度来理解文字。一个是狭义文字的角度，另外一个是广义文字的角度。从狭义的角度说，文字主要是书面语言，它把有声语言用文字符号的形式记录下来，亚里士多德“文字显示声音”中的文字就是这种文字；从广义的角度说，除了书面语言之外，记号、路标、界碑、信号、手势、动作、舞蹈等等都能（不太严格地说）在“痕迹”的意义上被看成一种文字。若从狭义文字的角度看，它确实不能是形成语言的基础，更不能成为原始的世界现象，它只能是语言的补充；但是，若从广义的角度看，文字应该比语言更为原始，甚至也比传统形而上学所说的思维（认识）和本质性的存在更为原始。例如，当原始的人类彼此之间通过记号、手势、动作、舞蹈等等再也不能满足交流的需要时，语言才得以产生。需要注意的是，这里的原始也可以是时间上的原始，但它更多的是现象学上的原始。因此，文字学转向可以在两种意义上进行：其一，向狭义的文字学转向，它是第一种逻辑意义上的文字学转向，它表现为传统哲学在通达世界的问题上不断遇到困难而不断退守的过程；其二，向广义的文字学转向，它是第二种逻辑意义上的文字学转向，它表现为当代哲学在通达世界的问题上不断遇到困难而在反省中越来越近地走向现象学意义上的原始的世界现象的过程。我们之所以说文字会作为原始的世界现象而现身，指的是这种广义的文字作为原始的世界现象而现身（显现）。并且，正如认识论以及语言学转向中第一种逻辑可以指向第二种逻辑一样，在文字学的转向中，第一种逻辑也同样可以指向第二种逻辑。传统形而上学把文字当作亚里士多德所表述的经典结构的最后一个环节亦即最不重要的环节，或说把文字当作从存在（世界）到文字链条的最后的替补（补充）亦即替补的替补的替补，是因为它认为文字的意义最不确定，文字最有可能歪曲存在的本意。第二种逻辑意义上的文字学转向由德里达完成，他之所以用文字来表达现象学上原始的世界现象，原因正在于他在狭义的文字特征中看到了现象学上的原始的世界现象的特征（不确定的痕迹），因此，他通过一次“跳跃”把狭义的文字改造成了广义的文字，实现了第二种逻辑意义上的文字学转向。

## 二、文字学转向的后果

无论是认识论转向还是语言学转向，它们那里转向的两种内在逻辑都产生了各自的后果。但是，在文字学转向方面，尽管我们分析了它的两种内在逻辑，不过，它实际上出现的只有第二种逻辑意义上的文字学转向，这种意义上的文字学转向的后果就是德里达的“文字学”的诞生。不仅如此，围绕他的文字学，他还创立了自己的完整的解构主义哲学，并且影响到了整个西方哲学的解构主义乃至整个后现代主义。他的哲学作为一种解构主义哲学，它解构的直接对象是结构主义的结构，但是，在解构结构主义的结构的现象之下，他的更重要的目的是解构西方传统哲学的结构以及西方传统哲学（包括传统形而上学）所描绘的世界的结构。在他看来，阐述了各种世界理论的西方传统哲学的结构蕴藏在语言的结构之中，因此，解构主义的解构首先表现为对于语言、文本的解构。他说：“西方形而上学把存在的意义限于在场领域，它成了语言学形式的霸权。”① 因此，若要解构这种在场的形而上学，首先必须解构它的语言学形式的霸权。他赞成海德格尔的通过追溯这种霸权以解构传统哲学的做法，但他指出，“追溯这种霸权的起源并不是把先验所指实体化，而是考查构成我们的历史的因素，考查形成先验性本身的东西”②。他说：“当海德格尔基于同样的原因在《论存在问题》（Zur Seinsfrage）中将‘存在’这个词打‘×’号时，他也提醒我们注意这一点。然而，这个‘×’号并非‘简单的否定符号’（第 31 页）。这种涂改（rature）是一个时代的最终文字。在场的先验所指隐没在划痕之下而又保留了可读性，符号概念本身被涂改而又易于阅读，遭到破坏而又清晰可辨。这种最终的文字也是最初的文字，因为它

---

① 德里达. 论文字学. 汪堂家，译. 上海：上海译文出版社，2005：30-31.

② 同①31.

能给存在-神学、给在场形而上学和逻各斯中心主义划界。"[①] 尽管德里达的解构主义局限于"解构"，但是，他的解构主义在解构之中客观上也给我们留下了某种建构的痕迹，我们也可以在一定的意义上将其视为一种建构。不太严格地说，这种痕迹也可以说就是广义的文字，它是"最终的文字也是最初的文字"，所以，痕迹的建构也就是对于广义的文字的建构，这种建构所形成的学问就是作为广义文字的"文字学"。

## 第二节　解构主义的先驱

德里达是解构主义的创始人，但是，这并不意味着他是首先进行解构的人。简单地说，解构就是在结构内部拆毁结构，哲学的解构就是在哲学文本结构内部拆毁哲学文本的结构。在西方哲学史上，我们可以把一切对于西方传统哲学的批判都看作对于西方传统哲学文本结构的内在拆毁，就此而言，德里达的解构主义在西方哲学史上有大量的先驱。陆扬指出：由于"……解构就是把现成的、既定的结构解开，就是质疑、分析和批判，所以它和历史上的批判传统一脉相承"[②]。我们认为，这些先驱作为先驱，既是解构精神的先驱，也是解构内容的先驱。

### 一、何种意义上的先驱

我们说西方哲学史上的解构先驱既是解构精神的先驱也是解构内容的先驱，意在强调：这些先驱不仅作为对于西方哲学传统的批判者为德里达提供了榜样（精神先驱），而且，在批判的内容方面，尽管他们批判的具体对象有所不同，并且他们批判的具体目的也有所不同，但是，从某种角度来说，他们却是在不同的程度上批判着同样的对象，并且在追求着同样的目的。这就是说，他们都在以同样的方式批判（消解）西方哲学传统的基础，从而（有意识地或无意识地）拆毁着西方哲学传统的内在结构。什么是西方哲学传统的内在结构？

德里达的解构主义所要解构的直接对象就是"结构"。他所说的结构首先表现为结构主义学派的结构，但实际上，他所说的结构更是整个西方

① 德里达. 论文字学. 汪堂家，译. 上海：上海译文出版社，2005：31.

② 陆扬. 德里达的幽灵. 武汉：武汉大学出版社，2008：追思德里达（代序）.

传统文化特别是西方传统哲学文本之中所包含的结构。因此，在他看来，结构作为一种具有结构主义所界定的特定含义的哲学概念，并非结构主义出现之后才有，其实，它与哲学和科学有着同样古老的历史。他说："指出结构概念甚至结构这个词与'认识'……这个词同样的古老恐怕是容易的，也就是说它与西方的科学与哲学有着同样的年轮……"① 在德里达看来，在西方哲学中，结构是一个中心范畴，它以不同的形式贯穿于迄今为止的整个西方哲学或西方形而上学的历史之中。他说："……结构概念的整个历史在我们所说的那种断裂之前，就应当被当作某种中心置换的系列、某种中心确定的链条来思考。这个中心连续地以某种规范了的方式接纳不同的形式或不同的名称。形而上学的历史就如西方历史一样，大概就是这些隐喻及换喻的历史。它的母式……也许就是将存在当作在场这个词的全部意义所作的那种规定。也许可以指出的是那种基础、原则或中心的所有名字指称的一直都是某种在场（艾多斯、元力、终极目的、能量、本质、实存、实体、主体、揭蔽、先验性、意识、上帝、人等等）的不变性。"② 这就是说，在西方哲学发展的不同时期中，始终有一个围绕某种中心的系列和链条，尽管这个系列和链条中的中心总是以不同的形式和名称表现出来，但是，它的本质一直是作为中心结构（基础、原则）的某种作为不变的在场的存在，例如实体、主体等等。其实，在他那里，这种中心结构在实质上就是逻各斯，它作为"中心"进一步把自身表现为"逻各斯中心主义"的结构。在逻各斯中心主义中，逻各斯作为基础或原则概念是中心概念，与它比较起来，那些与逻各斯对应的其他概念则处于边缘或补充的地位。在德里达看来，逻各斯中心主义贯穿于西方哲学的始终，但是，它在西方哲学或形而上学史上却以不同的形式存在着。其实，在本书的探讨中，我们就发现无论是旧形而上学还是康德的新形而上学，乃至海德格尔的哲学，它们都主张逻各斯的存在并且主张逻各斯中心主义，但是，它们的逻各斯以及逻各斯中心主义却又有着不同的表现形式。

西方哲学传统在它的共同结构（逻各斯中心主义）之下之所以会存在着各种不同的形式，恰好是解构主义先驱们的解构工作所致。逻各斯中心主义的重要特点在于，它通过逻各斯为哲学因而也为哲学建构的世界提供了一个十分明确的基础、原则，逻各斯既是本质又是中心，既是永恒的规

---

① 德里达．书写与差异．张宁，译．北京：三联书店，2001：502.

② 同①504.

律又是真理的对象。它给了哲学也给了世界以最终的确定性。逻各斯中心主义的这些特点体现在全部西方哲学的传统之中，也体现在西方哲学传统的全部逻各斯中心主义之中，尽管如此，它还是最为典型地体现在西方理性主义的哲学传统之中，特别是体现在旧形而上学的理性主义传统之中。根据我们在前面的讨论，康德哲学通过把逻各斯主观化初步动摇了旧形而上学逻各斯的客观性和普遍性，从而动摇了西方哲学之逻各斯的确定性；海德格尔哲学则通过把逻各斯神秘化进一步动摇了包括康德哲学在内的传统形而上学之逻各斯的理性特征以及普遍性，从而进一步动摇了西方哲学之逻各斯的确定性。正因如此，非理性主义传统的逻各斯中心主义不能像理性主义传统的逻各斯中心主义那样有效地坚持逻各斯作为哲学和世界基础的确定性。在理性主义传统中，康德新形而上学的逻各斯中心主义不能像旧形而上学的逻各斯中心主义那样有效地坚持逻各斯作为哲学和世界基础的确定性。这些现象表明康德和海德格尔都是西方哲学传统中逻各斯中心主义的批判者，也就是说，他们都在西方哲学逻各斯中心主义结构的内部拆毁着西方哲学的逻各斯中心主义结构，他们都试图用一种更不确定因而更可能产生“差异”的逻各斯来取代以往哲学中的更为确定因而也更加统一的逻各斯。

德里达继承了西方哲学史上的解构主义精神，但是，他与以往的解构先驱们又不一样。以往的解构先驱们的解构是一种有限的解构，也就是说，他们是为了新的建构而解构，因此，他们对于西方哲学传统中的逻各斯中心主义的解构仅仅表现为以一种新的逻各斯中心主义代替另外一种旧的逻各斯中心主义。德里达则不同，他的解构是一种无限的解构，也就是说，他是为了解构而解构，他要彻底拆毁逻各斯中心主义的结构，他不仅不会去建构新的逻各斯中心主义，而且也不会去建构任何东西。当德里达在回答解构实践本身有无某种意向和兴趣所指以及某种隐蔽的终极目的时，他回答说：解构没有终极目的，也就是说，它没有最终需要到达的目的地；同时，解构作为无限定的、无止境的在每一个不同的上下文脉络中的转型，也没有提问者所理解的那种作为哲学动力的兴趣。但他认为，尽管如此，解构还是有着某种自己的“兴趣”。这种兴趣不是某种“一般”兴趣，它只是存在于既定文化、历史情境下的一些解构姿态，它是针对特殊情境并且依特殊情境而不同的某种必要策略。此外，德里达在继承解构主义先驱们的解构主义精神（批判精神）的同时，也继承了这些先驱们的解构的内容，即：用一种不确定的差异的东西去取代确定的统一的逻各斯。同样，在此方面，他也比他的先驱们走得更远。尽管他的彻底的解构主义态度使他不可能去承认任何意义上的原始的东西，但是，在客观上，他还是把差异本身看成更为原始的东西。在他看来，现实之中实际存在的东西就是差异，差异无处不在、无时不在，它不仅表现在时间之中，而且表现在空间之中。德里达专门生造了一个词语“différance”来表达这种差异。在他那里，这种差异不是任何一种具体的差异，它就是差异本身，在现象学的意义上，它是一种原始的差异。因此，他要用一种更为原始的差异（它消除了任何基础、原则和中心）去解构那种作为基础、原则和中心的逻各斯，也就是说，他要告诉人们：原始的东西只是差异，任何关于逻各斯中心主义的设想都是不可能的想法，它必然会淹没于原始的差异之中。正因如此，他的解构主义就是通过指出传统哲学家哲学文本中实际存在着的不可逃脱的差异从而去拆毁他们那里的作为思维产物（特别是作为理性主义思维产物）的逻各斯中心主义结构。由于任何主张逻各斯中心主义的哲学家都无法逃脱差异，因此，任何主张逻各斯中心主义的哲学家都能成为他的解构对象。由此出发，他解构了绝大多数重要的传统哲学家的哲学思想。他不仅在《撒播》中解构了柏拉图，在《论文字学》中解构了卢梭以及列维-斯特劳施，在《绘画中的真理》中解构了康德，在《声音与现象》中解构了胡塞尔，而且在《马刺》中解构了尼采，在《文字与差异》和在《明信片》中解构了弗洛伊德，在《哲学的边缘》中解构了海德格尔，如此等等。其实，在他那里，广义的文字或痕迹就是差异，所以，他在解构的过程中创立了自己的文字学，并围绕文字学又进一步展开了他的解构主义哲学。

由于作为解构对象的逻各斯中心主义更为典型地表现在理性主义的传统之中，所以，在解构主义的先驱中，那些对理性主义传统展开批判的非理性主义的哲学家（包括海德格尔）应对德里达有着更为重要的影响。例如，德里达本人就曾认为，尼采、海德格尔、弗洛伊德等人在批判西方哲学传统的统一性和确定性的话语中更多地显示了分歧性和差异性的话语。因此，我们在探讨德里达解构主义的思想资源时，主要还是探讨某些非理性主义者例如尼采、海德格尔、弗洛伊德的解构主义思想对于德里达的影响。

## 二、尼采的生命活力

尼采继承了和批判性地发挥了叔本华的意志主义哲学，他对西方传统哲学的理性主义做了颠覆性的拆毁。他不仅从内容上彻底颠倒了西方传统哲学的价值概念系统，而且还从写作风格上改变了西方传统哲学的写作方式，并且给予写作以最为基础的地位。从内容上看，尼采通过重估一切价值颠倒了西方传统哲学的理性主义传统，把西方传统哲学中遭到贬低的一些处于能指地位的概念例如意志、欲望、解释、差异都推到了前台。德里达说，尼采在这样做时“远远没有……简单地停留于形而上学领域，而是致力于使能指摆脱对于逻各斯和相关的真理概念或任何意义上的第一所指的依赖性和派生性”①。所指和能指是首先由索绪尔语言学提出的用于语言分析的两个概念，但它可以成为概括西方传统哲学重要特征的两个概念。在西方哲学史上，它们可以分别表示在场的东西（所指）和在场的东西的替补（能指），并且，两个概念之间的秩序不能颠倒，在场的东西始终处于基础或者中心地位。这样一来，西方哲学就可以通过确定逻各斯的所指（基础或中心）地位表达逻各斯中心主义。这里，德里达看到了尼采那里可以借鉴的解构资料，即必须使能指摆脱对于逻各斯以及相关的真理或任何意义上的第一所指的依赖性和派生性。从写作风格上看，尼采以自己的诗话语言替代了西方传统哲学的那种确定的逻辑语言、理性语言，他用自己的文本方式写下了应写的东西。德里达说，“阅读、写作、文本在尼采看来乃是对某种意义的‘原始’创造……但这些创造活动不必首先记录或发现这种意义，它不是以原始因素和逻各斯的在场来表示的真理，不是 topos noetos（理智的场所），不是神的理智或先天必然性结构”②。这里，德里达看到了尼采那里可以借鉴的建构资料，即写作应该具有某种意义的“原始创造”。综合内容和形式（写作风格）两个方面可以发现，德里达通过尼采的哲学得出的结论是：能指并非所指的补充，文字也非语言的补充，它（阅读、写作、文本）本身就是原始的创造。根据传统形而上学，文字是充满歧义的东西，正因如此，它作为原始创造直接通向了德里达的广义的文字，通向了德里达的一个重要的概念：différance。

在德里达那里，différance 是一个与写作、符号即文字密切相关的表示一种独特的差异的概念。这一概念的提出不仅在尼采的整体非理性主义哲学的内容和写作风格中汲取了思想资源，而且根据德里达的理解，它与尼采的强力意志思想有着某种直接的渊源。我们知道，强力意志是尼采用来颠覆传统形而上学的核心概念，是一种凭借欲望冲动的生命意志，一种

① 德里达．论文字学．汪堂家，译．上海：上海译文出版社，2005：25.

② 同①.

无意识的生命活力，它与确定的理性逻各斯毫无关系，它表达一种无序和差异。德里达提出原型写作的概念，在他看来，原型写作留下的符号就是一种先于狭义的文字符号的原始痕迹，其实，德里达的这种痕迹就是广义的文字，它体现的内涵就是 différance。德里达曾接受了弗洛伊德无意识学说的影响，通过无意识的欲望来解释原始痕迹，认为它是原型写作先天地刻写在人的大脑、意识中的东西。这样一来，它就与尼采的强力意志贯通了起来。正因如此，德里达才充分肯定了尼采的作为一种活力的强力意志，他说，没有"力"之间的差异就没有任何的力，因此，这种力自身决不在场，它只是一种差别和数量游戏。"因此，différance 是我们可以给予'活力'、不和谐地运动着的差异之力和不同的力的差异的名称，尼采要与形而上学语法的整个体系抗衡，这个体系指导着文化、哲学和科学。"①

由此出发，德里达并不赞成海德格尔对于尼采的解读，也就是说，他不赞成海德格尔把尼采解读成最后一个形而上学家，在他看来，尼采实际上走得更远。所以，他又说道"……存在着两种对解释、结构、符号与游戏的解释。一种是追求破译，梦想破译某种逃脱了游戏和符号秩序的真理或源头，它将解释的必要性当做流亡并靠之生存。另一种则不再转向源头，它肯定游戏并试图超越人与人文主义、超越那个叫做人的存在，而这个存在在整个形而上学或存有神学的历史中梦想着圆满在场，梦想着令人安心的基础，梦想着游戏的源头和终极"②。尼采向我们显示的是第二种解释。显然，尼采的选择是一个超越了传统形而上学的解释。当然，德里达则比尼采走的还要远，他本人并不认为如今必须在上面两种选择中做一选择，他的理由之一在于："……必须首先尝试去思考这种不可还原的差异的共同基础及其分延。"③

## 三、海德格尔的删除在场

海德格尔并非一个像尼采那样是站在理性主义对面的非理性主义者，他是一个站在理性和非理性之前因而既不属于理性主义也不属于非理性主义的"非"(不是)理性主义者。他把以往哲学关于"存在"的探讨解释成关于"存在者"的探讨，并且认为以往哲学遗忘了"存在"的真正意

---

① Derrida J. Margins of Philosophy. Translated by Alan Bass. Sussex: The Harvester Press, 1982: 18.

② 德里达. 书写与差异. 张宁，译. 北京：三联书店，2001：24.

③ 同②24-25.

义。为了探索“存在”的真正意义，海德格尔试图寻找最原始的“存在”。因此，“……海德格尔的思想不是否定，而是重新要求将逻各斯和存在的真理作为第一所指（primum signatum）：所有范畴或所有规定的意义，所有词汇或所有句法，因而所有语言的能指都蕴涵着‘先验’所指……它自身只有通过逻各斯才得以存在，也就是说，它不存在于逻各斯之前，也不存在于逻各斯之外。存在的逻各斯，‘思想听从存在的召唤’，乃是符号的第一源泉和最终源泉，也是区分能指和所指的第一源泉和最终源泉”①。就此而言，海德格尔依然是一个“传统的”西方哲学家或形而上学家。

但是另一方面，德里达提醒我们：“……应当记住，存在的意义对海德格尔来说决不完全只是一种‘所指’。”② 为什么这样说呢？根据海德格尔的意思，在古希腊哲学的源头中，我们可以看到存在的原始意义。但是，在后来的西方哲学发展中，这种存在的意义遭到遮蔽（异化），也就是说，存在者遮蔽了存在，这种遮蔽构成了西方哲学的历史，这种历史并非某种偶然而是存在的命运。尽管海德格尔试图解蔽这种遮蔽，使存在的意义显现出来，但是，“……海德格尔坚持认为存在只有通过逻各斯才能形成历史并且根本不处于逻各斯之外；对存在与存在者进行区分，所有这些清楚地表明，从根本上讲，没有任何东西能够脱离能指的运动，能指与所指的区分最终会消亡”③。因此，存在作为在场的历史就是从在场内部删除在场的历史，“……这一删除从一开始就作为痕迹构成它自己，使它处于位置变化的情形之中，使它在它的表现中消失，使它从它自己的大量生产中显现。因此，差异的这个更早的痕迹（die frühe Spur）的删除犹如在形而上学文本中的痕迹……在形而上学的语言中，这种结构的似非而是的情形是一种形而上学概念的倒置，它产生出了如下的结果：在场变成了符号的符号，痕迹的痕迹……它变成了一般参照结构的一种功能。它是一种痕迹，痕迹的删除的痕迹”④。因此，德里达说：“海德格尔想要指明的是此点：存在与存在物（Being and beings）的差别——遗忘了形而上学—— 已经无踪无影地消失了。正是差异的痕迹潜藏其中。假如我们坚持认为延异本身不是不在场和在场，假如它是痕迹，那么，在遗忘了存在

① 德里达．论文字学，汪堂家，译．上海：译文出版社，2005：26-27.

② 同①29.

③ 同①30.

④ Derrida J. Margins of Philosophy. Translated by Alan Bass. Sussex：The Harvester Press，1982：24.

与存在物的差异的情形下，我们将不得不说出痕迹的痕迹的消失。”① 作为删除的痕迹、痕迹的痕迹，或者说符号、符号的符号也正是德里达所说的 différance。若和这种 différance 比较起来，实体性的、本体论的或者实体-本体论的存在者和存在都是派生的东西，“……在者与存在同样是派生的。在‘此在的超越性’中，实体-本体论差别及其根据……并不是绝对本源的东西。分延才是更‘本源’的东西，但我们再也不能将它称为‘本源’，也不能称为‘根据’，因为这些概念本质上属于存在-神学的历史，也就是说属于抹去差别的系统……我们以后可以将分延与文字联系起来”②。根据德里达的理解，这样一来，形而上学就容易读了，我们在读形而上学的时候，便可以设想形而上学文本之外的东西，这个东西就是“痕迹”。显然，我们在这里可以直接看到海德格尔对于德里达的影响。其实，德里达的“解构”一词正来源于海德格尔。

## 四、弗洛伊德的两个原则

弗洛伊德作为一个精神分析学家，他对德里达的影响是全面的。他曾在人的意识理论的基础上提出了快乐原则和现实原则之间的差异。他把人的行为动力看成无意识的性本能亦即“利比多”（libido）冲动。利比多是一种表达性本能的心理能量。在他的早期思想中，这种心理能量表现为一种爱欲，它以性爱为目标；在他早期之后的思想中，这种心理能量则由爱欲和死欲共同构成，爱欲属于个体生存和种族繁衍的创造力量，死欲则与爱欲相反，它属于仇恨和毁灭的力量。利比多作为一种无意识的冲动，它是在一定的心理结构中的活动，这种心理能量的结构包含无意识、前意识和意识，它们相当于本我、超我和自我的人格结构。无意识和意识处于两端，无意识领域是贮藏性本能的非理性领域，性本能就表现为无意识的无拘无束地追求满足的原始冲动，它符合个人的快乐原则；意识则是一个符合理性的领域，它要求社会的现实原则。那么，这个非理性的领域与理性领域（以及快乐原则和现实原则）如何才能相互配合地联系起来呢？在弗洛伊德那里，在无意识和意识之间，存在一种前意识，它构成无意识的本能冲动进入意识领域的堤坝，它是一个为了社会利益和人格进一步发展以

① Derrida J. Margins of Philosophy. Translated by Alan Bass. Sussex：The Harvester Press，1982：24.

② 德里达. 论文字学. 汪堂家，译. 上海：上海译文出版社，2005：31-32.

法律和道德禁令形式表现出来的社会压抑系统。因此，生命冲动在进入意识领域前，就遭到了一种潜在的压抑（潜抑），它使无意识的本能冲动经过它的过滤而以受到限制的形式释放，也就是说，让无意识的本能冲动在理智和社会允许的范围之内释放。这样一来，随着非理性领域和理性领域的有效联系，个人的快乐原则和社会的现实原则就相互协调了起来。弗洛伊德的无意识的领域中尽管包含了大量无法得到满足的本能冲动（它们总是寻找机会穿越前意识的缺口进入意识领域，并以梦、遗忘、失语、口误等等形式表现出来），但是，性本能却能适当地出现在意识领域，德里达把它看成无意识在意识领域创造出的适合自身新的精神形式的最为重要的释放，将它称为“升华”，认为它是人类精神创造的源泉。

德里达从弗洛伊德关于快乐原则和现实原则的阐述中看到了弗洛伊德的思想对于西方传统哲学的解构作用。他说：“在《超越快乐原则》(*Beyond the Pleasure Principle*) 中弗洛伊德写道：‘在自卫的自我本能的影响下，快乐原则被现实原则所替代。后面这个原则并未放弃获得快乐的终极意图，但是，尽管如此，为了走上通向快乐的漫长的间接之路，它需要延迟满足，放弃一些获得满足的可能性，暂时容忍一些不快乐。’”① 德里达指出：“这里，我们简单涉及了一个最伟大的隐晦的观点，一个非常难以理解的差异，它精确地通过一种陌生的裂缝对它的概念进行了划分……”② 其实，德里达在这里看到的正是 différance。所以他说：“différance 的两个表面上的差别价值是在弗洛伊德的理论中结合在一起的：作为差别、区别、分离、间隙、间隔的不同和作为迂回、转递、保留、迟延的推延的不同。”③

## 第三节　从结构主义到解构主义

尽管德里达的解构主义深受西方哲学史上的许多解构主义先驱的影响，但是，解构主义作为一种“后”结构主义，它还是直接从结构主义或者说反结构主义中走出来的。因此，探讨从结构主义到解构主义的发展道

---

① Derrida J. Margins of Philosophy. Translated by Alan Bass. Sussex：The Harvester Press，1982：19.

② 同①.

③ 同①.

路有助于我们深入理解德里达解构主义的产生。

## 一、结构主义的诞生

结构主义兴起于20世纪50年代后期的法国，它的原始基础是瑞士（祖籍法国）语言学家费尔德南·索绪尔的现代语言学（符号语言学）所运用的结构主义方法。索绪尔创立了现代语言学，他认为语言学应该研究言语活动中的那些能够成为科学对象的现象，也就是说，他认为语言学应该“就语言而研究语言”，应该把那些非语言的因素，包括物理的、心理的、社会的、现实的等等因素排除在研究之外。这样一来，他要探讨的其实就是语言的深层结构。为此，他把全部言语现象区分为语言和言语，指出“语言……只是言语活动的一个确定的部分，而且当然是一个主要的部分”①。在他看来，语言是由符号表示的规则系统，它只有在结构中才能完全地存在。语言有着不同于言语之个别性、有意识性、私人性、自然性、异质性的共同性、无意识性、社会性、文化性和同质性的特性。他特别提出了语言的共时态特征和历时态特征，指出共时态是语言系统不受外力影响的自足的平衡状态，历时态是语言系统在时间中经由外力（种族、地理、历史事件、社会制度以及政治、文学等等）影响的不平衡状态。在他看来，语言学作为一种纯粹语言的研究，它应排除语言的历时态因素（那些与时间相关的外部因素）而只去研究它的共时态语言系统，并且在共时态上，它还要排除语言的实质而只去研究语言的形式。此外，索绪尔还从价值科学的角度认为符号根据不同的交换价值可以组成句段关系和联想关系。结构主义语言学家雅克布逊把句段关系看成历时的语言关系，将其称为“转喻”，并把联想关系看成共时的语言关系，将其称为隐喻。

索绪尔的结构主义方法之所以衍生出了20世纪50年代的法国结构主义是因为他提出的关于结构的一些规定为整个结构主义奠定了基础。根据他的规定，结构具有系统性、封闭性、文化性和无意识性。系统性意味着结构先于要素并且大于要素的总和，要素只有在结构中并且服从结构才能成为要素，获得意义；封闭性意味着结构是具有独特的结构规则的封闭系统，它与其他结构之间没有历时性（因而没有继承融合）关系而只能有共时性关系，不同结构之间的变化只能是一种跨越断层的“飞跃”；文化性意味着结构是人的活动的产物，但它却不是个人有意识、有理性的创造；

① 索绪尔．普通语言学教程．高名凯，译．北京：商务印书馆，1999：30.

无意识是指集体无意识，它意味着正像社会并非社会成员的总和一样社会结构也不决定于社会成员的共同意识，它是存在于集体的无意识之中的人的文化本质。正是在共同接受并运用这些规定的基础上结构主义才得以诞生，列维-斯特劳斯建立了结构主义人类学，阿尔都塞提出了结构主义的马克思主义，拉康创建了关于精神分析的结构主义理论，福柯运用结构主义方法探讨了西方思想史，巴尔特则进一步把结构主义推广到社会学和文艺学的领域。到了 20 世纪 60 年代，结构主义成了法国哲学的主流，并且很快深入到了人文科学的各个领域。这些哲学家尽管有人决不承认自己是结构主义者，并且他们对于结构的看法也有很大差异，但是，从实质上说，他们都把自己的研究对象看成一种深层结构，并且或多或少都实际采用了索绪尔关于结构的规定。

尽管结构主义有着不同于西方传统哲学和现代哲学的一系列特征，甚至在某些方面表现出了一些超越西方传统哲学和现代哲学的内容，但是，就其实质而言，它依然沿袭了西方哲学的传统。它像西方传统哲学以及现代哲学把某种变动的现象之后的共同的不变本质世界作为哲学的研究对象一样，把某种语言现象之中非历时的共时的不变深层结构作为哲学（语言学）的研究对象，由此出发，它像传统哲学一样崇尚理性、真理、普遍性、统一性、确定性。因此，正如逻各斯中心主义总以逻各斯为中心一样，在结构主义那里，结构总有一个中心，它与某个场点、某种固定的源点相连。这个中心“在结构中构成了主宰结构同时又逃脱了结构性的那种东西”①。

## 二、解构主义的兴起

解构主义被称为后结构主义。作为后结构主义，它是后现代主义中的一种基本哲学思潮并构成了后现代主义的哲学基础，它的诞生除了与后现代主义的诞生有着共同的哲学和社会背景之外，它还是直接从结构主义中走出来并且以反结构主义自居的潮流。作为一种时代的潮流，解构主义像后现代主义一样，不仅属于哲学领域，而且也广泛地延伸到了哲学之外的其他领域，包括文学、艺术、历史、社会学、政治学等等领域，并且通过它们进一步渗透到日常生活（例如建筑艺术）的各个方面。除了哲学领域中的德里达、福柯、拉康、巴尔特、德里兹等代表人物之外，其他的领域

① 德里达．书写与差异．张宁，译．北京：三联书店，2001：3.

中也出现了大批解构主义大师。就像德里达一样，尽管解构主义直接要解构的对象是（狭义的）结构主义，但是，在此表象下，它真正要解构的是整个西方哲学的传统，以及受这种哲学传统影响的整个西方文化传统和包含在这种哲学传统之中的普遍价值观念。

当然，解构主义作为“后”结构主义，它也保留了结构主义中的那些与传统哲学已经拉开某种距离的内容，例如，结构的社会性和非意识性等基本原则以及反对人道主义的基本立场。因此，解构主义既作为结构主义的对立面而出现，又作为结构主义的某种延续而出现。在解构主义的发展之中，有些学者的结构主义思想中一开始就包含了解构的思想（比如拉康），有些学者则从结构主义者逐步转向了解构主义（比如巴尔特），还有一些学者更是为了解构才去分析思想史上的知识结构（比如福柯）。例如，巴尔特曾是一个结构主义哲学家，但是，他后来转向了解构主义。他在早期哲学中探讨写作的风格，并且结合索绪尔的语言学把风格决定论从文学领域推广到社会领域，尽管他那时的思想中已经显露出了解构的痕迹，但是，他还是一个结构主义者，他把自己的研究看成一种科学研究；到了后期，他强调的已经不是什么科学的研究而是文本的阅读，并且他还把阅读看成读者对于意义的自由创造。在他看来，意义的创造在主体的“意指化的活动”中实现，意指是自由的联想并且也是创造性的移情，它与身体的欲望的流动彼此适应。同时，意指的过程是一种“抽丝袜的线头”，它把编织好的文本结构分解成意符的流动，在文本中嵌入另一文本，用跨文本的读法在文本内部打开新的空间，从而打破文本结构所控制的意义，以及它所反映的社会结构所控制的意义。这时，他已是一个典型的解构主义哲学家了。

在解构主义的兴起中，德里达则是一个一开始就以比较彻底的解构主义者的身份出现的哲学家，他努力与其他的解构主义哲学家“拉开距离”。在他看来，“中心化了的结构”这一概念总以矛盾的方式自圆其说。“中心化了的结构概念其实是基于某物的一种游戏概念，它是建构于某种始源固定不变而又牢靠的确定性基础之上的，而后者本身则是摆脱了游戏的。”①德里达说，如果确实如此的话，结构概念的整个历史在某种“断裂”之前就构成了形而上学的历史。然而，他强调说：断裂这种事件不得不被思考，“开始思考的是在结构构成中主宰着某种中心欲求的那种法则及将其

① 德里达．书写与差异．张宁，译．北京：三联书店，2001：503.

变动与替换与这种中心在场法则相配合的那个意谓过程；不过这是个从来就不是它自身，而且总是已经从其自身流放到替代物中去了的中心在场……这样一来，人们无疑就得开始去思考下述问题：即中心并不存在，中心也不能以在场在者的形式去被思考，中心并无自然的场所，中心并非一个固定的地点而是一种功能、一种非场所，而且在这种非场所中符号替换无止境地相互游戏着"①。"先验所指的缺席无限地伸向意谓的场域和游戏。"② 德里达强调说，游戏这个"解构的中心"发生于一个时代的整体之中，假如"提及一些最能表呈这种发生过程之极端形式的作者的话，那无疑地就得引用尼采对形而上学和存在及真理概念的批评，因为这些概念被游戏、解释和符号的概念（即无在场真理的符号概念）所代替；就得引用弗洛伊德对自我呈现的批判，也就是说对意识、主体、自我一致性、自我临近、自我属性的批判；更激进一点，就得引用海德格尔对形而上学、存有神学、作为在场的存在的规定性的瓦解"③。他的解构主义则是这一时代整体发生过程的总结和提升。

在德里达的总结和提升中，différance 是对差异和游戏的总结和提升。我们已经看到在此概念的形成中尼采等人对于德里达的影响。实际上，他的这一概念的形成也受到了索绪尔语言学的重要影响。索绪尔把所指和能指分开，并且，他像传统哲学一样坚持所指的基础和中心地位。但是，德里达却认为，正是在索绪尔的这种区分中，却又包含了另外一种差异的思想。在他看来，从系谱上说，支配当今时代记号学、语言学的研究大都（正确地或不正确地）参照了索绪尔，并把索绪尔作为他们的共同开创者。然而，"……索绪尔首先是这样一个思想家，即：他在一般记号学的非常基础的意义上，特别是在语言学的意义上提出了符号的**随意特征和符号的差异特征**。正如我们所知，这两种主题——随意的和差异的——在他的观点中是不可分的……'随意和差异'，索绪尔说，是两个相关的特征"④。德里达指出："这个差异原则，作为含义的条件，影响到了符号的整体，它是同时作为所指和能指的符号。"⑤"无论我们是取所指还是取能指，语

① 德里达．书写与差异．张宁，译．北京：三联书店，2001：504-505.

② 同①505.

③ 同①505-506.

④ Derrida J. Margins of Philosophy. Translated by Alan Bass. Sussex: The Harvester Press, 1982: 10.

⑤ 同④.

言都既没有存在于语言学系统之前的观念也没有存在于语言学系统之前的声音，而仅仅有从这一系统中产生出来的概念的和声音的差异。一个符号包含的观念或声音的实体比环绕它的其他符号更少重要性。"① "因此……索绪尔谈到的差异自身既非一个概念也非一个词汇。也可以这样说，它更是一个 différance。"② 当然，他强调说，这并不意味着这种产生差异的 différance 以某种方式在它们之前，亦即在场。差异不是某种完满、单纯地构成了差异的起源，"……'起源'这一名称不再适应它"③。由此出发，德里达说："我不得不尝试指出一条经由'痕迹'从里面关闭这一结构的路，这种痕迹再也不是一个原因的结果……"④ 我们只能设想一种没有原因的结果。

## 第四节　德里达的解构哲学

在后现代主义兴起的思潮中，特别是在后结构主义（解构主义）兴起的思潮中，德里达继承了解构主义先驱们的思想资源，创立了自己的解构主义哲学。他的解构主义哲学针对的是整个西方形而上学传统，而广义的文字学则是他的解构主义哲学的基础，所以，他特别注重经由解构西方形而上学传统中的语言与文字的结构关系而创立一门新的文字学（或说广义文字的文字学）。他在自己的《论文字学》中指出了当今时代文字学转向的特征，从而使他得以自觉地把自己的哲学定位于这一时代的时代特征之中。

### 一、哲学的时代定位

德里达把他所处的时代称为"书本的死亡和文字的开端"的时代。他所说的"书本"指的是"书本的文明"，它与我们将要提到的语言的特权具有同等的含义。因此，书本的死亡和文字的开端也就是语言的死亡和文字（广义的文字）的开端。他说："书本的死亡无疑仅仅宣告了（在某种程度上早已宣告）言语（所谓的完整言语）的死亡，以及文字史和作为文

---

① Derrida J. Margins of Philosophy. Translated by Alan Bass. Sussex: The Harvester Press, 1982: 11.

② 同①.

③ 同①12.

④ 同①12.

字的历史的崭新变革。”[①]

德里达认为，就其起源和目的而言，语言只是文字的一种要素、一种形式、一种现象、一个方面。所以，“从任何意义上说，‘文字’一词都包含语言”[②]。德里达这里所说的文字是广义的文字，他认为广义的文字才是文字的本义。在他看来，在西方哲学史上，语言出于某种必然的命运（这种必然的命运归根到底是对于西方哲学史上所指和能指关系的一种回应）取得了自己的特权，这种特权使它把自己当成了文字这一能指的所指或者说先于文字这一能指的能指，并且把文字仅仅看成一种相对于语言起着次要作用的替补和工具或者说后于语言能指的能指（派生于语言这一所指的能指），也就是说，它使文字失去了自己的本义从而变成了狭义的文字。

他还认为，西方哲学史上语言特权的取得是语言的一种短暂的冒险，它使语言取得了一种短暂且不稳定的成功。这种短暂的冒险和不稳定的成功延续了近三千年。现在，它“正在接近精疲力尽的地步”[③]。“经过几乎难以觉察其必然性的缓慢运动，至少延续了大约 20 世纪之久并且最终汇聚到语言名义之下的一切，又开始转向文字的名下，或者至少统括在文字的名下。通过一种难以觉察的必然性，文字概念正在开始超越语言的范围，它不再表示一般的语言的特殊形式、派生形式、附属形式……它不再表示表层，不再表示一种主要能指的不一致的复制品，不再表示能指的能指。”[④] 因此，语言的特权面临着终极，文字的本义将会重新显现。语言的死亡并非语言（书本文明）的消失而是语言特权的终极，文字的开端亦非文字才刚开始而是文字本义的重新显现。由此可见，我们所处的时代正是语言特权之终极和文字本义之重现的时代，也就是说，它是一个语言的死亡和文字的开端的时代。

既然德里达把自己所处的时代看成语言的死亡和文字的开端的时代，那么，他的哲学任务就是参与并且帮助完成语言的死亡和文字的开端。其实，语言的死亡和文字的开端就是他所实现的文字学转向，因此，他的哲学任务也就是参与并且帮助完成文字学转向。他的哲学在这一转向中居于领导地位。

---

① 德里达. 论文字学. 汪堂家，译. 上海：上海译文出版社，2005：10.

② 同①8.

③ 同①.

④ 同①8.

## 二、语言的死亡

德里达参与和帮助促进语言死亡的工作之一主要体现在他对西方形而上学传统的解构工作，特别是体现在他对西方逻各斯中心主义传统的解构工作之中，因此，解构逻各斯中心主义成了他的哲学的中心目标。不过，在德里达那里，逻各斯中心主义的最后的基础和堡垒是语音中心主义，它捍卫的正是语言的特权地位。根据德里达的阐述，尽管文字概念原本超越并且包含了语言概念，但是，在语言的冒险和短暂的成功中，我们受到了一种欺骗，忘记了这一情形，“它与近三千年来将技术和逻各斯中心主义的形而上学结合起来的历史融合在一起”①。因此，虽然德里达把解构逻各斯中心主义作为自己的哲学使命，并且试图通过这种解构宣布形而上学的死亡，然而，他更把解构西方形而上学传统中的语音中心主义作为他的全部解构工作的重中之重，并且试图通过这种解构宣布语言的死亡，宣布语言特权的终极。

德里达认为，无论是语言的短暂冒险并取得短暂而不稳定的成功，还是语言特权的终极和文字本义的重现，都不应该被看成一种偶然事件，它们有着自己的必然命运。因此，当语言取得特权并且开始了语音中心主义之后，对于语音中心主义乃至逻各斯中心主义的解构就以某种缓慢而又必然的形式体现在西方哲学史中。为此，他的解构哲学就应该以一种新的阅读方式来阅读西方传统哲学，探讨它的历史，以便在西方形而上学传统发展的内部发现这种解构因素并且对其加以阐释，从而解构语音中心主义乃至逻各斯中心主义，并在此基础上为文字本义的重新显现做铺垫，建构一种新的文字学。就此出发，德里达解构主义的“解构”就是一种新的阅读方式，他通过这种阅读方式解构西方哲学传统中的语音中心主义和逻各斯中心主义，促成语言的死亡，以及形而上学的死亡。

## 三、文字的开端

德里达参与和帮助促进文字开端的工作之一主要体现在他对于新的文字学的建构工作之中。

其实，建构是一个德里达哲学不可能接受的概念。就德里达解构主义的逻辑来说，它反对任何确定的东西，因此，它也不可能建构任何东西。

---

① 德里达．论文字学．汪堂家，译．上海：上海译文出版社，2005：10.

但是，德里达的解构主义在解构中却必然会留下某种东西，这种留下的东西通常所表明的恰恰是他的价值指向。在德里达的解构主义哲学之中，这种价值指向就是广义的文字（或者说差异、痕迹、游戏），它所代表的东西正好是与西方哲学（形而上学）传统中的逻各斯中心主义的确定性和统一性相对立的不确定性和差异性。就此而言，我们也能说在他的解构中客观上已包含了某种建构，它是一种解构性的建构。由于德里达的解构主义在解构过程中留下的东西意味着他的哲学所建构的东西，所以，他的建构理论便应包含在他的所有解构理论之中，也就是说，包含在他的解构主义的所有著作之中。尽管如此，德里达的建构理论还是最集中地体现在他的著作《论文字学》之中，以及他专门阐释他的“分延”学说的论文《分延》之中。在《论文字学》中，他通过追寻文字学的历史、文字的起源，特别是通过解构卢梭等人的学说解构了西方形而上学传统中的语音中心主义以及逻各斯中心主义，拆毁了西方形而上学传统中的语言与文字关系的结构，确定了新的广义的文字学，以及与其相关的分延学说、痕迹学说。

# 第二章　德里达对于世界的解构

在前面三篇中，我们都在第二章中把哲学家对于世界的建构作为阐释对象。但是这里，由于德里达的哲学所追求的不是建构世界而是解构世界，所以我们重点阐释他对世界的解构。当然，如前所述，他的解构之中也有某种建构。就德里达的解构而言，他对西方哲学传统中的逻各斯中心主义的解构实质上是对形而上学文本所建构的世界的解构。

## 第一节　逻各斯中心主义

就其本质而言，形而上学理论所建构的世界就是逻各斯。尽管不同时期的形而上学家对于逻各斯有不同的理解，但是，他们都把自己所理解的逻各斯看成世界的本质，并且把它置于中心的地位。逻各斯以及逻各斯中心主义是形而上学的中心主题，它贯穿于西方哲学的始终。德里达说："……尽管西方哲学史中存在着所有那些差异和断裂，逻各斯中心母题却是恒常的；我们在所有地方都能找到它。因此，在我所有的文本中，无论涉及的是柏拉图、笛卡尔、康德、胡塞尔还是海德格尔本身，我都尝试着指明这种逻各斯的恒常性，这种对逻各斯的证明。"① 因此，"我们希望与逻各斯中心主义时代的总体性保持某种外在关系。从这种外在性地点出发，我们可以对逻各斯中心主义时代的总体性……进行解构"②。德里达对于世界的解构其实就是对于西方哲学传统中的逻各斯中心主义的解构。

---

① 德里达．书写与差异．张宁，译．北京：三联书店，2001：访谈代序．

② 德里达．论文字学．汪堂家，译．上海：上海译文出版社，2005：236．

## 一、逻各斯中心主义

### 1. 何谓逻各斯中心主义

解构主义所要解构的“结构”主要是逻各斯中心主义。尽管我们已经简单解说并且多次提及了逻各斯中心主义，但是，为了更深入地理解德里达解构逻各斯中心主义对于整个西方哲学传统尤其是形而上学传统的实质性影响，我们还是需要更深入地探讨何谓逻各斯中心主义的问题。逻各斯中心主义作为总有一个中心（在场）的结构，它其实就是形而上学所主张的一种以逻各斯为中心的不平等的二元对立结构体系，在这种结构体系中，逻各斯作为对立的一方与它的对方处于暴力的等级制度之中，它无论在价值上还是在逻辑上都居于中心地位，统治和支配着另外一方。正如德里达自己所说：“在传统的哲学对立中，并没有双方的和平共处，而只有暴力的等级制度。其中，一方（在价值上、逻辑上等等）统治着另一方，占据着支配地位。”①

在德里达所表述的逻各斯中心主义中，尽管逻各斯可以通过不同层次的概念表现出来，例如它既可以表现为实体，也可以表现为真理，还可以表现为语言，但是，在最基本的层次上，它只是西方传统哲学以及这一哲学所建构的世界的最为基础的概念，即：实体及其本质。

在《论文字学》中，德里达曾要求从四种意义上来理解西方哲学史中的最基本的逻各斯，即：从前苏格拉底或哲学的意义上来理解逻各斯，从上帝的无限理智或人类学的意义上来理解逻各斯，从前后黑格尔的意义上来理解逻各斯，以及从海德格尔的意义上来理解逻各斯。② 我们发现，从不太严格的意义上说，德里达强调的理解逻各斯的四种意义分别是古希腊罗马时代从外在世界之本质亦即客观规律、理性的角度来理解的逻各斯，西方中世纪从神的角度来理解的逻各斯，西方近代从内在世界亦即主体（自我）之本质的角度来理解的逻各斯，以及海德格尔从生存世界亦即神的尺度的角度来理解的逻各斯。这些逻各斯的意义正是我们在本书中所讨论的逻各斯的几种含义，只不过我们是把古希腊罗马时代之逻各斯和西方中世纪之逻各斯混在一起进行了讨论。

为了更为准确地掌握逻各斯中心主义，我们还可以进一步从深度和广

① 德里达. 论文字学. 汪堂家，译. 上海：上海译文出版社，2005：译者序.

② 同①13.

度上去分析它。从深度上说，我们应该把握逻各斯中心主义的要点；从广度上说，我们应该把握逻各斯中心主义的谱系。

**2. 逻各斯中心主义的要点**

（1）在场，以及客观

正确理解德里达所用的“在场”一词是深入理解逻各斯中心主义的一个要点。根据德里达的解释，无论何种传统哲学，它都有一个源点、一个预设，它就是当下、在场。逻各斯作为在价值上和逻辑上具于统治和支配地位的一方（中心），它直接与这样的源点、预设相连，它始终是当下的在场；与其相比，作为逻各斯的对方亦即居于被统治和被支配地位的一方则属于非当下的不在场。“当下”“在场”是逻各斯的基本特征。古代哲学的在场的逻各斯是外在世界的逻各斯，近代哲学的在场的逻各斯是自我意识的逻各斯，海德格尔的在场的逻各斯则是语言的逻各斯。鉴于在场在逻各斯中心主义中的关键地位，所以，德里达把主张逻各斯中心主义的形而上学称为“在场的形而上学”。解构主义所要解构的对象就是这个在场源点。“当下”“在场”意味着现在这段时间，所以，在在场的形而上学中，“时间”是一个重要概念，它把“现在”作为中心，并且依据时间的直线性特征把不是“现在”的“非在场”的东西作为非中心的东西。逻各斯作为当下在场的东西，它是客观存在的东西，这种东西是“真”的东西（本质的东西），也就是说，它是确定的“真”。这样一来，逻各斯就是真理的对象。其实，按照形而上学，在以逻各斯为中心的不平等的二元对立结构中，逻各斯之所以拥有中心（统治和支配）地位，正是由于它是当下在场的客观存在或“真”的存在（本质的存在）。

（2）理性，以及真理

为了更深入地把握逻各斯中心主义，除了“在场”之外，根据德里达的阐述，“理性”也是一个十分重要的概念。在探讨逻各斯意义的过程时，我们发现，从传统形而上学到康德哲学再到海德格尔哲学，逻各斯的意义经历了从理性到非理性（海德格尔意义上的非理性）的发展过程。但是尽管如此，我们依然可以认为，在西方哲学中，逻各斯的主要意义还是理性的意义。因此，西方现代哲学特别是后现代的西方哲学大多在反理性的意义上反逻各斯。例如，福柯写《疯癫史》的目的主要就在于反对理性。根据他的观点，17 世纪，特别是 18 世纪法国大革命以后，理性与非理性原本具有的平行关系逐渐变成了对立关系，理性具有了凌驾非理性的权威，它有了支配一切的力量，成了判断一切的标准，它成了最高的逻各斯。所以，赵敦华说："德里达对逻各斯中心主义的批判表现在对西方哲学理性主义传统的批判。这是对逻辑与修辞、理性与隐喻的二元对立的解构。"①

逻各斯作为当下在场的客观存在或"真"的存在（本质的存在），现在既然也是理性的存在，那么，它便与人联系了起来。人作为世界（本质）的产物，他是理性的人，人的理性（思维）可以直接把握作为理性的逻各斯，从而获得真理。因此，人的理性、思维以及真理是对于世界本质的把握，它们是最接近逻各斯（当下在场）的东西。

（3）所指与能指

在场与理性（作为人的理性、思维）的关系，在德里达所理解的逻各斯中心主义中，应该就是所指与能指的关系。

我们曾经大致解说了所指与能指，并也指出了所指与能指是索绪尔语言学提出的术语。根据索绪尔的观点，所指就是语言所反映的事物的概念，它是语言符号所代表的意义；能指是语言的声音（音响）形象，它是语言符号能被人感知的形式。任何语言符号都由概念和音响形象所构成，也就是说，任何语言符号都由所指与能指所构成。既然索绪尔否认语言与外界的联系，那么，在他看来，语言就是具有心理性质的东西，不仅所指是心理的东西，而且音响形象似乎也仅仅是声音的心理印迹，它是我们的感觉给我们证明的声音表象，也就是说，它是一种感觉。索绪尔进一步认为，语言符号作为所指与能指的统一，它有两个重要特征：其一，符号的任意性，即：在语言符号中，所指与能指之间的联系是一种任意的"约定俗成"的联系，例如，"树"这个概念和"树"的特定发音并没有某种必然的结合，它在英文中的读音和它在法文、拉丁文中的读音就不一样；其二，能指的线条性，即：能指是一条线，它只在时间中展开，它体现为在一个向度上可以测定的长度。

索绪尔的所指与能指图式表达的是一种二元对立思想，并且，由于索绪尔把能指归结为感觉，所以，我们可以把所指与能指的关系理解成概念与感觉的二元对立关系，从而把它与西方哲学史上的概念与感觉的关系联系起来。在西方哲学史上，概念作为一种理性认识更加接近事物的本质（尤其是作为世界之本质的逻各斯），感觉作为一种感性认识则远离所指，根本无法靠近事物的本质。索绪尔也是一个概念至上论者，他把语言看成

① 赵敦华. 现代西方哲学新编. 北京：北京大学出版社，2001：270-271.

表达概念的工具，并把声音看成摹写概念的东西。或许正是这一原因，德里达像其他解构主义者一样接受了所指与能指的概念，他把所指看成在场的东西，并用能指来指称在场的东西（所指）的外在性的替补。在他那里，逻各斯是在场的东西，理性作为心灵的东西是反映逻各斯的东西，所以，逻各斯就是所指，理性（真理）则是它的能指亦即外在性的替补；语言是在场的东西，文字作为书写符号是防止语言失忆的东西，所以，语言就是所指，文字则是它的能指亦即外在性的替补。逻各斯中心主义作为以逻各斯为中心的不平等的二元对立结构就是以所指为中心的所指与能指的不平等的二元对立结构。

**3. 逻各斯中心主义的谱系**

德里达没有专门论述过逻各斯中心主义谱系的问题，但他提过“逻各斯谱系”这一概念。[①] 根据我们对于德里达所解构的逻各斯中心主义的梳理，并且进一步参照西方哲学史上逻各斯中心主义的事实，我们专门清理出西方哲学传统中逻各斯中心主义的完整谱系，意在表明：德里达对于逻各斯中心主义的解构确实是一种牵一发而动全身的解构，它能彻底达到解构形而上学乃至整个西方哲学传统的完整体系的目标，并且能进一步达到解构形而上学乃至整个西方哲学传统所建构的世界的目标。当然，这其中包含了西方形而上学乃至整个西方传统哲学的人类之根的理论以及它们对于现实社会的作用。

逻各斯中心主义的谱系的一个显著特点在于：逻各斯作为在价值上和逻辑上优先的东西应是整个谱系之价值和逻辑的原点（作为“在场”，它也是整个谱系之时间的原点），其他的各种因素，越是接近逻各斯就越有价值地位，越是远离逻各斯就越少价值地位。根据逻各斯中心主义的这一特点，我们可以从几个角度来理解逻各斯中心主义的谱系。

首先，我们可以从基本链条的层次上来看待这一谱系（我们称为基本谱系）。除了海德格尔的哲学之外，形而上学把逻各斯看成作为理性的真理对象的世界（外在世界和内在世界）的本质，理性（思维）是把握这一本质从而获得真理的东西，语言作为表示概念的工具属于从属思维并且表达真理的东西，文字则是作为语言的补充通过书写符号把在场的语言记录下来从而避免遗忘并用符号体系表达真理的东西。因此，从基本谱系上说，逻各斯中心主义的谱系便表现为这样一个价值和逻辑地位递减的谱

① 德里达. 论文字学. 汪堂家，译. 上海：上海译文出版社，2005：13.

系，即：逻各斯—理性（思维）—语言—文字。由于理性的地位在于它能把握逻各斯获得真理，所以上述谱系也可以表述为这样的谱系，即：逻各斯—真理—语言—文字。在这个价值和逻辑地位递减的谱系中，随着离逻各斯越来越远，客观性就越来越小，真理性就越来越低，确定性就越来越弱，一句话，它们对于逻各斯之中心地位（本质地位、基础地位）的消解能力就越来越大。

我们认为，我们关于逻各斯中心主义基本谱系的概括不仅符合西方哲学史的事实，而且也符合德里达理解逻各斯中心主义的原意。德里达在讨论亚里士多德的《范畴篇》时表达了这一意思，并把这种基本谱系看成不同层次上的所指与能指关系。在他看来，在亚里士多德那里，存在着这样一种层次关系，即：文字是言语的符号，言语是心境的符号，“心境本身则反映或映照出它与事物的自然相似性”，所以，“心灵与逻各斯之间存在着约定的符号化关系”①，也就是说，心境是事物（逻各斯）的符号。若把逻各斯看成所指并把符号看成能指的话，那么，心境就是逻各斯的能指，言语与文字则是心境这一所指的能指。在言语与文字之间，言语“与心灵有着本质的直接贴近的关系”②，因此，它是第一符号或第一能指，文字则是第二符号或第二能指（能指的能指），也就是说，它是言语这一所指的能指。假如说这种从所指到能指的基本谱系有什么例外情形的话，那除非是“隐喻”。

其次，我们也可以从衍生的意义上来看待逻各斯中心主义的谱系（我们称为衍生谱系）。衍生意义上的逻各斯中心主义可以表现在三个方面。

其一，衍生到其他二元范畴方面。这些范畴包括客观与主观、本质与现象、必然与偶然、真理与谬误、逻辑与修辞、语言与文字、同一与差异、理性与感性、本义与隐喻、善与恶、纯洁与堕落、理性与非理性、意识与无意识、生命与死亡等一系列不平等的二元对立结构。在这些不平等的二元对立结构中，任何一对不平等的二元对立结构都能找到与基本谱系某对不平等的二元对立结构的对应关系，并且，任何不平等的二元对立结构中的前面一个概念都处于在价值上和逻辑上的统治和支配地位之上。在某种意义上说，我们可以把以上任何不平等的二元对立结构中的前面一个范畴都看成逻各斯，并把围绕它构成的不平等的二元对立结构理解成逻各

---

① 德里达. 论文字学. 汪堂家，译. 上海：上海译文出版社，2005：14.

② 同①.

斯中心主义。

其二，衍生到哲学与文学方面。哲学与文学是西方传统哲学面对的一对十分重要的不平等的二元对立结构。根据西方传统哲学，既然逻各斯的价值地位和逻辑地位来自它的客观性、确定性、真理性或理性，那么，在形而上学乃至整个西方哲学传统的视野中，凡是与逻各斯或客观性、确定性、真理性或理性接近的学科就应该具有更高的价值地位和逻辑地位，反之，则只有更低的价值地位和逻辑地位。据此，在西方传统哲学家尤其是形而上学家看来，哲学（作为科学或说第一科学）因其具有客观性、确定性、真理性或理性特征而具有更高的价值地位和逻辑地位，文学作为以虚构编造为己任的学科，它像其他所有艺术形式一样因其具有主观性、模糊性、隐喻性或非理性而只具有极低（甚至根本没有）价值地位和逻辑地位。因此，德里达把哲学（作为理性的学科）与文学（作为隐喻的学科）的关系看成以哲学为中心的不平等的二元对立结构，换句话说，他把哲学与文学的关系看成以哲学为中心的逻各斯中心主义。我们可以把这种逻各斯中心主义理解成“基本谱系”上的逻各斯中心主义在不同学科之间的衍生形式。

其三，衍生到自然与文化方面。自然与文化同样也是西方传统哲学面对的一对十分重要的不平等的二元对立结构。自然始终是一种当下的在场，它是客观的、确定的真理和理性的对象，它具有逻各斯的所有特征；文化作为社会文化则是后来的人为创造，它是对作为当下在场的自然的替补，它具有人为的主观不确定性特征。所以，德里达把自然与文化（包含了自然与社会或社会文化）的关系看成以自然为中心的不平等的二元对立结构，也就是说，他把自然与文化的关系看成以自然为中心的逻各斯中心主义。

## 二、逻各斯中心主义的实质

尽管逻各斯中心主义是一个包含了基本谱系和衍生谱系的庞大的谱系，但是，德里达在解构逻各斯中心主义的各种不同的表现形式时，重点还是放在对于言语中心主义的解构之上，也就是说，重点还是放在对于以言语为中心的逻各斯中心主义的解构之上。他之所以这样处理，是因为在他看来，以言语为中心的逻各斯中心主义（言语中心主义）才是逻各斯中心主义的实质。

为了更清晰地理解德里达对于逻各斯中心主义实质的理解，我们可以把德里达所理解的逻各斯中心主义分为两大类型：其一，广义上的逻各斯中心主义。广义的逻各斯中心主义囊括了包含言语中心主义在内的逻各斯中心主义的所有形式（它的全部基本谱系和衍生谱系）。广义的逻各斯中心主义是柏拉图以来西方文化传统中占有支配地位的思维方式。其二，狭义上的逻各斯中心主义。从狭义上说，逻各斯中心主义就是言语中心主义。按照狭义的逻各斯中心主义的思维方式，“言语是思想的再现，文字是言语的再现，写作是思想的表达，阅读则是追寻作者的原意”①。具体到言语与文字之间不平等的二元对立结构方面，言语中心主义意在表明言语是中心，文字是边缘，文字是言语的再现和替补。德里达也把言语中心主义称为语音中心主义（音位主义），因为在他看来，语音中心主义给了声音以某种特权的地位，它像言语中心主义一样将言语置于文字之上，认为由心灵激活而被赋予意义的语音符号是中心而无生命的文字符号则是随意的替补。

德里达也曾谈到了广义的逻各斯中心主义（逻各斯中心主义）和狭义的逻各斯中心主义（言语中心主义或语音中心主义）的关系。他说：“我曾经尝试区分逻各斯中心主义和语音中心主义。逻各斯中心主义就是作为存有论的哲学，也就是作为在者所是的科学的那种哲学。”② 他又说道：“在某个既定的时刻，我曾试图将逻各斯中心主义与语音中心主义联系起来，也就是说将与一种给予声音以特权的文化联系起来。”③ 这就是说，德里达认为，逻各斯中心主义和语音中心主义既有区别又有联系。前者就是形而上学本身，它包含了后者；后者则因“给予声音以特权的文化”而从实质上体现了前者。为什么说语音中心主义“给予声音以特权的文化”就从实质上体现了前者呢？根据德里达的意思，我们大致可以归纳出来两个理由。

第一，从逻辑分析看。在我们归纳出来的逻各斯中心主义的基本谱系中，也就是说，在“逻各斯—理性（思维）—语言—文字”这一价值地位和逻辑地位递减的谱系中，文字作为离逻各斯最远的东西最有可能歪曲逻各斯的本义，也最有可能威胁逻各斯的客观性和确定性，从而最有可能威胁直接反映逻各斯的理性（思维）和真理。因此，文字既成了传统形而上

---

① 德里达．论文字学．汪堂家，译．上海：上海译文出版社，2005：译者序．

② 德里达．书写与差异．张宁，译．北京：三联书店，2001：访谈代序．

③ 同②．

学的“真理”体系最需要防范的对象也成了反传统形而上学（例如解构主义哲学）最需要维持的对象，它成了区分传统形而上学（结构主义）和反传统形而上学（解构主义）最后的分水岭。正因如此，传统形而上学总是通过语言和文字的关系竭力诋毁文字，试图捣毁威胁形而上学的最后堡垒。在它看来，言语作为自发的、直觉性的东西可以传播真理，它意味着说话人的直接在场，它更加接近逻各斯，甚至与逻各斯合而为一；文字作为言语的派生，或作为死气沉沉的反复斟酌的书写符号，它只能被动地记录鲜活的语言，并且由于说话的人并不在场，不仅读者可能产生误解，甚至作者也有可能故意歪曲，并且查无对证（因为文字不能开口说话）。所以，文字是词不达意的东西，它遮蔽了思想的本来面目，掩盖了逻各斯的本质。因此，“……逻各斯中心主义也不过是言语中心主义：它主张言语与存在绝对贴近，言语与存在的意义绝对贴近，言语与理想性绝对贴近”①。逻各斯中心主义实际上就是音位主义的形而上学，所以，语音中心主义构成了逻各斯中心主义的实质。

第二，从历史事实看。正是由于逻各斯中心主义的实质其实就是言语或语音中心主义，所以，在形而上学统治的“逻各斯的时代贬低文字……文字曾被视为中介的中介，并陷入意义的外在性中”②。德里达从解构胡塞尔的“自我”开始了自己的哲学生涯。他在胡塞尔那里看到了一个从柏拉图一直延续到索绪尔的形而上学传统：“语音中心主义。”在他看来，语音中心主义的传统可以追溯到柏拉图，甚至可以进一步追溯到苏格拉底。苏格拉底坚持着“述而不著”。尽管柏拉图承认语音也要依赖文字，但是，他依然认为语音具有中心地位，他甚至把文字看成蛊惑人心的毒药。柏拉图的“《斐德罗篇》曾宣布文字是诡诈的入侵，是完全原始的破墙入盗，是典型的暴力，是对灵魂深处的破坏……”③ 亚里士多德则在《范畴篇》中说：“言语是心境的符号，文字是言语的符号。”④ 因此，言语作为第一符号和第一能指，它“与心灵有着本质的直接贴近的关系”⑤。甚至黑格尔也把文字看成“符号的符号”。德里达进一步认为，在西方哲学史上，

① 德里达. 论文字学. 汪堂家，译. 上海：上海译文出版社，2005：15.

② 同①16.

③ 同①47.

④ 同①14.

⑤ 同①14.

“灵魂与肉体问题无疑源于文字问题”①，言语与文字的错位类似于灵魂与肉体的错位，马勒伯朗士和康德等人常把灵魂与肉体的关系因情感而发生的错位定义为原罪，索绪尔也毫不留情地指责言语与文字的自然关系的错位，并把文字看成一种污行而且首先是一种原罪。总之，“形而上学的历史，尽管千差万别，不仅自柏拉图到黑格尔（甚至包括莱布尼茨），而且超出这些明显的界限，自前苏格拉底到海德格尔，始终认定一般的真理源于逻各斯：真理的历史、真理的真理的历史……一直是文字的堕落以及文字在‘充分’言说之外的压抑”②。“……阅读与写作、符号的创造与解释、作为符号织体的一般文本处于次要地位。”③

当然，在解构主义看来，情形正好相反。在它看来，文字更为原始，文字出现之前没有语言符号，若是没有文字的外在性，“符号概念本身就会崩溃”④，并且随着它的崩溃，我们整个世界的一切语言也会崩溃。

## 第二节　解构言语中心主义

尽管德里达的解构锋芒指向了广义的逻各斯中心主义，但是，他对狭义逻各斯中心主义（言语或语音中心主义）的解构则体现了他的解构思想的精髓。并且，我们认为，我们只需重点探讨他对言语中心主义的解构便可达到本书的目的，即：他究竟是如何通过自己的解构主义哲学将传统哲学（特别是形而上学）所建构的世界以及人类之根“连根拔去”的。因此，我们这里重点探讨他对狭义的逻各斯中心主义的解构以及他在这种解构中对于广义的文字学的建构。在探讨这种解构以及建构之前，我们先来分析他所谓的“解构”。

### 一、解构的释义

德里达的解构是他在胡塞尔和海德格尔“拆毁”概念的基础上所提出的阅读方式（以及写作方式）。因此，我们此前曾简单地将解构解释成“拆毁”。德里达认为，解构作为一种阅读方式和写作方式是一种哲学策

① 德里达. 论文字学. 汪堂家，译. 上海：上海译文出版社，2005：47.

② 同①4.

③ 同①19.

④ 同①19.

略，它“体现了解构主义的基本精神——反对逻各斯中心主义和言语中心主义，否定终极意义，消解二元对立，清除概念淤积，拒斥形而上学，为新的写作方式和阅读方式开辟广泛的可能性”①。这就是说，解构是通过双重姿态、双重阅读、双重写作来实施对西方传统哲学特别是传统形而上学的逻各斯中心主义的一系列不平等的二元对立结构的颠倒，并对系统进行全面置换：一方面，它要突破原有的系统，打开它的封闭结构，排除它的本源和中心，消除二元对立，清除概念淤积，消除任何确定的意义；另一方面，它则要将瓦解后的系统的各种因素暴露于外，看看它隐含了什么，排除了什么，然后把原有因素和外在因素进行自由组合，使它们相互交叉和重叠，从而产生出一种开放的无限可能的意义网络。这样一来，原有文本的界限已经不复存在，它成了向阅读者和其他文本无限开放的东西，里面的东西不断涌现，外面的东西不断进来替补原有的东西，我们不能发现任何确定的意义，我们所能看到的只是新的意义在差异和撒播中不断被种植。德里达说：“意义无规则、无固定方向地‘撒播’在解构了的文本之间。但撒播本身并非意义，而是意义的种植。解构证明了意义的不断生成性，也证明了文本的非自足性和无限开放性。”② 所以，阅读是一种制造痕迹的游戏方式。

德里达把逻各斯中心主义看成欧洲的人种中心主义。因此，欧洲人都生活在逻各斯中心主义的影响之下。这也就是说，对于欧洲人来说，他们都受着形而上学的影响，说着理性的语言，他们无法逃脱逻各斯中心主义，或者说无法逃脱形而上学和理性的语言。这样一来，解构就不能从逻各斯中心主义，亦即形而上学和理性语言的外部进行，而只能从它们的内部进行。德里达说：这里的“解构活动并不触动外部结构。只有居住在这种结构中，解构活动才是可能的、有效的；也只有居住在这种结构中，解构活动才能有的放矢”③。所以，德里达的解构不是对于一种架构的毁坏，也不是从一个文本的外面去毁坏一个文本，而是从传统形而上学不平等的二元对立结构的架构文本的内部出发，在二元对立结构的被边缘化了的一方发现新的意义，从而对原有系统进行置换，把新的意义移植到旧的概念中，形成无限开放的撒播的意义系统。

---

① 德里达. 论文字学. 汪堂家，译. 上海：上海译文出版社，2005：译者序.

② 同①.

③ 同①32.

德里达曾强调解构的无目的性，尽管如此，从客观上说，他的解构还是为了瓦解形而上学和以形而上学为基础的西方文化，通过新的阅读方式以及写作方式恢复无限开放的撒播的意义系统。我们之所以使用“恢复”一词，是因为德里达认为无限开放的撒播的意义系统其实就是广义的文字，并且它原本就是原始的东西，它的“僭越”早已开始。他说：“……解构这一传统并不在于颠倒它，也不在于宣告文字无罪，而在于表明文字的暴力为什么没有降临到无辜的语言头上。之所以存在文字的原始暴力，是因为语言首先就是文字，并且这一点日益明显。‘僭越’早已开始。”①

## 二、《论文字学》

对于逻各斯中心主义的解构最为重要的是对于言语中心主义的解构。由于西方哲学传统把文字看成文化、社会的产物并把语言看成自然现象，所以，在它那里，言语与文字的不平等的二元对立结构又体现为自然与文化的不平等的二元对立结构。因此，德里达在解构言语中心主义的时候，把对于言语和文字不平等的二元对立结构的解构与对于自然和文化不平等的二元对立结构的解构联系了起来。尽管德里达在很多著作中都阐述了对于言语中心主义的解构，但是，他阐述这一解构思想最集中、最典型的著作还是他的《论文字学》。

德里达认为，存在着这样一种历史，即：内在的原型文字外在化为普通文字然后再回复到原型文字的历史。原型文字就是广义的文字，德里达将其理解成真正的文字，与此同时，普通文字则是西方哲学传统所主张的作为“符号（言语）的符号（言语的能指）”的外在于言语的文字，它是一种通常意义上的狭义的文字。造成原型文字外在化为普通文字的原因就是西方哲学传统中的逻各斯中心主义，特别是它的言语中心主义，“……在这个世界上，文字的拼音化自他产生之日起就必然会掩盖其自身的历史……”②。因此，他的《论文字学》的任务就是通过“解构”这一手段清除言语中心主义和全部逻各斯中心主义，回复原型文字，使这种极端化的文字“再不源于逻各斯……它开始拆毁所有源于逻各斯的意义的意义，但不是毁坏，而是清淤和解构。对真理的意义尤其如此”③。同时，他还

---

① 德里达. 论文字学. 汪堂家，译. 上海：上海译文出版社，2005：50.

② 同①3.

③ 同①13.

认为，与把外在化的文字恢复到内在化的原始文字相应，必须建立一种“文字学”去取代“语言学”，以及代替与语言学相互一致的实证科学的文字学。所以，他在《论文字学》的“题记”中“宣告文字学标志着人类经过努力而获得了解放”①，也就是说，文字学原本受到隐喻、形而上学和神学的钳制，现在，在《论文字学》中，它经过人类的努力终于获得解放。正如邓晓芒所说：他“尝试在逻各斯中心主义的边界跨出决定性的一步：追溯语言之源并超出语言学的视野，去解构和任意重组一切‘痕迹’(Spur）或‘记忆的原始现象’”②。德里达把“原型文字外在化为普通文字然后再回复到原型文字的历史”看成一个“几乎难以觉察其必然性的缓慢运动”。在这种运动中，尽管他对自己建立“文字学”的任务充满信心，但又认为这一任务危险重重。

德里达的《论文字学》分为两个部分。按照他在序言中的说法：第一部分勾画了一个理论渊源，指出了某些重大的历史事件，并且提出了若干关键概念；第二部分对于这些概念进行了审查，他把这种审查视为典型事件。

## 三、两种理论渊源

在“理论渊源”中，德里达立足于自己的文字观，并从理论的角度出发，探讨和分析了言语中心主义亦即语音中心主义（音位主义），并且对其进行了初步的解构。德里达把语音中心主义分为两种，即：“以语言学和形而上学作为主导模式的音位主义”和“以科学作为主导模式的认识论的音位主义”，并且，他进一步认为，语言学和形而上学的音位主义构成了科学和认识论的音位主义的前提。

### 1. 以语言学和形而上学作为主导的音位主义

在探讨以语言学和形而上学作为主导的音位主义时，德里达回溯了西方哲学史上的言语中心主义传统，以及这一传统内部存在的解构这一传统的某些因素。在此基础上，他分析了本质上以形而上学为基础的索绪尔的语言学或音位主义，解构了他那里的语言学和文字学的关系。

索绪尔继承了形而上学传统关于语言与文字的观点，把言语视为中心，并把文字看成言语的再现亦即能指的能指。在他看来，为了保持和恢

---

① 德里达. 论文字学. 汪堂家，译. 上海：上海译文出版社，2005：5.

② 邓晓芒. 德里达：从语言学转向到文字学转向. http://www.aisixiang.com.

复语言内部系统在概念上的纯洁性，必须驱除作为外在性的人为的文字的污染、威胁、败坏，甚至篡位。为此，他采取了一系列的限定措施。例如，他像柏拉图、亚里士多德一样把文字仅仅定义为表音文字和词句性语言，通过把文字确定为符号系统而把表意文字排除在外；再如，他把语言学的对象严格地限定为“语言”而把文字排斥于语言学的对象之外，他说：“语言有一种独立于文字的口述系统。”① 但是，德里达认为，索绪尔为语言学事先设定界限和前提的做法，亦即把特殊的文字系统作为一般外在性排除在外的做法，不仅没有任何道理，而且也不可能做到。他说：索绪尔试图凭借这些限制把整个文字学加上括号搁置起来“存而不论”，但是，“当索绪尔不再明确地考察文字时，当他以为这一问题已被完全悬置起来时，他也开辟了普通文字学的领域。这样，文字学不仅不再从普通语言学中被排除出去，而且支配着它并且把它纳入自身之内”②。这就是说，不是在别的地方，而是在索绪尔的语言学内部就已经把普通文字学纳入进来了，甚至还使语言学从属于文字学。为什么会是这样呢？

我们知道，索绪尔主张符号的任意性，在他看来，在语言符号中，所指与能指之间的联系是一种任意的“约定俗成”的联系。对此，德里达说，既然每种特定能指与每种特定所指的关系是任意的，那么，所指和能指的顺序之间就没有自然从属关系和自然等级关系。因此他说：“……符号的任意性观点间接地不可避免地否定索绪尔在将文字逐入语言的外部黑暗时所持有的明确主张。”③ 不仅如此，由于在拼音文字以及一般表音文字中实际并不存在自然描述关系，所以，我们也不应接受索绪尔的下述观点：将文字定义为言语的图画，从而定义为自然的记号。由此出发，德里达引出了自己的广义文字。他说：“……由于文字并非言语的‘图画’或‘记号’，它既外在于言语又内在于言语，而这种言语本质上已经成了文字。甚至在与雕刻、版画、绘画或文字联系起来之前，在与能指（这种能指通常又指称由书写符号表示的能指）联系起来之前，书写符号概念就已经包含了人为痕迹的要求，这种要求构成了所有意指系统的共同可能性。”④ 这就是说，在广义上，人为的“痕迹”、线条、图案、雕刻、记号、荒野小径，甚至言语中的表情动作、手势和姿态都是文字，因此，在

① 德里达. 论文字学. 汪堂家，译. 上海：上海译文出版社，2005：41.
② 同①60.
③ 同①61-62.
④ 同①63-64.

某种意义上，言语、语言更是文字的替补。这些任意性以及无目的性痕迹是差异的前提，是原始的起源，它是一种无目的的生存着的痕迹，所以，它的起源意味着无起源。德里达把这种广义的文字（原型文字）称为原始文字。他说：我们之所以将原始文字也称为文字，是因为它本质上与通俗的文字（狭义的文字）概念相通，通俗的文字概念只有通过原始文字隐退“才能历史地规定自身”①。

因此，在索绪尔试图把普通语言学变成科学的企图中，有着一种意图与行为的紧张关系。在他那里，“一个明显的意图不言而喻地证明了文字学的从属地位，证明了历史-形而上学已将文字学归结为服务于原始而充分的言说的工具。但是，另一种行为（不是另一种意图，因为在这里人们是在未说的情况下做了非说不可的事，在未开口的情况下写了非说不可的东西）开辟了普通文字学的未来，语言学-音位学则只是这种文字学的一个附属的专门领域”②。

**2. 以科学作为主导模式的认识论的音位主义**

德里达对于以语言学和形而上学为主导模式的音位主义的分析，说明形而上学语言学的言语中心主义无法排除文字学（普通文字学）。那么，在什么条件下文字学（作为狭义的或普通的文字学）才是可能的呢？在对以科学为主导模式的认识论的音位主义的分析中，德里达试图通过回溯实证科学的文字史来回答这一问题。

德里达说：“只有在了解文字是什么以及这一概念的多义性是如何形成的条件下文字学才是可能的。”③ 在他看来，为了了解文字是什么以及这一概念的多义性是如何形成的，就必须了解文字何时从何处发源；痕迹、一般（原型）文字作为言语和普通文字的共同之根于何时何处缩小了外延而变成了通常意义上的文字；人们在何时何处从一种文字过渡到另外一种文字，即：从广义的文字过渡到狭义的文字，从痕迹过渡到书写符号，从一种书写符号过渡到另外一种系统；如此等等。一句话，就是首先必须弄清广义的文字如何变成了狭义的文字，也就是说，弄清这段历史。文字学的基本概念必定隐含在它的历史之中。

德里达经过考察实证科学的文字史指出，“拼音化运动”是广义文字

---

① 德里达．论文字学．汪堂家，译．上海：上海译文出版社，2005：80.

② 同①40.

③ 同①106.

转变成狭义文字的关键环节，它产生于科学的分门别类的计划之中。实证主义立足于科学和认识论探讨文字的理论，并且要把文字理论变成科学，所以，它的文字史从分门别类的系统计划开始。这些文字类型学中，包含了由语音模式产生的工具主义，它通过“拼音化运动”把广义的文字变成了狭义的文字，并据此创立了实证科学文字理论。在德里达看来，分门别类从而给每门科学划界只是理论抽象的产物，它掩盖了不同学科之间的不同根源的协同性。其实，这种协同性才是文字的本来面貌，它就是广义的文字或原始的文字。因此他说：“我们可以将不同根源的这种协同性称为原始文字。”① 广义的原始文字大大超越了狭义的普通文字的范围，它具有广大的普遍性，它“以复杂而合乎规律的方式与政治权力的分配息息相通，与家庭结构息息相通；资本积累的可能性，政治-行政结构的可能性始终要经过文牍之手。通过差异，发展的不平衡、持久性游戏、延迟游戏、分散游戏等等，各种意识形态的、宗教的、科学技术制度之间、各种文字系统之间的密切联系是牢不可破的”②。

德里达指出，实证科学的文字理论是一种以科学作为主导模式的认识论的音位主义，它归根到底还是建立在以语言学和形而上学为主导模式的音位主义的基础之上的。例如，线性化是实证科学文字理论的基本特征，语言的线性特征需要庸俗的和世俗的时间概念（同质的时间概念），根据海德格尔的说法，这种时间性概念本质上决定着从亚里士多德到黑格尔的所有本体论。因此，德里达说：“对文字的反思和对哲学史的解构不可分割。”③ 然而，他又指出，在实证主义科学的文字史上，我们依然可以看到解构的萌芽。例如，勒鲁瓦·古朗对线性化过程进行了广泛的历史描述，他提出了技巧、艺术、宗教、经济在神话符号中的统一性，在他看来，由于线性文字瓦解着这种统一性，所以“为了重新把握这种统一性，重新把握统一性的另一种结构，我们必须对‘四千年的线性文字’进行清淤”④。所以，德里达指出，一个多世纪以来，我们已经看到在哲学、科学和文学中出现了逐步拆毁线性模式的动乱，“这是史诗般的模式”⑤。

当然，仅仅通过探讨和分析两种理论渊源（“以语言学和形而上学作

① 德里达．论文字学．汪堂家，译．上海：上海译文出版社，2005：137.
② 同①138.
③ 同①126.
④ 同①126.
⑤ 同①128.

为主导模式的音位主义”和“以科学作为主导模式的认识论的音位主义”）还不足以创立德里达的广义的文字学，“文字学，这种思想仍然被禁锢于在场之中”①。因此，德里达说：“创立文字科学或文字哲学是一项必要而艰巨的任务。但是，关于痕迹、分延或延迟的思想，在达到这些界限并且不断重复这些界限之后，必须超越认识的领域。”② 为此，他分析了一些典型事件。

## 四、一个典型事件

德里达所选择的“典型事件”主要是“卢梭事件”。他之所以选择卢梭，是因为他认为卢梭是17世纪把绝对在场规定成自我显现和主体性的伟大理性主义时代的创始人物，“他以另外一种显现模式重复了柏拉图主义的方式”③，并且卢梭的思想里面包含了明确的自我解构。所以他说：“如果形而上学的历史是将存在确定为在场的历史，如果它的冒险与逻各斯中心主义的冒险合而为一，如果它完全成了痕迹的还原，那么，我们认为，卢梭的著作在柏拉图《斐德罗篇》和黑格尔的《哲学全书》之间似乎占有独一无二的地位。”④ 此外，他的“典型事件”也包含了“列维-斯特劳斯事件”。不过，为了集中，我们这里只分析“卢梭事件”。

### 1. 语言与文字

作为一个言语中心主义哲学家，卢梭高度赞扬活生生的言语，“……指责文字是在场的毁灭和言语的疾病”⑤，但是，为了获得言语所丧失的东西他又恢复了文字的地位。“……在努力重建在场时，他既要维持文字的功能又要取消文字的资格”⑥。这是一种奇特的并且十分重要的统一性。正是这种奇特的并且十分重要的统一性，表明卢梭的思想包含了自我矛盾，它表明在卢梭的言语中心主义思想中潜藏着自我解构。他的这种奇特的并且十分重要的统一性集中包含在他的著作《论语言的起源》之中。根据卢梭的解释，《论语言的起源》本是《论人类不平等的起源和基础》的一个残片，后来在定稿中被删除了。在《论语言的起源》中，卢梭探讨了

① 德里达．论文字学．汪堂家，译．上海：上海译文出版社，2005：139.
② 同①.
③ 同①22.
④ 同①144.
⑤ 同①207.
⑥ 同①207.

语言以及音乐的起源，在探讨之中涉及了文字（狭义文字）的起源，并进一步表达了他的言语中心主义思想，还内在地包含了他的言语中心主义的自我解构。

（1）语言的起源

在《论语言的起源》中，卢梭将语言一分为二，即：言语与语言。其中，言语是一般语言，人都普遍地使用言语；语言（作为狭义的语言）则是千差万别的具体语言，它属于不同的民族和地区。所以，“言语区分了人与动物，语言区分了不同的民族……”①。由于言语也是语言，所以，在广义上，我们说的言语也包含了语言。在他看来，言语作为一般语言，它的诞生只有一般的自然原因，这就是人的自然需要。人的自然需要分为物质和精神两个方面：其中，物质需要是基本的生存需要，它是人的第一自然需要；精神需要是情感的激情需要，它是人的第二自然需要。言语的产生首先依赖第一自然需要或者说“需要”（卢梭常用“需要”来指称第一自然需要或生存需要）。但是，在具体分析到语言的产生时，卢梭认为，语言的起源必须与人的聚合相关，所以，尽管物质需要是人的第一自然需要，但是，人的第一需要作为自然的后果不是使人联合而是使人分离，所以，它不是语言诞生的原因。人的第二需要亦即精神的需要或者说激情促使人联合，它是语言的起源。因此，卢梭说道：自然“需要造就了第一种手语，激情逼出了第一句言语……”②。卢梭认为，在人类和语言的起源问题上，激情更多地出现在气候温暖的地方，所以，人类和语言首先应该诞生于处于温带的南方。不过，南方的人虽然具有激情，但是，仅凭激情还不足以使人聚合。所以卢梭说：“假设地球上四季如春，假设河流、牛羊、草原遍地，假设人类从自然控制中得以解脱，始终处于分散状态，我无法想象他们如何能够摆脱他们的原始自由，摆脱离群索居的田园式的生存——这种生存方式与人的好逸恶劳的自然本性极其相适……”③ 在他看来，南方的气候恶劣（干旱）的地方能使具有激情的人聚合起来，所以，语言最初应该出现于南方的气候恶劣的地方。其中，自然灾害、季节更替以及火和水是使人聚合的重要条件，所以，它们对语言的产生起了重要的作用。卢梭特别提到了“井”的作用。他说：“……在干旱地区，人们只

① 卢梭．论语言的起源．洪涛，译．上海：上海人民出版社，2003：1.

② 同①14.

③ 同①62.

能打水汲井，除了合作掘井，他们别无他途，而且关于井的使用，他们至少要达成一致。温带的社会与语言，必然起源于井边。”[①] 这里，家庭有了最初的交往，男女有了第一次约会，姑娘浣纱小伙饮畜，它多了甜蜜，增了温柔，“在古老的古橡树下，热情的年轻人渐渐失去了野性而变得温柔，为了努力使对方理解，他们学会了表达”[②]。令人愉悦的激情使人开口说话。

（2）文字的起源

德里达说：卢梭的《论语言的起源》探讨的是语言的起源，他羞于谈无聊的文字，所以，他从未完成或发表过文字理论。尽管如此，由于他认为文字的问题有利于理解语言的起源，因此，他还是勉强分析了文字起源的问题。卢梭是在探讨南方语言向北方语言的转移时分析文字的起源的。他说：“人类起源于温带，随后向寒带蔓延。他们在寒带繁衍生息，然后又回到温带。”[③] 正是在人类由温带向寒带蔓延的过程中，南方的语言逐渐转向了北方的语言。卢梭认为，由于地理环境尤其是气候的不同，北方语言产生了完全不同于南方语言的特征。南方语言最初的创造出于情感，情感需要以重音或变音划分，它使南方语言的所有力量都体现在“语调”之上，而单词只包含了意义的一半。因此，南方语言生动、洪亮、抑扬顿挫、富于表情，并且因生动而显得模糊，它本质上是诗人的语言。但在北方，这种正常的语言起源的顺序被颠倒过来。北方气候寒冷，土地贫瘠，北方人必须比南方人勤劳，他们为了生存必须组织起来劳动，他们用不着让别人去感受而只要让别人明白自己的意思。北方人以帮我代替爱我，以明晰性代替主动性，以音节代替重读，以理性代替情感。这种形式上的替代无疑会表现为语言活力的减弱、热情的减弱、生命的减弱、情感的减弱，但它仍然是一种改造、一种形式上的变革。[④] 因此，他们所需要的不是生动而是清晰，他们“以清楚有力的发音来代替情感无法产生的语调”[⑤]。卢梭这样描述语言从南方到北方的演进过程：“语音愈来愈单调，辅音愈来愈多，重音在消失，音量在趋于平缓，它们会被日益复杂的语法组合及新的音节所取代，不过，变化是极其缓慢的。随着需要的增加、人

① 卢梭．论语言的起源．洪涛，译．上海：上海人民出版社，2003：68-69.

② 同①69.

③ 同①51.

④ 同①81.

⑤ 德里达．论文字学．汪堂家，译．上海：上海译文出版社，2005：328.

事的复杂、知识的传播，语言的特性亦在变化：它更精确，更少激情；更观念化，而不是情感化；它诉诸人的理智，而不再诉诸人心。于是，重音逐渐消失，音节愈来愈多；语言愈加精确清晰，但也更迟滞、更低沉、更冷漠。"[①] 卢梭认为，文字就是语言从南方向北方的演进过程的产物。这就是说，北方人的"需要"导致了辅音或音节的划分，文字刚好被插入了语音开始划分音节的地方。因此，音节是语言成为文字的基础，"文字的历史乃是音节的历史"[②]。

（3）语言与文字

卢梭在探讨语言以及文字的起源时表达了自己的言语中心主义。从卢梭关于南方语言到北方语言转移的表述中可以发现，这一语言的转移通过重音向音节的转化实现了语言由生动具体的情感语言向普遍抽象的理性语言的转化，文字的出现恰好是语言在从南方向北方转化的过程中逐步抽象化、普遍化和理性化的自然结果。因此，南方语言和北方语言的关系与语言和文字的关系具有类似意义，并且，卢梭关于南方语言和北方语言相互关系的表述也适用于语言和文字相互关系的表述。在卢梭的探讨中，北方语言是作为南方语言的替补而出现的语言，文字是作为语言的替补而出现的符号语言。在他看来，"当自然作为自我贴近被禁止或打断时，当言语不能支持在场时……我们迫切需要文字来补充语言"[③]。但是，言语是自然的或至少是思想的自然表达，它"用来表示思想的最自然的机制或约定俗成的东西"[④]；文字则不是自然的东西，它仅仅作为"摹写或再现对言语进行补充并与之结合起来"，"它将思想向言语的直接呈现变为表象和想象"[⑤]，它远离了诞生或母体的起源。因此，他坚定地认为，南方语言比北方语言更有生动性和生命力（相比于南方语言，北方语言是死气沉沉的死亡语言），语言则比文字更有生动性和生命力（相比于语言，文字只是毫无生气的符号）。因此，北方语言替补南方语言抹去了南方语言的生动性和生命力，文字替补语言也抹去了语言的生动性和生命力。他说："人们指望文字使语言固定（具有稳定性），但文字恰恰阉割了语言。文字不

① 卢梭．论语言的起源．洪涛，译．上海：上海人民出版社，2003：25.
② 德里达．论文字学．汪堂家，译．上海：上海译文出版社，2005：394.
③ 同②210.
④ 同②210.
⑤ 同②210-211.

仅改变了语言的语词，而且改变了语言的灵魂。”① 文字越是抽象和普遍，它就越是危险，数学文字因其最为普遍因而成了最为危险的文字。德里达敏锐地看到了这一点，他说：“卢梭……将文字视为危险的手段，视为带来威胁的援助”②，认为“它……是在言语确实缺席时为逼言语出场而精心设计的圈套。它是强加给语言的暴力……”③。

卢梭的言语中心主义作为西方哲学传统中的逻各斯中心主义之实质的表现，它也体现在其他众多方面。在《论语言的起源》中，语言（言语）与文字的对立不仅体现了南方（语言）和北方（语言）的对立，也体现了自然与文化以及音乐中的旋律与和声的对立，不仅如此，他还将语言和文字的对立与自由（统治）和不自由（奴役）的对立联系起来，认为“一个民族不可能既维持其自由，又说着这种（无法让集会者听明白的奴役性的——引者）语言”④。言语是自由的最好表达，它与民族统一相连，“文字反映了融为一体的民族分崩离析的过程并且是其奴役的开始”⑤。总之，在南方语言与北方语言、语言与文字、自然与文化、旋律与和声、自由与奴役等一系列的对立中，前者始终处于逻辑和价值的中心地位，后者则因其外在的替补性而始终处于边缘地位，唯其如此，后者成了堕落的根源。卢梭指出：“语言的堕落是社会堕落和政治堕落的征候。”⑥ “文字是不平等的根源。”⑦

**2. 德氏的解构**

在《论文字学》中，德里达对卢梭《论语言的起源》等著作中表述的言语中心主义进行了系统的解构。在他看来，卢梭的言语中心主义中包含了自我解构的因素，也就是说，卢梭的言语中心主义已经内在地包含了回复原型文字的因素。

（1）时间的裂痕

我们曾说，言语中心主义乃至整个逻各斯中心主义都把同质时间作为自己的基础，认为在以言语或逻各斯为中心的不平等的二元对立结构中，中心和边缘之间始终存在着以同质的时间概念为基础的具有明确界限的线

---

① 卢梭．论语言的起源．洪涛，译．上海：上海人民出版社，2003：32.
② 德里达．论文字学．汪堂家，译．上海：上海译文出版社，2005：210.
③ 同②211.
④ 同①133.
⑤ 同②246.
⑥ 同②245.
⑦ 同②433.

性关系。德里达敏锐地发现：为了捍卫言语中心主义，卢梭力图在南方（语言）与北方（语言）因而也力图在语言与文字之间设置线性界限。因此，若要有效地解构卢梭的言语中心主义，必须通过发现卢梭言语中心主义中包含的潜在地否定这一线性界限的因素从而拆除它的这一线性界限。德里达指出："卢梭希望，南方和北方的对立会在不同的语言之间设置自然界限。然而，他所作的描述妨碍我们思考这一界限。这种描述表明，南方/北方是理性的对立，而不是自然的对立，是结构上的对立，而非事实上的对立，是相关性的对立，而非实体性的对立，这种对立在每种语言中标出了参照的轴线。没有语言源于北方或南方，没有语言的现实要素具有绝对位置，它们只有特异的位置。"[①] 所以，卢梭自己也承认，北方和南方的划分是一种相对划分。既然如此，中心和边缘、替补和被替补的关系就是相对的关系，所以德里达认为：不仅北方是南方的替补，南方也是北方的替补；不仅文字是语言的替补，语言也是文字的替补。北方气候寒冷，需要导致了协定的产生，并且替补的是"火"的温暖；南方气候温和，它从情感过渡到需要，并且替补的是"水"的清凉。

这种相互替补表明：卢梭言语中心主义乃至整个形而上学逻各斯中心主义在语言和文字等一系列不平等的二元对立结构之间设置的作为线性界限之基础的直线时间出现了"裂痕"，它使卢梭在南方与北方、语言与文字、自然与文化之间寻找某种"诞生"界限的时候陷入了自相矛盾。例如，卢梭认为，也许存在人人共有的自然语言，由于儿童和上帝意味着自然，所以，人人共有的自然语言乃是"儿童学会说话之前的语言"[②]，或者，它直接就是"圣歌"。但德里达说，"在学会说话之前说话"就是一种矛盾的表达，而圣歌作为纯粹的元音化是没有语言、没有音节的歌曲。根据德里达的意思，正是这里体现了替补游戏。因此，他总结说："如果文化在其源头遭到了破坏，那么就无法辨认出任何直线性的顺序，不管这种顺序是逻辑顺序还是年代顺序。在这种破坏过程中，最初引进的东西已经腐败，因而回到了起源之前的状态……语言、情感、社会既不源于北方也不源于南方。它们是替补运动，通过这种运动依次更替：通过这种运动，语调在发音时遭到了破坏，通过间隔而被推迟……卢梭并未宣布这一点，

---

① 德里达. 论文字学. 汪堂家，译. 上海：上海译文出版社，2005：318.

② 同①361.

但我们看到他对它做了描述。”①

（2）文字的重现

正是在这种相互替补的游戏或直线时间的裂痕中，德里达看到了作为“痕迹”和“分延”的广义的文字或原型的文字。他说：“……所指始终起能指的作用。人们确信文字的派生性影响所有的一般所指，并且始终在影响它们，也就是说，从它参与时就在影响它们。没有所指可以逃脱构成语言的指称对象的游戏，所指最终将陷入能指之手。文字的降临也就是这种游戏的降临。今天，这种游戏已经盛行起来，它抹去了人们认为可以用来支配符号循环的界限，它吸引了所有可靠的所指，削减了所有的要塞、所有监视语言原野的边疆哨所。”② 在这种游戏之中，剩下来的就只是一些不断取消边界并且抹去全部界限的痕迹、分延，文字是痕迹、分延的别名。因此，形而上学的“起源概念或自然概念不过是补充的神话，是通过成为纯粹的附加物而废除替补性的神话。它是抹去痕迹的神话，也就是说，是抹去原始分延的神话，这种分延既非缺席也非在场，既非否定也非肯定。原始的分延是作为结构的替补性”。“这种抹去痕迹的做法从柏拉图经卢梭到黑格尔一直被运用于狭义的文字，我们现在也许能看出这种转换的必然性。”③ 在德里达看来，若是有某种原始的起源，它就是不断取消边界并且抹去全部界限的痕迹或说分延。形而上学的外在存在的在场、“活生生的自我在场一开始就是一种印迹。应该从印迹开始来思考原初的存在……”④。正如邓晓芒在解读德里达时所说，其实一切都是“替补”，而且互相替补：文字是语言的替补，语言也未尝不是文字的替补；而且真正说来，文字从起源上说比口头语言更本原、更原始。当然，这不是从发生学上说的，而是从现象学上说的。⑤ 这就是说，这种起源不是在场的起源，不是时间上的在先，它也不是形而上学的对象。所以，德里达说：“痕迹事实上是一般意义的绝对起源。这无异于说，不存在一般意义的绝对起源。痕迹乃是分延，这种分延展开了显象与意指活动。”⑥ “文字是一般痕迹的代表但不是痕迹本身。痕迹本身并不存在……”⑦

---

① 德里达．论文字学．汪堂家，译．上海：上海译文出版社，2005：390-391.

② 同①8.

③ 同①242.

④ 同①108.

⑤ 邓晓芒．德里达：从语言学转向到文字学转向．http://www.aisixiang.com.

⑥ 同①92.

⑦ 同①242.

因此，对卢梭而言，甚至所有的形而上学文本，都面临着一种矛盾，它们要把文字作为不在场的外在的东西加以排除，但是，“排除工作恰恰是在替补结构内进行的”①。德里达说，在《论语言的起源》中的“论文字”一章的最后几页（对文字及其历史的评价）中，卢梭“指出”了文字的绝对外在性但却“描述”了文字原则对于语言的内在性。在他那里，“思外病”（来自外面而又依恋外面）作为文字的涂抹原则以及它与自身死亡的关系处于活生生的言语的中心。换句话说，“它事实上并不表明卢梭心目中的外在性的内在性，而是把外在性的力量视为内在性的要素：视为言语的要素，所指意义的要素，此时此刻的要素；如上所述，这就意味着人的这种指代性的复制-分化过程构成了活生生的现在，但它没有简单地补充在场，或毋宁说，它是通过补充在场而构成在场。这恰恰自相矛盾。问题涉及原始的替补……尽管它在传统逻辑中完全不能成立。或者说，问题涉及起源的替补；它替补衰弱的起源，但它并非派生的东西；这种替补，正如人们在谈到配件时所说，乃是对原件的替补”②。

随着痕迹、分延或者说广义的文字的重新发现，德里达“文字学”的真正对象便呈现出来，并且，“……形而上学的全部历史被迫走向痕迹的还原”③。

### 3. 替补的逻辑

替补的游戏在德里达解构卢梭言语中心主义的过程中起着十分重要的作用，德里达甚至把自己的替补的游戏提升为替补的逻辑，使它成为继西方哲学传统中的理性的逻辑和海德格尔所说的心灵的逻辑（这种逻辑源自帕斯卡尔）之后的另外一种逻辑。所以，在讨论了德里达如何借助替补的游戏解构了卢梭的言语中心主义之后，我们这里专门讨论一下他的替补的逻辑。

（1）文字与替补

“替补”是德里达探讨和分析卢梭文字起源之时采用的一个关键概念。其实，在德里达那里，“替补”是他解构整个形而上学的逻各斯中心主义的一个关键概念。在形而上学的逻各斯中心主义谱系中，任何不平等的二元对立结构中的后一个因素都是前一个因素的替补。例如，“言语是直观

---

① 德里达．论文字学．汪堂家，译．上海：上海译文出版社，2005：242.

② 同①456.

③ 同①101.

的在场（在者、本体、本质、存在等等的在场）的补充，文字是对活生生的自我呈现的言语的补充，手淫是对所谓的正常性经验的补充，文化是对自然的补充，邪恶是对愚昧的补充，历史是对起源的补充，等等”①。然而尽管如此，德里达依然认为，文字是最典型的补充（替补）。他说：“如果替补是一种必然不确定的过程，那么，文字尤其属于替补，因为它标志着这样一种境地，在那里替补成了替补的替补，成了符号的符号，它取代了已有指称的言语：它替换了句子的恰当地位，替换了由不可替代的主体在此时此地讲出的一次性语句，并且以削弱语言作为报答。它标志着最初的重复地位。”② 因此，“‘替补’这个词是对书写活动的确切定义”③。

（2）替补的含义

何谓替补？形而上学“通过将替补确定为单纯的外在性、确定为纯粹的补充或纯粹的缺席来排除不在场的东西”④。在它那里，“替补既是补充又是替代……”⑤。但是，替补的两层意义有着共同的功能，即：它们都是“外在”并且“消极”的因素。正因如此，替补的两层含义其实无法分开。在卢梭的著作中，替代的两层含义都在发挥作用，它们随时转变，或者交替消逝。德里达认为，相比之下替代更为危险，因为尽管“替代物只能是弥补言语的缺陷和不足”⑥，但是，它想充当在场和表示事物本身。在言语与文字的关系中，“替代物使人忘却了它的替代功能并且被人视为完整的言语”⑦。当然，就其自身来说，替补也是在场。同时，由于替补本身常常也有替补，所以，替补常常构成一个替补链。例如，在卢梭那里，妈妈是一个未知母亲的替补，泰蕾斯是妈妈的替补，如此等等。邓晓芒曾指出：“逻各斯中心主义的一贯做法是先确定一个终极所指（‘绝对存在’等等），然后把能指一层一层地覆盖上去，形成一个固定的等级系统。但由于这个等级链条的无限性，所以每一层能指都只能视为对更深层次的能指的一种‘替补’，而整个过程就是一个以时间为线索的线性地走向最终目的的历史进程。”⑧ 德里达强调：“这一系列替补显出了某种必然性：

① 德里达. 论文字学. 汪堂家，译. 上海：上海译文出版社，2005：242.
② 同①410-411.
③ 同①410.
④ 同①.
⑤ 同①211.
⑥ 同①211.
⑦ 同①211.
⑧ 邓晓芒. 德里达：从语言学转向到文字学转向. http://www.aisixiang.com.

无限系列的替补必然成倍增加替补的中介，这种中介创造了它们所推迟的意义，即事物本身的幻影、直接在场的幻影、原始知觉的幻影。”①

（3）相互的替补

德里达通过消除语言和文字不平等的二元对立结构之间以直线时间为基础的线性界限使文字的单纯替补成为语言和文字的相互替补，并且认为这种相互的替补普遍存在于逻各斯中心主义的一切不平等的二元对立结构之间。在德里达看来，时间直线之所以会出现裂痕，线性界限之所以会被打破，是因为被替补的东西作为在场并不像卢梭等形而上学家所认为的那样是自满自足的东西，它们原本就存在不足因而需要替补。其实，需要替补本身就意味着某种不足。在卢梭那里，自然也有缺陷。例如，儿童像母爱一样具有自然的意义，儿童由于过于弱小无法满足自然向他们提出的要求，所以“童年是缺陷的最初表现”②。教养就是为了替补有缺陷的自然。一切教育体系都是替补的体系。这样一来，就出现了一种倒错，原来被替补的东西却成了需要替补的东西，它使原来替补的东西反倒成了被替补的东西。所以德里达说：“耻辱竟至如此……自然于是成了艺术与社会的替补。”③ 所以，替补的作用是双重的，它是相互替补的。

德里达通过相互替补引申出了解构主义的阅读方式，并用这种阅读方式解构卢梭的言语中心主义。他说，在卢梭的作品中，“替补”一词用得十分灵活，“以致句子的坚定主词始终可以通过使用‘替补’说出多于、少于或不同于他想说的东西”④。这个问题也涉及我们的阅读。“阅读始终必须关注在作者使用的语言模式中他能够支配的东西和他不能支配的东西之间的关系（作者尚不了解这种关系）。这种关系不是明暗强弱的量的分配，而是批判性阅读应该创造的指称结构。”⑤ 解构主义的阅读就是要“创造”这样的指称结构。循着这样的阅读方式我们就会发现卢梭在玩弄涂抹的把戏，通过追溯危险替补的线索，在卢梭著作之外，除了文字、替补以及替补的意义之外别无他物，“绝对的现在、自然、‘真正的母亲’这类语词所表示的对象早被遗忘，它们从来就不存在。文字，作为消失的自

① 德里达．论文字学．汪堂家，译．上海：上海译文出版社，2005：230.

② 同①214.

③ 同①215.

④ 同①231.

⑤ 同①231.

然在场，展开了意义和语言”①。

(4) 替补的逻辑

德里达把相互替补看成替补的游戏，并进一步将其上升为替补的逻辑。他还通过比较替补的逻辑与同一性逻辑之间的差异解释了替补的逻辑。他说，“替补的逻辑”是一种不同于传统哲学之“同一性逻辑”的逻辑。根据同一性逻辑，存在即存在，外在即外在，如此等等。但是，替补的逻辑却认为：外在即内在，他者和欠缺作为代替亏损的增益自我补充，补充某物的东西取代了事物中的欠缺；这种欠缺作为内在的外在，应该早已处于内在之中。德里达在引用了卢梭的一段话后说，卢梭无意中说出的东西就是：“替代早已开始；模仿、艺术的原则早已打破自然的充盈；在成为话语之前，它早已损害了分延中的在场；在自然中，它始终是补充自然欠缺的东西，是替代自然之音的声音。”② 因此，替补的逻辑包含了相互替代、相互补充以及在相互替代和相互补充中的一切痕迹和差异。“这种替补没有意义并且无法直观。”③

既然形而上学的同一性逻辑是一种具有确定意义并且合乎理性的逻辑，而替补的逻辑没有意义并且无法直观，那么，人类理性可以把握同一性逻辑，却无法理解替补性逻辑。因此德里达强调，替补的逻辑对于理性同样是危险的。替补运动不可能存在于传统的同一性逻辑、本体论以及诸如在场与缺席、肯定与否定等等对立甚至辩证法之中，“当然对这种不可能性的表述直到最后关头才逃脱形而上学语言的羁绊”④。

## 第三节 世界之为世界：无根世界

我们曾说，德里达解构主义哲学中有一种解构的建构，因此，在某种意义上说，他也像传统形而上学、康德哲学和海德格尔哲学一样建构了自己的世界。尽管从传统形而上学的世界到海德格尔哲学的世界，世界的客观性和确定性越来越弱，但是，它们的世界都有自己的逻各斯，并且正是这些逻各斯的存在，才为人类之根提供了根据。遗憾的是，在德里达的哲

① 德里达. 论文字学. 汪堂家，译. 上海：上海译文出版社，2005：232.

② 同①316.

③ 同①218.

④ 同①457.

学中，逻各斯成了解构的对象，随着对逻各斯中心主义的解构，他给我们留下了一个无根的世界。

## 一、痕迹的世界

解构主义是一种阅读方式，它与文本以及写作有关，就此而言，德里达的哲学似乎与世界无关，但是，哲学文本从来就是关于世界的文本，所以，解构作为一种阅读方式，也必然会与世界相关。我们可以这样认为，在解构主义之前的哲学的世界理论主要是建构某种世界的理论（尽管它们的建构常常也以解构为基础），德里达解构主义哲学的任务则主要是解构以往哲学所建构的世界理论。但是尽管如此，他在解构中也给我们留下了建构世界的印记。这个印记就是痕迹，或说作为痕迹的广义的原始文字。分延与撒播是这种痕迹或原始文字的两个基本含义（或特征）。

### 1. 分延与撒播

我们曾多次遇到德里达的 différance 这一概念，并且认为它同时包含了时空差异。这个概念在国内被翻译为“分延”（或“延异”“异延”）。其实，这是德里达生造的一个概念，他试图通过这个概念把差异贯彻到底。德里达的这个概念通过改造 différence 一词而来，他用字母“a”代替了 différence 一词中的“e”，从而用 différance 代替了 différence，创造出了一个全新的词 différance。différence 有着多种多样的意义，但有两个源于拉丁文的主要意义，即：差别和延缓。德里达采用 différance 不仅强调了差别的同时性和差别的历时性，而且还通过把“e”变成“a”大大强化了差异的意义。德里达说：différance，“……这是一种标志着两个发音记号、两个元音字母、两种纯粹的文字遗迹的表示差异文字的差别（用 a 代替 e）：它可以用来读、来写，但却不可以用来听”①。

德里达说：“纯粹的痕迹就是分延。”②“没有痕迹就不能设想差别。”③ 为了说明这一观点，德里达使用了“接缝”“间隔”等等词汇。我们曾说，他把时间概念看成逻各斯中心主义的重要概念，认为它与西方传统哲学的主要范畴相互联系构成了西方本体论的历史，并且支配着从亚里士多德的《物理学》到黑格尔的《逻辑学》的全部哲学。传统哲学的一系

---

① Derrida J. Margins of Philosophy. Translated by Alan Bass. Sussex：The Harvester Press，1982：3.

② 德里达. 论文字学. 汪堂家，译. 上海：上海译文出版社，2005：89.

③ 同②80.

列对应的概念例如“自然与文化”“内在与外在”等作为使排除文字成为可能的概念“尤其与‘庸俗的时间概念’息息相关”①。他说：这一时间概念“……不久便与文字的线性化，与线性的言语概念相通。这种线性主义无疑与音位主义紧密联系在一起。它可以将语调提高到让线性文字服从于它的高度。索绪尔的有关‘能指的线性’的全部理论都可以根据这一观点来解释”②。德里达坚决反对这种时间概念，他与形而上学（例如奥古斯丁、康德、柏格森和海德格尔等等）把空间时间化的做法相反，他把时间空间化，从而把时间非线性化，为此，他提出了“接缝”“间隔”等等概念。“接缝”是一个既表示差别又表示结合点的词，“间隔”一词则指空间和时间的结合，它不仅是时间的空间化，同时也是空间的时间化。邓晓芒解释说：“所谓‘间隔’，是时间的连续性结合着的空间的差异性，是在场的缺席、生命中的死亡，但也是充实中的空白，是偶然性、可能性和创造性的前提。”③德里达提出“接缝”“间隔”其实就是想找到一种能够描述体现任意性以及无目的性之痕迹的东西，“现在、过去和未来这些概念……——形而上学的时间概念——无法准确描述痕迹的结构”④。

德里达认为，分延作为一种特殊的差别，不是某种静止的存在状态。它作为一种特殊的差别实际上消除了形而上学关于能指与所指的对应关系，它把能指从所指的束缚中解放了出来，表明没有所指的能指乃流动的意指，意义在意指过程中被创造出来。因此，分延是一种不断生成时空差异（时间延缓和空间差异）从而不断生成意义的动态过程。分延的这一动态过程其实并没有明确的方向，它是一种任意的、无目的性的撒播，就像谷粒漫天撒开、四散而去一样，并且，它是一个无限开放的系统。德里达指出，撒播是充满能量的自我创造运动，它是意义的意义无限的暗示，是从能指到能指的无限指向，它的力量是某种纯粹无限的暧昧性，并且“这种暧昧性不给所指意义留下任何缓冲和歇息的可能……”⑤。

同样，痕迹作为分延，也不是某种静止的东西或者状态，而是一种动态的撒播。我们若把原始文字、原始痕迹甚至分延看成某种东西、某种状态或者某种意义那就错了，那就要重新陷入“在场”的圈套，重新陷入在

---

① 德里达．论文字学．汪堂家，译．上海：上海译文出版社，2005：102.

② 同①102-103.

③ 邓晓芒．德里达：从语言学转向到文字学转向．http://www.aisixiang.com.

④ 同①95.

⑤ 同①41.

场的形而上学。“différance 决不能提供在场。”[①] 正是因为如此，德里达说：“事实上并不存在无目的的痕迹：痕迹是它自身无目的的无限生成过程。”[②] 并且，痕迹作为无目的的生成过程不能被理解为一种状态，而应该将其理解为一种活动，也就是说，理解成一种不断生成差别的活动。其实，它就是一种撒播活动，它在撒播中把逻各斯中心主义的封闭系统变成开放系统。德里达强调，痕迹的运动是隐秘的，“它将自身变成自我遮蔽”，“当它物如此显示自身时，它却在自我的隐蔽中呈现出来”[③]。当然，这种隐秘的痕迹运动却不是神秘的运动。

德里达生造 différance 这个词，以及提出撒播这一概念，都是为了找到一种解构的策略。他在谈到分延时说，“按照字面来看，différance 既非一个词也非一个概念”[④]，但是，它是一种策略。它通过一个沉默的标记、一个缄默的遗迹，甚至一个金字塔提供出来……因此，这个差异的 a 是听不到的。它小心翼翼地、静谧地沉默着，就像一个墓穴。正因如此，德里达说：“différance 是潜存于文本中的散漫力量。”[⑤] 然而，德里达的解构策略也正是他的解构给人们留下的东西，它是德里达所主张的文本的特征，更是他所提出的痕迹、原始文字的标志。这些标志既体现在哲学的文本之中，也体现在哲学文本所表达的世界之中。

**2. 写作与阅读**

我们先从文本的角度分析德里达所理解的哲学文本所展示的内容。在他看来，哲学文本并非关于逻各斯的确定真理，它同样具有分延和撒播的特征。文本之外别无他物，任何对象只有通过文本才有意义，但是，文本本身并无意义，它仅仅是意义的载体，因此，文本只是一个不断生成意义的东西。它是一种充满差别的字符通过撒播式的流动编制出来的网络，在这个网络中，没有任何结构、基础、本质或中心。在哲学的文本中，一切区分和对立都被解构，文本的作者亦即哲学家所做出的真理与谬误的对立、逻辑与修辞的对立、语音与文字的对立等等，最终都会被写作和阅读所解构。

---

① Derrida J. Margins of Philosophy. Translated by Alan Bass. Sussex: The Harvester Press, 1982: 6.

② 德里达. 论文字学. 汪堂家，译. 上海：上海译文出版社，2005：65.

③ 同②64.

④ 同①3.

⑤ 同②译者序.

当然，文本与写作和阅读不可分割，文本其实正是写作与阅读编织的符号织体。德里达指出，在形而上学中，真理或者说逻各斯处于优先地位，“阅读与写作、符号的创造与解释、作为符号织体的一般文本处于次要地位”①。而在他自己看来，情形正好相反。写作与阅读以及它们所编织的符号织体才真正具有优先的地位。德里达强调写作与阅读以及它们所编织的符号织体的优先地位正是为了强调意义之分延和撒播的优先地位。因此，写作不是某种关于真理的逻辑阐述，阅读也不是某种读者对于作者意义的正确把握。写作就是字符的流动，它是一个不以作者的意愿为转移的消解一切对立和区别的流动的过程。字符不等于（狭义的）文字，它兼有语音和文字的性质，它是“能指”符号但却没有对应的“所指”。真正的语言就是那些书写的字符，语言具有自主性和独立性，字符则是语言的自主形式。字符的特征在于独立地存在于空间之中，它是印在纸上的物质存在，它的意义不仅不依赖读者，甚至也不依赖作者。“当作者要用字符来否定文字的作用时，字符却肯定了自身；当作者要用字符做出区别时，字符却显示出混同的意义；当作者要把字符限定在逻辑的范围时，字符却在逻辑以外的领域创造出隐喻。”②

语言、文本之分延和撒播的特征使得同一概念在不同语言链中具有不同的含义，它与组成这些语言链的其他要素交织在一起。在要素之中或者在系统之内，没有任何纯粹在场的东西或者不在场的东西，只有差异、痕迹以及痕迹的痕迹遍布各处。这样一来，结构主义那里静止的、有内在中心的文本就转换成了动态的、没有中心的一些元素或要素，它们的意义存在于这些元素或要素与理解者的语言所组成的新的结构中，因而是无限开放的。因此，收信人“死了”，理解权威“死了”，文本四处飘零，无家可归。德里达就这样彻底解构了形而上学的哲学文本，附带地也解构了形而上学哲学文本所建构的世界，他的解构给我们留下了意义之分延和撒播的一路痕迹、印记。

**3. 文字与痕迹**

我们再从原始文字的角度来分析德里达的解构留给我们的世界。我们曾说，德里达提出了一种广义的原始文字，并且从现象学上说，它比语言、狭义文字、文化、社会都更原始。在他看来，这种文字就是体现

① 德里达. 论文字学. 汪堂家，译. 上海：上海译文出版社，2005：19.

② 赵敦华. 现代西方哲学新编. 北京：北京大学出版社，2001：272.

差别、任意性以及无目的性的痕迹。他说，文字"……这种痕迹是最初的一般外在性的开端，是生与死、内在与外在的神秘关系，即间隔"①。那么，德里达为什么要把体现了差别、任意性以及无目的性的痕迹称为文字呢？他的重点不在文字上面，而在差别上面。西方传统哲学之所以把（狭义的）文字看成危险的外在性的替补，就是在于他们认为这种文字充满了差异，毫无确定性可言。然而，德里达正是在此特征中发现了它与痕迹的共同点，所以，他也把痕迹称为（广义的）文字。他说："如果我们坚持将这种差别称为文字，那是因为，在历史压抑活动中，文字凭其地位注定要代表最难以消除的差别。它从最近处威胁着活生生的言语渴求，它从本质上并且从一开始就破坏活生生的言语。"② 当然，德里达有时也会强调痕迹与广义文字的某种区别，但从总体来看，他基本上还是倾向于把它们等同起来。

文本的写作和阅读给我们留下了一路痕迹、遗迹，原始文字也是一种痕迹、印记，其实，它们都是同样的痕迹、印记，它们都以分延、撒播为特征。不仅如此，那种以分延、撒播为特征的痕迹、印记由于自身并无意义，它们实际上就是分延、撒播自身。德里达只想解构西方形而上学乃至整个哲学传统，以及包含了形而上学乃至整个哲学传统中的世界内容，他并不想正面去建构什么东西。但是，他的解构的确给我们留下了那种体现任意性以及无目的性（撒播着）的分延的原始痕迹亦即原始文字，我们可以将其当作（从客观结果上说）他关于世界的新的解释。当然，作为痕迹、分延、撒播，原始文字自身并无意义，所以，它既非自然的东西也非文化的东西，既非物理的东西也非心理的东西，既非生物的东西也非具有灵性的东西。正如德里达解释"分延"时认为的那样，他说 différance 不是任何形式中的在场也不是任何形式的不在场，它不存在，既不是神学上的存在也不是非神学上的存在，总之，它不是任何东西。然而，正是这种与现实中的所指没有自然依附关系的痕迹或原始文字，却是潜藏在所有在场的东西甚至不在场的东西中的原始起源，我们"在未涉'自然'时，痕迹的无目的性就已形成"。"在者的领域在被确定为在场的领域之前是按痕迹的各种可能性——遗传的可能性和结构的可能性——构造出来的。它物的如此呈现，即它物的'如此'

① 德里达. 论文字学. 汪堂家，译. 上海：上海译文出版社，2005：101.

② 同①80.

隐蔽，早已开始，任何在者的结构都不能脱离它。”① 正是在这种痕迹和印记的特殊领域之中，正是在这种既不属于现实世界，也不属于另一个无声无光并且不存在于时空中的世界的活的经验的时间化的过程之中，各种因素之间的差别表现出来。若是没有痕迹，“差别就不可能发挥作用，意义就不可能产生”②，它们自身不是意义，但是它们却在不停地产生意义。所以曼宁指出：“对于德里达来说，意义通过语言学的差异的游戏而出现……一个词的意义通过它与其他的词的差异而出现。”③“意义是分延的产物。”④ 因此，我们必须先于在者以及诸如自然与约定等等的对立之前去设想痕迹。当然，“这种原始文字不可能并且从未被视为科学的对象……它是不可能还原为在场形式的那种东西”⑤。其实，形而上学只是一种理想，痕迹才是现实。

需要再次强调的是，在德里达那里，痕迹（广义的文字）既然不是在场，并且也不是不在场，那么，它作为原始的起源就不同于形而上学所说的那种时间上的在场的起源。所以他说：“如果一切都从痕迹开始，那么，首先就不存在原始的痕迹。”⑥ 为了使痕迹概念摆脱传统模式，我们只有通过非起源，亦即通过痕迹才能形成痕迹，痕迹既是起源的消失，也意味着起源并未消失。它的原始性是现象学意义上的原始性。

## 二、无根的世界

如果我们把德里达的解构所遗留下的原始文字、痕迹看成在他那里无意识地遗留下的世界的话，那么，他的这种世界就是一种无根的世界，人类若以这种世界为根，人类也将会成为无根的人类。旧形而上学把世界看成外在世界，认为外在世界的本质就是客观的逻各斯，它既是世界的根，也是人类之根；康德哲学把世界看成内在世界，认为内在世界的本质就是主观的逻各斯（人类的“立法之法”），它既是世界的根，也是人类的根；海德格尔则把世界看成生存世界，认为生存世界的本质就是语言的逻各斯（神的尺度），它既是世界之根，也是人类之根。我们发现，尽管旧形而上

---

① 德里达．论文字学．汪堂家，译．上海：上海译文出版社，2005：65.

② 同①89.

③ Robert J S. Manning. Opennings：Derrida，Defferance，and the Production of Justice. Philosophy Today，Fall 1996：406.

④ 同③405.

⑤ 同①80.

⑥ 同①87-88.

学、康德哲学和海德格尔哲学提出了不同但有逻辑延续关系的世界本质作为世界之根和人类之根，但是，它们的世界本质以及人类之根的思想却有着明显的共同之处，即：它们都提出了一种在场因而十分确定的世界，并且肯定了自己的世界具有明确的本质，认为这种本质就是世界之根以及人类之根。然而，德里达遗留给我们的世界却与它们的世界根本不同，他遗留给我们的世界是潜藏在在场和不在场之中的原始痕迹（原始文字），它们不断地创造意义但自身却没有意义，它们不是任何在场的东西或不在场的东西，因而它们没有中心、没有本质，也没有任何意义上的确定性，它们只是撒播着的分延或分延的撒播。既然德里达的痕迹世界（原始文字）作为撒播着的分延或分延的撒播仅仅是一种没有意义、没有中心、没有本质，因而没有任何确定性的痕迹，那么，他的世界只能是一种无根世界。若说旧形而上学、康德哲学和海德格尔哲学乃至解构主义以前的或多或少涉及了存在论的哲学都为世界提供了某种本质并为人类提供了某种人类之根的话，那么，德里达的解构主义哲学则将世界之根连根拔去，并且附带地也将人类之根连根拔去。

## 第四节　哲学之为哲学：解构哲学

哲学，特别是作为世界观的哲学，通常都是有根世界的哲学。现在，德里达已把世界之根连根拔去，世界已经成了无根的世界。那么，无根的世界还需要哲学吗？若需要，它还是原来意义上的哲学吗？也就是说，若需要，那么，对于德里达来说，哲学之为哲学究竟是什么？德里达对于哲学究竟是什么有着自己的独特理解。

### 一、哲学又遇终极

西方哲学史上关于“哲学终极”的说法一直不绝于耳，在结构主义和解构主义中，也有不少哲学家重新提出了哲学的终结问题。像他们一样，德里达也面临着哲学的终极问题，他想传达哲学的终极，但又力图避嫌，正是在这种“传达”和“避嫌”之中，他表达了自己的哲学观点。

在上一篇中，我们曾经谈到海德格尔的哲学态度，他也谈到哲学的终极问题，试图用“思”来代替传统的哲学。不仅海德格尔如此，很多结构主义和解构主义哲学家也是如此。例如，列维-斯特劳斯受的是哲学训练，但是，他却不想做哲学家。再如，福柯、阿尔托、巴塔耶也认为哲学已经达到某种极限，它应该转到别的东西上去，他们怀疑哲学，并且质疑人道主义的遗产。“当时，更经常地以追求非哲学或超哲学的方式出现的结构主义思想凯旋高歌，它宣布哲学已经终极，或者至少是哲学姿态不再是一种必要的姿态。”① 不过，德里达的观点却有所保留，作为解构主义哲学的创立者，他却并不赞同哲学已经终极的说法。他在谈及 20 世纪 60 年代他出版三部主要作品时的哲学氛围时说：“……当时人们谈得最多的是哲学的局限，有时甚至是哲学的‘终极’或‘死亡’。就我个人而言，那时我虽然对于形而上学的关闭充满兴趣，但我不赞成哲学已经完结的说法。”“那个时候，我所尝试要做的是，在分享其中许多诠释的同时，与所有这些思想拉开距离。”②

但是，德里达也不愿意重蹈以往哲学的覆辙，他说：“我尝试在关闭和终极之间寻找某种道路。”③ 什么是他所尝试的在关闭和终极中间的某种道路呢？这就是他在质疑结构主义基础上走出的所谓“后结构主义”或“解构主义”之路。他所谓的“后结构主义”或“解构主义”表明了他对哲学的态度。他的哲学态度就是从传统哲学的内部去解构、瓦解和超越传统的哲学，但却不去否定传统的哲学。他说：哲学“有一种特殊性和一种使命，它有一种与众不同的雄心，即成为放诸四海皆准的东西……但我也相信如是的哲学并非全部思想，非哲学的思想，超出了哲学的思想是可能存在的”④。他自己就处在解构哲学而又不去否定它的困难之中。其实，德里达所要求的就是用一种超越传统哲学的方式思考传统哲学，这种思考方式就是“解构”，它意味着质疑但却不是反对，就像质疑人、人性、理性并非就是主张非人、非人性、非理性一样。由此出发，他说：“解构，从某种角度说正是哲学的某种非哲学思想。”⑤ 因此，他采用传统的文本但又超出传统文本，他说书本的终极但却又去拯救书本。

## 二、新的哲学的试探

尽管德里达创立了一门文字学，但是，他的哲学的重点还是在于解

① 德里达．书写与差异．张宁，译．北京：三联书店，2001：访谈代序．
② 同①．
③ 同①．
④ 同①．
⑤ 同①．

构，文字仅仅是他的解构在客观上遗留下来的一路痕迹。他的哲学就是解构主义哲学。但是，解构只是一种对于形而上学哲学乃至一切传统哲学的文本结构（以及它们所建构的世界结构）的一路向前的义无反顾、所向披靡的拆毁，由于它仅仅是拆毁，所以，它没有明确的终极目的，也没有需要走向的目的地，并且，解构作为一种在既定的文化、历史、政治情景下的姿态，它总是在随机应变之中。因此，德里达坚持说，并不存在一般的解构，解构不是一种理论，甚至不是一种方法，它仅仅是具体情景中的一种姿态或策略。就此而言，“解构”作为哲学，应是“哲学的某种非哲学思想”。所以，我们应从“是又不是”的角度把“解构”看成一种按照传统哲学的定义来说既是哲学但又不是哲学的“哲学”。

“解构”本身就是一种拆毁或清淤的行为，它拆毁传统哲学的结构，清除传统哲学的淤积，揭示传统哲学的神学或隐喻本质，指出传统哲学的理想特征，最后给人们留下了作为现象学意义上的原始真相——作为广义文字的一路痕迹。在解构的拆毁和清淤的过程之中，我们发现：它的一面是传统哲学，由于解构只是在传统哲学内部的解构，所以，解构在解构传统哲学的时候还在利用传统哲学；它的另外一面是原始文字，这是解构留下的一路痕迹。这一情况表明：解构既立足于传统哲学又超越了传统哲学，或许正因如此，解构哲学才是“是又不是”（是传统又不是传统，是新的文字学又不是新的文字学）的哲学。对于如是理解的哲学，它也能有自己的对象、方法以及知识形态吗？按照他的哲学的“是又不是”的思路，我们的适当的回答或许是“有又没有”。它们在有又没有之间滑动，也就是说，它们滑动在有对象、方法以及知识形态又没有对象、方法以及知识形态之间，并且，这种在是又不是、有又没有之间的滑动正好表明它们滑动在传统与超越传统之间。

从对象上说，德里达的解构主义哲学的解构左拥传统哲学，右拥原始文字，所以，尽管解构本身作为一种具体情景中的姿态或策略并不构成德里达的哲学的研究对象，但是，它却“是又不是”地既拥有传统哲学这一对象又拥有原始文字这一对象。他的哲学的对象在传统与超越传统之间。就传统说，传统哲学的文本既是他要拆毁或清淤的对象也是他要利用的对象，正如他自己所说，“我们没有对这种历史全然陌生的语言——任何句法和词汇；因为一切我们所表述的瓦解性命题都应当已经滑入了它们所要质疑的形式、逻辑及不言明的命题当中”[①]。就广义文字学说，原始的文字是真实的有的痕迹但又是无法寻觅的痕迹，它又仿佛是无。德里达的解构在拆毁旧的结构置换旧的概念时又嫁接或植入了新的东西，确实给我们留下了原始的文字，但是，这些原始的文字只是难以寻觅的痕迹，它们既非在场，也非不在场。因此，德里达的哲学处于既有对象又没有对象之间。

从方法上说，德里达解构主义哲学的解构“左拥传统哲学、右拥原始文字”的情景正是他的解构主义的方法使然。德里达的解构不是一种方法（德里达本人这样认为），这是因为从传统哲学的角度看它不是一种正统的方法；但它又是一种方法，因为德里达实际上正在应用这种方法。这种“是又不是”的情形正好表明他的方法在传统和超越传统之间，并且造成了他的哲学在对象上“左拥传统哲学、右拥原始文字”情景。德里达对斯特劳斯的“批评性的阅读方式”的解读可以看成是他对自己的方法论的最好诠释。在他看来，斯特劳斯是一个传统意义上的哲学家，他依然追求在场、怀念本源、追思上古的自然纯真，但是，他却“比别人更好地使重复的游戏与游戏的重复显现了”[②]。斯特劳斯实际采用了一种新的批评方式，即：强调保存所有旧的概念并且不时地揭示它们的局限性，“把它们当作依旧能使用的工具”[③]。这就是说，他在批判对象的真值（本体论意义）的同时却又“将那种他批判了其真值的东西当作工具保存下来”[④]，“……要是其他工具更为适合的话，它们将会随时遭到抛弃。与此同时，其相对的效力继续被开发并被用来拆毁它们作为零件所从事的那部老机器”[⑤]。

斯特劳斯在《野性的思维》中提出的“打零工”的方法是他的新的批评方式的具体的体现。在他看来，打零工的人与工程师正好相反：工程师总是事先胸有成竹，他的工具是为了专门目的的专门设计，因此，工程师就是那些“自创其自己的语言、句法、词汇整体”的人；打零工的人“所寻求的是他手边现成的可用工具，而且这些工具并非根据特殊的操作功能、为了适应什么而设计，必要的时候，他也会毫不犹豫地对工具加以改

① 德里达. 书写与差异. 张宁，译，北京：三联书店，2001：506.
② 同①523.
③ 同①511.
④ 同①512.
⑤ 同①511.

动，一次尝试几把，哪怕它们来源和形式各异”①，其实，打零工的人就是那些“不求人”的人。传统哲学家在方法论上就是工程师，他们所采用的话语与工程师一样是为认识对象和追求真理而设计出来的逻辑语言；而人类学家则是打零工的人，他们所用的话语是临时拼凑的话语，他们将无数断编残简加以拼凑以便发现新的意义。工程师把自己当成了自己话语的绝对来源，他无中生有地成了语言的创造者，因此，工程师的观念就是一种神话。德里达进一步发展了斯特劳斯打零工的思想，在他那里，不仅是人类学而且是一切人文科学都需要打零工的方式，任何一种知识、一切话语都受打零工方式的制约。

从知识形态上说，德里达解构主义哲学的解构“左拥传统哲学、右拥原始文字”的情景使它似乎既有传统哲学的知识形态又有广义文字学的知识形态，但是，它又好像既没有传统哲学的知识形态又没有广义文字学的知识形态。因此，他的哲学的知识形态也处在传统和超越传统之间。就传统而言，德里达哲学不可能具有传统哲学的知识形态，在他看来，传统哲学，尤其是传统形而上学的文本是一种放弃了“现实分析”的“理想分析”，正是这种理想分析才给了它一种信心去创立在场的哲学对象，以及以在场的哲学对象为真值对象的哲学方法和哲学知识形态，因此，传统哲学，尤其是传统形而上学作为理想分析，其所说的绝对在场、最初起源等等不过是一种神话或隐喻，它们的关于真理的知识形态（哲学文本）其实也是一种神话或隐喻。因此，德里达不可能再去建构这样的知识形态。但是，德里达又不能不用传统哲学的真理或逻辑去说话，他说：“……如果他连真理或逻辑都不相信的话，为什么我们要相信他？他怎么能够在说逻辑有局限的同时要求我们跟随他的论证逻辑呢？”② 尽管德里达感叹“困难就在这里，文本的难度也就在此”③，但是，他还是要在一定的程度上用传统的真理或逻辑说出他想说的东西。就文字学而言，他的哲学难以具有广义文字学的知识形态，因为广义的原始文字只是他的解构遗留下来的无法寻觅的一路痕迹，从逻辑上说，他难以针对这些无法寻觅的痕迹去建构一种确定性的知识形态。同样，广义的原始文字毕竟在他的解构中被遗留了下来，而且，德里达也把自己的关于广义的原始文字（痕迹）的学说

① 德里达．书写与差异．张宁，译，北京：三联书店，2001：512.

② 同①访谈代序.

③ 同①访谈代序.

称为“文字学”，在此意义上说，他的哲学也具有一种广义文字学的知识形态。

## 三、哲学与文学

其实，德里达哲学之“是又不是”“有又没有”的特征可以与德里达对于哲学文本的阅读方式的理解密切相关。“是又不是”“有又没有”滑动于传统与超越传统之间。在德里达那里，这种“之间”的滑动也是哲学的科学阅读方式与哲学的文学阅读方式之间的滑动。

### 1. 哲学：与科学结盟还是与文学结盟

我们曾说，在西方哲学史上，形而上学把哲学看成类似并且高于自然科学的科学。哲学因自己和科学一样崇尚客观、崇尚确定、崇尚真理、崇尚理性而把科学看成自己的同盟军，哲学乐意与科学结盟。在哲学看来，文学远离科学甚至颠覆科学，它允许作者的主观虚构和任意所为，它是通过想象、非逻辑的虚构塑造人物和捏造情节的学科，它的言语注重修辞、充满隐喻、指东言西、指桑骂槐，它的描述可以虚无缥缈，它的结论则能出乎意料。文学因其与形而上学所崇尚的价值背道而驰，所以，它在西方哲学史上成了形而上学拒斥的对象。在西方哲学史上，哲学家一直把文学看成真理的宿敌。根据第欧根尼·拉尔修的《毕达哥拉斯》记载，毕达哥拉斯曾梦见诗人荷马和赫西俄德因编造“谎言”在冥界遭遇劫难：前者被吊在一棵周围黑森森地盘满了毒蛇的树上，后者则被绑在一根青铜柱上遭受炮烙酷刑。柏拉图则更为明确地把哲学与诗对立起来，在他的理想国中，哲学家是最高贵的人，诗人则是一些不务正业、伤风败俗的人，他们的诗的模仿不过是某种远离真理的捕风捉影。即使是专门写了《诗学》并认为诗能够描写“普遍性”的亚里士多德，也还认为哲学自身的哲学意味远非诗歌能比，说到荷马，他说荷马的本事无非是能把谎话说得更圆。巴雷特说：“如果一个希腊青年觉得他自己既有诗的又有理论的禀赋，因而想要选择其中一个作为职业，那他就会想要知道哪一个是较好的生活，而柏拉图和亚里士多德就会毫不犹豫地回答说：理论生活高于艺术家的生活或政治实践家的生活……”① 古希腊哲学，尤其是柏拉图确立的哲学与文学的对立，哲学家与诗人的对立，以及哲学表象真理、文学胡说八道的判定在西方哲学史上影响深远。

---

① 巴雷特. 非理性的人. 段德智，译. 上海：上海译文出版社，1992：91.

哲学与科学结盟并且拒斥文学的观点是西方传统哲学的主流观点，但是，随着后来的反形而上学，特别是反理性的潮流的出现，西方传统哲学的这种主流观点不断地遭遇到挑战，这一挑战的一个重要表现就是有些哲学家开始逐渐远离理性、科学并且逐渐走向非理性、文学，他们试图把哲学与科学的结盟变为哲学与文学的结盟。尼采作为诗人哲学家登上哲学舞台并且产生了巨大影响，他使后人看到了哲学远离理性的真理而走向艺术的曙光。到了 20 世纪，这一曙光开始逐渐普照人间，萨特、海德格尔、罗蒂都从哲学的眼光出发崇尚文学的价值。罗蒂指出，文学家并不比哲学家以及科学家更缺乏对于真理的爱，他提出让小说家和诗人起来取代哲学家和牧师。正是在这种背景之下，德里达进一步探讨了哲学与文学的联系，在他看来，哲学根本不是什么科学（真理），它归根到底像文学一样只是一种虚构（隐喻），因此，我们不要从科学的角度去阅读哲学，而要从文学的角度去阅读哲学。这就是说，哲学作为新的哲学，它本质上应是一种文学化的哲学。他在 1971 年的《诗学》杂志上刊登的论文《白色的神话：哲学文本中的隐喻》具体表述了这一思想。

**2. 从白色的神话看哲学的定位**

隐喻是德里达分析问题的入口。亚里士多德曾在他的《诗学》中给“隐喻”下了一个定义，即：“用一个表示某物的词借喻他物……”① 尽管亚里士多德这一隐喻定义今天看来过于宽泛，但是，德里达依然对其做了高度的评价，认为它是关于隐喻的哲学命题。海伦·普罗瑟认为，哲学家们广泛承认自然语言中包含了隐喻，但是，在隐喻与语言和思想的关系方面，他们却存在着争论。“有一些人相信隐喻不是基本的。”② 例如，弗雷格和戴维森就持有这样的观点。有些人则不同，他们“相信隐喻对所有的语言交流来说都是基础。德里达就是其中之一，他相信语言起作用仅仅是由于基本的隐喻机制：大致地说，我们每次用一个词表达一个概念都是一种隐喻性的操作……从这个观点出发，隐喻现象是语言因而也是思想的本质，因为所有文字陈述都依靠隐喻性的操作”③。因此，在他看来，隐喻不像人们通常所理解的那么简单，它象征着整个诗话语言，它不仅仅是单纯的修辞手段，而且具有十分明确的本体论和认识论意义。从形而上学乃

① 亚里士多德．诗学．陈中海，译注．北京：商务印书馆，1996：149.

② Prosser H. Metaphor and Thought. Philosophy Today，Summer 2000：137.

③ 同②.

至西方文化的传统看来，隐喻是修辞学的研究对象，它只会出现在文学的文本之中，但是，德里达却不这么认为，他认为哲学文本归根到底也是一种隐喻。

在《白色的神话》中，德里达试图论证在哲学中有着明确的隐喻，也就是说，有着明确的文学活动。《白色的神话》围绕法朗士 20 世纪初的小说《伊壁鸠鲁的花园》展开。在《伊壁鸠鲁的花园》中，有一段对话题为“或为形而上学的语言”，它强调这样一种隐喻，即：在每一个哲学的概念之下都有掩盖着的被用竭了的感性图像。德里达一开始就引用了小说中的站在形而上学反面的人物波利斐若对于形而上学辩护人阿利斯托所说的一段话，大意是说：形而上学家们在为自己制造一种形而上学的语言之时，他们很像磨刀的人，把徽章和钱币置于磨刀石上，磨去它们的标记、价值和头像；硬币随着自己的被磨平便从时间和空间的限制中解放出来，它们与不同的头像、不同的国家（例如爱德华国王、威廉皇帝，以及法国、德国等等）已经毫无联系，它们不再等值于 5 个先令，而具有了无限的交换价值。德里达支持这一说法，认为“通过这些穷困的磨刀人的活计，语词从物理义转向了形而上学义”[①]。显然，这一对话的意图在于强调：形而上学家们用抽象的概念遮盖了语词原本具有的感性意义。当然，根据波利斐若的看法，人们依然可以重现硬币上那被磨去的图文，让那被哲学概念掩盖了的最初的东西再次显现，因为尽管语词已被磨平，但是，在它上面，依然留下了丝丝缕缕的遗迹。

德里达指出，当语词的原初意义亦即物理的感性图像被纳入了哲学话语的框架时，它便成了一种隐喻，这种隐喻还会因为语词最初意义的“位移”被忘却而变成文本的本义。所以，“哲学文化总是一种抹杀语词原义的文化”[②]，“哲学乃是一个同时消抹隐喻的隐喻化过程”[③]。然而，尽管哲学本质上是一门深深扎根于隐喻的学科，但是，由于它在隐喻化的过程中消抹了隐喻，所以，它不像文学那样意识到自己的隐喻性，反倒天真地认为自己是真理的学说。其实，这些隐喻就像用白色的墨水书写的隐文一样始终无处不在地构成了哲学话语中的不断涌动的潜在文本。由于这些白色墨水书写的隐文平时并不可见，它们就成了哲学家们用来掩盖自己真实

---

① Derrida J. Margins of Philosophy. Translated by Alan Bass. Sussex：The Harvester Press，1982：209.

② 同①211.

③ 陆扬. 德里达的幽灵. 武汉：武汉大学出版社，2008：237.

的隐喻面目的一种“白色的神话”。

因此，德里达指出，无论是哲学还是文学本质上都是一种符号系统，都是隐喻和修辞的产物，差别仅仅在于，“文学坦率承认它植根于隐喻和修辞，愿意并且能够反思为它所用的各种文体，而哲学虽然说到底同样也是隐喻和修辞的产物，同样要考虑风格和效果”，但是，它“却自以为超越了文本的隐喻结构，是在同一个更为真实的世界直接交往”①。哲学的这一做法最终使它封闭了自己而缺乏文学的那种给人以无限联想的自由开放。在弄清了哲学也是隐喻和修辞的产物之后，我们应该以一种新的方式来理解哲学，即它应该是一种文学化的哲学，也就是说，它应该是一种承认自己的隐喻和修辞本质，从而用一种阅读文学的方式（而不能用阅读科学的方式）来阅读的哲学。这样一来，哲学作为新的哲学便是一种滑动在哲学与文学之间的学科，它的这一滑动意味着它处于传统与超越传统之间。

① 陆扬. 德里达的幽灵. 武汉：武汉大学出版社，2008：235.

# 第三章　逻各斯的消解和人的四处飘零

德里达把世界变成无根的世界的方式就是解构逻各斯中心主义。根据我们在前面三篇中的论述，世界之根就是逻各斯。德里达通过解构逻各斯中心主义消解了西方传统哲学（特别是传统形而上学）的逻各斯，从而使世界成为无根世界。随着世界成为无根世界，人类之根也被连根拔去，人类成了无根的人类，他们在无家可归的状态下四处飘零。

## 第一节　逻各斯的消解

逻各斯的消解指的是逻各斯的彻底瓦解，或说它的不复存在。逻各斯的消解并非一个突如其来的行为，它在西方哲学史上表现为一个渐进的过程，德里达解构主义哲学之所以能彻底消解逻各斯，其实正是这一渐进过程之合乎逻辑的结果。

### 一、逻各斯的弱化

逻各斯的消解作为一个渐进过程，它首先表现为逻各斯意义的弱化，也就是说，逻各斯从一种“不可动摇”的状态越来越走向“可以动摇”的状态。对于西方传统哲学以及它所建构的世界来说，逻各斯的弱化乃至消解是一个惊天动地的事件。

逻各斯的弱化乃至消解之所以对于西方传统哲学以及它所建构的世界来说是一个惊天动地的事件，是因为逻各斯在西方传统哲学以及它所建构的世界中具有举足轻重的地位。正如我们在导言中所说的，哲学的基本问题就是“人应该如何活着”的问题，并且这一问题进一步分解为“人是什么”、“人从哪儿来”以及“人应该到哪儿去”三个哲学命题。其中，最根本的问题是确定“人从哪儿来”，因为人从哪儿来的“哪儿”会作为人类之根决定着人是什么和人应该到哪儿去。因此，对于人从哪儿来之“哪儿”的探讨亦即对于“存在”（世界）特别是它之本质的探讨成了基本的哲学探讨。若是这个“哪儿”出了问题，或者说它根本就不存在，那么，世界以及人类便失去了根，人类根本不知道自己应该到哪儿去，也就是说，人类根本不知道自己应该如何活着。然而不幸的是，西方哲学正是沿着这样的轨迹发展着，在这一轨迹中，首先是逻各斯的逐步弱化。在我们所讨论的西方哲学史上三种有代表性的逻各斯理论中，逻各斯的弱化通过如下发展历程表现出来：从客观逻各斯到主观逻各斯再到神秘逻各斯。

客观逻各斯作为旧形而上学的逻各斯，它是外在世界的“客观性”支撑起来的逻各斯，外在世界的“客观性”保证了外在世界之逻各斯的“确定性”，从而使得这种逻各斯成为一种“不可动摇”的强势逻各斯。外在世界的逻各斯作为一种客观的逻各斯亦即“不可动摇”的强势逻各斯，它是一种“客观”的没有任何例外的普遍性，是一种“必然的”普遍性。主观逻各斯作为康德哲学的逻各斯，它是人的立法之法（通过内在世界）支撑起来的逻各斯，尽管康德试图借用某种先天性来保证内在世界之逻各斯的“确定性”，但是，它的保证力度大大减弱，从而使得这种逻各斯成为一种“可能动摇”的弱势逻各斯。内在世界的逻各斯作为一种主观的逻各斯亦即“可能动摇”的弱势逻各斯，它是一种“主观”的可能有所例外的普遍性，是一种“未必必然”的普遍性。神秘逻各斯作为海德格尔哲学的逻各斯，它是神的尺度支撑起来的逻各斯，神的尺度本身就是一种难以捉摸的“神秘”，所以，它其实难以保证生存世界之逻各斯的“确定性”，在它的保证下，逻各斯已经成为一种“随时可能动摇”的更弱的逻各斯。生存世界的逻各斯作为一种神秘的逻各斯亦即“随时可能动摇”的更弱的逻各斯，它是一种“神秘”的随时可能出现例外的普遍性，或者说，它是一种几乎“没有必然”的普遍性。

由此可见，西方哲学之逻各斯从客观逻各斯到主观逻各斯再到神秘逻各斯的发展历程，是一个逻各斯的“确定性”不断减弱的历程，因而也是一个逻各斯不断弱化的历程。随着逻各斯的不断弱化，逻各斯自身的“可动摇性”不断增强，逻各斯的“普遍性”也不断失去必然性。

## 二、逻各斯的消解

西方哲学之逻各斯的逐渐弱化为德里达的解构主义哲学最终消解逻各斯奠定了基础。其实，纵观西方哲学的发展，在从形而上学到反形而上学的发展轨迹上，逻各斯的最终消解是一种必然趋势。这种必然趋势体现在很多哲学流派之中，尤其是体现在后现代主义和后结构主义的哲学之中，德里达是其中的典型代表。

**1. 逻各斯中心主义的消解**

逻各斯的消解首先应是逻各斯中心主义的消解。德里达解构主义哲学通过解构逻各斯中心主义而解构了逻各斯本身。我们知道，逻各斯中心主义是一种二元对立结构，在这种二元对立结构中，一方处于统治和支配的中心地位，另外一方则处于被统治和被支配的边缘地位，中心是在场，边缘相对于中心而言则是不在场，它是中心、在场的外在性替补。因此，逻各斯中心主义作为二元对立结构是一种“不平等”的二元对立结构，中心和边缘处于统治和被统治、支配和被支配的暴力等级制度之中。解构逻各斯中心主义，就是要在某个选定的时间里“颠覆”逻各斯与逻各斯的外在替补之间的暴力等级关系，指出：逻各斯中心主义的那种固定不变的不平等的二元结构其实并非某种封闭的固定不变的结构，它的“边缘”早已潜藏于“中心”之中，他的“中心”也必然要依赖“边缘”的替补，因此，“中心”并非“中心”，“边缘”也非“边缘”，它们内部包含了差异和分延，“中心”和“边缘”都不能穷尽作者的意图和读者的意图，它应该是一个无限开放的分延着的撒播过程。由于实现解构需要“颠覆”逻各斯的中心地位，所以，德里达的解构的“入口”通常是从逻各斯中心主义之不平等的二元对立结构的被统治和被支配的边缘一方出发，通过发现边缘一方的非同寻常的意义来“颠倒”逻各斯和逻各斯的外在替补之间的暴力等级关系。此外，由于德里达实际上把言语与文字之间的不平等的二元对立关系理解成逻各斯中心主义的实质，所以，他将自己最重要的解构指向了言语与文字之间的不平等的二元对立结构，也就是说，指向了言语中心主义或语音中心主义。

柏拉图是西方哲学中最为典型的形而上学代表，海德格尔甚至认为形而上学就是柏拉图主义。或许正因如此，德里达通过《柏拉图的药》来分析柏拉图《斐德罗篇》中关于文字的观点，以文字为基点解构柏拉图的逻各斯中心主义。《斐德罗篇》除了主要讨论“爱”的问题之外，还在后面讨论了“修辞术”的问题，在讨论中，苏格拉底突然提到了祖上传下来的一个故事，根据德里达的理解，这个故事是一个体现了柏拉图真实思想的把文字看成毒药的故事。这个故事告诉我们：埃及的一个叫作塞乌斯的古神向当时的埃及国王萨姆斯传授自己的发明，包括数字、算术、几何、天文等等，其中还包含了文字。塞乌斯希望萨姆斯进一步把这些技艺传授给所有的埃及人。当国王问到这些技艺的用处时，塞乌斯特别强调了文字的用处，即：它能使埃及人更加聪明，改善他们的记忆。所以，文字是一种“治疗”，它能治疗人的健忘，使人博闻强记。然而，萨姆斯却说，能发明技艺的是一个人，能权衡这些技艺利弊的则是另一个人。塞乌斯作为文字的父亲过分溺爱自己的孩子，从而完全颠倒了文字的功用。在他看来，文字这一塞乌斯发明的“药”只能起到“提醒”的作用，它不仅不能医治健忘，反而会在灵魂中播下健忘，因为文字使人“依赖写下来的东西，不再去努力记忆”①。因此，塞乌斯传授的文字并非智慧，“因为这样一来，他们借助于文字的帮助，可以无师自通地知道许多事情，但在大部分情况下，他们实际上一无所知。他们的心是装满了，但装的不是智慧，而是智慧的赝品”②。柏拉图承认萨姆斯的观点正确，他通过苏格拉底的口推崇活生生的言语并且谴责僵死的文字，指出文字不过是一种像图画一样的影像，它虽然好像是活的，但却没有生气，它能“传到看懂它的人手里，也传到看不懂它的人手里，还传到与它无关的人手里。它不知该如何对好人说话，也不知该如何对坏人说话。如果受到曲解和虐待，它总是要它的作者来救援，自己却无力为自己辩护，也无力保卫自己”③。

《斐德罗篇》看似“偶然地”提到了这个祖先传下来的故事，并且谴责了一种处于“边缘”地位的文字。但是，德里达认为，这种偶然故事中的“边缘”文字却是非同寻常的东西。“药（pharmakon）”是一个关键词语。德里达发现柏拉图在《斐德罗篇》中多次提到“药”这一词语。塞乌斯把文字作为一剂医治记忆的良药传授给埃及国王和埃及人，但萨姆斯却把它解释成为断送记忆能力的毒药。这样一来，“药”就同时具有了双重意义。在苏格拉底和柏拉图那里，岂止《斐德罗篇》谈到了“药”的两重意义！苏格拉底不用作为“药”的文字著述，他的弟子柏拉图却用作为“药”的文字记叙他的老师的语录，并将其作为真理传播的工具；苏格拉底在雅典的狱中所饮之鸩既是促使他死亡的毒药，又是把他的灵魂从肉体的坟墓中解脱出来的良药。非但如此，德里达还进一步从 pharmakon（药）看到了 pharmakeus（魔术师、巫师和囚徒）。pharmakeus 是柏拉图

① 柏拉图．柏拉图全集：第2卷．王晓朝，译．北京：人民出版社，2003：197.
② 同①197-198.
③ 同①198-199.

对话中对苏格拉底和其他人的一些称谓。苏格拉底擅长神出鬼没、迂回曲折的雄辩术，但也被视为巫术。因此，对于对话者来说，苏格拉底是一位魔术师；在陌生的城市中，苏格拉底被人当成巫师；在雅典的城邦中，苏格拉底因被当成了蛊惑青年的巫师而被捕入狱成了囚徒。其实，雄辩术在苏格拉底那里就是一种哲学方法。总之，“药”是差异的策源地，它在促成概念内部的二元对立的同时又使它们相互颠倒、进入对方。因此，“药”作为文字纠缠在一条意指链之中，这条意指链似乎有着系统的游戏，它表达的不只是柏拉图这一作者的意向，“……主要不是某人打算说些什么，而是通过语言游戏，在这个词的多重功能和文化的多重层面之间，确立了意义传达的不同模式”①。因此，“试图重建 pharmakon 意指链的全部场景实无可能”②。扩而言之，形而上学家们把涉及逻各斯中心主义的哲学（真理、知识）看成最为有效的良药（解毒剂），但是，正是在形而上学的文本之中，文字（药）成为一种颠覆和拆毁的内部力量，它使形而上学家们言之凿凿的真理体系矛盾丛生，它表明那种有限的文字符号承载的逻各斯中心主义的哲学体系远远不能穷尽经验世界的真相。

经过德里达解构主义的努力，特别是通过德里达对于言语与文字之不平等的二元对立结构的解构，逻各斯中心主义被消解了。

**2. 逻各斯自身的随之消解**

从旧形而上学到康德哲学再到海德格尔哲学，尽管逻各斯的客观性不断动摇，逻各斯的意义不断弱化，并且尽管随着逻各斯客观性的动摇和逻各斯意义的弱化，逻各斯自身确实存在走向消解的趋势和可能，但是，逻各斯作为逻各斯（在场的东西）始终明白无误地存在着，不仅如此，逻各斯作为在场的逻各斯在他们的哲学以及他们哲学所建构的世界之中始终处于中心地位，它们不仅是世界之根，也是人类之根。而在德里达这里，随着逻各斯中心主义的消解，逻各斯也消解了。

逻各斯之所以是逻各斯，就在于它同其他的概念比较起来具有“中心”地位，既然现在逻各斯中心主义被消解了，也就是说，逻各斯的“中心”地位被消解了，那么，它也就不再是什么逻各斯了。因此，逻各斯中心主义的消解已内在地包含了逻各斯的消解。在德里达那里，他在解构逻各斯中心主义时若是还有任何保留某种“中心”的企图，他就不可能彻底

---

① 陆扬. 德里达的幽灵. 武汉：武汉大学出版社，2008：13-14.

② 同①14.

消解逻各斯中心主义，也就不可能彻底消解逻各斯自身。因此，德里达在解构逻各斯中心主义的时候，并非简单地颠倒逻各斯与逻各斯外在替补之间的“中心”和“边缘”的关系，他不是用一种结构代替另外一种结构，他要通过彻底拆毁逻各斯中心主义这一传统哲学中最为常见并且居于支配地位的结构而彻底消解逻各斯自身。在他看来，逻各斯中心主义自认为真实地反映了世界的本质，其实，经验世界的复杂性超越了任何一种哲学文本的逻辑结构。因此，在实质上，哲学文本像文学文本一样，都不过是一种隐喻。对于任何在场的东西而言，它的不在场的补充早已潜藏于其中，所以，无论在场的东西还是不在场的东西，它们都不是经验世界中的原始的东西，真正原始的东西就是痕迹。经过德里达的解构，形而上学的文本远非某种言之凿凿的东西，它既不仅仅是作者的意图，也不仅仅是读者的领悟，它是意义在文本的无限开放中无规则、无固定方向的分延和撒播，以及在分延和撒播中留下的痕迹。据此，德里达哲学不再去进行建构，而是止步于解构，它的解构只给世界留下了痕迹，以及痕迹的分延和撒播。

痕迹就是撒播着的分延，尽管“如果我们在它的意义和句法规则上接受了问题的形式（‘什么是?’‘谁是 ?’‘这是谁的?’)”的情形之下“将不得不得出结论：différance 有自己的来源并是产生出来的，它在在场的存在的观念的基础上被理解和支配，它自身是某种东西，一种形式、一种状态、世界中的某种能力，对它来说，所有的名称都能给它，包括什么，作为主体或谁的在场存在”[①]，但是，在实际上，“在所有这些情形中，都不能通过 différance 来‘构成’这样一种在场的存在”[②]。它不是任何确定的东西，既然剩下的就是痕迹或撒播着的分延，并且它不是任何确定的东西，那么，根本就不存在什么形而上学意义上的逻各斯，形而上学的逻各斯终于被彻底瓦解！

## 第二节　人的四处飘零

逻各斯长期以来作为世界的本质构成了人类之根，因此，它的消解不

① Derrida J. Margins of Philosophy. Translated by Alan Bass. Sussex：The Harvester Press，1982：15.

② 同①.

仅意味着世界之根被连根拔去，也意味着人类之根被连根拔去。一旦人类之根被连根拔去，人类就成了无根的浮萍，四处飘零。逻各斯作为人类之根，它就是人类的精神家园，它的消解也意味着人类失去了自己的精神家园，它使人类成为无家可归的人类。实际上，瓦解逻各斯不仅是德里达哲学的事业，它更是当代社会后现代主义、后结构主义的哲学潮流，以德里达为典型代表的这一潮流表明：从总体上说，当代社会已经成为一个人类四处飘零、无家可归的社会。

## 一、人类之根的弱化

自从西方哲学诞生以后，逻各斯就作为世界之根以及人类之根逐步清晰地被确立起来。但是，随着逻各斯的不断弱化的历程，也就是说，随着逻各斯从客观逻各斯到主观逻各斯再到神秘逻各斯的不断地“去客观化”的历程，人类之根也相应地走向了不断弱化的道路。当人类之根是旧形而上学的外在世界的“客观的”逻各斯的时候，它具有最强意义的“不可动摇”特征，客观性的不可动摇性使人类更加容易相信这种逻各斯就是人类之根；当人类之根是康德哲学的内在世界的“主观的”（先天的，作为人类立法理性的立法之法的贯彻的）逻各斯的时候，它的意义就发生了一定程度的弱化，它就存在着被“动摇”的可能，主观性的可动摇性就有可能使人怀疑它是否一定就是人类之根；当人类之根是海德格尔哲学的生存世界的逻各斯的时候，其意义又发生了进一步弱化，面临着进一步被“动摇”的可能，也就是说，神的尺度的不可知性可能进一步使人怀疑它是否真的就是人类之根。

西方哲学从旧形而上学到康德哲学再到海德格尔哲学之人类之根的弱化过程，伴随着西方哲学人类之根从客观理性走向主观理性再进一步走向非理性的过程。西方哲学的逻各斯最早表现为外在世界的客观逻各斯，它的实质就是作为人类之根的外在世界的理性，并且它进一步表现为人的理性。到了西方近代哲学，尽管哲学家们依然相信逻各斯的理性意义并且认为人是理性的人，但是，主体性的崛起使得他们把理性主要理解为主体的理性，认为主体的理性才是基础的理性。康德继承和发挥了笛卡尔的自我思想，尽管他把逻各斯理解成内在世界的逻各斯，并进一步让其决定人的理性本质，但是，他的内在世界的逻各斯归根到底决定于人（作为主体、立法理性的主体）的立法之法。旧形而上学源自外在世界的逻各斯的理性是客观理性，康德哲学源自人（主体）自身的理性（它是内在世界的逻各斯）则是主观理性。并且，随着理性从客观向主观的过渡，西方哲学中曾经时隐时现的非理性逐步崛起并且成为气候，尼采、叔本华的唯意志论首先使非理性主义哲学成为显赫的哲学流派，它们在西方哲学中开启了一股非理性主义的洪流。海德格尔哲学作为超越理性和非理性之分的哲学虽然不能归结为尼采意义上的非理性哲学，但是，它的哲学的逻各斯作为神的尺度肯定不是理性的尺度，就它不是理性的尺度而言，它依然是某种“不是理性”意义上的因而属于非理性的尺度。当海德格尔把这种不是理性的神的尺度作为人类之根时，他把人的本质也理解成了不是理性意义上的非理性的人。

逻各斯作为人类之根逐渐弱化的过程，客观理性走向主观理性再进一步走向非理性的过程，其实是合二而一的过程。它们共同为人类之根的最终拔去做了充分的历史铺垫。

## 二、人类之根的拔去

随着人类之根的逐渐弱化，到了德里达那里，人类之根终被最后拔去，人类终于陷入了无家可归的境地。失去了人类之根并且无家可归的人类开始四处飘零，他们的四处飘零是传统哲学（特别是传统形而上学）文本被解构之后字符四处撒播的直接结果。

### 1. 人类之根的拔去

我们曾说，人类之根的拔去是人类之根逐渐弱化的合乎逻辑的结果。据此，我们可以把人类之根弱化与人类之根拔去的关系理解成量变和质变的关系，因此，人类之根的弱化是人类之根拔去的必要准备，人类之根的拔去是人类之根弱化的逻辑结果。

首先，人类之根的弱化是人类之根拔去的必要准备。从旧形而上学到康德哲学再到海德格尔哲学，人类之根经历了程度越来越强的两次弱化。第一次弱化是把人类之根的客观性变成了主观性，或者说把人类之根的外在客观性变成了内在的先天性，与此相应，具体的人类之根也由客观理性变成了主观理性；第二次弱化是把人类之根的主观性变成了神秘性，或者说把人类之根的内在的先天性变成了外在的神的神秘性，与此相应，具体的人类之根也由理性（无论是客观理性还是主观理性）变成了非理性（海德格尔意义上的非理性）。人类之根的上述两次弱化是程度越来越强的两次弱化。第一次弱化使得旧形而上学的“客观”因而不可动摇的人类之根变成了“主观”因而可以动摇的人类之根，但是，这种可以动摇的人类之根还有某种“客观性”（先天性）的支撑，它在一定程度上仍然不可动摇，它还有着尽管主观但却是“理性”的确定性。第二次弱化使得康德哲学的“先天”因而相对不可动摇的人类之根变成了“神秘”因而更有可能遭遇动摇的人类之根，这种神秘的人类之根不可掌握、不可言说、捉摸不定，它完全丧失了任何理性的确定性。因此，旧形而上学的那种不可动摇、牢不可破的人类之根经历了第一次弱化特别是第二次弱化之后，已经变成了摇摇欲坠的随时可能瓦解的人类之根，在此背景下，人类越来越感到自己正在失去确定的人类之根，甚至开始有人怀疑究竟有没有任何意义上的人类之根。

其次，人类之根的拔去是人类之根弱化的逻辑结果。自从旧形而上学建构了世界并且提出了人类之根以后，人类之根的每一次弱化都是人类之根的自我拆毁。这种自我拆毁具体通过从客观性到主观性再到神秘性的过程表现出来，或说通过客观理性到主观理性再到海德格尔意义上的非理性（以及其他非理性主义者的非理性）的过程表现出来。当这种自我拆毁达到一定的程度，也就是说，达到人类“感到自己正在失去确定的人类之根，甚至开始有人怀疑究竟有没有任何意义上的人类之根”时，人类之根（无论它是什么，只要它是人类之根）就岌岌可危了。正是在这种岌岌可危的形势之下，德里达顺势而为，自然而然便将人类之根连根拔去。然而，尽管人类之根的弱化为德里达拔去人类之根提供了量变积累的基础，但是，拔去人类之根从根本性质上说却不同于人类之根的弱化。人类之根无论如何弱化，它都依然有着人类之根，并为人类精神提供了可以安身立命的场所，而人类之根的拔去却从根本上使人类失去了自己的根，并让人类精神彻底失去了可以安身立命的场所。

需要强调的是，我们这里所说的人类之根的拔去不是指某种具体的人类之根的拔去，而是指一般意义上的人类之根的拔去。这就是说，人类之根的拔去不是指具体的客观理性的人类之根的拔去（然后过渡到主观理性），也不是指具体的主观理性的人类之根的拔去（然后过渡到海德格尔意义上的非理性，以及其他非理性主义者的非理性），更不是指海德格尔意义上的非理性的人类之根的拔去，它指的是人类之根本身（无论它是何种意义上的人类之根）的拔去。因此，人类之根的拔去意味着人类失去了任何意义上的“根”，人类成了无根的人类。

**2. 人类的无家可归**

“根”是人类的精神家园。人类成了无根的人类，意味着人类成了无家可归的人类。

人类的无家可归具有两个重要的特点：首先，它是人类的“一般的”无家可归。我们曾说，连根拔去的人类之根不是任何具体的人类之根而是一般的人类之根，它使人类失去了任何意义上的精神家园。因此，人类不可能通过“转换”“调整”等方式来逃避无家可归的状态，例如通过将理性的家转换为非理性的家来“逃避”无家可归的状态。其次，它是人类的“类”的无家可归。人类的无家可归不是指某一个人或某一些人无家可归，它指的是全体人类的无家可归，因此，人类不可能通过“借住”“寻租”等方式逃避无家可归的状态，它根本无法找到任何家园。由此可见，我们这里所说的无家可归是一种彻底的全体人类的无家可归，在这种彻底的全体人类的无家可归的状态中，人类中的每一个人都只能漫无目标地四处飘零，正如德里达解构主义给人类留下的撒播着的分延的痕迹一样。

就发展趋势而言，从人类之根的弱化到人类之根的拔去是人类主动选择的结果，它通过哲学家的哲学革命表现出来，并且具体表现为人类之根从具体的客观理性转换到主观理性再转换到海德格尔意义上（以及其他非理性主义者）的非理性。立足于这一整体趋势，我们可以认为，西方哲学和西方社会无家可归的现象是人类以及哲学家们主动选择的结果，他们的无家可归状态是他们主动逃离精神家园的结果，即：主动从客观理性的精神家园逃离到主观理性的精神家园，再从主观理性的精神家园逃离到非理性的精神家园，最终陷入了无家可归的状态。

## 三、一点特别说明

需要特别说明的是：我们对于人类之根的弱化和人类之根的拔去（以及人类无家可归）的分析是一种发展趋势的分析，它并不否认在西方现代乃至当代社会的现实中，在人类陷入无家可归的状态下，理性的精神家园依然存在并且始终有人居住。因此，我们不应过分狭隘地理解我们所说的人类无家可归状态。

其实，根深蒂固地扎根于西方人的内心中的观念仍是：人是理性的人，理性才是人类之根。这种观念不仅长期支配着西方哲学和西方人的思维方式而且长期支配着西方哲学和西方人的价值指向。正如巴雷特所说：“亚里士多德告诉我们，理性是我们人格中最高的部分：人真正说来就是理性。因此，一个人的理性，就是他的真正自我，他个人身份的中心。这是以最严格最强有力的措辞表达出来的理性主义——一个人的理性自我是他的真正自我——这种理性主义迄今一直支配着西方哲学家的观点。"[①]因此，"西方人一直在希腊人的阴影下思想"[②]。尽管后来也有西方思想家反抗希腊人的理性，"但是，即使在这里，他们也还是以希腊人为他们定制的术语来思考他们的反抗并得出他们的结论的"[③]。尽管西方近代哲学把人的理性的基础由客观的理性转变成了主观的理性，从而在一定程度上动摇了这一基础，但是，由于它把人作为主体直接看成理性的源泉，所以，在一定的意义上说，它在动摇理性的客观基础的同时又强化了人是理性的人的观点。

此外，西方世界的人类之根除了理性之外还有宗教来源。英国维多利亚时代的著名诗人阿诺德曾把希伯来文化和希腊文化看成西方文化的两个主要来源，认为它们之间的影响推动着西方世界的发展。在他看来，希伯来文化以《旧约圣经》为代表，它推崇信仰、关注实践并把道德的优点作为生活的内容和意义；希腊文化以哲学为代表，它推崇理性、关注知识并且重视智力的运用。当然，希腊人也关心道德生活的内容和意义，但是，他们使它们隶属于理智的优点。"阿诺德还正确地看到，'对于亚里士多德来说，道德的优点只是通向理智的入口或门廊，因此惟有后者才是真福'。"[④] 我们知道，哲学知识依赖理性，它通过合乎逻辑的讲说取得人的信服；宗教（这里主要指基督教）依赖信仰，它通过上帝以及圣徒的奇迹取得信徒的信服，因此，正常说来，它们之间存在着理性与信仰的对立。事实情形也是如此，自基督教诞生以来，哲学与宗教之间、理性与信仰之间的对立和争执从未真正停止。但是尽管如此，哲学与宗教作为人与世界之最终关切的理论无疑存在着共同之处，这种共同之处使得它们在相互冲突和相互争执的同时又相互交融和相互吸收。其实，基督教的内容从来就不缺理性，它在两个方面需要理性：其一，除了奇迹之外，它需要理性来论证上帝的存在和宗教的内容。奥古斯丁所确立的理性和信仰和谐的模式"……在奥古斯丁之后成了'信仰寻求理解'：这就是说，把信仰当作一种根据，个体存在中一个被给予的事实，然后试图尽可能理性地把它本身详尽地阐述出来"[⑤]。所以，圣托马斯认为人在自然的层次上是以理性为中

① 巴雷特．非理性的人．段德智，译．上海：上海译文出版社，1992：92.
② 同①91.
③ 同①91.
④ 同①72.
⑤ 同①100-101.

心的灵魂生物，人的理性高于人的意志。他用理性的方式论证上帝的存在。其二，上帝可以施行奇迹，但是，他却不可能做不合理的事，尤其不会做违背道德理性的事。因此，我们曾在第一篇中说道，上帝的命令作为逻各斯就是理性的命令。在西方人那里，理性在世俗生活的意义上可能具有高于奇迹的地位，巴雷特在谈到柏拉图和亚里士多德面对不同的选择会毫不犹豫地选择理论生活而非艺术家的生活或政治实践家的生活时说，"就此而论，（理论生活——引者）甚至还高于圣徒的生活（虽然他们当时还不知道这类存在）"[①]。这一情形进一步说明，人是理性的人才是西方哲学和西方人的最为深层的信念。

因此，我们对于人类无家可归状态的正确理解在于：首先，我们应该承认，在现实中，绝大多数人还是相信世界是理性的世界，人是理性的人，就此而言，我们可以相信关于世界之根和人之本质的理性理解始终没有被"彻底"动摇过。正因如此，在人类之根逐渐弱化和最终被拔去、人类逐渐失去精神家园的过程中，尽管有人反对理性的精神家园，并主张用非理性的精神家园代替理性的精神家园，甚至还有的人不愿受到"家"的约束，宁愿四处飘零，但是，也有一些人感到担心和焦虑，主张回到并且坚守传统的理性的精神家园。其次，我们应该坚信，人类之根在逐渐弱化中被拔去，人类逐渐失去精神家园特别是理性的精神家园是一种发展趋势，它既越来越多地存在于现实之中，也正代表着人类发展的未来。因此，尽管在现实中仍有绝大多数人相信世界是理性的世界以及人是理性的人，但是，已经有越来越多的人开始质疑和批评这一观点；尽管在现实中理性的精神家园依然存在并且也有人居住，但是，这些家园也正在不断遭到质疑、拆毁，也就是说，不断遭到解构。人类正在越来越多地走向无家可归的状态，越来越多地陷入四处飘零的状态。

① 巴雷特. 非理性的人. 段德智，译. 上海：上海译文出版社，1992：91.

# 第四章　德里达哲学的内在困难

德里达从逻各斯中心主义的内部解构逻各斯中心主义，使得他的哲学成为一种“是又不是”的哲学，这一现象造成了他的哲学的一系列自相矛盾和困难，其中主要的困难是反对逻辑又遭遇逻辑，反对逻各斯又遭遇逻各斯，以及从事解构又遭遇解构。

## 第一节　反对逻辑又遭遇逻辑

德里达哲学的重大困难之一就是反对逻辑又遭遇逻辑。他的解构主义的哲学既然不是关于真理的学说，甚至根本不去正面阐述任何一种理论，那么，它似乎不需要任何作为阐述真理和理论之工具的逻辑。然而问题在于，他既然要“说”，即使他说的是“解构”，他还是需要逻辑。

我们在前面讨论德里达的“哲学”时曾经指出，德里达强调自己的“解构”是一种在既定的文化、历史、政治情景下的一种姿态，它是针对某种情景的必要并且依情况不同而有所区别的策略，它只在每一个不同的上下文脉络中移动或转型，它没有限定，也没有止境，因此，它也没有终极目的。这里，“姿态、策略、没有限定、没有止境”意味着德里达的解构不会给我们留下并且他也无意留下任何确定的理论，甚至任何确定的意义。正因如此，他的哲学究竟能否成为哲学也就成了疑问。在此意义上，德里达哲学显然不需要逻辑，它不是一种需要逻辑的哲学。其实德里达解构逻各斯中心主义就是解构逻辑、理性的中心主义，他的解构主义容不得任何结构主义的残余。但是另一方面，“既定的文化、历史、政治情景”意味着传统文化的情景，它是逻各斯中心主义（传统哲学尤其是形而上学）支配的文化情景。正因如此，他的哲学也未完全离开逻辑、理性。其实，逻辑和理性是向人说明道理的唯一方式，德里达的解构主义既然要对人说话，并且试图使人“相信”，那么，他就必须合乎逻辑、合乎理性地进行表达。这样一来，德里达便陷入了矛盾之中，即：若完全离开了逻辑，德里达如何才能清楚表达自己的意思，如何才能使人相信他在自己的文本中所说的话呢？“……如果他连真理或逻辑都不相信的话，为什么我们要相信他？他怎么能够在说逻辑有局限的同时要求我们跟随他的论证逻辑呢？”①

为了解决这一理论困难，德里达的总体思路是在“关闭”传统意义上的哲学的同时又不去“终极”传统意义上的哲学，他说：“我尝试在关闭和终极之间寻找某种道路。”因此，他的作为一种姿态或策略的“解构”不是传统意义上的哲学但又是某种传统意义上的哲学，它是一种在传统和超越传统之间的“是又不是”的“哲学”。他的哲学的这种“是又不是”的特征进一步决定了他的哲学在对象、方法和知识形态方面的“有又没有”的特征，也就是说，他的哲学的对象、方法和知识形态也处于传统和超越传统之间。德里达哲学就这样滑动在“是也不是”“有又没有”以及传统和超越传统之间，停留在自我纠结和自我矛盾之中。基于这样的思路，在是否需要逻辑阐述自己的哲学（包括哲学对象、哲学方法和哲学的知识形态）的问题上，德里达同样也认为它在“是逻辑又不是逻辑”“有逻辑又没有逻辑”之间。德里达曾在回答别人他的哲学思考究竟以逻辑的方式还是以修辞的方式进行时明确地说“在是与不是之间”②。正因如此，他才说道：他在写作、教学方面，总是尝试尊重逻辑的规范，从古代的规范出发进行论证，但是，他在这样做时，“又总是尝试去标识出那超出了逻辑的东西。甚至他在文本的论证方面，非常逻辑，但他也认为自己有权演进那些表面看来非逻辑的东西”③。

德里达关于逻辑与非逻辑的处理方式表明：尽管他要解构传统文本的思想并且不愿正面阐述任何思想，但他又不能不期望别人理解他的思想因而不得不有意无意地正面阐述自己的思想。因此，尽管他反对理性、批评逻辑，但他又不能不借助理性、使用逻辑。德里达无法摆脱这种“是逻辑又不是逻辑”“有逻辑又没有逻辑”的自我矛盾，他在反对逻辑的时候又遭遇逻辑，他只能用逻辑的方式超越逻辑并且叙述着非逻辑。

---

① 德里达．书写与差异．张宁，译．北京：三联书店，2001：访谈代序．

② 同①．

③ 同①．

## 第二节　反对逻各斯又遭遇逻各斯

德里达哲学的重大困难之二就是反对逻各斯又遭遇逻各斯。德里达解构主义的解构对象就是逻各斯中心主义，并且为了保持解构的纯粹性，它的解构主义仅仅停留在解构之中。但是，在某种意义上说，他的解构自身可能会成为一种新的逻各斯，从而可能使他重新陷入逻各斯中心主义。

在西方哲学史上，反对逻各斯又遭遇逻各斯的情形并不新鲜，但是尽管如此，德里达的反对逻各斯又遭遇逻各斯却具有不同性质。为了更为准确地分析和理解德里达反对逻各斯又遭遇逻各斯的理论困难，我们先来分析反对逻各斯实际存在的两个层次。反对逻各斯可以是反对具体的逻各斯，它是相对较浅的层次。它意味着反逻各斯者并不一般地反对逻各斯，而仅仅是反对某种具体的逻各斯，它通常表现为反对逻各斯者从一种逻各斯的角度反对另外一种逻各斯。反对逻各斯还可以是反对一般的逻各斯，它是相对较深的层次。它意味着反对逻各斯者不是反对某种具体的逻各斯，而是在一般的意义上反对所有的逻各斯。为了区别，我们可以把前者称为“改造和替换”的层次，因为它仅仅是想通过“改造”要反对的具体的逻各斯以便达到以一种逻各斯“替换”另外一种逻各斯的目的；并把后者称为“拆毁和消灭”的层次，因为它想通过“拆毁”一般的逻各斯本身以便达到彻底“消灭”所有的逻各斯的目的。根据我们的关于反逻各斯两个层次的区分，像康德那样从主观逻各斯（主观理性）的角度反对客观逻各斯（客观理性）的行为，或像海德格尔那样从神秘逻各斯（海德格尔意义上的非理性的逻各斯）的角度反对理性逻各斯的行为，无疑属于第一层次或改造和替换的层次；而像德里达那样通过解构逻各斯中心主义来反对逻各斯则应属于第二层次或拆毁和消灭的层次。因此，德里达的反逻各斯要比康德、海德格尔的反逻各斯更彻底，他要通过“拆毁”一般逻各斯本身以便达到彻底“消灭”所有逻各斯的目的。为了达到这一目的，他把逻各斯看成一个“结构”加以“解构”，也就是说，他把“逻各斯”与“中心”结合起来，它要解构的是逻各斯中心主义亦即以逻各斯为中心的逻各斯与其对立面之间不平等的二元对立结构。

我们认为，通过解构“逻各斯中心主义”来拆毁（反）逻各斯从而达到消灭所有逻各斯的目的是德里达采用的一种比较切中要害的反对逻各斯的手法。这一手法具有两个要点：其一，把逻各斯中心主义而非简单的逻各斯作为解构的对象。在西方哲学史上，尽管主张有逻各斯的不同的哲学家对何谓逻各斯持有十分不同的看法，但是，他们都有一个共同之点，即：逻各斯是一种"中心"，这种"中心"不仅是文本所表述的真理体系的本质、基础，而且也是文本所表述的真理体系所反映的世界的本质、基础，这种作为"中心"的本质、基础是人类之根，它决定着人的本质，它使人成为人，它决定着人的普遍价值观念，从而决定着人应该如何活着。"中心"之所以是"中心"，就在于与它相比其他的因素（特别是与它对立的因素）都是非中心的"边缘"，正是这一中心地位才能使逻各斯成为本质和基础。因此，任何有关逻各斯的理论其实都是逻各斯中心主义的理论，逻各斯离开了与"中心"的联系，它也就不是什么逻各斯了。德里达直接把逻各斯中心主义之结构作为解构的对象，他的这一做法有利于彻底拆毁并且消灭逻各斯。然而，若要真正彻底拆毁并且消灭逻各斯，仅仅把逻各斯中心主义作为解构对象尚嫌不够，他还面对怎样解构逻各斯中心主义的问题。假如说把逻各斯中心主义作为解构对象解决了"解构"什么的问题的话，那么，怎样解构逻各斯中心主义则解决了如何"解构"的问题。如何解构的问题是德里达反逻各斯手法的第二个要点。其二，用独特理解的"解构"来实现对于逻各斯中心主义这一结构的解构（拆毁）。德里达采用的独特的解构不是简单地通过"颠倒"逻各斯中心主义的"中心"和"非中心"（边缘）的关系来拆毁逻各斯中心主义，而是彻底拆毁一切"中心"和"非中心"的二元对立结构。我们认为，若仅仅"颠倒"逻各斯中心主义之"中心"和"非中心"的关系，那么，这样的解构的结果必然是用一种"中心"代替另外一种"中心"，从而使得它用一种新的逻各斯代替了另外一种旧的逻各斯，并且相应地用一种新的逻各斯中心主义取代了另外一种逻各斯中心主义。显然，这种解构作为一种反逻各斯，它与康德、海德格尔的反逻各斯在本质上并无区别。与此相反，若是彻底拆毁一切"中心"和"非中心"的二元对立结构，那么，一切"中心"都会消失，不仅逻各斯中心主义会彻底消失，而且逻各斯本身也会彻底消灭，因为把逻各斯与"中心"联系起来是所有逻各斯的一个共同特点，并且是逻各斯之为逻各斯的必要条件。因此，德里达对于解构的独特理解和处理，使他在解构逻各斯中心主义的同时也彻底拆毁了所有的逻各斯本身。

问题在于：德里达的解构主义作为一种哲学，它能彻底消灭逻各斯吗？毫无疑问，这是德里达的目标。他对解构的独特理解和处理正是为了彻底拆毁和消灭逻各斯中心主义，并且彻底拆毁和消灭逻各斯本身。正因如此，德里达让自己的哲学停留于解构，他力图不去做任何理论建构的工作，也就是说，不去正面阐述任何理论。这样一来，他对逻各斯的拆毁和消灭确实超越了他以往的哲学家。但是尽管如此，他的解构主义哲学还是让我们看到了解构之后留下的一路痕迹。在某种意义上，这一路的痕迹依然可以被看成德里达解构主义哲学的“中心”，它依然具有某种“逻各斯”的意义。退一步说，即使德里达的痕迹因其没有任何意义的特征不同于以往任何哲学所说的逻各斯，从而不同于以往任何哲学的逻各斯中心主义，但它至少还是会像德里达的哲学以及他之哲学的对象、方法和知识形态都介于“是又不是”和“有又没有”之间一样，也介于“是又不是”（逻各斯）和“有又没有”（逻各斯）之间。换句话说，德里达在反逻各斯的同时又在某种意义上（至少在“是又不是”和“有又没有”的意义上）遭遇了逻各斯。

## 第三节　从事解构又遭遇解构

德里达哲学的重大困难之三就是从事解构又遭遇解构。德里达把解构作为自己的哲学武器并把自己的哲学停留于解构之中，他把自己的哲学停留于解构之中的目的在于：他要回避任何结构。这样一来，他的哲学就变成了能够解构其他哲学但又不会被其他哲学所解构的哲学。然而，德里达哲学之反对逻辑又遭遇逻辑、反对逻各斯又遭遇逻各斯的情形恰好表明，他的哲学也无法摆脱结构。因此，他的哲学作为解构的哲学在从事解构的同时又遭遇了其他哲学的解构。其中，德里达和福柯、拉康之间的相互解构就是典型的例子。德里达和福柯、拉康曾被看成巴黎后结构主义（解构主义）的三驾马车。但是，他们的解构锋芒所指不仅是结构主义，也包含了他们相互之间的解构主义。我们认为，之所以会出现这种现象，是因为他们（包括德里达哲学）的解构主义之中也包含了结构主义的因素。

## 一、解构福柯的案例

福柯在《疯癫史》中把理性和非理性的疯癫对立起来，试图写出一部不受知识、理性驯服的疯癫史。在他看来，理性语言是精神病学描述疯癫的语言，因此，他回避理性语言，让疯癫自身开口说话。德里达欣赏福柯的勇气和决心，但是，他却认为，福柯的这一良好愿望似乎难以奏效。他说："所有我们欧洲人的语言，远远近近参与了西方理性历险的万事万物的语言……言说这语言者当中也没有一人能够逃脱这历史的罪咎……"① 并且，欧洲人的理性的语言就是逻各斯中心主义的语言。既然如此，欧洲人便不可能不受理性语言的影响，不可能不受逻各斯中心主义的影响，他们不可能彻底跳出理性语言的框架，也不可能彻底跳出逻各斯中心主义的框架。即使他们要谴责理性的语言，解构逻各斯中心主义，他们也只能在理性语言的内部或逻各斯中心主义的内部进行。从理性内部颠覆理性，从逻各斯中心主义内部解构逻各斯，应是解构主义者的唯一选择。"故福柯的《癫狂史》虽然有许多'离经叛道'的惊人之笔，从总体上看，它的方法论和哲学基础，还是明显显得陈旧。"② 根据德里达的理解，在古典时代，理性和疯癫有一个共同的根基，那就是逻各斯，并且它的内部就已有了裂隙，它自身包含着引发内部革命的原始因素。

德里达对于福柯的解构围绕福柯对于疯癫史的研究而展开。福柯认为，疯癫并非某种生理疾病，把疯癫当作精神疾病并且创立精神病学是17世纪以后的事情。在他看来，无论早在古希腊的柏拉图那里，还是在中世纪甚至在文艺复兴时期的莎士比亚的作品中，疯癫都没有完全处于理性的对立面上。然而，到了17世纪中叶，一个偶然事件改变了人们关于疯癫的观念，即：法国政府利用原本隔离麻风病人的麻风病院来囚禁罪犯、流浪者和疯子，当疯子和罪犯被囚禁在一起时，他们也就像罪犯一样成了社会防范和改造的对象。从此，疯人成了需要治理的病人，18世纪法国大革命后，疯癫被正式定名为"精神病"。福柯把非理性看成疯癫的支撑，随着非理性的疯癫被定名为"精神病"，它终于成了理性的对立面。福柯分析了笛卡尔哲学在这一过程中的作用（他后来删除了这一内容）。福柯指出，直到16世纪，非理性主义都能畅通无阻，它与理性相安无事，

① 陆扬．德里达的幽灵．武汉：武汉大学出版社，2008：98.

② 同①100.

但是，自从笛卡尔推出一个自足自主的理性主体之后，情况就发生了改变。在笛卡尔的《第一哲学沉思集》的“第一个沉思”中，他为自己的普遍怀疑列出了三种理由，包括感觉的谬误、梦境的失真和疯子的幻觉。在前面两种理由中，笛卡尔都承认它们与真实的感知依然保留了某种联系；然而，在第三种理由亦即疯子的幻觉中，他却不承认它与真实的感知拥有任何联系。因此，笛卡尔认为感觉的谬误、梦境的失真并不足以对理性构成威胁，对于理性真正构成威胁的则是疯子的幻觉亦即疯癫。所以，他在对感觉的谬误、梦境的失真进行理性分析的同时却把疯癫一脚踢开。对此，福柯很不满意，在他看来，笛卡尔应对疯癫具有足够的耐心，应对其进行认真分析。福柯指出，笛卡尔之所以一脚踢开疯癫，原因在于他把主体仅仅看成理性主体（我思、理智、思想），并把它看成真理的源泉，疯癫作为非理性的事件，从理性的角度看，他肯定属于生理上和道德上的缺陷，它直接威胁着理性的主体。因此，在某种意义上说，福柯的《疯癫史》正是对于笛卡尔以及笛卡尔的理性主义继承者们的解构。但是，德里达却对福柯对于笛卡尔《第一哲学沉思集》的“第一个沉思”的解读不以为然。在转引了福柯引用的笛卡尔《第一个沉思》中的原文的基础上，德里达通过分析福柯对于笛卡尔的解读，构筑起了笛卡尔和福柯之间的一种对话。德里达说：笛卡尔的确没有特别重视疯癫的问题，没有过多地纠缠于疯癫的话题，但是，他也没有专门把它挑出来一脚踢开，其实，笛卡尔已在他的思想内部克服了疯癫。他嘲笑说：福柯应是在哲学意义和方法功能上将笛卡尔的相关文字理解成把感觉、梦境与疯癫分割开来的第一个人。

福柯对于德里达的解构提出了进一步的解构。在他看来，德里达对于笛卡尔的解读才是一种曲解。他说：德里达“化话语实践为本文的踪迹；阅读中躲开被表述的时间，只保留下白纸黑字；一味制造文本的言外之音而避开分析话语内容的指意模式；在文本中派定已说的和未说的本原，而避开在话语实践的转换领域中来重新安置它们”①。这就是说，福柯认为，德里达在阅读中通过把话语化解成只有痕迹的文本“专门去发掘文本海阔天空的言外之音而不顾及它的内容，从而逃避责任，偷梁换柱，指东说西”②。因此，德里达忽略了笛卡尔哲学中把感觉、梦境与疯癫二元对立

① 陆扬．德里达的幽灵．武汉：武汉大学出版社，2008：123.

② 同①.

起来从而一脚踢开疯癫的事实，他甚至重蹈了笛卡尔的覆辙，他也像笛卡尔一样把疯癫排斥在哲学的话语之外。“诚如笛卡尔排斥疯癫是为了保证沉思主体保持清醒不致疯癫，这一排斥于德里达来说同样至为重要。只不过疯癫威胁的不再是哲学主体的资格，而是哲学话语的资格。”① 福柯的言下之意在于：德里达自己就陷入了文本性的形而上学。

陆扬指出：“一般认为在福柯对德里达的激烈反击中，可以见出德里达‘文本性’和福柯‘话语性’两种阅读策略的尖锐分歧。在于德里达，文本必须被无情‘解构’，以使陷入逻各斯中心主义内部的‘踪迹’的网络，可以更为清晰地暴露出来。在于福柯，一个文本的最好阅读方法，是参照它的语境来读，这就是说，将它视为一系列更大的话语实践的组成部分，而这些话语实践构成了一个时代‘知识型’的特定的空间和时间建构。”② 这里，德里达的文本性和福柯的话语性正好构成了他们各自的形而上学，他们对于对方的解构都是基于自己的立场对于对方形而上学的解构。

## 二、解构拉康的案例

德里达与拉康的相互解构围绕19世纪美国小说家艾加德·艾伦·坡的小说《失窃的信》而展开。《失窃的信》讲述了这样一个故事：国王在王后正在阅读一封信时走了进来，王后为了避免泄露信中那些于己不利的内容而采取了一种大胆的方法，索性将信摊开在桌面上，果然，国王没有注意这一封信。然而，不幸的是走进来的大臣D从王后的窘状中推测信中一定藏有秘密，他当着主人的面，通过调包计偷走了信，王后则碍于丈夫在场眼睁睁地看着信被窃走却无可奈何。无奈的王后只有许下重金请警长帮助找回此信，但是，警长费了九牛二虎之力，搜遍了大臣D的寓所，甚至通过乔装强盗对于大臣D进行了搜身，也毫无所获。情急之下，警长不得不请教著名的私人侦探杜班。杜班拜会大臣D时一眼就注意到了挂在壁炉架上的一个文件架中好像漫不经心地插着一封被撕破的信，信已经被改装，似乎收信人就是大臣D本人，然而，杜班立马肯定这就是那封被窃的信。因此，他在借口取回自己故意落下的鼻烟盒时，通过事先安排在街上的事端巧妙引开了大臣D的注意力，并且同样使用调包计换出了

① 陆扬. 德里达的幽灵. 武汉：武汉大学出版社，2008：135.
② 同①137.

被窃的信。被窃的信终于物归原主，杜班也得到了自己的高额报酬。

拉康把《失窃的信》的内容当成重复的结构加以理解。他说，小说中具有两个场景：其一，王后的客厅，它是王后收到信但又失去信的地方。在这一场景中，出现了三个人物即国王、王后和大臣D，其中，国王的眼睛对信视而不见，王后的眼睛看到国王眼睛的视而不见便以为自己保住了秘密，大臣D的眼睛则看到了那唾手可得的信原本是王后应收藏的东西。大臣D通过调包计窃取了王后的信是第一场景的结果。其二，大臣D的寓所，它是大臣D和杜班试图取回被窃的信的地方。在这一场景中，也出现了三个人物即警长、大臣D和杜班。警长类似于第一场景中的国王，他的眼睛视而不见，大臣D类似于第一场景中的王后，他因警长的视而不见自以为保住了秘密，杜班则类似于第一场景中的大臣D，他一眼就见到了本应藏匿但却暴露无遗的被窃的信。杜班通过调包计取回被窃的信是第二场景的结果。拉康在两个场景中分别设置了三个位置：第一场景中的国王和第二场景中的警长处于一号位置，他们的共同点在于对于真相一无所知；第一场景中的王后和第二场景中的大臣D处于二号位置，他们的共同点在于自以为只有自己知道自己掌握的秘密；第一场景中的大臣D和第二场景中的杜班处于三号位置，他们的共同点在于既能读出他人的理解又能具有自己的理解。拉康在探讨结构语言学时发挥了结构主义符号学说的能指与所指的理论，他进一步挖掘了能指的任意性质。在他看来，能指与所指的关系并不像索绪尔认为的那样是能指指向所指的关系，它们之间从一开始就存在着一道裂缝，能指成了一种并不意指所指的独立的存在，若要强使它以意指所指的名义证明自己的存在，它就是一种滑动（漂浮）的能指。就《失窃的信》而言，在《失窃的信》两个场景的三个位置中，对于第一场景中处于一号位置的国王和处于二号位置的王后，以及对于第二场景中处于一号位置的警长和处于二号位置的大臣D而言，被窃的信作为能指，它的含义就是他们所理解的意思；对于第一场景中处于三号位置的大臣D和第二场景中处于三号位置的杜班而言，他们不仅在被窃的信中读出了他人的理解，而且也拥有自己的理解。因此，对于两个场景中的三号位置来说，被窃的信作为能指便大有疑问，它并不指向确定的所指，我们并不知道，其实也没有必要知道它由谁所写，写的是什么，甚至我们并不真正确知信的合法主人，因为随着国王的出现，它的所有权就不断转换了。这里，被窃的信揭示了文本之重复性和开放性的特征，它显然是一种滑动的能指，漂浮不定，居无定所，它就是文本的无限开放的从一个符号到另外一个符号不断延伸的意指链。当然，拉康依然认为，杜班最终使信到达了目的地。

德里达对于拉康关于《失窃的信》的解构进行了新的解构。他肯定了拉康解构的积极意义，即：拉康不像结构主义符号理论那样理解能指，从而不去通过回溯作者把握文本的意义，而把能指理解成漂浮的能指，强调文本中的难以捉摸的能指的从一个符号到另外一个符号的不断延伸。尽管如此，拉康还是没有完全摆脱传统哲学和结构主义。在他那里，文本依然被视为一种结构，他的关于两种场景、三种位置的理解方式本身就是一种结构主义的阅读方式，他实际上使自己处于三号位置之上，自以为能够通过发现两种阐释模式的微妙之处发现作者与文本、文本与读者之间的真正关系，做出精确的判断。德里达认为，本文的性质并非某种结构而是“文字”，《失窃的信》是文字的意义在分延中无限开放的撒播过程，王后将信之失窃传递给警长，警长传递给杜班，杜班传递给叙事人……因此，拉康本人的判断不过是能指漂浮的一个环节，也就是说，不过是文本的无限开放的从一个符号到另外一个符号不断延伸的意指链中的一链，拉康并不知道这些，所以，他要通过自己的判断来中止漂浮的能指，并给原本没有终极的文本的无限开放的意指链画上终极符。由此出发，原本漂浮的能指便有了所指。因此，拉康其实依然是一个“真理供应商”。

然而，德里达对于拉康的解构进一步遭到了芭芭拉·琼生的解构。琼生认为，德里达对拉康的解构的一个主要表现就是：他认为拉康忽略了能指的撒播力量，从而低估了文本的自我解构趋势。对此，琼生指出，当德里达指责拉康使自己处于三号位置时，他自己也像拉康一样站在三号位置上对拉康评头论足，他也要中止漂浮的能指，并给原本没有终极的文本的无限开放的意指链画上终极符，他要在无限开放的文本的意指链中指出一种明确的意义，因此，他本人就是一个“真理供应商”。

毫无疑问，德里达解构福柯（以及福柯进一步解构德里达）的案例和德里达解构拉康（以及琼生进一步解构德里达）的案例表明了这样一个事实，即：任何一个解构主义者都是立足于一种“立场”去解构自己所要解构的对象的，“立场”本身就是一种“意义”，它自己内在地已经为别人对它的解构提供了基础，因此，任何解构都有可能甚至都必然会遭遇到新的解构。

# 结束语　哲学普遍性的最终沦落

当我们把视线从德里达的哲学之内转向他的哲学之外时，也就是说，当我们来看他的哲学对于世界的影响时，我们发现，德里达在传统形而上学、康德哲学和海德格尔哲学逐步弱化了西方哲学的普遍性从而逐渐弱化了西方世界的普遍价值观念的基础之上，彻底拆毁了西方哲学的普遍性，从而彻底拆毁了西方世界的普遍价值观念。因此，西方哲学的普遍性经过康德哲学的初次沦落和海德格尔哲学的再次沦落，到了德里达的哲学那里，它终于彻底地沦落了，它使西方人彻底失去了精神家园，成为无家可归、四处飘零之人。

## 一、文字：僭越的策源地

在西方哲学史上，那些建构了系统的存在论的哲学家们，无论是理性主义哲学家还是非理性主义哲学家，并且在理性主义哲学家中，无论是主张外在世界客观理性的哲学家还是主张内在主体主观理性的康德（以及其他近代哲学家），在非理性主义哲学家中，无论是主张海德格尔意义上的非理性主义哲学家海德格尔还是主张非海德格尔意义上的非理性主义哲学家叔本华、尼采，他们都在为人类寻找自己的根，并且从客观意义上说他们都把自己所理解的人类之根看成“真正的”人类之根。“根”作为人类的族类之“根”，从理论上说，就是“普遍性”。在理性主义哲学家中，例如在旧形而上学和康德的哲学之中，这种“普遍性”以十分鲜明的特征表现出来，并且理性主义哲学家总是竭尽全力去论证、捍卫这种普遍性，把它看成哲学之所以能够成为科学的客观基础。尽管非理性主义哲学家通常总会排斥规则性和确定性的东西，但是，海德格尔作为一个特殊的非理性主义者，即同时超越了作为对立面的理性和非理性的不是理性的意义上的非理性主义者，他还是肯定了某种形式的普遍性。由于西方哲学史上理性主义哲学的漫长传统和优势地位，所以，从总体上说，普遍性是西方哲学尤其是西方存在论哲学的基本内容并且是它们所要追求的基本目标。

当然，在西方哲学史上，尽管普遍性是西方哲学尤其是西方存在论哲学的基本内容并且是它们所要追求的基本目标，但是，随着西方哲学（形而上学）发展的困难所导致的哲学的变化以及逻各斯意义的变化，西方哲学的普遍性遭遇了不断的沦落。它从旧形而上学的外在世界的客观普遍性沦落到了康德哲学内在世界（作为人之立法理性的立法之法的贯彻）的主观（先天）的普遍性，并从康德哲学内在世界的主观（先天）普遍性沦落到了海德格尔哲学的神秘的普遍性。第一次沦落使普遍性的不可动摇性遭到了初次动摇，第二次沦落则使遭到初次动摇的普遍性进一步遭到更为严重的动摇。因此，第二次沦落使普遍性成了岌岌可危的普遍性，它几乎成了失去了明确的普遍意义从而无法把握的普遍性。此外，在西方哲学的普遍性的两次沦落之间，康德之后现代伦理学家对于道德情感主义的多元发展，以及尼采等人的非理性主义哲学的崛起和它们对西方理性主义哲学的冲击也极大地削弱了西方理性主义哲学所建构的普遍性。西方哲学之普遍性的两次沦落，以及尼采等人非理性主义哲学的冲击为西方哲学普遍性的最终沦落亦即彻底沦落奠定了基础，正是在这样的基础上，德里达（以及其他解构主义哲学家）通过自己的解构哲学彻底拆毁了西方哲学的普遍性。在德里达哲学对于西方哲学普遍性的拆毁中，文字作为西方传统哲学逻各斯中心主义的最外在、最不确定并且也是最危险的补充成了僭越的策源地。

我们在讨论西方哲学史上的逻各斯中心主义的时候，曾把西方哲学史上（主要是理性主义）的逻各斯中心主义的基本谱系概括为“逻各斯—理性（思维、真理）—语言—文字”这样一个系列（海德格尔哲学有着这一系列的变状形式），并且进一步指出，这个系列是一个逻辑地位和价值地位逐渐递减的系列。这就是说，在这一逻各斯中心主义的基本谱系中，文字处于逻辑地位和价值地位的末端，它最没有逻辑地位，也最没有价值地位。文字之所以最没有逻辑地位和价值地位，是因为它离在场、逻各斯、中心最远，它是替补的替补的替补。正如卢梭所说：“在这种指代游戏中，源头难以觉察。”① 其实，“文字，替代好的记忆力、替代自然的记忆力的助记手段，意味着遗忘”。“之所以说文字意味着遗忘，是因为文字是一种

① 德里达. 论文字学. 汪堂家，译. 上海：上海译文出版社，2005：50.

中介，是逻各斯离开了自身。"① 语言学家由于屈从于想象、感觉和情感，才陷入了文字的"圈套"，被文字的声威所迷惑。

文字的遗忘本质使它至少具有如下两个重要特点：其一，它是外在于逻各斯的东西。在逻各斯中心主义的基本谱系中，离逻各斯这一中心越近的因素越能反映逻各斯的真相，也越能保持逻各斯的纯洁性，也就是说，它们越内在于逻各斯；反过来说，那些离逻各斯越远的因素越不能反映逻各斯的真相，也越不能保持逻各斯的纯洁性，也就是说，它们越外在于逻各斯。文字作为逻各斯基本谱系中离逻各斯这一中心最远的因素，毫无疑问，它是最外在于逻各斯的东西。所以，德里达说："没有文字，逻各斯自然停留于自身之内。"② 其二，它是不确定的东西。逻各斯作为在场（一种普遍性的在场），它是最确定的东西。真理（理性）作为逻各斯的真实表象，它虽然不像逻各斯自身那样直接在场，但是，它基本保留了逻各斯的在场性，它有类似于逻各斯自身的确定性。语言作为真理的表达，它虽然不像真理（理性）那样确定，但是，它也在一定的程度上保留了确定性，它是活生生的语言。文字则有所不同，它作为逻各斯之替补的替补的替补，它远离在场的特征使它成为逻各斯的"遗忘"，它是最不确定的东西。文字的这两个特点使得传统哲学把它看成最大的危险。换句话说，它作为最外在于逻各斯并且最不确定的东西，它总有可能使人遗忘逻各斯，从而威胁逻各斯，威胁着逻各斯的在场性、真理性和确定性，威胁着逻各斯的中心地位，从而威胁着整个逻各斯中心主义。索绪尔说"文字是言语的堕落和迷茫的外衣，是腐化和伪装的礼服"③。因此，在整个西方哲学的发展史上，或者说在整个西方哲学逻各斯中心主义或显或隐并以不同形式占统治地位的时期中，文字始终作为一种外在的、不确定的东西遭到排斥，"逻各斯的时代贬低文字，而文字曾被视为中介的中介，并陷入意义的外在性中"④。

文字威胁逻各斯中心主义的一个最危险的结果就是文字的反客为主。所谓反客为主，就是文字作为一种远离逻各斯并且通过自己的外在性和不确定性遗忘、消解逻各斯和逻各斯中心主义的东西，它会颠倒言语与文字的位置，从而使得文字篡夺了主导地位。在传统哲学看来，文字的反客为

① 德里达. 论文字学. 汪堂家，译. 上海：上海译文出版社，2005：50.
② 同①.
③ 同①49.
④ 同①16.

主就是一种“僭越”，因为它篡夺了它本无权享有的主导地位；传统哲学进一步认为，文字的“僭越”直接威胁着逻各斯中心主义的基本谱系，从而威胁着各种形式的逻各斯中心主义，所以，它是一种原罪。这些情形正如索绪尔所认为的：文字的原罪颠倒了言语与文字的自然关系，结果使得“文字和文字所再现的言语如此紧密地结合在一起，以至文字最终篡夺了主导地位”①。既然文字的反客为主是一种作为原罪的僭越，那么，文字在传统哲学家的眼中就成了僭越的策源地。但是，在德里达看来，文字作为僭越的策源地恐怕不是一般的反客为主式的僭越的策源地。德里达在狭义的文字的外在性和不确定性的特征中看到了文本以及世界自身的不确定性，也就是说，他在狭义的文字特征中看到了广义的文字亦即原型文字的特征，即：文本以及世界自身不过是意义的痕迹在分延中的撒播。因此，文字作为僭越的策源地不仅是狭义文字的反客为主，还包含了更为重要的意义，即：它不是要简单地颠倒逻各斯与非逻各斯、言语与文字的主客关系，也不是要用一种新的逻各斯中心主义取代旧的逻各斯中心主义，它要恢复原型文字在文本中以及世界中的本来面目，为此，它要彻底解构（拆毁）整个西方哲学史和文化史上的逻各斯中心主义，从而彻底解构（拆毁）整个以西方哲学史乃至文化史为基础而建构起来的西方社会结构。在他看来，西方传统哲学狭义文字中潜藏着指向广义文字的可能。所以他说：“原始文字，言语的最初可能性，狭义上的‘文字’的可能性，是从柏拉图到索绪尔一直遭到指责的那个‘僭越’的策源地……”②

文字的僭越将导致西方哲学逻各斯中心主义大厦的拆毁。逻各斯就是西方哲学建构的普遍性，逻各斯中心主义就是西方哲学建构的普遍性的中心主义，因此，文字的僭越就是通过拆毁西方哲学普遍性的中心主义结构消除普遍性，从而促使西方哲学普遍性的彻底沦落。文字的僭越是一个过程，它表现为西方哲学通过认识论转向到语言学转向再到文字学转向所实现的客观逻各斯到主观逻各斯再到神秘逻各斯的发展过程，并且进一步表现为西方哲学之普遍性的逐步沦落过程。德里达解构主义文字学的出现通过“文字学转向”最终实现了文字的彻底僭越，在某种意义上说，它彻底拆毁了逻各斯中心主义的结构，消解了任何意义上的逻各斯的存在，它导致了西方哲学普遍性的最后沦落。

① 德里达．论文字学．汪堂家，译．上海：上海译文出版社，2005：49.

② 同①101.

## 二、沦落：从形式到实质

我们在前面三篇的结束语中讨论西方哲学的普遍性时曾站在哲学的外面从形式和实质两个方面来评价西方哲学的普遍性对于实际世界的影响，现在，当德里达通过自己的“解构”拆毁了西方哲学的普遍性时，他不仅拆毁了西方哲学普遍性对于实际世界的形式影响，也拆毁了西方哲学普遍性对于实际世界的实质影响。

从形式方面说，它既包含了直接表现出来的表面程序，也包含了潜藏在表面程序背后的真实程序。就表面程序而言，旧形而上学影响世界的普遍性的产生程序为：客观世界（指的是它的本质或逻各斯）—人类本性—应然生活；康德哲学影响世界的普遍性的产生程序为：内在世界（指的是它的本质或逻各斯，它是人之立法理性在内在世界中的贯彻）—人类本性—应然生活；海德格尔哲学影响世界的普遍性的产生程序为：生存世界（指的是神的法则或逻各斯）—人类本性—应然生活。在这种表面程序中，哲学家仅仅是一个解释者，即：他仅仅是关于一种事实真相的阐释者或猜度者。例如，就旧形而上学而言，在它那里，普遍性源自客观的外在世界的普遍性，它决定着人类的共同本性，并且通过人类的共同本性进一步决定着人类的普遍价值观以及人类应该追求的应然生活，根据这种表面的产生程序，哲学家在其中仅仅是一个客观事实的阐释者。然而，还有潜藏在表面程序之下的真实程序，根据这种真实程序，无论是在旧形而上学影响世界的普遍性的产生程序方面，还是在康德哲学乃至海德格尔哲学影响世界的普遍性的产生程序方面，都还要在整个程序系列的前面加上一个环节，这个环节就是哲学家本人（旧形而上学家、康德、海德格尔）的主观断言。一旦加上这样一个环节，我们就会发现，哲学家不再是事实真相的解释者，而是一个某种论断的缔造者，即：他先缔造出了一种世界及其本质（普遍性）的理论，然后再给这些理论贴上“世界本身及其本质的客观事实”的标签，并用这一所谓的“世界本身及其本质的事实真相”来解释人类本性，指导人的应然生活。尽管这些哲学家可能真心相信自己的理论就是关于世界本身及其本质的事实真相的理论（他们的理论通常确实也或多或少包含了关于世界本身及其本质的事实真相的认识），并且真心相信他们依然是世界本身及其本质的事实真相的解释者，但是，就他们所断言的对象必定包含了某种超验对象而言，从整体上说，他们的理论还是一种独断论。虽然随着哲学和科学的发展哲学家们对于世界的解释确实越来越接近世界本身及其本质的事实真相，独断也会越来越弱，但是，他们永远无法彻底消除自己的独断。

从实质方面说，西方哲学普遍性对于世界的实质影响与它对世界的形式影响相互对应。我们知道，西方哲学影响世界的普遍性（在本书中）经历了从客观理性到主观理性再到神的神秘的发展历程。这就是说，旧形而上学把世界的本质理解成客观理性，并把它作为基础来解释人的共同本性，指导人类的应然生活；康德哲学把世界的本质理解成人的主观理性，并把它作为基础来解释人的共同本性，指导人类的应然生活；海德格尔则把世界的本质理解成神的神秘，并认为它能够决定人的共同本性，以及决定着人类的应然生活。我们既可以把这一发展历程与西方哲学普遍性影响世界之形式的表面程序对应起来理解，也可以将其与西方哲学普遍性影响世界之形式的真实程序对应起来理解。若与西方哲学普遍性影响世界之形式的表面程序对应的话，也就是说，若把西方哲学普遍性的理论理解成哲学家对于世界普遍本质的解释的话，那么，客观理性、主观理性和神的神秘就可以被当作客观事实；若与西方哲学普遍性影响世界之形式的真实程序对应的话，也就是说，若把西方哲学普遍性理论理解成哲学家对于世界普遍本质的缔造的话，那么，客观理性、主观理性、神的神秘就可以被理解成哲学家本人的信念。由于“形式的真实程序”才是“事实上”的程序，所以，正如在形式方面哲学家始终无法摆脱关于世界断言的独断论一样，在实质方面，哲学家对于世界及其本质的断言归根到底只能是他们自己的信念，也就是说，他们乐于相信世界的本质是客观理性或主观理性或神的神秘。

综合西方哲学世界及其本质或普遍性理论影响世界之形式方面和实质方面的阐释，我们发现，我们生活的世界的意义是人并且首先是作为哲学家的人所给予的，哲学家所给予的世界意义不仅包含了他们对于真实世界的解释，也包含了他们对于真实世界的信念。哲学家把自己的信念和解释统一起来，缔造了自己关于世界及其普遍性的理论。哲学家把自己的关于世界及其普遍性的理论传递给世人并努力使世人接受，一旦世人接受了他们的理论，这些理论就成了我们的生活世界的真实意义。其实，人类生活的世界从来就是人并且首先是哲学家赋予意义的世界。因此，在西方哲学的普遍性影响实际世界的源头，我们发现的是哲学家们的哲学文本，一种以逻各斯中心主义为结构的哲学文本。一旦解构了这一以逻各斯中心主义为结构的哲学文本，西方哲学的普遍性就彻底沦落了，它再也不能作为普遍性影响世界，无论是从形式影响上说还是从实质影响上说，都是如此。

## 三、反思：进步也是问题

西方哲学普遍性的沦落作为一种历史过程，它究竟给当今世界带来了什么样的影响？我们究竟应该对它做何评价？尤其重要的是，面对它可能产生的积极作用和消极作用，人类究竟应该采用何种对策，以便人类能够更好地走向未来？显然，这些都是我们应该认真反思的问题。

### 1. 从一元到多元

西方哲学普遍性的沦落具有众多的原因也产生了众多的结果，我们认为，它的最直接也是最重要的原因是人类历史的进步，而它的最直接也是最重要的结果就是西方社会的价值观念从一元走向多元，并且，人类历史进步这一原因和价值观从一元走向多元这一结果存在着内在的关联。

人类历史的进步本是一个十分含糊的概念，这里主要指体现人类历史进步的两个方面：其一，人类哲学思维能力的进步或者说哲学认识的深入；其二，人类社会追求解放的进步。我们认为，逻各斯就是普遍性，逻各斯中心主义就是普遍性的中心主义。作为普遍性的逻各斯构成了人类一元价值观念的基础，因此，普遍性的沦落意味着一元价值观念的沦落以及多元价值观念的崛起。在西方哲学史上，随着人类思维能力的进步或者说哲学认识的深入，普遍性不断沦落，西方社会逐渐从一元价值观念统治的社会走向多元价值观念的社会。在本书中，这一过程通过旧形而上学走向康德哲学再走向海德格尔哲学的发展历程表现出来。当旧形而上学哲学家采用强独断论的形式将自己的信念当作外在世界的客观逻各斯（客观理性）用来决定人的本性以及人的应然生活时，他们充当着“代天行言”的角色。尽管这种“代天行言”帮助西方顺利地建构了理性社会，但是，它也造成了少数哲学精英以天的名义统治社会大众的情形，并且，它还可能造成少数政治人物利用“客观理性”（对它做出合乎自己利益的解释）实行专制统治的情形。无论就“代天行言”帮助西方建构理性社会而言，还是就“代天行言”造成了少数哲学精英统治社会大众乃至可能造成专制统治而言，它们都从不同的角度有效地维护了一种普遍性（它以逻各斯或客观理性为基础），从而有效地帮助建构了一元价值观念的社会。更为重要的是，由于他们的“言”被罩上了外在的客观世界的光环，所以他们的“言”作为一元（普遍）价值观念的基础具有了不可动摇的客观性；这种情形大大强化了社会中的一元价值观念，使古代社会成了比较典型的一元价值观念的社会。随着人类历史进入近代社会，康德发现世界一定是人（通过立法）赋予意义的世界。他采用弱独断论的形式将自己的信念当作内在世界的逻各斯（主观理性，它是人的立法理性在内在世界中的贯彻），用它来决定人的本性以及人的应然生活，他自己充当着“代人行言”的角色。尽管康德的“代人行言”也包含了少数哲学精英统治社会大众的情形，但是，他的“代人行言”是要把人从封建专制和宗教专制的束缚下解放出来，从而使每一个有理性的人都能通过立法主体的角色成为自己的主人，因此，虽然他在近代意义上依然坚持一元价值观念，但是，他却凭借弱化独断论（即弱化作为逻各斯的普遍性）的形式以及把人的立法权力还给每一个有理性的人的形式解放了人，使人类的价值观念有可能从一元的强制下解放出来走向多元。正是在这样的基础上，西方的民主社会日益发达，各种多元化的理论在近现代社会日益兴起，人类社会也日益走向了多元价值观念的社会。康德的“代人行言”作为弱的独断论依然是一种独断论，是弱于旧形而上学之强独断论的独断论，它依然保持着一定程度的强度。随着人类历史进入现代社会，西方哲学在经历了非理性主义和反形而上学的潮流之后，海德格尔发现世界作为人赋予意义的世界，它首先是在人的生存过程中被赋予意义的世界，以及向生存着的人显现的世界，他采用虚独断论的形式将自己的信念当作生存世界的逻各斯（或神的神秘），用它来决定人的本性以及应然生活，他自己则充当着“代神行言”的角色。尽管“代神行言”也在某种程度上包含了少数哲学精英统治社会大众的情形，但是，海德格尔的神只是要求人不要去管那种管不了的神秘，所以，他的“代神行言”作为一种独断论仅仅是一种“虚的”独断论，它几乎放弃了独断，他甚至不承认传统意义上的普遍性。因此，他进一步推进了人类价值观念的多元发展。

从旧形而上学到康德哲学再到海德格尔哲学，通过从强独断论到弱独断论再到虚独断论的发展，或通过从客观理性到主观理性再到神的神秘的发展，西方哲学的普遍性越来越沦落，人类越来越从一元价值观念的束缚之下解放出来，从而越来越走向多元的价值观念。尽管如此，任何一种独断论、任何一种人类之根的规定，都或多或少地给人类指定了一种作为逻各斯的中心，也都或多或少地限制着多元价值观念的进一步发展。只有彻底清除任何意义上的逻各斯中心主义，才能彻底把人类从一元价值观念的束缚下解放出来，在完全的意义上实现价值观念的多元发展。因此，德里达解构逻各斯中心主义的工作正是企图彻底把人类从一元价值观念的束缚下解放出来，在完全的意义上实现价值观念的多元发展。

当然，我们所谓“随着西方哲学普遍性的沦落西方社会的一元价值逐步走向多元价值乃至彻底从一元价值的束缚下解放出来走向完全意义上的多元化”的说法，仅仅表达着近代，特别是当代社会中的一种趋势，它并不意味着我们认为在现实中（包括在西方社会的现实中）已经完全没有了一元价值。其实，一元价值依然存在。但是，它在现实中以及在合理性上都受到了前所未有的冲击。

**2. 多元：人类进步趋势的必然**

我们并不像有些人那样主要从消极的意义上来看待人类多元价值的发展，甚至仅仅将它看成是一种充满危险的状态。我们认为，人类多元价值的发展代表着人类必然的进步趋势。自由和平等是人类在享有了基本物质生存条件基础之上应该享有的最佳生活状态。没有任何理由能够证明剥夺人的自由亦即人的不自由具有正当性，也没有任何理由能够证明剥夺人的平等亦即人的不平等具有正当性。因此，自由和平等是人类一直在追求并且也应该追求的崇高的价值目标。多元价值与自由、平等相互蕴含。价值观念从一元到多元的发展，是人类从更少自由、更少平等向更多自由、更多平等的发展，因此，它反映了人类发展之必然的进步趋势。

人类组成社会的重要原因之一在于：它要在自然的各种束缚下通过人类之“类”的力量获得更多的相对于自然的自由（我们称之为自然自由）。但是，一旦人类组成了社会，社会便会通过各种规则限制人的相对于社会的自由（我们称之为社会自由），从而使得人类在从自然中获得更多自由的同时又被社会限制了自由。因此，人类在组成社会因而在自然中已经获得一定的自由之后如何在社会中获得更多的自由（社会自由，以下说的自由主要指社会自由）应是人类发展的一个目标。若是我们把我们本书中关于人类寻根之路的探讨以及哲学家们对于人类之根的解释与人类社会的发展联系起来思考，那么，我们便会发现，在古代社会中，各种社会规则的底蕴就是基于客观理性的一元价值观念。它被少数哲学精英提了出来，并且在“代天行言”的形式下灌输给社会大众。它虽然有效地把人类（西方社会）统一起来去从事征服自然和组织社会的活动，但是，它也使绝大多数社会大众处于少数哲学精英和政治人物所制定的一元价值观念的控制之下，这种控制不仅意味着绝大多数人的不自由，也意味着他们的不平等。极少数人的思想成了权威，成了社会的主流；其他人的价值观念成了异端，成了社会的末流。在通常情况下，这种权威和异端、主流和末流的划分会影响社会生活和社会文化的各个方面，包括生活方式、风俗习惯等等，例如，在这样的社会中，某种音乐的内容和形式可能被认为是主流，其他音乐的内容和形式则有可能被认为是末流，甚至被认为是异端。因此，人类要想获得更多的自由，尤其是要想获得更多的平等，就必须从“代天行言”的一元价值观念的控制下解放出来。

当康德的“人为世界立法”，尤其是“人为自己立法”把社会规则的立法之权交给每个理性的人自己的时候，人类终于可以从“代天行言”的一元价值观念的控制之下解放出来，从极少数人的支配之下解放出来。人类逐步进入民主社会，社会大众获得了更多的政治自由和其他自由，并且获得了更多的政治平等和其他平等。当然，康德哲学依然具有“代人行言”的性质，尽管它的“代人行言”意味着把人的立法之权还给每一个人，但是，在一定的程度上说，它依然保留着思想和社会生活中关于价值观念的中心和非中心、主流和非主流（通常已不再是异端）的区分。此外，康德哲学以及笛卡尔以来的近代哲学强调主体对世界的力量，它的一个出人意料的结果就是导致了所谓的现代性问题，现代性的危机不仅在于毁坏了人类赖以生存的自然家园，更在于它把人类自身变成了一种可以创造效益、获取财富的资源，亦即人力资源，人作为资源而非目的被组织进了诸如“金钱”“机器”“厂房”“土地”等等资源的“配置”机器之中，实质上人成了一种赚钱的工具。人作为工具意味着人失去了自由，当然，这里涉及的是人的另外一种自由。并且，在这种过分注重效率、注重财富的社会中，人类之间的经济不平等也前所未有地增强了。

海德格尔哲学讨论的重点是如何把人从作为资源遭到奴役的现代性中解放出来的问题，所以，他没有直接讨论各种社会规则的价值底蕴的问题。但是，他也从另外一种角度讨论了人的自由的问题。当海德格尔哲学要人以神的尺度度量自身的时候，它的意思就是要把人从作为资源遭到奴役的现代性中解放出来，从而获得自由（自然自由和社会自由）。在他看来，人的自由不是人要成为世界的主人，而是人要承认人作为人的有限性；神的尺度归根到底就是要人在承认人的有限性的基础上，让天成为天，让地成为地，让人成为人（有限的人）。因此，人以神的尺度度量自身的状态就是人的自由状态，他把这种自由状态的生存称为“诗意地栖居”。当然，在一定的程度上说，海德格尔的“神的尺度”的说法依然具有“代神行言”的性质，尽管他的“代神行言”是一种虚的独断论，它只意味着人应该承认和满足于自己的有限性这一事实，但是，在某种意义上看，它也像康德哲学一样依然保留着思想和社会生活中关于价值观念的中心和非中心、主流和非主流的区分。

其实，中心、主流就是逻各斯，中心和非中心、主流和非主流的区分不过是客观理性的逻各斯、主观理性的逻各斯、神的神秘的逻各斯的逻各斯中心主义在现实社会的人类价值观念中的影响和表现，也就是说，这种区分不过是“普遍性”的逻各斯中心主义在现实社会的人类价值观念中的影响和表现。尽管从旧形而上学到康德哲学再到海德格尔哲学，逻各斯以及逻各斯中心主义越来越弱化，但是，直到德里达登上哲学舞台之时，始终有一种逻各斯中心主义在哲学中以及在哲学所影响的人类社会中阴魂不散。德里达十分敏锐地发现，逻各斯中心主义不限于传统的理性主义的形而上学，在反对传统形而上学的海德格尔的哲学中，我们依然可以看到逻各斯中心主义，只要存在逻各斯中心主义，就必然存在着中心和非中心、主流和非主流的差别和不平等。由于德里达明确认为“文字开创了历史的领域、历史演变的领域”，“历史性本身与文字的可能性联系在一起”①，所以，在他看来，哲学思想领域中的逻各斯中心主义以及逻各斯中心主义造成的中心和非中心、主流和非主流的差异和不平等必然会造成人类社会现实中的差异和不平等（没有平等就没有自由，所以，不平等内在地包含了不自由；反过来也是一样）。他曾在《论文字学》的题记中明确指出，形而上学是一种将自身强加于当今世界并且起着支配作用的秩序。因此，他要解构一切逻各斯中心主义，这也意味着，他要解构人类社会中一切基于逻各斯中心主义的一元价值观念的中心和主流地位，实现完全意义上的多元价值，从而实现完全意义上的人类平等（内在地包含了人类自由）。因此，约翰·卡普托相信德里达比其他的人更加关心伦理，“对卡普托（Caputo）来说，解构是正义的工作”②。当然，这是一种解构意义上的正义。就此而言，德里达解构主义哲学的进步意义毋庸置疑，它的历史使命就是在理论上彻底摧毁逻各斯中心主义的基础上彻底拆毁人类社会的不平等、不自由！

**3. 多元：人类凝聚问题的困境**

尽管我们并不像有些人那样主要从消极的意义上来看待人类多元价值

① 德里达．论文字学．汪堂家，译．上海：上海译文出版社，2005：38.

② Robert J S. Manning. Opennings：Derrida，Defferance，and the Production of Justice. Philosophy Today，Fall 1996：405.

的发展，但是，我们依然同意他们的这一看法，即：人类多元价值的发展也包含了一定的内在风险。因此，我们认为，德里达解构主义哲学的进步意义固然毋庸置疑，不过，它也给哲学和人类留下了难以解决的困境。

德里达的解构主义哲学彻底拆毁了一切逻各斯中心主义，并且只留下了一路痕迹，它在分延中一路撒播。在它那里，一切在场和非在场的区分，以及一切中心和非中心、主流和非主流的区分都被彻底湮灭了。因此，他的这种哲学落实到社会现实之中，社会中的人以及他们的价值观念之间便也不可能有任何中心和非中心、主流和非主流的区分，从而使得社会彻底实现了价值观念的多元化，彻底实现了人与人之间的平等以及自由。其实，逻各斯中心主义的彻底拆毁就是作为中心的“普遍性”的彻底拆毁，它既然消除了任何意义上的普遍性，自然也就消除了任何意义上的一元价值观念。然而，人类若没有最为基本的一元价值观念，或者说，某一共同体若是没有最为基本的共同价值的共识，那么，人类或此共同体就不可能凝聚起来成为“人类”或“共同体”。价值观念的彻底多元化意味着彻底的无序，它虽然彻底消除了造成人类不平等、不自由的因素，但它也相应地彻底消除了人类作为“类”或共同体存在的可能性。西方哲学的逻各斯作为普遍性是人类之根，它是人类一元价值观念的基础，它通过人类的一元价值观念构成了人类的共同精神家园，现在，随着这一普遍性的彻底沦落，人类失去了一元价值观念，他们成了没有共同精神家园的无根之人，他们在无家可归的状态中四处飘零。这里，人类作为“类”的存在的威胁和人类共同精神家园的拆毁成了人类彻底实现多元价值和彻底实现平等自由的代价。彻底的价值多元，以及彻底的平等自由代表着人类的进步，但是，它的代价显得过大。

人类无法承受失去“类”的存在和失去人类共同精神家园的代价。因此，它不能停留在哲学理论以及文化的解构之中，不能停留在一元价值观念的解构之中，它必须超越分延着的一路撒播的痕迹去重新确立最为基本的一元价值观念。问题在于：人类如何重新确立最为基本的一元价值？是找回已经失去的西方哲学的普遍性以及已经失去的一元价值观念，还是重建新的哲学理论的普遍性以及重建新的一元价值观念？现当代的有些哲学家看到了重建哲学普遍性和一元价值观念的必要性，但是，更多的哲学家则寄希望于找回已经失去的哲学普遍性和一元价值观念。我们认为，人类既然已经从“已经失去”的哲学普遍性和一元价值观念中逃离了出来，并且这种逃离还意味着人类的解放和进步，那么，他们就既不可能也无必要再去重拾“已经失去”的哲学普遍性和一元价值观念。这就是说，人类既然已经从原有的共同精神家园逃离了出来，并且这种逃离意味着人类的解放和进步，那么，他们就不可能重新回到“已经逃离”的共同精神家园。若没有新的更好的精神家园，他们宁可无家可归、四处飘零！因此，哲学家的伟大历史使命应该是重建哲学的普遍性，重建人类最为基本（亦即能够同时容纳多元）的一元（普遍）价值观念，重建人类共同的精神家园。尽管这种重建也许不可避免地要利用人类哲学发展和社会发展的古老成果，但是，它一定是全新的重建，它一定会在重建中尽可能多地保留人类在西方哲学普遍性沦落的过程中所取得的进步成果，即：价值观念的多元化，以及最大限度的平等和自由！

# 参考文献

## 一、英文文献（著作）

1. Aristotle. Metaphysics. Translated by Huch Lawson-Tancred. Penguin Group，1998.

2. Bradley A. Derrida's of Grammatology—An Edinburgh Philosophical Guide. Edinburgh：Edinburgh University Press，2008.

3. Inwood B. The Stoics. Cambridge：Cambridge University Press，2003.

4. Garrett B. What is This Thing Called Metaphysics? Routledge，2006.

5. Colebrook C. Philosophy and Post-Structuralist Theory：From Kant to Deleuze. Edinburgh：Edinburgh University Press，1999.

6. Reale G. Plato and Aristotle. New York：State University of New York，1990.

7. Alison H E. Kant's Theory of Freedom. Cambridge：Cambridge University Press，1990.

8. Harkin I. Why does Language Matter to Philosophy? Cambridge：Cambridge University Press，1975.

9. Kant I. Critique of Pure Reason. Translated by Werner S. Pluhar. Indianapolis：Hackett Publishing Company，Inc.，1996.

10. Kant I. Critique of Practical Reason. Translated by Werner S. Pluhar. Indianapolis：Hackett Publishing Company，Inc.，2002.

11. Derrida J. Margins of Philosophy. Translated by Alan Bass. Sussex：The Harvester Press，1982.

12. Derrida J. Of Grammatology. Translated by Gayatri Chakravorty Spivak. Baltimore and London：The Johns Hopkins University Press，1997.

13. Derrida J. Basic Writings. Edited by Barry Stocker. London and

New York：Routledge Taylor and Francis Group，2007.

14. Derrida J. Of Spirit：Heidegger and the Question. Translated by Geoffrey Bennington and Rachel Bowlby. Chicago and London：The University of Chicago Press，1989.

15. Wolfreysf J. The Derrida Reader. Edinburgh：Edinburgh University Press，1998.

16. Heidegger M. Being and Time. Translated by Joan Stambaugh. State University of New York Press，1996.

17. Heidegger M. Kant and the Problem of Metaphysics. Translated by James S. Churchill，Bloomington：Indiana University Press，1965.

18. Heidegger M. The Fundamental Concepts of Metaphysics. Translated by McNeill W. Bloomington and Indianapolis：Indiana University Press，1995.

19. Heidegger M. The Essence of Truth. Translated by Ted Sadler. London，New York：Continuum，2002.

20. Michael J. Loux. Metaphysics：A Contemporary Introduction. London：Routledge，2006.

21. Collingwood R G. An Essay on Metaphysics. Oxford at the Clarendon Press，1940.

22. Edwards P. The Encyclopedia of Philosophy. New York：Macmillian Publishing Co. ，Inc and the Free Press；London：Collier Macmillian Publishers.

23. Poellner P. Nietzsche and Metaphysics. Oxford：Clarendon Press，1995.

24. Peter van Inwagen. Metaphysics. Boulder：Westview Press，1993.

25. Descartes R. The Philosophical Works of Descartes：Vol. 1. Cambridge：Cambridge University Press，1981.

26. Descartes R. The Philosophical Works of Descartes：Vol. 2. Cambridge：Cambridge University Press，1981.

27. Richard Kraut. What is Good and Why. Cambridge，Massachusetts，London，England：Harvard University Press，2007.

28. Critchley S. The Ethics of Deconstruction：Derrida and Levinas. Edinburgh：Edinburgh University Press，1999.

29. Politis V. Aristotle and the Metaphysics. New York：Routledge，2004.

## 二、英文文献（论文）

1. Hazlett A. How to Defeat Belief in External World. Pacific Philosophical Quarterly，2006，87 .

2. Dorschel A. The Authority of the Will. The Philosophical Forum，2002，XXXIII（4）.

3. Hanley C. Heidegger on Aristotle's Metaphysical God. Continental Philosophy Review 1999，32.

4. Paek C-H. Kant's Theory of Transcendental Truth as Ontology. Kant-Studien，2005.

5. Gates D C. Ontological Disclosure and Ethical Exposure：Heidegger and Levinas on Meaning，Subjectivity，and Non-Indifference. Philosophy Today，Winter 2001.

6. Bencivenga E. Knowledge vs. Belief. The Philosophical Forum，1999，XXX（1）.

7. Lloyd G. Fate and Fortune：Derrida on Facing Future. Philosophy Today，Spring，1999.

8. Gordon C. F. Bearn. Differentiating Derrida and Deleuze. Continental Philosophy Review，2000，33.

9. Bird G. Trouble with Kant. Philosophy，1999，74（290）.

10. Habermas. Kant-Studien. Philosophische Zeitschrift，2006.

11. Langsam H. Why I Believe in an External World. Metaphilosophy，2006，37（5）.

12. Prosser H. Metaphor and Thought. Philosophy Today，Summer 2000.

13. Thomson I. Can I Die，Derrida on Heidegger on Death. Philosophy Today，Spring 1999.

14. Gilbert-Walsh J. Poetry and People in Heidegger's Germanien Lectures. Philosophy Today，Summer 2003.

15. Gilbert-Walsh J. Transcendental Exhaustion，Repeating Heidegger's Fundamental Ontology. Philosophy Today，Winter 2006.

16. Grenberg J M. Anthropology From a Metaphysics Point of View. Journal of the History of Philosophy，January 1999.

17. Gray J G. Heidegger's Course. From Human Existence to Nature. The Journal of Philosophy，1957，54（8）.

18. Harrison J. Impossibility of Possible Worlds. Philosophy，1999，74 (287).

19. Parsons J. Is Everything a World? Philosophical Studies，2007，134.

20. Defilippo J G. First Philosophy and Kinds of Substance. Journal of the History of Philosophy，January 1998.

21. Denis L. Kant's Ethics and Duties to Oneself. Pacific Philosophical Quarterly，1997，78.

22. Michael D. Existentialism at End of Modernity：Questioning the I's Eyes. Philosophy Today，Spring 1990.

23. Wrathall M A. Heidegger and Truth as Correspondence. International Journal of Philosophical Studies，1999，7 (1).

24. Warner M. Literature，Truth and Logic. Philosophy，1999，74 (287).

25. Morris M. Metaphor and Philosophy，an Encounter with Derrida. Philosophy，2000，75 (292).

26. Bankovsky M. Derrida Bring Levinas to Kant. Philosophy Today，Summer 2005.

27. Jane M. Deconstructing Rational Respondent：Derrida，Kant，and Duty of Response. Philosophy Today，Winter 2006.

28. Maxwell N. In Defense of Seeking Wisdom. Metaphilosophy，2004，35 (5).

29. Kerszberg P. The Sound of the Life-World. Continental Philosophy Review，1999，32.

30. Ware O. Impossible Passions，Derrida and Negative Theology. Philosophy Today，Summer 2005.

31. Francois R. Heidegger and Kant：The Question of Idealism. Philosophy Today，Winter 1996.

32. Robert J. Deltete. Is Universe Self-Caused. Philosophy，2000，75 (294).

33. Kearney R. A Dialogue with Jacques Derrida. Philosophy Today，Spring 2004.

34. Ricoeur. Paul：From Metaphysics to Moral Philosophy. Philosophy Today，Winter 1996.

35. Walsh, Robert D. The Healing Word: Language, Thinking, and Being in Earlier and Later Philosophy of Heidegger. Philosophy Today, Fall 1991.

36. Xiaomei Yang. Categorical Imperatives, Moral Requirements, and Moral Motivation. Metaphilosophy, 2006, 37 (1).

**三、中文文献（著作）**

1. 柏拉图. 柏拉图全集：第 1 卷. 王晓朝，译. 北京：人民出版社，2002.

2. 柏拉图. 柏拉图全集：第 2 卷. 王晓朝，译. 北京：人民出版社，2003.

3. 柏拉图. 柏拉图全集：第 3 卷. 王晓朝，译. 北京：人民出版社，2003.

4. 柏拉图. 柏拉图全集：第 4 卷. 王晓朝，译. 北京：人民出版社，2003.

5. 北京大学哲学系. 古希腊罗马哲学. 北京：商务印书馆，1982.

6. 北京大学哲学系. 十六—十八世纪西欧各国哲学. 北京：商务印书馆，1975.

7. 北京大学哲学系. 十八世纪法国哲学. 北京：商务印书馆，1963.

8. 北京大学哲学系. 十八世纪末—十九世纪初德国古典哲学. 北京：商务印书馆，1975.

9. 北京大学哲学系. 西方哲学原著选读：上卷. 北京：商务印书馆，1982.

10. 北京大学哲学系. 西方哲学原著选读：下卷. 北京：商务印书馆，1982.

11. 亚里士多德全集：第七卷. 苗力田，主编. 北京：中国人民大学出版社，1993.

12. 亚里士多德全集：第八卷. 苗力田，主编. 北京：中国人民大学出版社，1992.

13. 亚里士多德全集：第九卷. 苗力田，主编. 北京：中国人民大学出版社，1994.

14. 阿尔森·古留加. 康德传. 贾泽林，等译. 北京：商务印书馆，1981.

15. 艾耶尔. 二十世纪哲学. 李步楼，等译. 上海：上海译文出版社，2005.

16. 巴克莱. 人类知识原理. 关文运，译. 北京：商务印书馆，1957.

17. 罗兰·巴尔特. 符号学原理. 李幼蒸，译. 北京：三联书店，1988.

18. 陈嘉明，等. 现代性与后现代性. 北京：人民出版社，2001.

19. 陈嘉映. 海德格尔哲学概论. 北京：三联书店，1995.

20. 陈修斋. 欧洲哲学史上的经验主义和理性主义. 北京：人民出版社，1986.

21. 段德智. 宗教哲学. 北京：人民出版社，2005.

22. 笛卡尔. 第一哲学沉思集. 庞景仁，译. 北京：商务印书馆，1986.

23. 丹皮尔. 科学史. 李珩，译. 北京：商务印书馆，1975.

24. 邓晓芒. 思辨的张力. 长沙：湖南教育出版社，1992.

25. 恩格斯. 自然辩证法. 北京：人民出版社，1971.

26. 恩斯特·贝勒尔. 尼采、海德格尔与德里达. 李朝晖，译，北京：社会科学文献出版社，2001.

27. 费希特. 全部知识学的基础. 王玖兴，译. 北京：商务印书馆，1986.

28. 哈贝马斯. 后形而上学思想. 曹卫东，付德根，译. 南京：译林出版社，2001.

29. 海德格尔. 存在与时间. 陈嘉映，王庆节，译. 北京：三联书店，1999.

30. 海德格尔. 荷尔德林诗的阐释. 孙周兴，译. 北京：商务印书馆，2000.

31. 海德格尔选集：上卷. 孙周兴，选编. 上海：上海三联书店，1996.

32. 海德格尔选集：下卷. 孙周兴，选编. 上海：上海三联书店，1996.

33. 海德格尔. 林中路. 孙周兴，译. 上海：上海世纪出版集团，2008.

34. 海德格尔. 路标. 孙周兴，译. 北京：商务印书馆，2001.

35. 海德格尔. 尼采：上卷. 孙周兴，译. 北京：商务印书馆，2002.

36. 海德格尔. 尼采：下卷. 孙周兴，译. 北京：商务印书馆，2002.

37. 海德格尔. 在通向语言的途中. 孙周兴，译. 北京：商务印书馆，2004.

38. 黑格尔. 哲学史讲演录：第1卷. 贺麟，王太庆，译. 北京：商务印书馆，1983.

39. 黑格尔. 哲学史讲演录：第2卷. 贺麟，王太庆，译. 北京：商务印书馆，1983.

40. 黑格尔. 哲学史讲演录：第3卷. 贺麟，王太庆，译. 北京：商务印书馆，1983.

41. 黑格尔. 哲学史讲演录：第4卷. 贺麟，王太庆，译. 北京：商务印书馆，1983.

42. 黑格尔. 逻辑学：上卷. 杨一之，译. 北京：商务印书馆，1982.

43. 黑格尔. 逻辑学：下卷. 杨一之，译. 北京：商务印书馆，1982.

44. 黑格尔. 小逻辑. 贺麟，译. 北京：商务印书馆，1980.

45. 胡塞尔. 现象学的观念. 倪梁康，译. 夏基松，张继武，校. 上海：上海译文出版社，1994.

46. 胡塞尔. 现象学的方法. 倪梁康，译. 上海：上海译文出版社，1994.

47. 胡塞尔. 生活世界现象学. 倪梁康，张廷国，译. 上海：上海译文出版社，2005.

48. 黄裕生. 真理与自由——康德哲学的存在论阐释. 南京：江苏人民出版社，2002.

49. 康德. 任何一种能够作为科学出现的未来形而上学导论. 庞景仁，译. 北京：商务印书馆，1982.

50. 康德. 纯粹理性批判. 邓晓芒，译. 杨祖陶，校. 北京：人民出版社，2004.

51. 康德. 实践理性批判. 邓晓芒，译. 杨祖陶，校. 北京：人民出版社，2003.

52. 康德. 判断力批判. 邓晓芒，译. 杨祖陶，校. 北京：人民出版社，2002.

53. 康德. 道德形而上学原理. 苗力田，译. 上海：上海人民出版社，1986.

54. 康德. 道德形上学探本. 唐钺，译. 北京：商务印书馆，1957.

55. 康德. 逻辑学讲义. 庞景仁，译. 北京：商务印书馆，1991.

56. 康德. 实用人类学. 邓晓芒，译. 上海：上海人民出版社，2005.

57. 康德. 单纯理性限度内的宗教. 李秋零，译. 北京：中国人民大学出版社，2003.

58. 康蒲·斯密. 康德《纯粹理性批判》解义. 韦卓民，译. 武汉：华中师范大学出版社，2000.

59. 莱布尼茨. 人类理智新论：上册. 陈修斋，译. 北京：商务印书馆，1982.

60. 莱布尼茨. 人类理智新论：下册. 陈修斋，译. 北京：商务印书馆，1982.

61. 赖欣巴哈. 科学哲学的兴起. 伯尼，译. 北京：商务印书馆，1991.

62. 李震. 基本哲学探讨. 新北：辅仁大学出版社，1991.

63. 李震. 中外形上学比较研究：上卷. 台北："中央"文物供应社，1982.

64. 李震. 中外形上学比较研究：下卷. 台北："中央"文物供应社，1982.

65. 李震. 人与上帝：1卷. 新北：辅仁大学出版社，1986.

66. 李震. 人与上帝：2卷. 新北：辅仁大学出版社，1988.

67. 李震. 人与上帝：3卷. 新北：辅仁大学出版社，1990.

68. 罗素. 西方哲学史：上卷. 何兆武，李约瑟，译. 北京：商务印书馆，1982.

69. 罗素. 西方哲学史：下卷. 何兆武，李约瑟，译. 北京：商务印书馆，1982.

70. 陆扬. 德里达的幽灵. 武汉：武汉大学出版社，2008.

71. 卢梭. 论人类不平等的起源和基础. 李常山，译. 北京：商务印书馆，1979.

72. 卢梭. 社会契约论. 何兆武，译. 北京：商务印书馆，2003.

73. 卢梭. 爱弥儿：下册. 李平沤，译. 北京：商务印书馆，1978.

74. 卢梭. 论语言的起源. 洪涛，译. 上海：上海人民出版社，2003.

75. 洛克. 人类理解论：上册. 关文运，译. 北京：商务印书馆，1983.

76. 洛克. 人类理解论：下册. 关文运，译. 北京：商务印书馆，1983.

77. 罗蒂. 后哲学文化. 黄勇，译. 上海：上海译文出版社，1992.

78. 罗素. 西方哲学史：上卷. 何兆武，李约瑟，译. 北京：商务印书馆，1982.

79. 罗素. 西方哲学史：下卷. 何兆武，李约瑟，译. 北京：商务印书馆，1982.

80. 麦金太尔. 追寻美德. 宋继杰，译. 南京：译林出版社，2003.

81. 麦金太尔. 三种对立的道德探究观. 万俊人，等译. 北京：中国社会科学出版社，1999.

82. 马克·爱德蒙森. 文学对抗哲学——从柏拉图到德里达. 王柏华，马晓冬，译. 北京：中央编译出版社，2000.

83. 米歇尔·福柯. 疯癫与文明——理性时代的疯癫史. 刘北成，杨远婴，译. 北京：三联书店，2003.

84. 穆尼茨. 当代分析哲学. 吴牟人，等译. 上海：复旦大学出版社，1986.

85. 尼采. 强力意志：上卷. 孙周兴，译. 北京：商务印书馆，2007.

86. 尼采. 强力意志：下卷. 孙周兴，译. 北京：商务印书馆，2007.

87. 尼采. 上帝死了. 戚仁，译. 上海：上海三联书店，2007.

88. 倪梁康. 现象学及其效应. 北京：三联书店，1994.

89. 帕特里夏·奥坦伯德·约翰逊. 海德格尔. 张祥龙，等译. 北京：中华书局，2002.

90. 培根. 新工具. 许宝骙，译. 北京：商务印书馆，1984.

91. 强以华. 存在与第一哲学. 武汉：武汉大学出版社，2005.

92. 斯宾诺莎. 伦理学. 贺麟，译. 北京：商务印书馆，1983.

93. 斯宾诺莎. 理智改进论. 贺麟，译. 北京：商务印书馆，1986.

94. 斯宾诺莎. 神、人及其幸福简论. 洪汉鼎，孙祖培，译. 北京：商务印书馆，1987.

95. 斯宾诺莎. 神学政治论. 温锡增，译. 北京：商务印书馆，1982.

96. 斯蒂芬·茨威格. 与魔鬼作斗争——荷尔德林、克莱斯特、尼采. 徐畅，译. 南京：译林出版社，2013.

97. W. 施太格谬勒. 当代哲学主流：上卷. 王炳文，译. 北京：商务印书馆，1986.

98. 索绪尔. 普通语言学教程. 高名凯，译. 北京：商务印书馆，2011.

99. 汤姆·L. 彼彻姆. 哲学的伦理学——道德哲学引论. 雷克勤，等译. 北京：中国社会科学出版社，1990.

100. 王雨辰. 伦理批判与道德乌托邦. 北京：人民出版社，2014.

101. 汪子嵩. 亚里士多德关于本体的学说. 北京：三联书店，1982.

102. 汪子嵩等. 希腊哲学史：第1卷. 北京：人民出版社，1997.

103. 威尔·金里卡. 当代政治哲学：上卷. 刘莘，译. 上海：上海三联书店，2004.

104. 威尔·金里卡. 当代政治哲学：下卷. 刘莘，译. 上海：上海三联书店，2004.

105. 威廉·巴雷特. 非理性的人. 段德智，译. 上海：上海译文出版社，1992.

106. 谢林. 先验唯心论体系. 梁志学，石泉，译. 北京：商务印书馆，1983.

107. 休谟. 人性论：上册. 关文运，译. 北京：商务印书馆，1983.

108. 休谟. 人性论：下册. 关文运，译. 北京：商务印书馆，1983.

109. 休谟. 人类理解研究. 关文运，译. 北京：商务印书馆，1981.

110. 休谟. 道德原则研究. 曾晓平，译. 北京：商务印书馆，2001.

111. 亚里士多德. 工具论. 李匡武，译. 广州：广东人民出版社，1984.

112. 亚里士多德. 诗学. 陈中海，译. 北京：商务印书馆，1996.

113. 亚里士多德. 形而上学. 吴寿彭，译. 北京：商务印书馆，1981.

114. 雅克·德里达. 论文字学. 汪堂家，译. 上海：上海译文出版社，2005.

115. 雅克·德里达. 书写与差异. 张宁，译. 北京：三联书店，2001.

116. 雅克·德里达. 声音与现象. 杜小真，译. 北京：商务印书馆，2010.

117. 杨祖陶. 德国古典哲学逻辑进程. 武汉：武汉大学出版社，1993.

118. 杨祖陶，邓晓芒. 康德《纯粹理性批判》指要. 长沙：湖南教育出版社，1996.

119. 杨祖陶. 德国古典哲学的逻辑进程. 武汉：武汉大学出版社，1993.

120. 康德三大批判精粹. 杨祖陶，邓晓芒编译. 北京：人民出版社，2001.

121. 杨祖陶. 康德黑格尔哲学研究. 武汉：武汉大学出版社，2001.

122. 叶秀山. 前苏格拉底哲学研究. 北京：三联书店，1982.

123. 约翰·格雷. 自由主义的两张面孔. 顾爱彬，李瑞华，译. 南京：江苏人民出版社，2005.

124. 张传有. 西方智慧的源流. 武汉：武汉大学出版社，1999.

125. 章海山. 西方伦理思想史. 辽宁：辽宁人民出版社，1984.

126. 张世英. 论黑格尔的逻辑学. 上海：上海人民出版社，1981.

127. 张世英. 哲学导论. 北京：北京大学出版社，2002.

128. 赵敦华. 现代西方哲学新编. 北京：北京大学出版社，2001.

129. 周辅成. 西方伦理学名著选辑：上卷. 北京：商务印书馆，1987.

130. 周辅成. 西方伦理学名著选辑：下卷. 北京：商务印书馆，1987.

**四、中文文献（论文）**

1. 包利民. 斯多亚哲学与“苏格拉底道统”之争. 浙江学刊，2008 (3).

2. 陈晓平. 休谟问题与先验范畴. 哲学研究，2008 (5).

3. 程志华. 道德的形而上学与“后形而上学时代”——牟宗三对传统形而上学困境的化解与超越. 哲学研究，2009 (11).

4. 陈真. 苏格拉底为何认为“无人自愿作恶”? 南京师大学报（社会科学版），2010 (5).

5. 邓晓芒. 论作为“成己”的 Ereignis. 世界哲学，2008 (3).

6. 邓晓芒. 德里达：从语言学转向到文字学转向. http//：www.aisixiang.com.

7. 杜小真. 德里达的解构主义. http//：www.aisixiang.com.

8. 傅永军. 现代性与传统——西方视域及其启示. 山东大学学报（哲学社会科学版），2008 (2).

9. 韩水法. 启蒙的主体. 开放时代，2008 (5).

10. 黄颂杰. 实体、本质与神. 哲学研究，2008 (8).

11. 高秉江. idea 与“象”——论直观和超越的兼容. 哲学研究，2007 (11).

12. 柯小刚. 道路与 Ereignis——兼论中文翻译对于《通往语言之途》的意义. 世界哲学，2008 (4).

13. 李秋零. 康德论哲学与神学的关系. 江苏行政学院学报，2008 (1).

14. 陆杰荣，牛小侠. 论亚里士多德的“实体”学说及其意义. 学术交流，2008 (10).

15. 强以华. 世界的去远与哲学的进步. 世界哲学，2015 (2).

16. 王均江. 论海德格尔思想主导词 Ereignis. 世界哲学，2008 (4).

17. 王宁. 德里达与解构批评：重新思考. http://www.aisixiang.com.

18. 王路. 从“是”到“真”：西方哲学的一个根本性变化. 学术月刊，2008 (8).

19. 杨国荣. 形而上学论纲. 社会科学，2010 (11).

20. 叶秀山. 意义世界的埋葬——评隐晦哲学家德里达. 中国社会科学，1989 (3).

21. 俞吾金. 康德两种因果性概念探析. 中国社会科学，2007 (6).

22. 张廷国，梅景辉. 形而上的语言与语言的形而上学——论黑格尔的概念论与海德格尔的语言观. 哲学研究，2008 (6).

23. 张祥龙. 海德格尔后期著作中“Ereignis”的含义. 世界哲学，2008 (3).

24. 张祥龙. 胡塞尔的《逻辑研究》与德里达的《声音与现象》. http://www.aisixiang.com.

25. 朱清华. 海德格尔对亚里士多德存在论诠释的基础——现象学方法的互通. 江苏社会科学，2008 (2).

# 索　引

**S**



**T**



**W**



**X**

**Y**



**Z**

# 后　　记

经过多年的思考和写作，本书终于问世。本书的原名是《寻根之路——西方哲学普遍性的沦落》，它是我计划写作的另外一本书《人生之锚——西方哲学普遍性的重建》的姊妹篇。但是，在申报国家社科基金后期资助项目时，它以《西方哲学普遍性的沦落》的名称获得了批准，为了使书名与立项名称保持一致，所以，本书现以《西方哲学普遍性的沦落》书名出版。在具体内容上，探讨西方哲学的寻根问题依然是它的基本内容。

本书在围绕人应该如何活着探讨西方哲学发展历程的时候，试图穿透西方哲学发展历程中的哲学理论形态，而深入到提出这些哲学理论的哲学家意识到的甚至未意识到的更为重要的“哲学建构世界或社会”的深层实质。这是一项艰苦的工作，作者为此进行了痛苦的思考，其间又不断被其他一些事务性的工作和任务性的科研所干扰，所以，思考时断时续，经历了较长时间。然而，尽管此书是较长时间痛苦思考的结果，但是，作者并不敢自诩这种思考的价值，出版此书的目的之一便是想能引起一些同行的兴趣以便来共同思考这一问题。

本书的写作和出版得到了来自各方的帮助，包括在本课题申报、评审和批准中给予支持的相关人士，在本书的研究中给予支持的湖北大学哲学学院和给予资助的湖北大学高等人文研究院，中国人民大学出版社的杨宗元主任、责任编辑王鑫女士（王鑫女士在编辑中的认真态度令我十分感动），在思考相关问题时曾交流过的同事和学生，以及在思考和撰写本书中给予我鼓励的家人，在此，我对他们表示衷心的谢意！

**强以华**

2017 年 10 月 22 日于湖北武汉

图书在版编目（CIP）数据

西方哲学普遍性的沦落/强以华著. —北京：中国人民大学出版社，2018.11
ISBN 978-7-300-26371-7

Ⅰ.①西… Ⅱ.①强… Ⅲ.①西方哲学-研究 Ⅳ.①B5

中国版本图书馆 CIP 数据核字（2018）第 236547 号

国家社科基金后期资助项目
**西方哲学普遍性的沦落**
强以华　著
Xifang Zhexue Pubianxing de Lunluo

| | | | |
|---|---|---|---|
| **出版发行** | 中国人民大学出版社 | | |
| **社　　址** | 北京中关村大街 31 号 | **邮政编码** | 100080 |
| **电　　话** | 010－62511242（总编室） | | 010－62511770（质管部） |
| | 010－82501766（邮购部） | | 010－62514148（门市部） |
| | 010－62515195（发行公司） | | 010－62515275（盗版举报） |
| **网　　址** | http://www.crup.com.cn | | |
| | http://www.ttrnet.com（人大教研网） | | |
| **经　　销** | 新华书店 | | |
| **印　　刷** | 涿州市星河印刷有限公司 | | |
| **规　　格** | 165 mm×238 mm　16 开本 | **版　　次** | 2018 年 11 月第 1 版 |
| **印　　张** | 28.25 插页 2 | **印　　次** | 2018 年 11 月第 1 次印刷 |
| **字　　数** | 468 000 | **定　　价** | 89.80 元 |